실전 예제로 완성하는

엑셀 2016

이근홍 · 정승언 · 문정례 공저

머리말

회사에서 필수로 사용되는 실무 예제를 중심으로 예제를 따라하면서 필요한 기능을 바로 찾아 쓸 수 있도록 핵심기능으로 구성되어 있습니다.

여러 교재를 보고 학원을 다니고 교육을 받아도 간단한 엑셀 문서작업도 오래 걸리고 문서의 형태가 조금만 바뀌어도 어디서부터 작성해야 할지 모를 때가 있습니다.

엑셀을 사용하는 모든 분들의 기본서로 엑셀의 실무 예제를 다루고 있으며 예제를 하나씩 따라하면서 엑셀의 기능과 함수를 자연스럽게 익히게 되어 창의적으로 문시작성을 작성하고 원활한 실무활동을 할 수 있게 합니다.

이 교재는 정보화 교육을 담당한 교수님들이 강의한 자료를 모아 엑셀을 좀 더 쉽고 편안한 방법으로 배울 수 있도록 하였으며, 엑셀의 기본지식이 없는 사용자가 기능과 함수를 이용하여 문제를 해결할 수 있도록 실무 예제를 준비하였고 이 예제를 통하여 엑셀의 기본 기능과 함수를 익히고 실무 예제를 반복하여 풀어보고 유형을 숙지해서 누구나 손쉽게 엑셀을 활용할 수 있도록 하였습니다.

책에 있는 예제는 현장실무 중심의 예제로 필요 없는 기능 및 내용 부분을 단축시키고 사용 빈도가 높은 기능과 함수를 주로 다루어 자동으로 숙지될 수 있도록 구성되어 있으며, 매 단원마다 다양한 실무 예제를 준비하였고 실무예제 풀이는 사용자가 쉽게 접근하고 이해할 수 있게 예제를 설명하는 방식으로 문서를 작성하고 수식을 사용하기 위한 현장 실무형 예제를 작성하고 해결할 수 있도록 구성하였다.

마지막 부분에는 현장에서 자주 사용되는 실전예제를 준비하여 현장에서 바로 사용할 수 있도록 구성하였다.

이 교재를 통하여 엑셀의 기능과 함수를 학습하고 문제를 해결할 수 있는 능력을 키울 수 있는 교재로 실무 현장에서 잘 사용하시기를 기원합니다.

CHAPTER 01 엑셀 2016 · 9

1.1 엑셀 실행하기 · 10
1.2 엑셀 종료하기 · 11
1.3 화면구성 · 12
1.4 파일 관리 · 18

CHAPTER 02 엑셀 데이터 입력 · 27

2.1 데이터 입력하기 · 28
2.2 자동 채우기 · 35
2.3 데이터 자동 입력 · 39
2.4 사용자 지정 목록 · 46
2.5 영역 설정하기 · 53

CHAPTER 03 문서 데이터 편집 · 61

3.1 행/열 삽입하고 삭제하기 · 62
3.2 행 높이/열 너비 조절 · 64
3.3 행/열 숨기기 및 해제 · 67
3.4 셀 데이터 이동 · 69
3.5 셀 데이터 복사하고 붙여넣기 · 69
3.6 셀 데이터 선택하여 붙여넣기 · 70
3.7 셀 범위를 복사하여 그림으로 붙여넣기 · 76
3.8 Sheet 관리하기 · 83
3.9 Sheet 편집 · 86
3.10 데이터 찾기/바꾸기 · 87

CHAPTER 04 셀 서식 지정 · 93

4.1 셀 서식 지정(글꼴, 테두리, 맞춤) · 94
4.2 셀 서식 지정(표시형식) · 102
4.3 서식복사와 지우기 · 110
4.4 셀 스타일 · 112
4.5 조건부 서식 · 113

CHAPTER 05 수식 · 119

5.1 수식의 사용 ·· 120
5.2 이름 정의 ·· 125
5.3 개발도구 ·· 129

CHAPTER 06 함수 · 147

6.1 함수 정의 ·· 148
6.2 함수 사용 ·· 149
6.3 기본 함수 ·· 154

CHAPTER 07 인쇄 설정 · 201

7.1 인쇄 ··· 202
7.2 머리글/바닥글 ····································· 206
7.3 여백 설정하기 ····································· 211
7.4 편집 내용을 페이지 가운데 이동하기 ············· 212
7.5 일부분만 인쇄 ····································· 213
7.6 페이지 제목 인쇄하기 ····························· 214

CHAPTER 08 데이터 관리와 분석 · 217

8.1 데이터베이스 이해 ································ 218
8.2 데이터 정렬 ······································· 220
8.3 데이터 부분합 ····································· 233
8.4 데이터 필터 ······································· 247
8.5 데이터 통합 ······································· 267
8.6 피벗 테이블 ······································· 278

CHAPTER 09 차트 다루기 · 297

9.1 차트의 종류 ······································· 298
9.2 차트의 구성요소 ·································· 304
9.3 차트 삽입 ··· 305
9.4 차트 편집 ··· 311

CHAPTER 10 일러스트레이션 · 343

- 10.1 그림 삽입 ... 344
- 10.2 온라인 그림 ... 347
- 10.3 도형 ... 349
- 10.4 SmartArt ... 352
- 10.5 WordArt ... 356

CHAPTER 11 종합 실전 예제 · 369

- 종합 실전 문제 1. 근로계약서 작성하기 ... 370
- 종합 실전 문제 2. 휴가신청서 작성하기 ... 371
- 종합 실전 문제 3. 급여지급명세서 작성하기 ... 372
- 종합 실전 문제 4. 제품 정보 작성하기 ... 373
- 종합 실전 문제 5. 경력증명서 작성하기 ... 374
- 종합 실전 문제 6. 재직증명서 작성하기 ... 375
- 종합 실전 문제 7. 고객 멤버십 관리표 작성하기 ... 376
- 종합 실전 문제 8. 일정표 작성하기 ... 377
- 종합 실전 문제 9. 차트 작성하기 ... 378
- 종합 실전 문제 10. 견적서 작성하기 ... 380
- 종합 실전 문제 11. 가계부 작성하기 ... 381

CHAPTER 01

엑셀 2016

1.1 엑셀 실행하기
1.2 엑셀 종료하기
1.3 화면구성
1.4 파일 관리

엑셀(Excel)은 마이크로소프트(Microsoft)의 스프레드시트(Spreadsheet) 프로그램으로 스프레드시트(Spreadsheet) 프로그램 중 가장 많이 사용하는 프로그램으로 엑셀 2016은 더욱 강력한 기능과 보다 편리한 사용자 인터페이스를 제공하고 있다. 이전버전인 엑셀 2013과 비교하여 큰 변화는 없지만 여러 사람이 한 번에 문서를 편집하고 수정할 수 있도록 하여 실시간 입력을 통한 문서 공유 기능을 가지고 있다.

- 스프레드시트란 표 형태로 작성된 데이터를 사용자가 작성한 계산식에 의해 결과를 산출하고 출력하기 위한 전자문서를 말하며 스프레드시트 프로그램은 이러한 계산식 자료를 자동으로 수행해 주는 프로그램을 말한다.

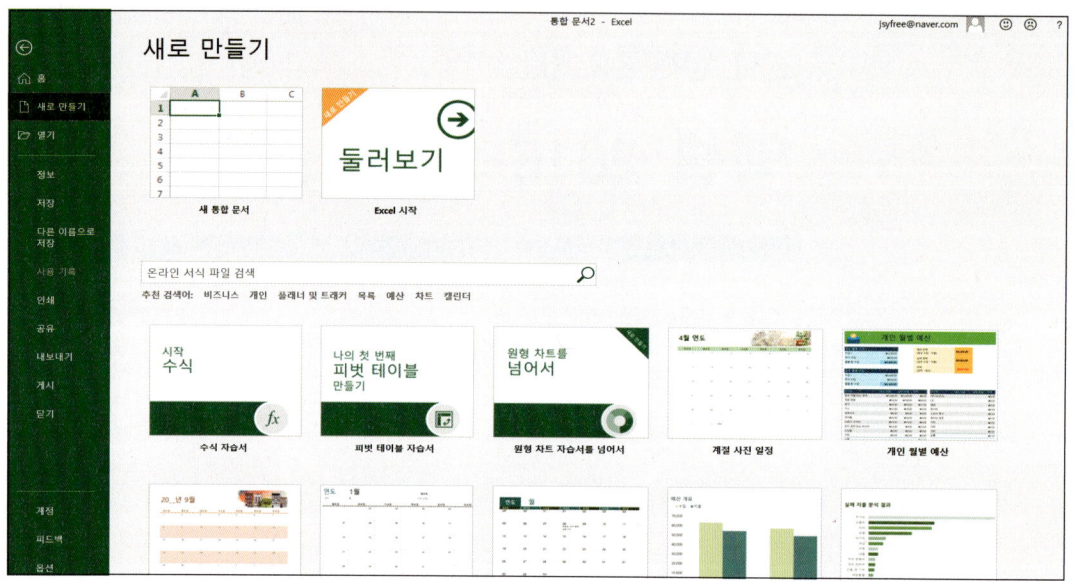

1.1 엑셀 실행하기

① 윈도우즈 작업표시줄의 [시작] ⇨ [모든프로그램] ⇨ [Microsoft Office] ⇨ [Excel 2016]을 클릭한다.

② 바탕화면의 단축아이콘 을 바로 더블클릭한다.

1.2 엑셀 종료하기

① 메뉴의 [파일] ➡ [닫기]를 선택한다.
② Alt + F4 키를 누른다.

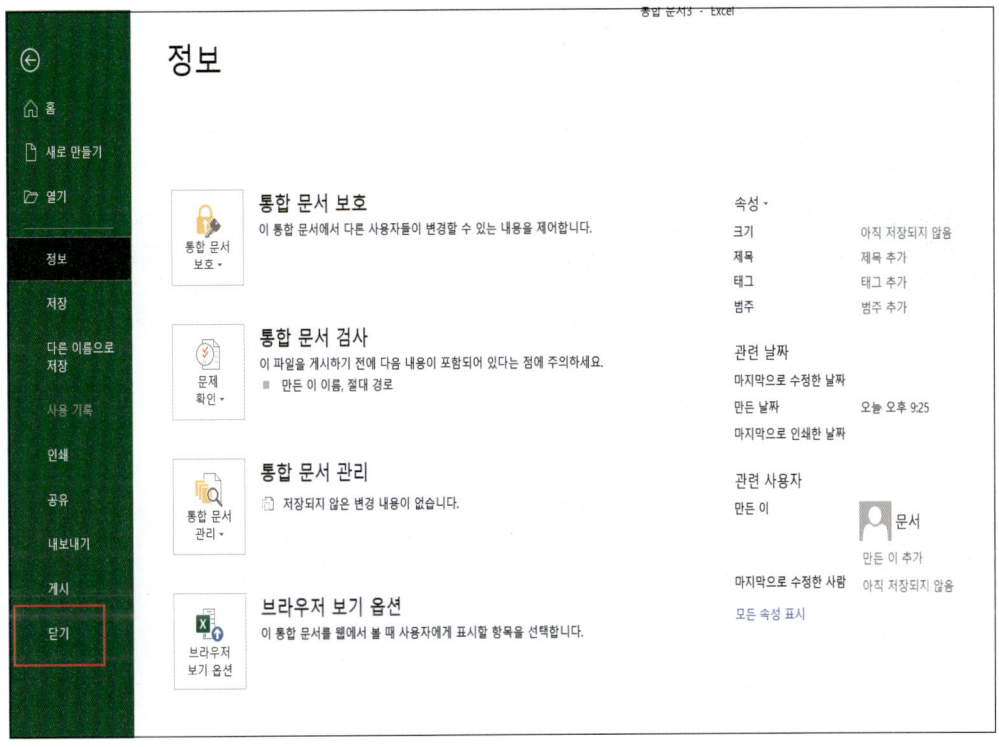

1.3 화면구성

엑셀을 실행하면 아래와 같이 초기화면이 나타난다. 엑셀의 각 기능을 사용할 수 있게 해주는 메뉴 관련 부분, 현재 표시되는 창 관련 부분, 데이터를 입력하고 표시하는 워크시트 관련부분으로 나뉠 수 있으며 처음에 나타나는 초기화면의 모양이나 내용은 사용자의 설정에 따라 변경이 가능하고 현재 진행 중인 작업에 따라 달라질 수 있다. 이러한 화면을 구성하는 요소들과 화면에 표시되는 내용들을 나타내면 다음과 같다.

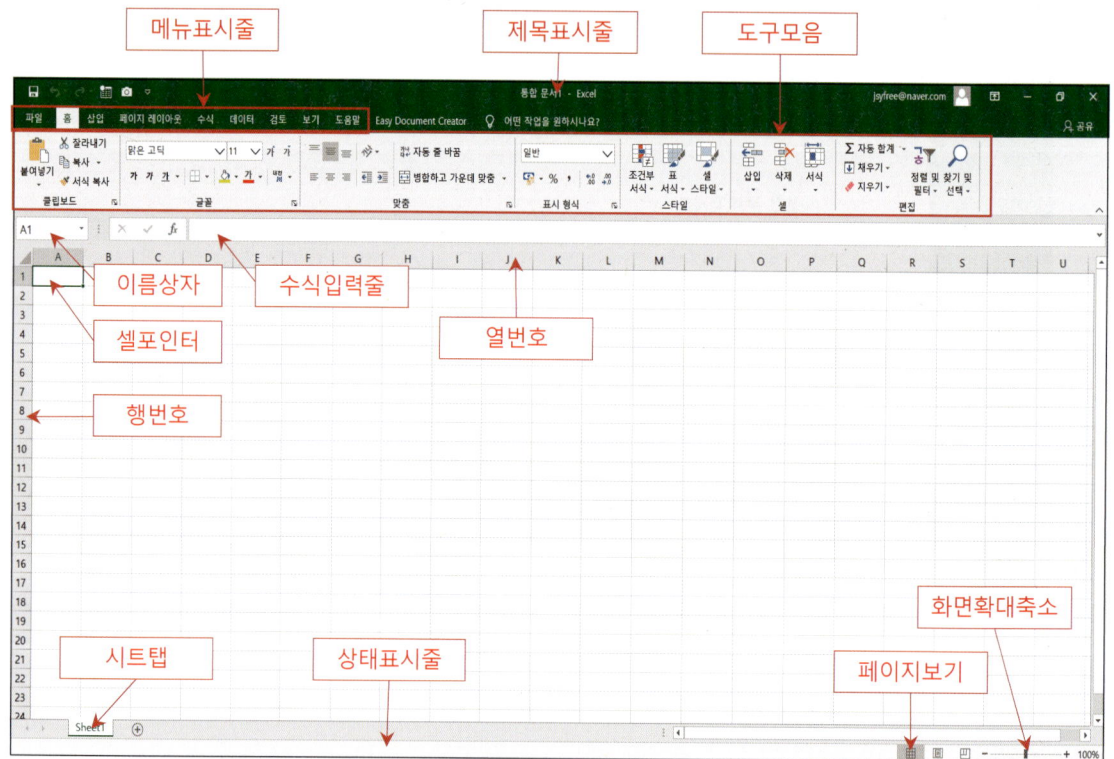

1.3.1 제목표시줄

프로그램 이름과 작업 중인 통합문서의 이름이 표시되며 엑셀 2016프로그램 창을 관리한다.

- 새파일의 문서이름은 "통합문서1", "통합문서2", "통합문서3"순서로 나타나며 엑셀을 종료하지 않고 새 파일을 실행하면 계속 엑셀 통합문서의 숫자가 증가된다.

통합 문서1 - Excel

1.3.2 메뉴표시줄

현재 문서의 작업 상황에 따라 실행 가능한 명령어 그룹이 보여 진다.

① 파일 : 엑셀의 시작과 종료, 엑셀의 기본설정 등 전반적인 파일 형태를 설정한다.
② 홈 : 엑셀의 워크시트에서 셀에 저장할 데이터의 기본 서식을 설정한다.
③ 삽입 : 테이블, 차트, 피벗테이블, 하이퍼링크, 머리말과 꼬리말 등을 설정한다.
④ 페이지 레이아웃 : 워크시트의 여백, 페이지 크기 등 출력형태에 관한 설정을 한다.
⑤ 수식 : 워크시트의 수식과 함수 등을 추가하는 것에 관한 설정을 한다.
⑥ 데이터 : 데이터의 검색, 워크시트의 윤곽, 정렬과 필터, 데이터 유효성 등을 설정한다.
⑦ 검토 : 워크시트의 맞춤법과 시트보호 등을 설정한다.
⑧ 보기 : 워크시트를 다양한 방법으로 볼 수 있도록 설정한다.
⑨ 도움말 : 엑셀 기능의 사용법을 살펴볼 수 있다.

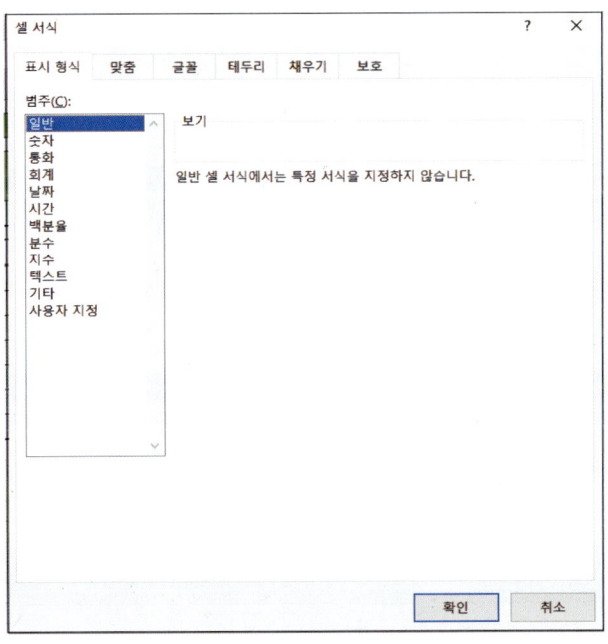

1.3.3 도구모음

셀에서 사용할 수 있는 기능들이 그룹으로 묶여서 정리되어 보여지며 아이콘 옆에 화살표가 있는 경우 화살표를 클릭하면 추가 메뉴가 표시된다.

① 홈 탭

② 삽입 탭

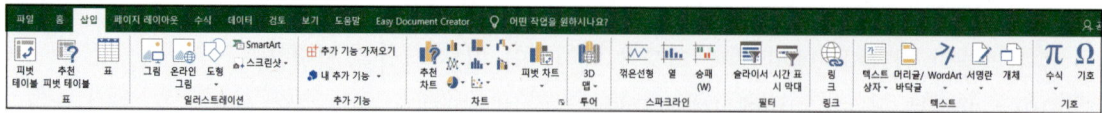

③ 페이지 레이아웃 탭

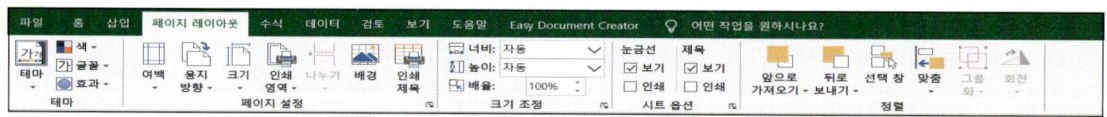

④ 수식 탭

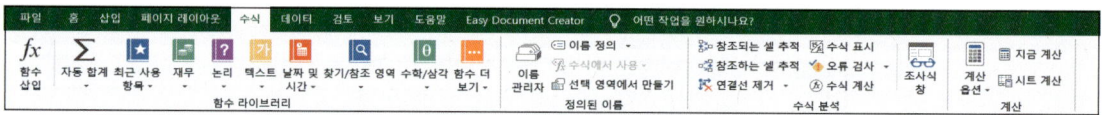

⑤ 데이터 탭

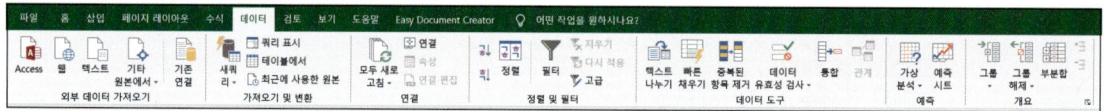

⑥ 검토 탭

⑦ 보기 탭

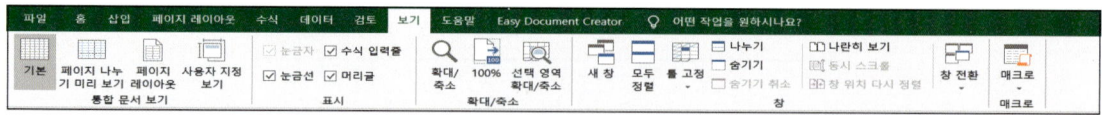

⑧ 도움말 탭

⑨ 디자인 탭

- 디자인 탭은 특수한 상황에 추가되는 탭으로 도구모음메뉴는 작업 내용에 따라 변경되거나 추가될 수 있다. 예를 들면 차트 작업이나 그림 등의 작업을 하면 디자인 탭이 나타난다.

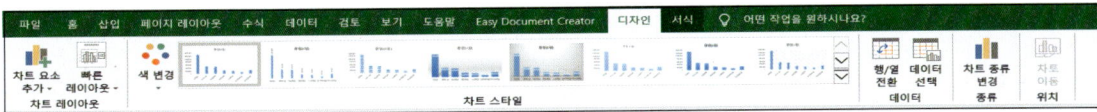

1.3.4 수식 입력줄

현재 셀 포인터가 있는 셀 주소와 이름이 표시되는 부분으로 입력 및 취소 단추와 수식 입력 단추, 선택한 셀에 입력된 내용을 보여주는 수식 입력 상자로 구성된다.

구분 기호	설명
×	현재 상태에 입력된 수식 또는 데이터의 입력을 취소한다.
✓	현재 상태에 입력된 수식 또는 데이터의 입력을 지정된 셀에 저장한다.
fx	함수를 입력하기 위한 기호로 지정하면 함수 입력 대화상자가 나타난다.

1.3.5 상태 표시줄

현재 작업 상태, 키보드 상태 등을 보여주며, 셀 데이터들을 범위로 지정할 경우 간단한 합계, 평균, 페이지 번호 등을 나타낸다.

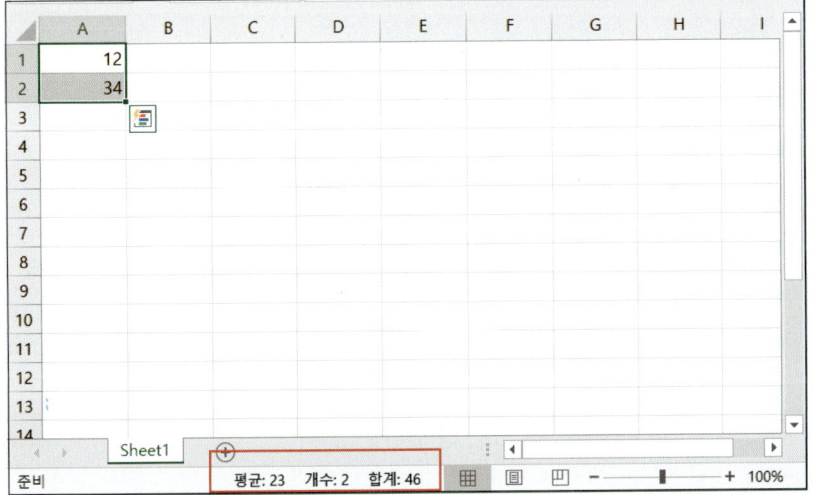

1.3.6 셀 포인터

① 행과 열이 교차하는 점을 셀(Cell)이라고 한다. 엑셀은 셀 단위로 작업이 이루어지며 한 셀은 32,000문자까지 사용 가능하다.

② 현재 선택된 셀을 표시하는 진한 사각형 테두리를 셀 포인터 또는 셀 지시자라고 한다.

③ 셀포인터 박스의 오른쪽 하단에 점이 있는데 이점을 "범위 확장 지정자" 또는 "채우기핸들"이라고 하며, 근처에 마우스를 이동하면 셀표시는 +기호로 바뀌며 드래그하면 범위가 확장된다.

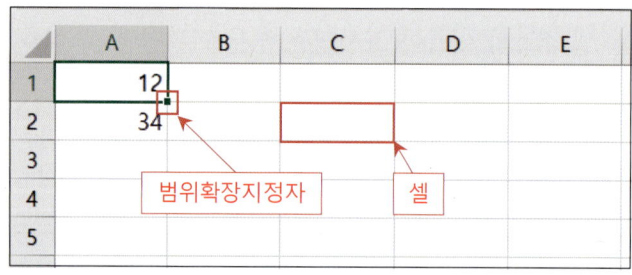

1.3.7 시트탭

새 통합문서를 열면 기본적으로 1개의 워크시트가 열린다. 워크시트 추가 단추를 이용해서 워크시트를 여러 개 추가할 수도 있고, 시트탭을 이용하여 시트를 삭제하거나 이동도 가능하다.

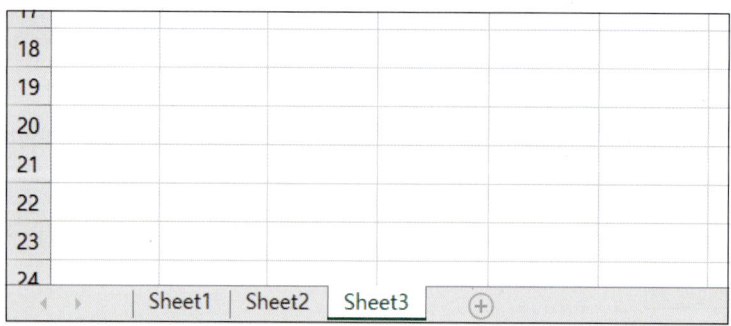

1.3.8 마우스포인터

엑셀에서 마우스포인터는 각 상황에 따라 다양한 모양으로 바뀌어 나타난다.

마우스	설명
✥	셀 영역위에서 모양
⌐₊	데이터 자동 채우기 점을 사용
↔	행머리글이나 열머리글 사이에서 나타나며 행/열 너비를 조절할 때 사용
↓	행머리글이나 열머리글에서 나타나며 행이나 열 전체를 선택할 때 사용
✥	셀영역이나 객체사이에 위치할 때 나타나며 이동할 때 사용

1.3.9 단축키 모음과 통합 문서 기능 범위

① 단축키 모음

단축키	설명	단축키	설명
←/→	왼쪽/오른쪽 셀로	↑/↓	위/아래쪽 셀로
Alt+PageUp/Alt+PageDown	한화면 왼쪽/오른쪽으로	PageUp/PageDown	한화면 위로/아래로
Ctrl+BackSpace	활성화된 모든 셀 보기	Ctrl+Home	A1셀로 이동
F5	셀 이동 대화상자 불러오기	Ctrl+End	가장 최근에 작업했던 셀로 이동
Ctrl+PageUp	왼쪽 워크시트로 이동	Ctrl+PageDown	오른쪽 워크시트로 이동

② 통합문서 기능의 범위

항목	기능 범위
행 수	1,048,576개
열 수	16,384개
지원색상	32BIT COLOR
조건부 서식	무제한
정렬	64개
자동필터의 고유항목 표시	10,000개
작성할 수 있는 수식 최대 길이	8192(8k)

1.4 파일 관리

1.4.1 새로 만들기

① 메뉴의 [파일] ⇨ [새로 만들기]를 누르면 [새 통합문서] 대화상자가 나타난다.
② [새통합문서] 이미지를 클릭하면 새로운 통합문서가 나타난다.

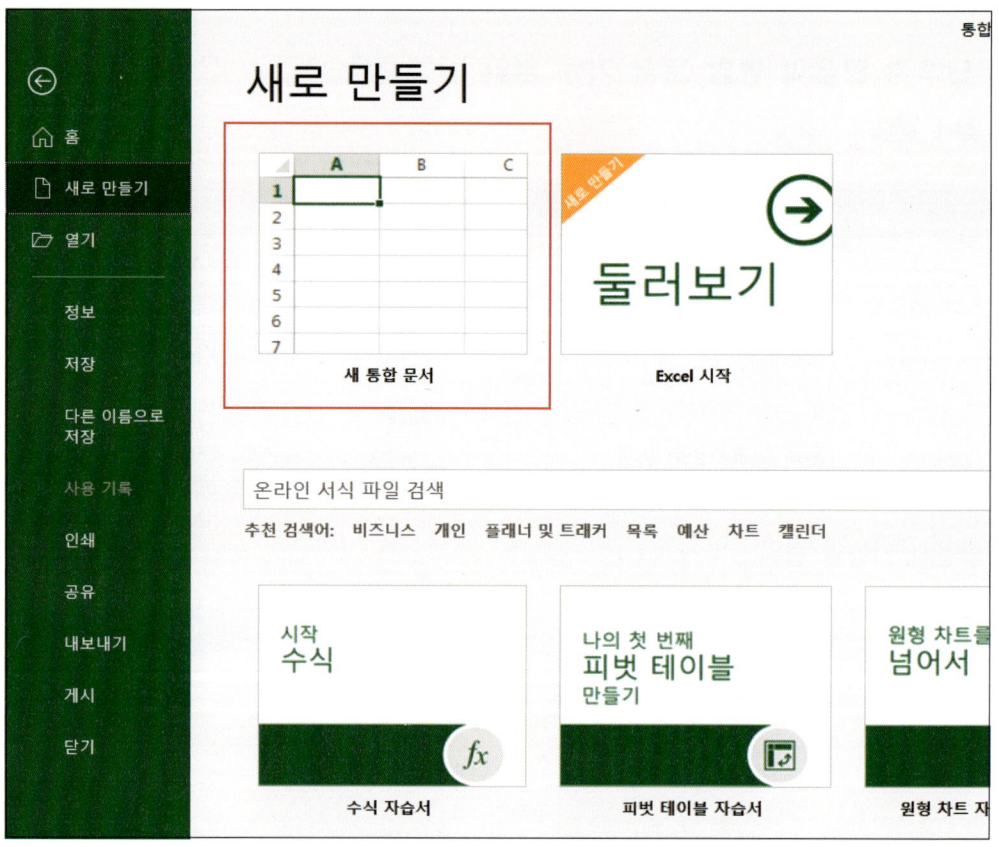

1.4.2 저장하기

① 메뉴의 [파일] ⇨ [저장] 또는 [다른 이름으로 저장]을 클릭한다.
② 저장할 위치와 이름을 설정하고 [저장]을 클릭한다.

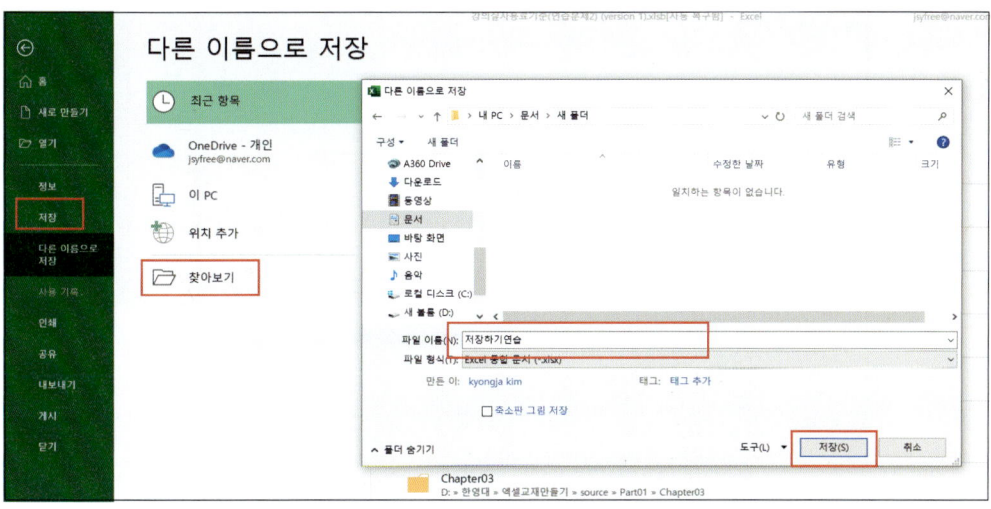

③ 저장할 때 [파일형식] 버튼을 이용하면 다른 형식의 파일로 변환해서 저장할 수 있다.

• 저장할 때 다양한 파일형식

확장자	형식	설명
xlsx	Excel 통합 문서	XML 기반의 기본 Office Excel 2016파일형식
xlsm	Excel 매크로 사용 통합문서	XML 기반의 Office Excel 2016파일형식으로 매크로를 포함
xlsb	Excel 바이너리 통합문서	Office Excel 2016이진 파일 형식으로 파일 크기가 매우 작아진다.
xltx	서식 파일	Office Excel 2016의 서식파일
xltxm	Excel 매크로 사용 서식 파일	Excel 2016의 서식파일의 형식으로 매크로를 포함
xls	Excel 97-Excel 2003통합문서	Excel 97-Excel 2003통합문서파일 형식
xml	XML데이터	XML데이터형식 Office Excel 2016의 추가기능으로서 매크로를 포함
xlam	Microsoft Office Excel 추가기능	XML기반의
PDF	Acrobat 데이터	PDF 데이터 형식
CSV	쉼표로 분리된 텍스트	WINDOWS 운영체제에서 사용할 수 있는 쉼표로 분리된 텍스트 파일의 데이터 형식
TXT	텍스트 데이터	텍스트 데이터 형식
html	웹 데이터	웹데이터 형식

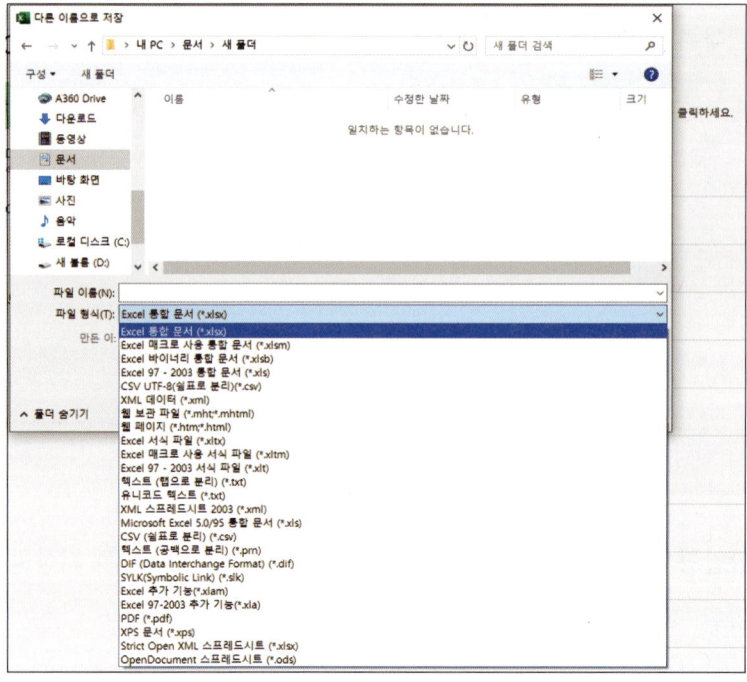

1.4.3 파일 열기

이미 작성한 엑셀 파일을 열어서 데이터를 수정하거나 인쇄할 때 사용한다.

① 메뉴의 [파일] ⇨ [열기] ⇨ [찾아보기]를 클릭한다.
② 엑셀 파일이 들어있는 폴더를 열고 원하는 파일을 선택한 후 [열기] 단추를 클릭한다.

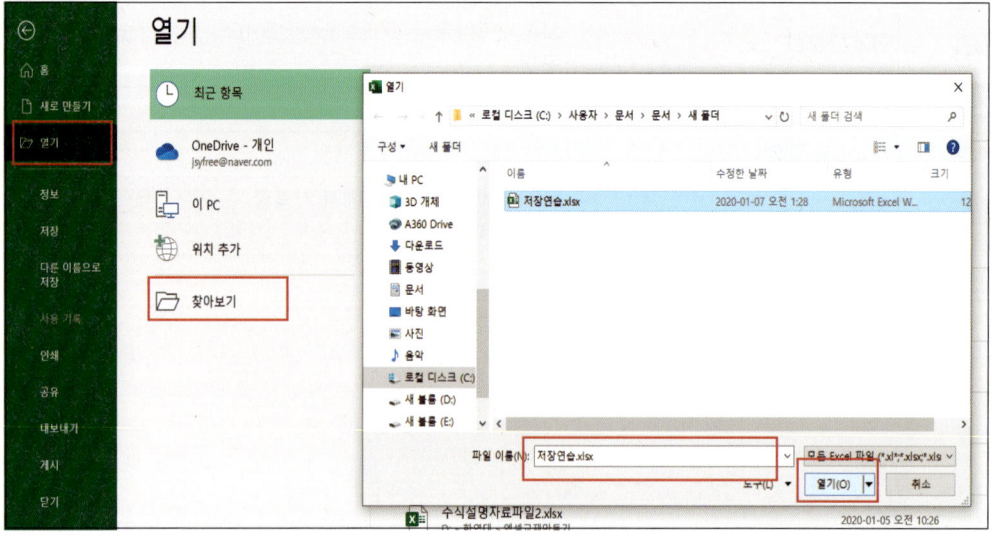

1.4.4 옵션 기능

메뉴 [홈] ⇨ [옵션]을 클릭하면 새통합문서의 기본 설정 사항이나 저장, 언어교정, 고급 등의 기능으로 다양한 옵션을 수정할 수 있다.

① 일반 : 새통합문서의 일반 옵션으로 기본 글꼴과 글꼴 크기 포함할 시트 수 등을 설정한다.

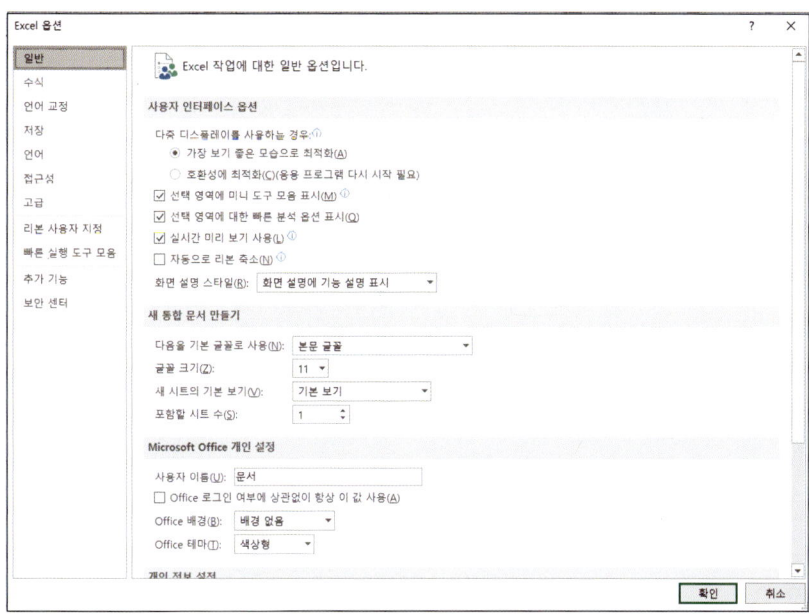

② 수식 : 수식 계산 성능 및 오류 처리에 관한 설정을 한다.

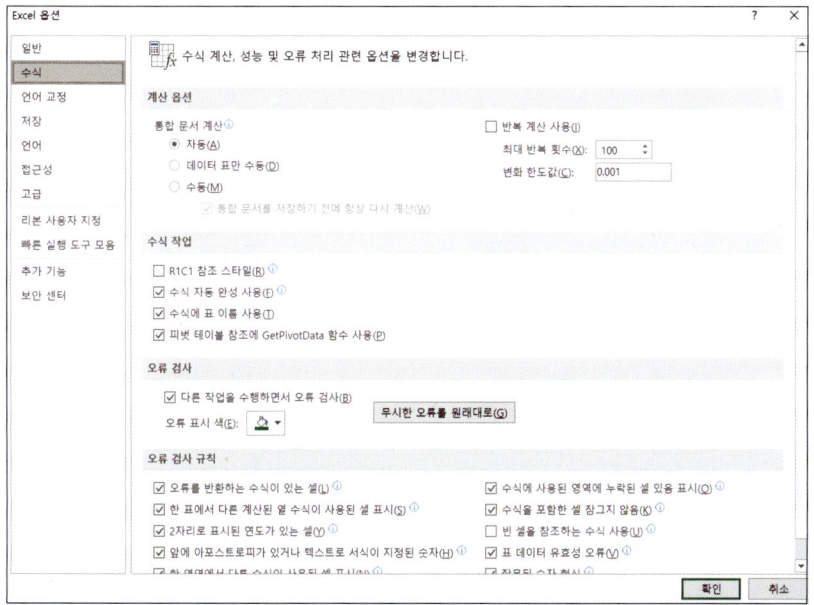

③ 언어교정 : 텍스트를 수정하거나 기본 서식을 지정하는 곳으로 자동고침 옵션을 이용하면 [한/영 자동 고침]옵션을 사용자의 편의에 맞게 수정할 수 있다.

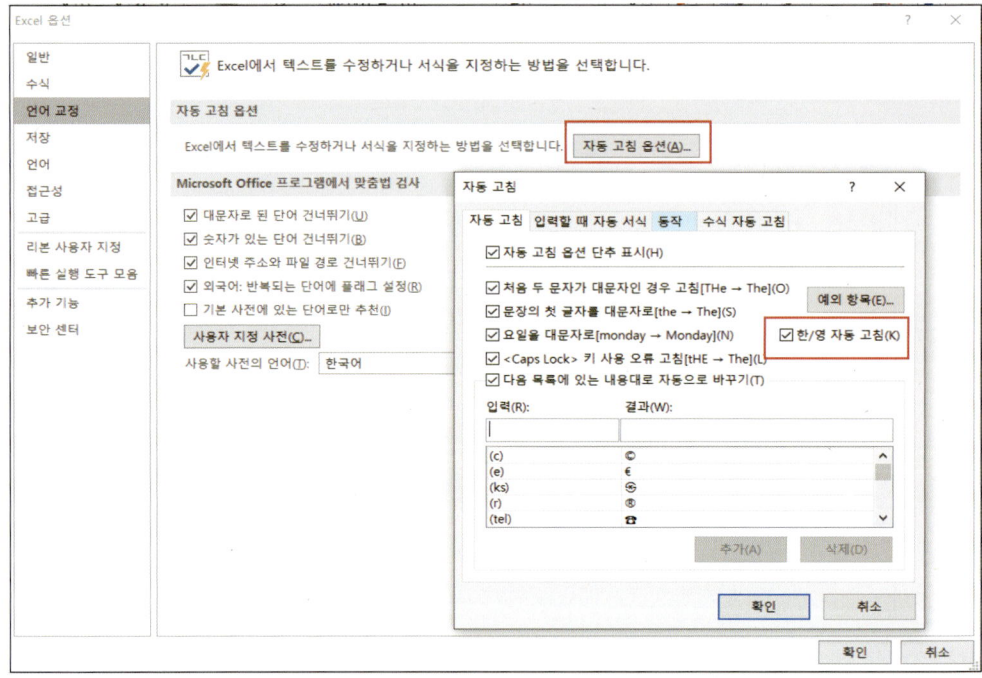

④ 저장 : 통합문서의 기본 저장 방법을 지정하는 곳으로 자동복구 정보저장 간격을 사용자가 편의에 맞게 조절할 수 있다.

⑤ 고급 : 통합문서에서 편집, 일반 등 고급설정사항을 수정하는 곳으로 그중 사용자지정 목록 편집을 이용하면 자주 사용하는 목록을 사용자가 저장해두고 편리하게 사용할 수 있다.

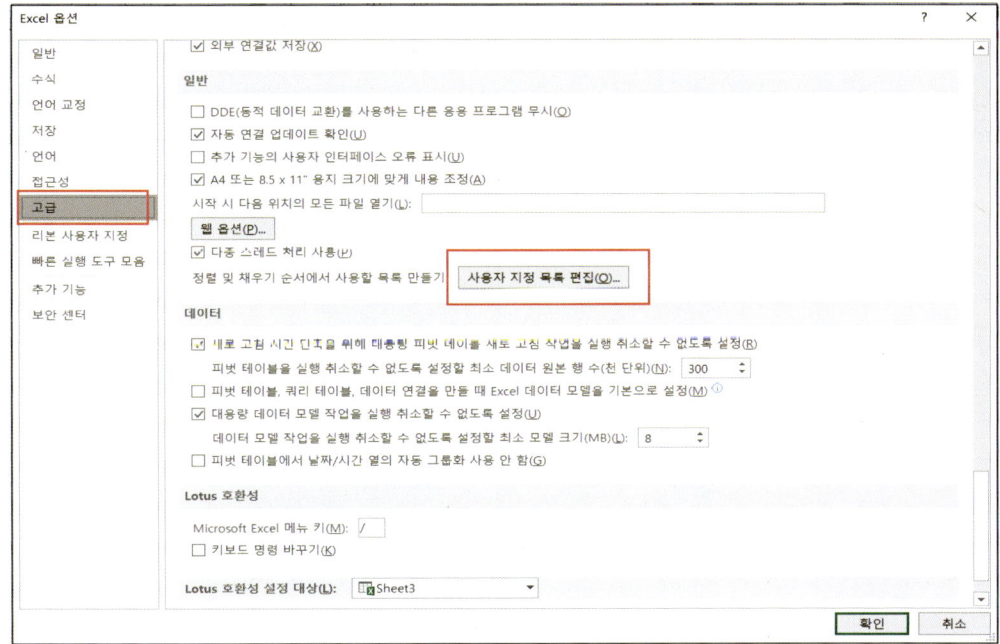

- [목록항목]에 사용자가 원하는 데이터를 입력한 후 [추가] 클릭하면 기존 데이터에 사용자목록이 쉽게 추가된다.

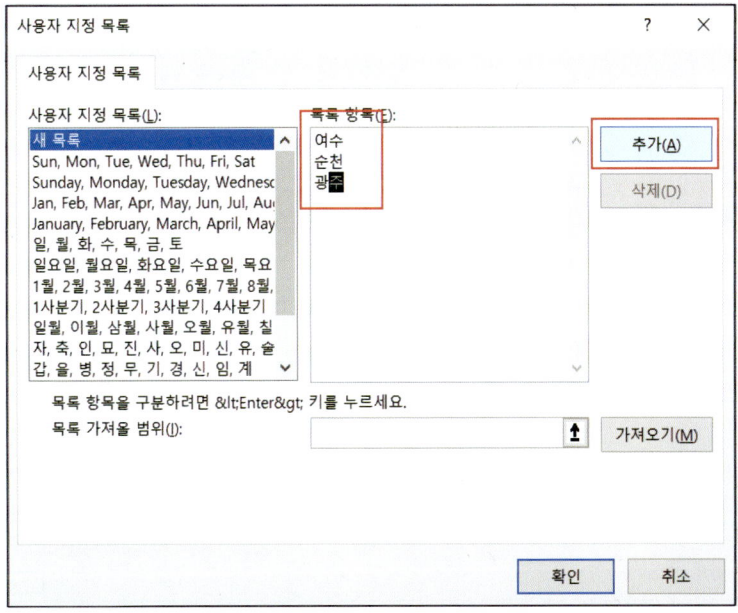

⑥ 리본 사용자 지정 : 리본메뉴를 사용자가 추가하거나 삭제할 수 있으며 주로 [개발도구] 항목을 리본메뉴에 추가할 때 주로 사용한다.

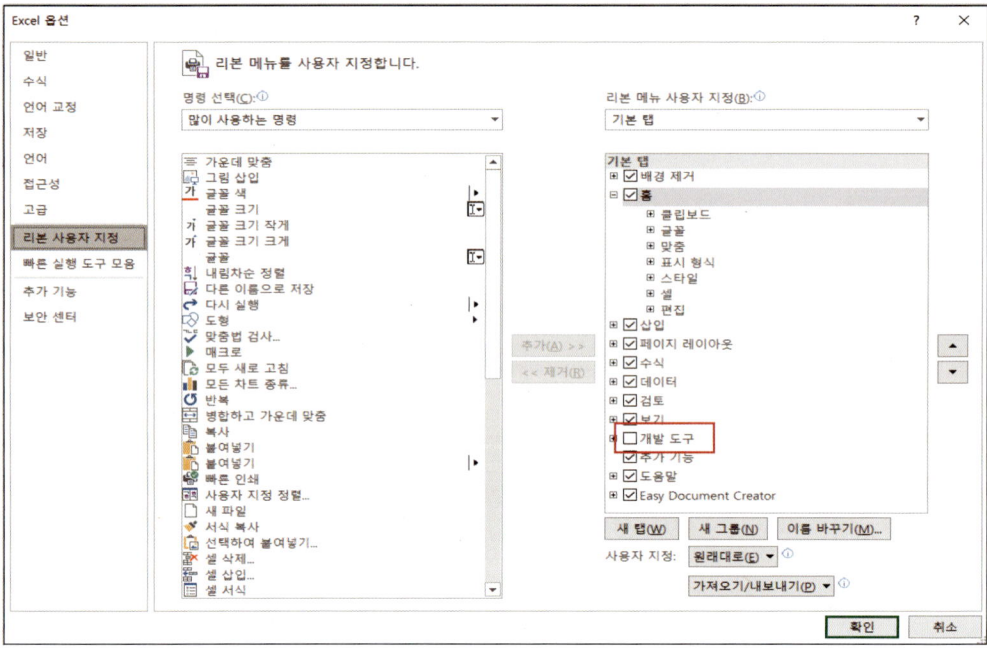

⑦ 빠른 실행 도구모음 : 빠른 실행 도구모음에 새로운 항목을 추가하거나 삭제할 때 사용한다.

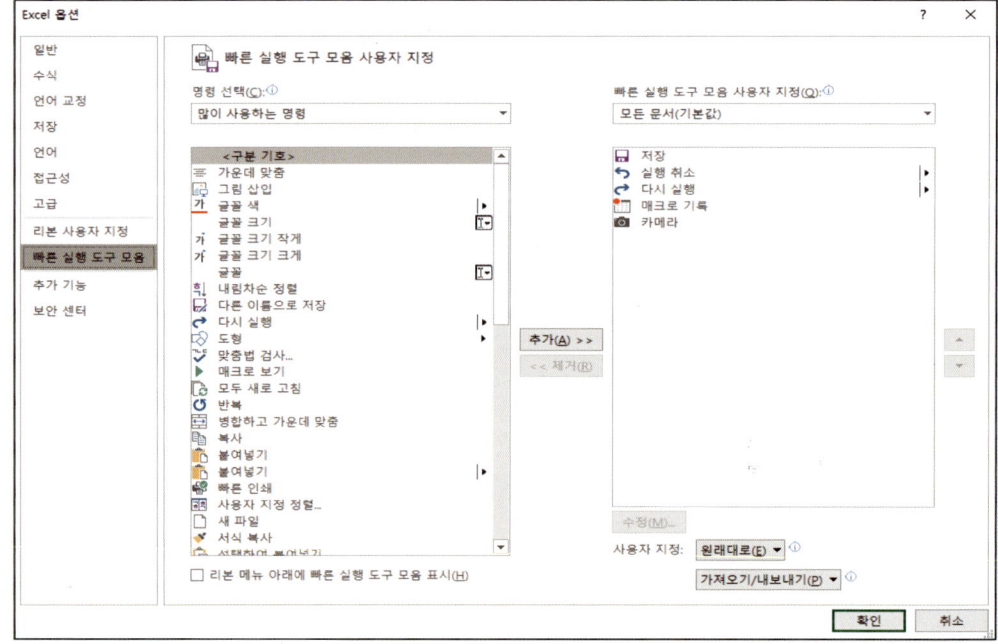

CHAPTER 01

연습문제 1. 엑셀 실행과 저장

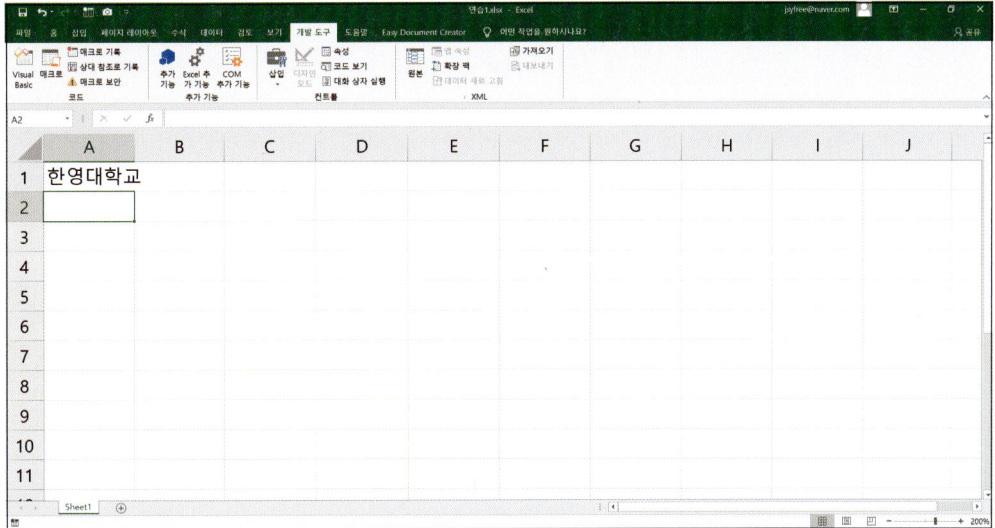

1. 엑셀을 실행해본다.

2. 새로만들기를 이용하여 새통합문서를 만든다.

3. 새통합문서에 A1셀에 간단한 데이터를 입력한 후 화면을 200%로 확대해 본다.

4. 리본메뉴에 [개발도구] 항목을 추가해본다.

5. 저장을 이용하여 내문서 폴더에 "연습1.xlsx" 파일로 저장한다.

6. 다른이름으로 저장을 이용하여 "연습.PDF파일"로 저장해 본다.

7. 엑셀을 종료한다.

8. 엑셀을 다시 실행한 후 열기를 이용하여 저장해 놓은 "연습1.xlsx" 파일을 불러온다.

CHAPTER 02

엑셀 데이터 입력

제품 매출 보고서 작성하기

2.1 데이터 입력하기
2.2 자동 채우기
2.3 데이터 자동 입력
2.4 사용자 지정 목록
2.5 영역 설정하기

2.1 데이터 입력하기

2.1.1 문자 데이터

① 영문, 한글, 한자, 특수 문자 등의 데이터가 있다.
② 기본적으로 셀의 왼쪽부터 채워진다.
③ 하나의 셀에 두 줄 이상 입력하고자 할 때는 Alt + Enter↵ 누른다.
④ [한/영] 키를 이용하여 한글 모드와 영문 모드 사이를 전환한다.
⑤ 특수문자는 [삽입] ➡ [기호] ➡ [도형 기호]를 선택하고 기호를 선택한다.

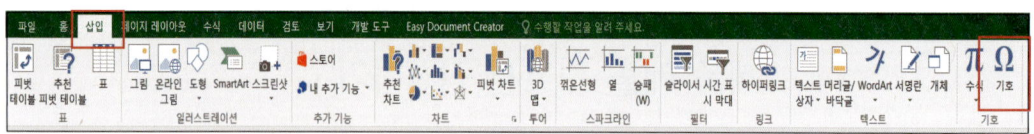

- 한글자음과 [한자] 키를 이용하여 특수문자를 빠르게 삽입할 수도 있다.

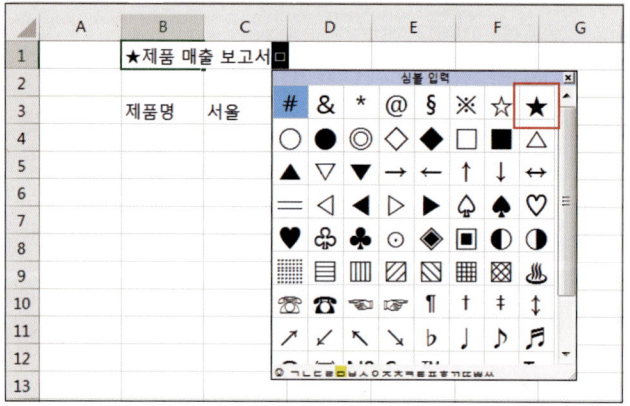

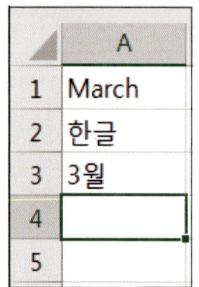 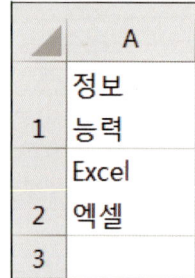 

⑥ 한자는 [검토] ⇨ [언어] ⇨ [한글/한자 변환]을 이용
• [한자] 키를 이용하여 입력할 수도 있다.

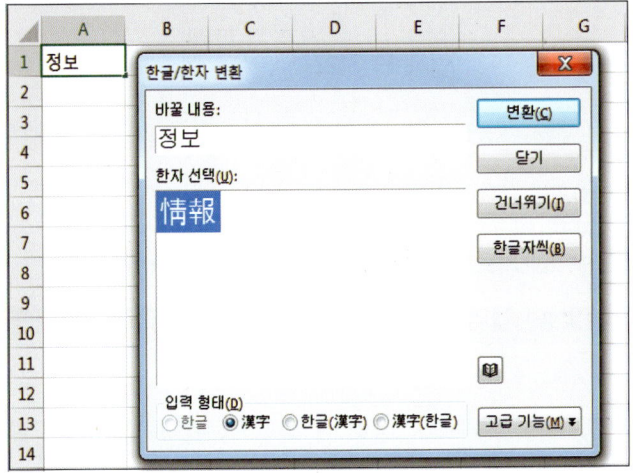

2.1.2 숫자데이터

① 0, 1, 2, 3… 와 같은 숫자이다.
② '+', '-', 마침표(.), 쉼표(,), %, $, ₩ 기호와 함께 입력 가능하다.
③ 기본적으로 셀의 오른쪽부터 채워진다.

	A
1	11
2	12
3	13
4	14
5	15

④ 숫자 앞에 작은 따옴표(') 기호를 입력하고 숫자를 입력하면 문자 데이터로 인식한다.

2.1.3 날짜/시간 데이터

① 년, 월, 일 순으로 '2020-01-01'과 같이 하이픈(-) 또는 '2020/01/01'과 같이 슬래시(/)로 구분하여 입력한다.
② 시간은 시, 분, 초 순으로 '8:20:00 AM'과 같이 콜론(:)으로 구분하여 입력한다.
③ 수치 데이터이므로 셀의 오른쪽부터 채워진다.

	A
1	2020-03-01
2	04월 12일
3	10:20
4	오후 11:18:00
5	

2.1.4 셀 안에서 줄 바꿈

① 셀에 글자를 입력한 후 Alt + Enter 키를 누르면 줄 바꿈이 된다.

- [홈]-[서식]-[셀 서식]-[맞춤] 탭의 [텍스트 조정] 영역에서 '텍스트 줄 바꿈' 옵션을 선택하여 수행할 수도 있다.

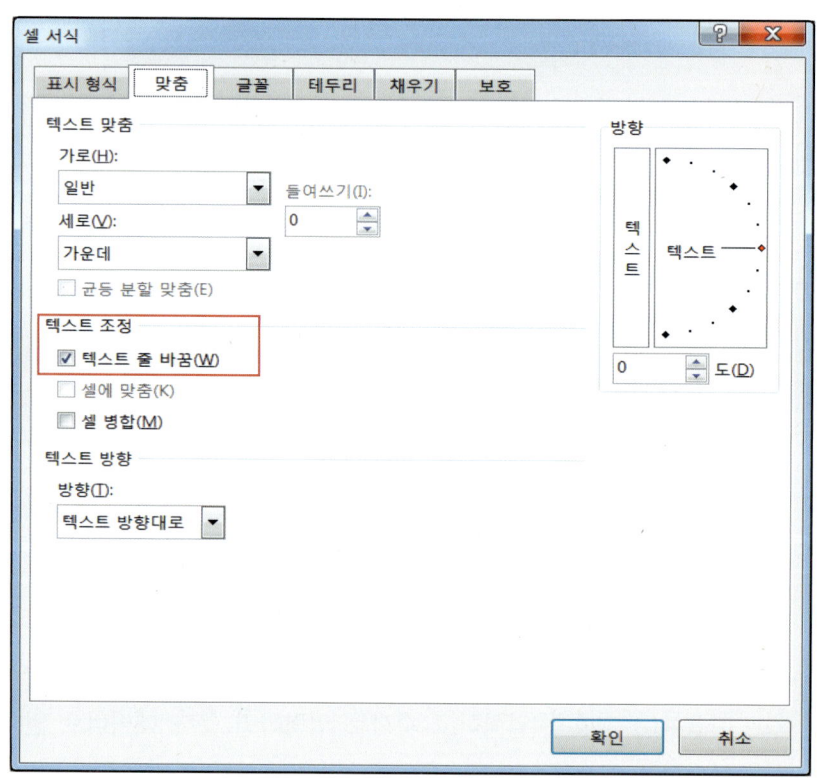

| 실습예제 1 | "제품매출보고서" 작성하기 |

❶ B2셀을 클릭하고 [삽입] ⇨ [기호] 그룹 ⇨ [기호]를 선택한다. [기호] 창의 [도형 기호]를 선택하고 '★'를 찾아 선택한 후 [삽입]을 클릭한다. 삽입한 '★'뒤에 '제품 매출 보고서'를 입력한다.

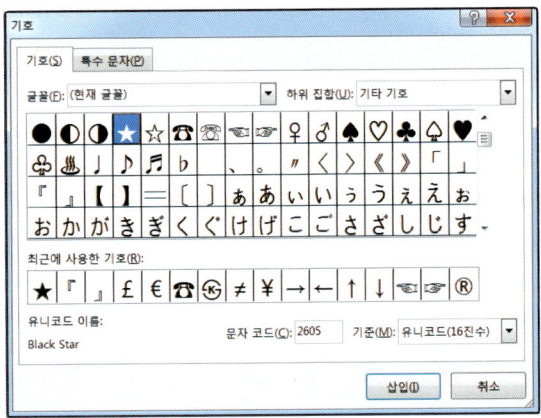

❷ B2셀의 '★제품 매출 보고서' 뒤에 'ㅁ'을 입력하고 [한자] 키를 누르면 특수 문자들이 나타난다. '★'을 찾아 클릭하여 특수문자 입력을 완성시킨다.

❸ B3:G3셀에 아래와 같이 항목을 입력한다.

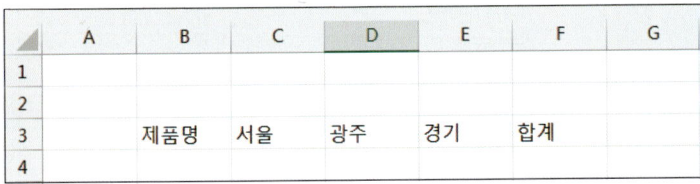

❹ [F3] 셀에 '합계'를 입력하고 [검토] ⇨ [언어] ⇨ [한글/한자 변환] 또는 [한자] 키를 이용하여 변환시킨다.

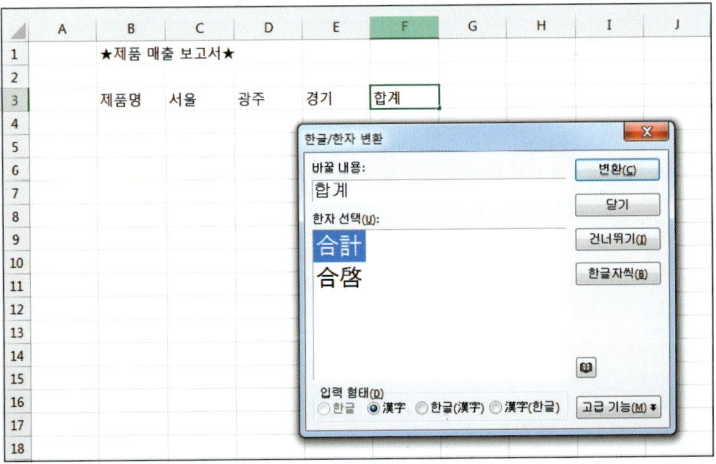

❺ C5:E12셀에 숫자 데이터를 입력한다.

❻ F2셀에 '2020-3-15'을 입력한다.

❼ B14셀을 클릭하여 '작성자 :' 입력한다.
❽ C14셀에 '관리부'를 입력한 후 Alt + Enter 키를 누른 후 '김한영'을 입력한다.

| 실습예제 2 | "제품매출보고서2" 작성하기 |

❶ [A1] 셀에 특수 문자가 포함된 제목 '★시간표★' 작성하여 보자.
   '★'를 입력하기 위해서 'ㅁ'을 입력하고 [한자] 키를 눌러서 특수문자를 찾아 입력한다.

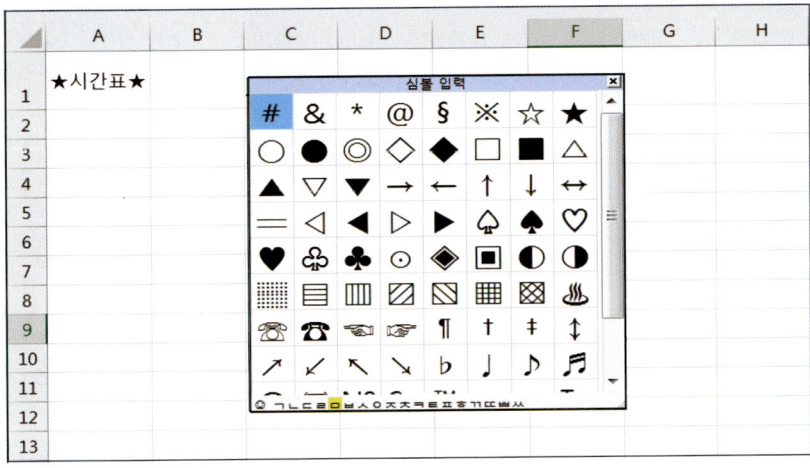

❷ [A3:G3]에 각각 '과목', '담당교수', '강의요일', '수강번호', '강의실', '개강일', '강의시간'을 입력한다.

❸ [A4] 셀에 처럼 입력하기 위해서 '엑셀'을 입력하고 [Alt]+[Enter]를 누른 다음 '2013'을 입력한다.

❹ [C4] '수요일'을 입력하고 [한자] 키를 눌러서 '水曜日'로 변환한다.

CHAPTER 02 엑셀 데이터 입력 **33**

❺ [E4]에 '2-4'를 입력하기

	A	B	C	D	E	F	G	H
1	★시간표★							
2								
3	과목	담당교수	강의요일	수강번호	강의실	개강일	강의시간	
4	엑셀 2013	김한영	수요일	101	'2-4			
5								

숫자 앞에 작은 따옴표(') 기호를 함께 입력하면 문자 데이터로 인식한다.

❻ [F4]과 [G4]에 날짜와 시간 입력하기

	A	B	C	D	E	F	G	H
1	★시간표★							
2								
3	과목	담당교수	강의요일	수강번호	강의실	개강일	강의시간	
4	엑셀 2013	김한영	수요일	101	2-4	2017-03-02	10:30	
5								

2.2 자동 채우기

이미 입력한 데이터를 인접한 셀들에 한꺼번에 복사하거나 연속된 데이터로 복사할 수 있다.

2.2.1 숫자 데이터

① 데이터를 복사할 셀을 클릭하여 선택한다.

② 셀 오른쪽 아래에 있는 채우기 핸들(　　1　)에 마우스 포인터를 놓고 원하는 셀까지 끌어 놓는다.

③ 하나의 셀 선택 후 Ctrl+채우기 핸들을 드래그하면 1씩 증가하는 숫자가 채워진다.

④ 두 개의 숫자를 선택한 경우에는 두 숫자의 차이만큼 증가 또는 감소하며 채워진다.

2.2.2 문자 데이터

문자가 입력된 셀 선택 후 채우기 핸들로 드래그하면 동일한 문자 데이터가 복사된다.

2.2.3 문자와 숫자 데이터

문자와 숫자로 이루어진 데이터는 숫자만 1씩 증가하게 나타난다.

실습예제 3 "제품매출보고서3" 작성하기

❶ 엑셀을 실행하고 워크시트에 다음과 같이 데이터를 입력한다.

	A	B	C	D	E
1	숫자만	문자	숫자+문자	숫자2개	
2	1	엑셀	제1영업소	1	
3				3	
4					

❷ A2셀을 클릭하고 채우기 핸들을 이용하여 [A10]까지 드래그한다.

	A	B	C	D	E
1	숫자만	문자	숫자+문자	숫자2개	
2	1	엑셀	제1영업소	1	
3	1			3	
4	1				
5	1				
6	1				
7	1				
8	1				
9	1				
10	1				
11					

❸ D2:D3셀을 범위로 선택하고 채우기 핸들을 이용하여 [D7] 셀까지 드래그한다.

	A	B	C	D	E
1	숫자만	문자	숫자+문자	숫자2개	
2	1	엑셀	제1영업소	1	
3	1			3	
4	1			5	
5	1			7	
6	1			9	
7	1			11	
8	1			13	
9	1			15	
10	1			17	
11					

❹ [A2] 셀을 클릭하고 Ctrl를 누른 채 채우기 핸들을 이용하여 [A10]까지 드래그하면 숫자 데이터가 1씩 증가하게 나타난다.

	A	B	C	D	E
1	숫자만	문자	숫자+문자	숫자2개	
2	1	엑셀	제1영업소	1	
3	2			3	
4	3			5	
5	4			7	
6	5			9	
7	6			11	
8	7			13	
9	8			15	
10	9			17	
11					

❺ [C2] 셀을 클릭하고 채우기 핸들을 이용하여 [B10]까지 드래그하면 문자와 숫자로 이루어진 데이터는 숫자만 1씩 증가하게 나타난다.

	A	B	C	D	E
1	숫자만	문자	숫자+문자	숫자2개	
2	1	엑셀	제1영업소	1	
3	2		제2영업소	3	
4	3		제3영업소	5	
5	4		제4영업소	7	
6	5		제5영업소	9	
7	6		제6영업소	11	
8	7		제7영업소	13	
9	8		제8영업소	15	
10	9		제9영업소	17	
11					

❻ [B2] 셀을 클릭하고 채우기 핸들을 이용하여 [B10] 셀까지 드래그한다.

	A	B	C	D	E
1	숫자만	문자	숫자+문자	숫자2개	
2	1	엑셀	제1영업소	1	
3	2	엑셀	제2영업소	3	
4	3	엑셀	제3영업소	5	
5	4	엑셀	제4영업소	7	
6	5	엑셀	제5영업소	9	
7	6	엑셀	제6영업소	11	
8	7	엑셀	제7영업소	13	
9	8	엑셀	제8영업소	15	
10	9	엑셀	제9영업소	17	
11					

2.3 데이터 자동 입력

2.3.1 자동 완성

같은 열에 같은 문자열로 시작하는 셀이 있는 경우에 일치하는 문자를 입력하면 나머지 문자열을 자동으로 입력하는 기능이다.

① 자동으로 기록된 내용을 입력하려면 입력 도중에 Enter 키를 누른다.
② 자동으로 기록된 내용을 무시하고, 새로운 문자열을 입력하려면 입력 도중 Delete 키를 누르고 새로운 내용을 입력한 후 Enter 키를 누른다.
③ 키보드를 사용하여 자동완성 목록을 나타내려면 Alt + ↓ 키를 누른다.
④ 마우스를 사용하여 자동완성 목록을 나타내려면 마우스 오른쪽 단추를 클릭한 후 '목록에서 선택'을 클릭한다.

	A	B	C	D	E
1	영업실적보고서				
2					
3	제1영업소				
4	제1영업소				
5					
6					
7					
8					
9					
10					
11					

2.3.2 자동 입력

① 셀 복사 : [자동채우기 옵션] ⇨ [셀 복사] 선택하면 원본 셀의 내용과 서식이 모두 복사된다.

② 연속 데이터 채우기 : 원본 셀의 서식과 함께 연속된 데이터가 채워진다.

③ 서식만 채우기 : 원본 셀의 서식만 채워진다.

④ 서식 없이 채우기 : 원본 셀의 서식은 제외하고 데이터 내용만 채워진다.

⑤ 빠른 채우기 : 엑셀2013에 새로 추가된 기능으로, 기입력되어 있는 데이터의 패턴을 인식하여 적합한 형태로 데이터가 채워진다.

실습예제 4 "제품매출보고서4" 작성하기

❶ 엑셀을 실행하고 워크시트 A1에 '국보1호' 입력한다.

❷ A1의 채우기 핸들을 이용하여 A10까지 드래그하고 자동 채우기 옵션을 [셀 복사]로 지정한다.

❸ A1의 데이터를 연속 데이터 채우기를 하여 다음과 같이 자동 채우기를 완성한다.

❹ A1:A11 셀까지 데이터를 직접 입력한다.

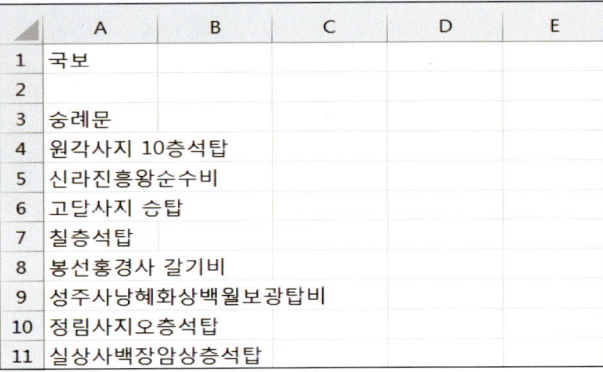

❺ A1셀의 '국보'를 [홈] ⇨ [글꼴]을 이용하여 진하게, 기울임, 글자색 빨강으로 편집한다.

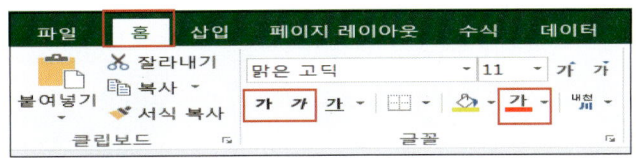

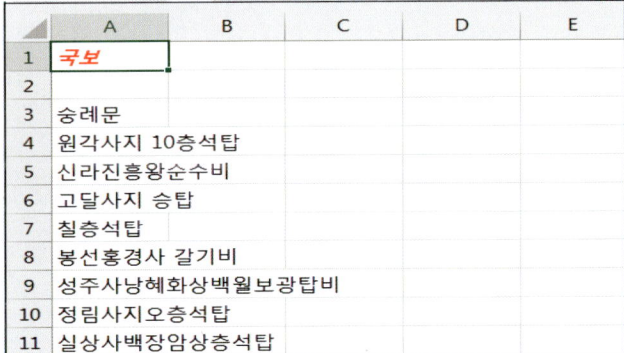

❻ A1의 데이터를 서식만 채우기를 하여 다음과 같이 자동 채우기를 완성한다.

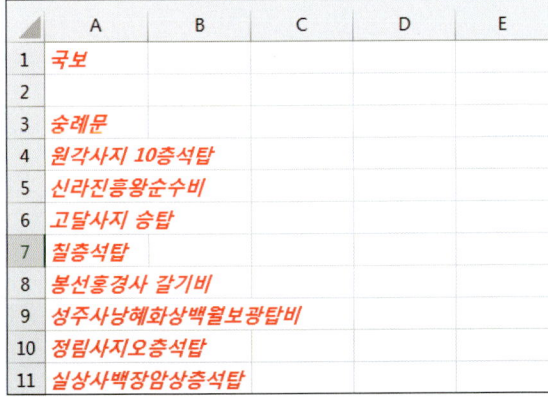
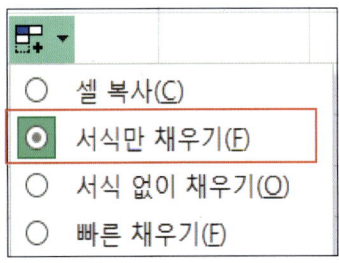

❼ A1셀의 진하게, 기울임, 글자색 빨강 '국보' 데이터를 입력한다.

❽ A1셀의 채우기 핸들을 이용하여 A10까지 드래그하고 자동 채우기 옵션을 [서식 없이 채우기]로 지정하면 다음과 같이 완성된다.

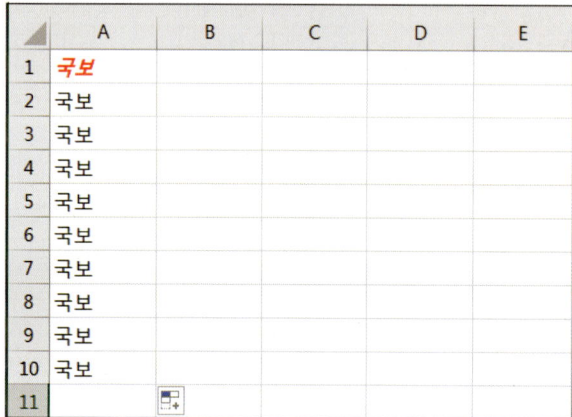
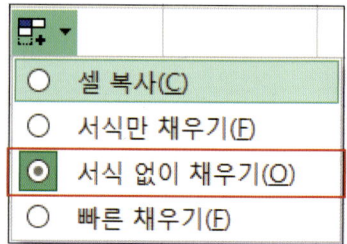

❾ A1:A10, B1셀에 다음과 같이 자료를 입력한다.

❿ B1을 채우기 핸들을 이용하여 B10까지 드래그하고 빠른 채우기 옵션을 지정하면 다음과 같이 완성된다.

	A	B
1	한국 서울	한국
2	그리스 아테네	그리스
3	독일 베를린	독일
4	러시아 모스크바	러시아
5	모나코 모나코	모나코
6	벨기에 브뤼셀	벨기에
7	스위스 베른	스위스
8	스웨덴 스톡홀름	스웨덴
9	영국 런던	영국
10	체코 프라하	체코

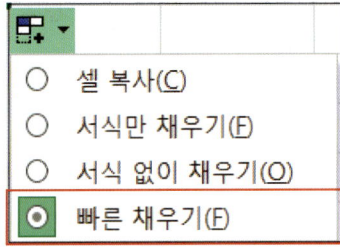

2.4 사용자 지정 목록

자주 사용하는 데이터 목록을 사용자 지정 목록으로 등록하여 데이터 자동 채우기에 이용할 수 있다. 연속 데이터 채우기 기능을 사용할 때, 엑셀에서 기본적으로 제공하는 '1', '2', '3', '4', '5'나 '월', '화', '수', '목', '금' 같은 연속 데이터뿐만 아니라 사용자가 원하는 형태의 연속 데이터 목록을 미리 작성하여 자동 채우기에 사용할 수 있다.

① 데이터를 입력하고 채우기 핸들을 이용하면 다음과 같이 사용자 지정목록으로 자동 채우기 완성

② 영문 데이터도 사용자 지정목록의 자동 채우기로 완성할 수 있다.

③ [파일] ⇨ [옵션] ⇨ [고급] ⇨ [일반] ⇨ [사용자 지정 목록 편집]으로 사용자 지정 목록으로 등록해보자.

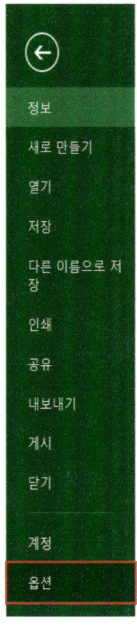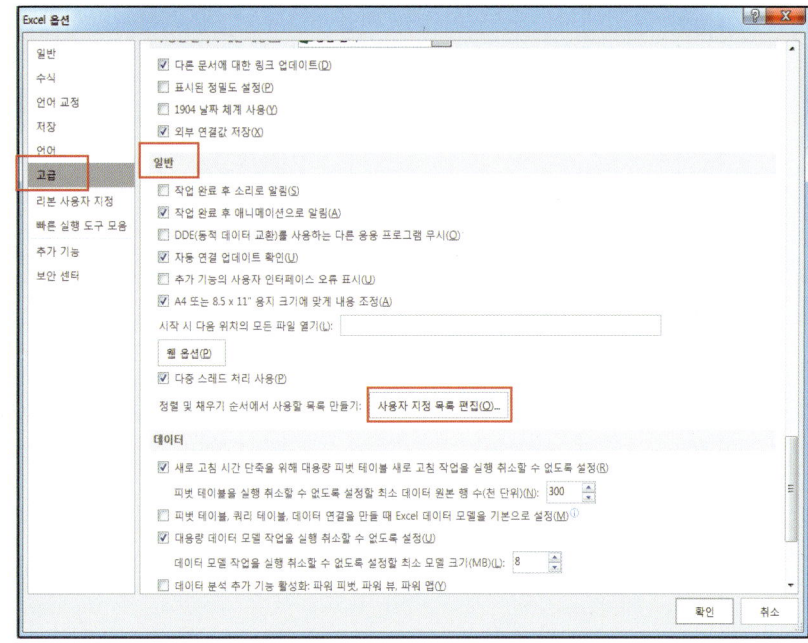

④ 사용자 지정 목록 창이 나타나면 새로운 목록을 추가하기 위해 [사용자 지정 목록]에서 [새 목록]을 클릭한다.

⑤ [목록항목]에 '봄', '여름', '가을', '겨울'을 차례로 입력하고 [추가]를 누른다. [목록 항목]에서 추가하고자 하는 데이터 목록을 Enter⏎로 구분해야 한다.

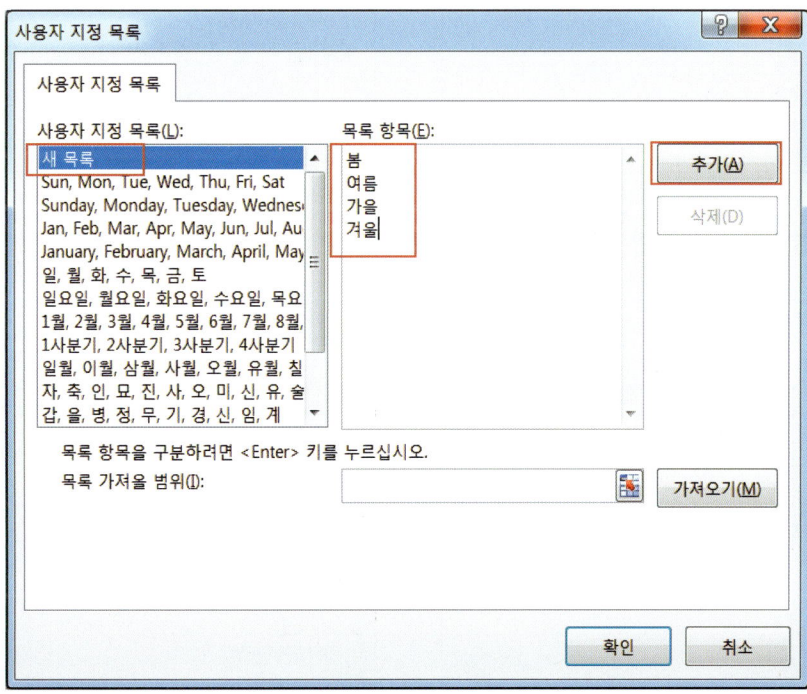

⑥ 위에서 작성한 문서에서 '봄,여름,가을,겨울'의 자동 채우기를 완성해 보자.

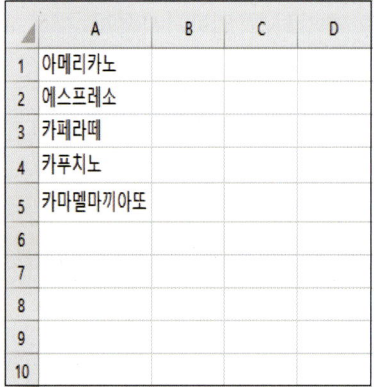 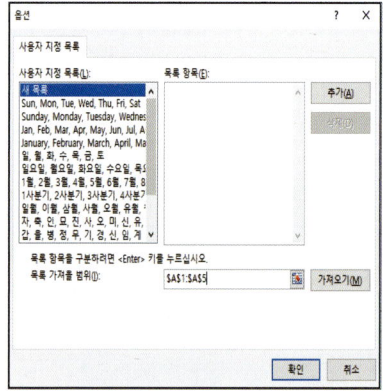

⑦ 연속 데이터를 입력해 놓은 셀 범위를 이용하여 목록 추가 또는 이미 연속 데이터를 입력해 놓은 셀 범위를 [목록 가져올 범위]에서 범위 선택 버튼을 클릭해서 선택한 후 [가져오기]를 클릭한다.

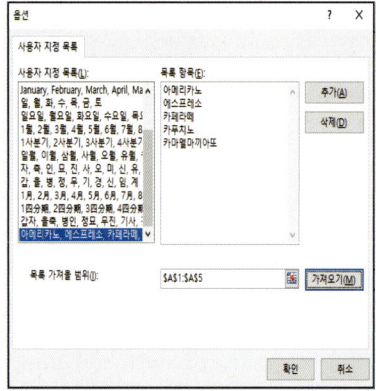 

⑧ [추가]를 클릭하여 입력한 연속 데이터를 목록에 저장한다.

⑨ 추가된 연속 데이터 목록을 삭제하려면 [사용자 지정 목록]에서 해당 목록을 선택한 후 [삭제]를 클릭한다.

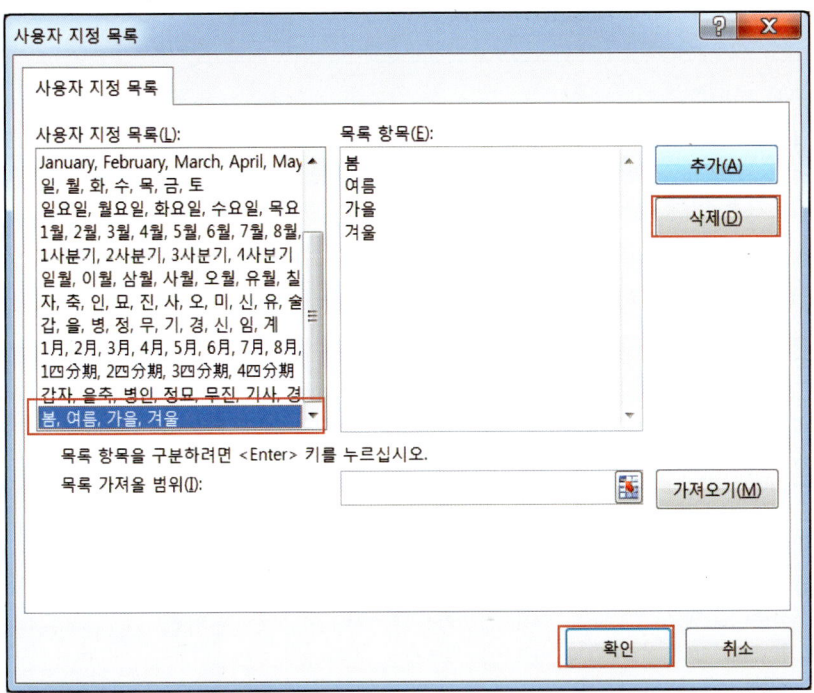

실습예제 5 "세미나 일정" 작성하기

❶ A1:F3셀에 다음과 같이 데이터를 입력한다.

	A	B	C	D	E	F
1	♠세미나 일정♠					
2	날짜	학년	학교	지역	구분	요일
3	3월 20일	1학년	서울 산업대학교	서울	발표	월요일
4						
5						
6						
7						

❷ A3셀에서 채우기 핸들을 이용하여 A6까지 연속데이터 채우기 옵션을 이용하여 완성한다. 같은 방법으로 B3에서 채우기 핸들을 이용하여 B6까지 데이터를 완성한다.

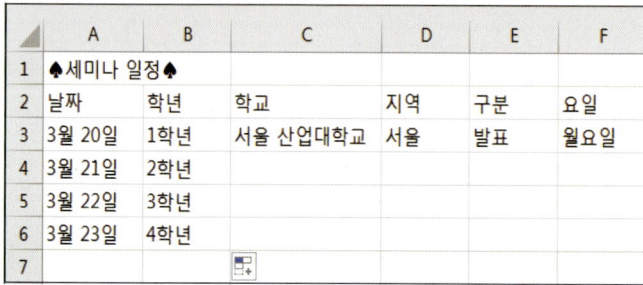 

❸ C3:C6셀에 '서울 산업대학교', '인천 한국대학교', '광주 대한대학교', '부산 해운대학교'를 각각 입력한다.

	A	B	C	D	E	F
1	♠세미나 일정♠					
2	날짜	학년	학교	지역	구분	요일
3	3월 20일	1학년	서울 산업대학교	서울	발표	월요일
4	3월 21일	2학년	인천 한국대학교			
5	3월 22일	3학년	광주 대한대학교			
6	3월 23일	4학년	부산 해운대학교			
7						

❹ C3셀의 '학교'를 글꼴은 휴먼옛체, 진하게로 바꾼다.

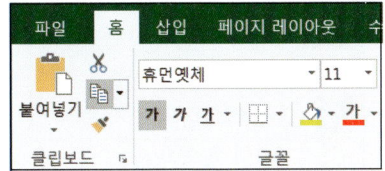

❺ C2셀에서 채우기 핸들을 이용하여 C6셀까지 서식만 채우기 옵션을 이용하여 완성한다.

❻ D3셀에서 채우기 핸들을 이용하여 D6셀까지 빠른채우기 옵션을 이용하여 완성한다.

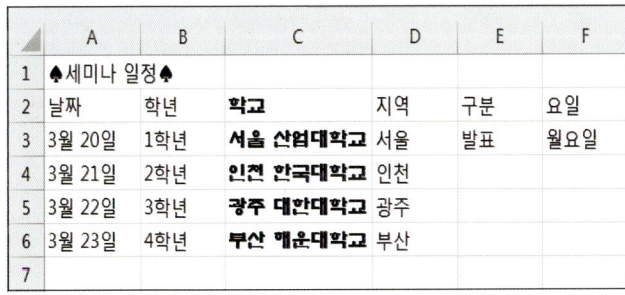 

❼ E3셀에서 채우기 핸들을 이용하여 E6까지 셀 복사 채우기 옵션을 이용하여 완성한다.

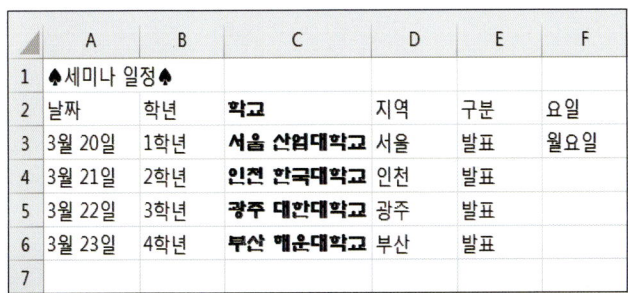 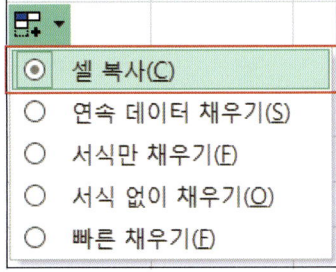

❽ F3:F6셀에 연속데이터 채우기 옵션을 이용하여 작성한다.

	A	B	C	D	E	F
1	♠세미나 일정♠					
2	날짜	학년	학교	지역	구분	요일
3	3월 20일	1학년	서울 산업대학교	서울	발표	월요일
4	3월 21일	2학년	인천 한국대학교	인천	발표	화요일
5	3월 22일	3학년	광주 대한대학교	광주	발표	수요일
6	3월 23일	4학년	부산 해운대학교	부산	발표	목요일
7						

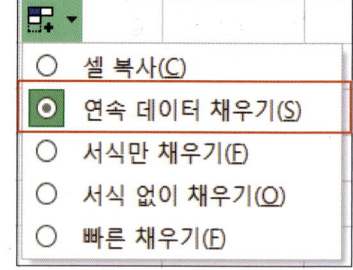

2.5 영역 설정하기

2.5.1 연속 셀 선택

① 셀 영역 안에 포인터를 놓고 드래그한다.
② [Shift]키를 누른 상태에서 방향키를 이동한다.
③ [Shift]키를 누른 상태에서 마지막 셀을 클릭한다.
④ 수식 입력줄의 셀 주소 창에 주소 [B2:E6]를 입력한다.

2.5.2 비연속 셀 영역 선택

① [Ctrl]키를 누른 채 해당 셀을 드래그하거나 클릭한다.
② [F8]키를 누른 후 방향키를 눌러 1차 영역을 설정한 다음 [Shift]+[F8]키를 누른 후 방향키를 눌러 2차 영역 시작 셀을 선택한다. 다시 [F8]키를 누른 후 방향키를 눌러 2차 영역을 설정한다.
③ 계속 반복하여 다음 영역을 설정하고 영역 설정 모드를 해제하려면 방향키를 누르거나 다른 셀을 클릭한다.
④ 수식 입력 줄의 셀 주소 창에 [A1:B5,C5:C10,D5,E2:F10]을 입력한다.

2.5.3 인접 셀 선택

인접한 마지막 셀 선택 : Ctrl+Shift+방향키

2.5.4 행, 열 전체 선택

① 열 머리글이나 행 머리글을 클릭한다.
② 열 머리글이나 행 머리글을 드래그하면 두 개 이상을 선택할 수 있다.

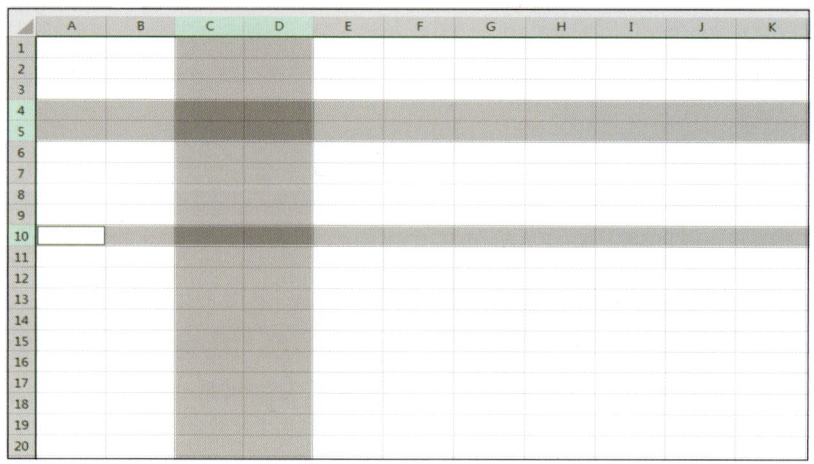

2.5.5 기타 셀 선택

① Ctrl+G 또는 F5키를 누른다.

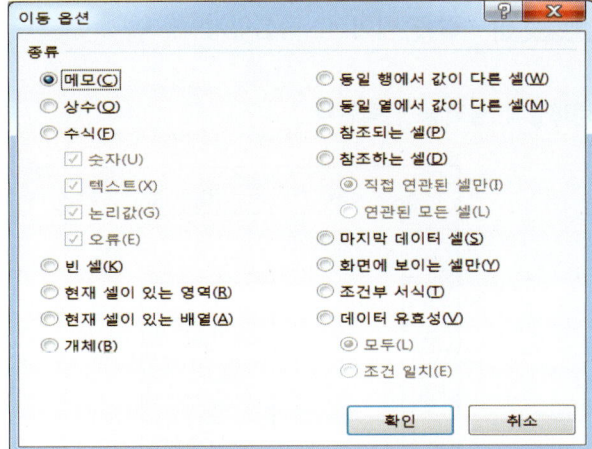

② [옵션] 단추를 클릭하여 원하는 셀을 참조할 수 있다.

③ 메모가 삽입된 셀 선택

④ 상수가 입력된 셀 선택

⑤ 수식이 입력된 셀 선택

⑥ 빈 셀 찾기

2.5.6 같은 데이터 빠르게 입력하기

① 같은 데이터를 입력할 셀들을 선택한다.

② 원하는 값을 입력한 후 Ctrl + Enter↵를 누른다.

실습예제 6 "같은 데이터" 작성하기

❶ B3:B8셀의 영역을 선택한다.

❷ '대학교'를 입력하고 Ctrl+Enter↵를 눌러 선택한 영역에 같은 글자가 입력되도록 한다.

❸ C5, D3, D7, E5 셀을 Ctrl키를 이용하여 영역을 선택한다.

❹ '여름대학교'를 입력하고 [Ctrl]+[Enter↵]키를 눌러 완성한다.

	A	B	C	D	E	F
1						
2						
3		대학교		여름대학교		
4		대학교				
5		대학교	여름대학교		여름대학교	
6		대학교				
7		대학교		여름대학교		
8		대학교				
9						
10						

실습예제 7 "월별 판매 현황" 작성하기

❶ [A1] 셀에 '▶월별 판매 현황◀' 입력하기
❷ [G2] 셀에 '♣서부지사' 입력하기
❸ [B3:F3] 셀에 채우기 핸들을 이용하여 '1월', '2월', '3월', '4월', '5월'을 입력하고 [G3] 셀에 '비고'를 입력하기

	A	B	C	D	E	F	G	H
1	▶월별 판매 현황◀							
2							♣서부지사	
3		1월	2월	3월	4월	5월	비고	
4								
5								
6								
7								
8								
9								
10								

❹ [A4] 셀에 '제1팀'을 입력하고 채우기 핸들을 이용하여 [A9] 셀까지 데이터를 완성하기

	A	B	C	D	E	F	G	H
1	▶월별 판매 현황◀							
2							♣서부지사	
3		1월	2월	3월	4월	5월	비고	
4	제1팀							
5	제2팀							
6	제3팀							
7	제4팀							
8	제5팀							
9	제6팀							
10								

❺ [G4:G9] 사용자지정목록(관리부, 영업부, 총무부)을 이용하여 자료 입력하기

	A	B	C	D	E	F	G	H
1	▶월별 판매 현황◀							
2							♣서부지사	
3		1월	2월	3월	4월	5월	비고	
4	제1팀	2410	2100	2250	2200	3100	관리부	
5	제2팀	1780	1650	1800	2100	1950	영업부	
6	제3팀	2010	2000	2100	2040	2250	총무부	
7	제4팀	1650	1750	1800	2050	3000	관리부	
8	제5팀	2060	1990	2000	2300	1950	영업부	
9	제6팀	1550	1950	2000	2400	2000	총무부	
10								

CHAPTER 02

연습문제 1. 월별판매현황

	A	B	C	D	E	F	G	H	I
1									
2		▶월별 판매 현황◀							
3							作成日	2020-03-25	
4							♣참조	서부지사 관리팀장	
5			1월	2월	3월	4월	5월	합계	
6		1팀	2410	2100	2250	2200	3100		
7		2팀	1780	1650	1800	2100	1950		
8		3팀	2010	2000	2100	2040	2250		
9		합계							
10		평균							
11									

1. 새 워크시트 [B2], [G4]에 특수문자가 포함된 데이터를 작성하시오.

2. [G3] '작성일'을 한자로 바꾸시오.

3. [H4]에 '서부지사 관리팀장'을 두 줄로 입력하시오.

4. [C5:G5], [B6:B8] 자동채우기 기능을 이용하여 데이터를 작성하시오.

CHAPTER 02

연습문제 2. 당직 보고서

	A	B	C	D	E	F	G	H	I
1	◆당직 보고서◆								
2		월요일	화요일	수요일	목요일	금요일	토요일	일요일	
3	영업1부	ⓐ	근무	ⓐ	근무	ⓐ			
4	영업2부	ⓐ	근무	ⓐ	근무	ⓐ			
5	관리1부	근무	ⓑ	근무	ⓑ	근무			
6	관리1부	근무	ⓑ	근무	ⓑ	근무			
7	공정1부	교육	현장교대	교육	현장교대	ⓒ			
8	공정2부	ⓒ	현장교대	교육	현장교대	교육			
9									
10									

1. 새 워크시트에 다음과 같이 당직 보고서를 작성하시오.

2. 연속 셀 선택과 비 연속 셀 선택을 이용하여 데이터를 입력하시오.

CHAPTER 03
문서 데이터 편집
제품 매출 보고서 만들기

3.1 행/열 삽입하고 삭제하기

3.2 행 높이/열 너비 조절

3.3 행/열 숨기기 및 해제

3.4 셀 데이터 이동

3.5 셀 데이터 복사하고 붙여넣기

3.6 셀 데이터 선택하여 붙여넣기

3.7 셀 범위를 복사하여 그림으로 붙여넣기

3.8 Sheet 관리하기

3.9 Sheet 편집

3.10 데이터 찾기/바꾸기

3.1 행/열 삽입하고 삭제하기

3.1.1 행/열 삽입

① 삽입하려는 행/열 머리글을 선택하고 오른쪽 단추를 클릭한다.
② [삽입]을 실행한다.

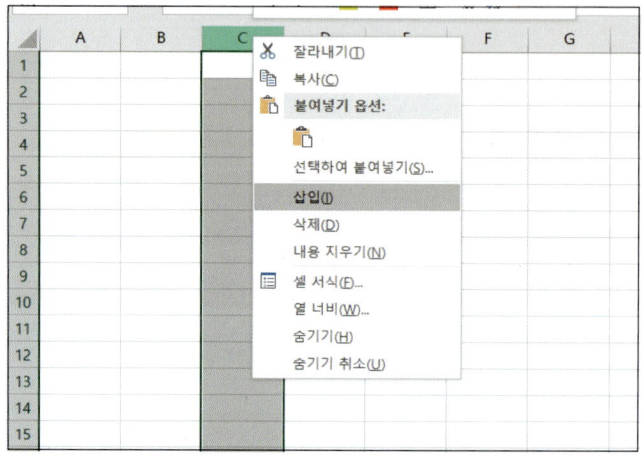

여러 개의 행/열 머리글을 선택한 후 [삽입]을 실행하면 선택한 행/열의 개수만큼 삽입된다. - 다중 행/열 삽입

3.1.2 행/열 삭제

① 삭제하려는 행/열 머리글을 선택하고 오른쪽 단추를 클릭한다.
② [삭제]를 실행한다.

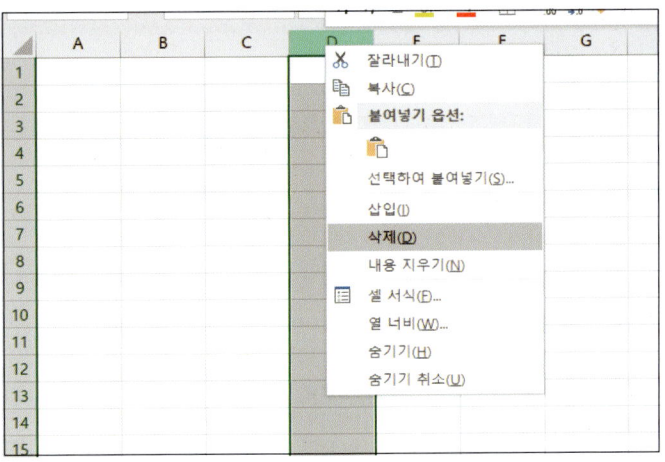

여러 개의 행/열 머리글을 선택한 후 [삭제]를 실행하면 선택한 행/열의 개수만큼 모두 삭제된다. - 다중 행/열 삭제

3.2 행 높이/열 너비 조절

3.2.1 행 높이 조절

(1) 마우스를 드래그해서 조절하기

① 마우스를 이용하여 조절하려는 행 머리글 아래 경계선을 드래그하면 마우스 포인터를 따라 셀 영역에 점선이 함께 이동한다.
② 조절될 행의 높이가 나타나게 된다.

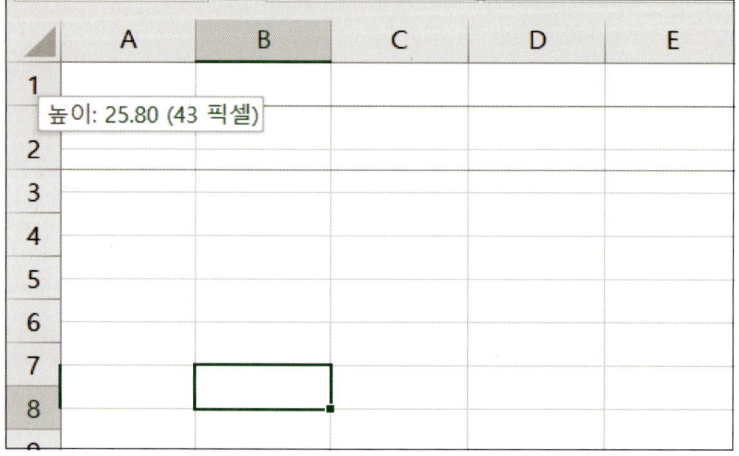

(2) 서식 메뉴를 이용해서 조절하기

① [홈] ⇨ [서식] ⇨ [행 높이]를 실행한다.
② 높이 값을 입력하고 [확인]을 클릭한다.

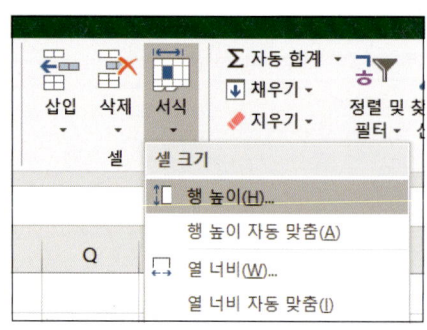
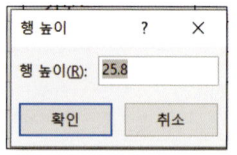

마우스를 이용하여 조절하려는 행 머리글에서 오른쪽 버튼을 클릭하여 행 높이를 클릭해도 같은 [행 높이]가 실행된다.

(3) 행 높이 자동 조절하기

① 행 머리글 경계선을 더블클릭한다 - 마우스 이용
② [홈] ⇨ [서식] ⇨ [행 너비 자동 맞춤] - 메뉴 이용

행에 입력된 데이터 중 가장 큰 글꼴이 지정된 셀의 높이에 맞춰 자동 조절된다.

3.2.2 열 너비 조절

(1) 마우스를 드래그해서 조절하기

① 마우스를 이용하여 조절하려는 열 머리글 오른쪽 경계선을 드래그하면 마우스 포인터를 따라 셀 영역에 점선이 함께 이동한다.
② 조절될 열의 너비가 나타나게 된다.

(2) 서식 메뉴를 이용해서 조절하기

① [홈] ⇨ [서식] ⇨ [열 너비]를 실행한다.
② 너비 값을 입력하고 [확인]을 클릭한다.

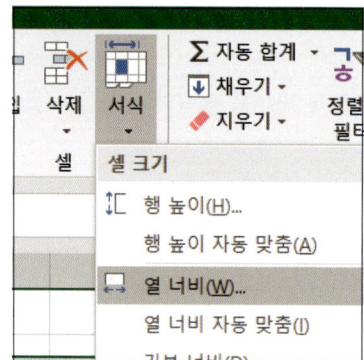
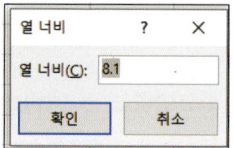

> **Tip**
> 마우스를 이용하여 조절하려는 열 머리글에서 오른쪽 버튼을 클릭하여 열 너비를 클릭해도 같은 [열 너비]가 실행된다.

(3) 열 너비 자동 조절하기

① 열 머리글 경계선을 더블클릭한다 - 마우스 이용
② [홈] ⇨ [서식] ⇨ [열 너비 자동 맞춤] - 메뉴 이용

> **Tip**
> 열에 입력된 데이터 중 가장 큰 글꼴이 지정된 셀의 높이에 맞춰 자동 조절된다.

3.3 행/열 숨기기 및 해제

3.3.1 행/열 숨기기

(1) 열 숨기기

① C열 머리글과 D열 머리글을 영역으로 설정한다.
② 오른쪽 버튼을 클릭한 후 [숨기기]를 누른다.

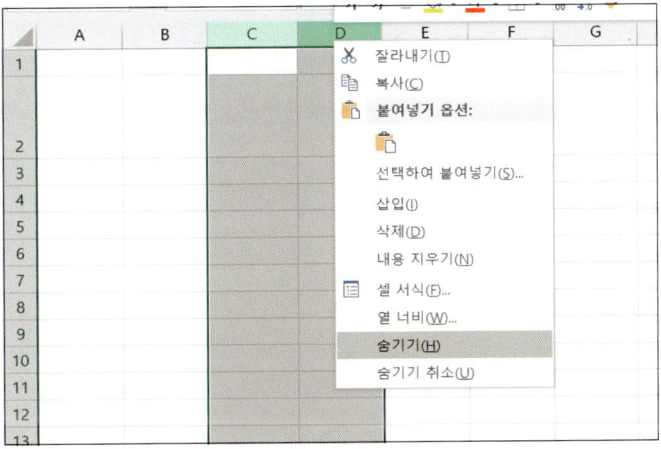

(2) 행 숨기기

① 2열 머리글과 3열 머리글을 영역으로 설정한다.
② 오른쪽 버튼을 클릭한 후 [숨기기]를 누른다.

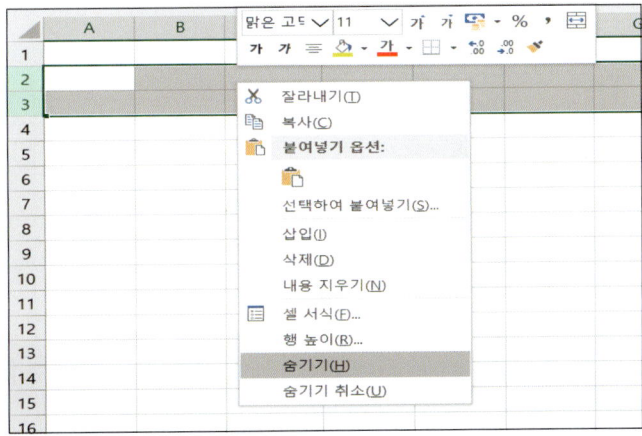

숨기기 기능은 행 또는 열을 화면에서 보이지 않도록 하는 것이므로 삭제하는 것과는 다르다. 숨겨진 셀을 참조하는 다른 셀의 계산식에는 전혀 영향을 주지 않는다.

3.3.2 행/열 숨기기 해제

(1) 메뉴 이용

① 숨겨진 행/열의 좌우에 있는 행/열을 선택한다.
② [홈] ⇨ [서식] ⇨ [숨기기 및 숨기기 취소] ⇨ [행/열 숨기기 취소]를 누르면 감춰진 행/열들이 다시 나타난다.

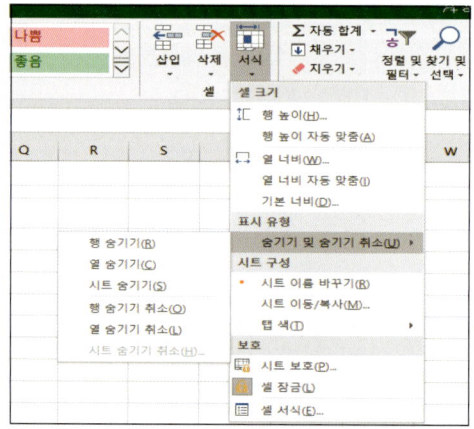

(2) 오른쪽 버튼 이용

① 숨겨진 행/열의 좌우에 있는 행/열을 선택한다.
② 오른쪽 버튼 클릭 [숨기기 취소] 클릭

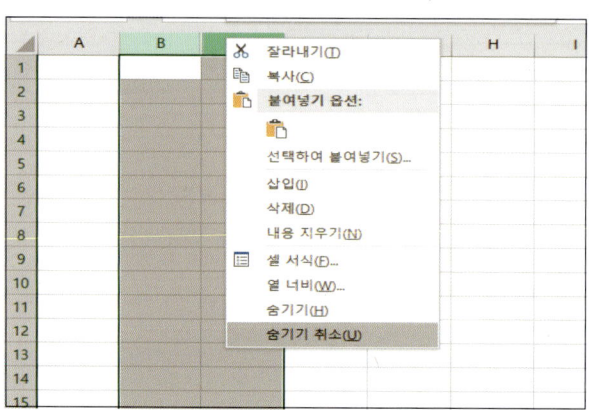

3.4 셀 데이터 이동

3.4.1 마우스를 이용하여 셀 데이터 이동하기

① 마우스를 이용하여 이동하려는 셀 영역을 선택한다.
② 선택된 영역의 모서리에 셀 포인터를 놓는다.
③ 왼쪽 버튼을 누른 상태에서 드래그하여 이동할 위치에 놓는다.

이동하려는 위치에 다른 데이터가 입력되어 있다면 '셀의 내용을 바꾸겠습니까?'라는 메시지 상자가 나타난다. 이때 [확인] 단추를 누르면 기존의 셀 영역에 있는 데이터가 사라지고 이동된 데이터 내용을 수정되어진다.

3.5 셀 데이터 복사하고 붙여넣기

3.5.1 셀 데이터 복사하기

마우스로 복사할 셀 영역을 지정한 후 아래의 방법을 사용하여 복사한다.

① 단축키 Ctrl+C
② [마우스 오른쪽 단추] ⇨ [복사]
③ [홈] ⇨ [클립보드] ⇨ 복사 아이콘 클릭

3.5.2 셀 데이터 붙여넣기

붙여 넣을 셀 위치를 지정한 후 아래의 방법을 사용하여 붙여넣기를 한다.

① 단축키 Ctrl+V
② [마우스 오른쪽 단추] ⇨ [붙여넣기]
③ [홈] ⇨ [클립보드] ⇨ 붙여넣기 아이콘 클릭
- [붙여넣기]는 선택된 셀의 서식, 메모, 내용 등을 모두 붙여넣기를 할 수 있다.

3.6 셀 데이터 선택하여 붙여넣기

3.6.1 선택하여 붙여넣기

① 복사할 셀 영역을 선택한 후 [마우스 오른쪽 버튼] ⇨ [복사]를 클릭
② 붙여넣기를 할 셀에서 [마우스 오른쪽 버튼] ⇨ [선택하여 붙여넣기] 클릭

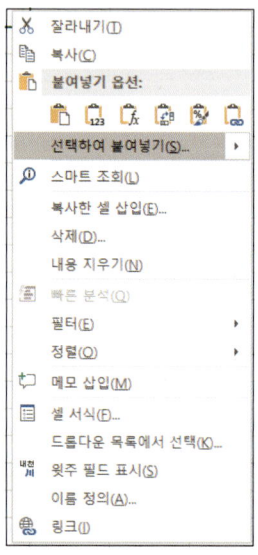

③ [선택하여 붙여넣기]에서 복사할 항목을 선택하고 [확인] 버튼 클릭

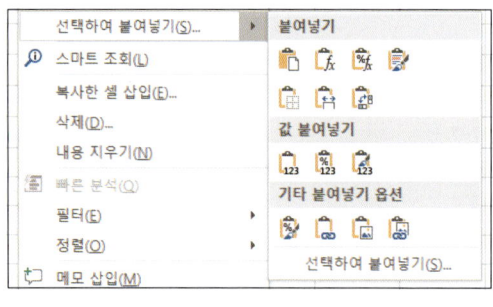 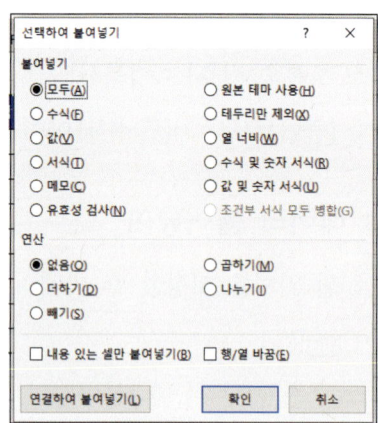

- [붙여넣기]는 선택된 셀의 내용과 서식, 메모 등을 한꺼번에 복원하지만 [선택하여 붙여넣기]는 클립보드에 있는 내용을 선택적으로 붙여넣기한다.

| 실습예제 1 | "1학기 교양 수강과목" 작성하기 |

❶ 엑셀을 실행하고 워크시트에 다음과 같이 데이터를 입력한다.

	A	B	C	D	E	F
1	1학기 교양 수강 과목					
2						
3	과목코드	과목명	강의요일	강의실		
4	A-1	엑셀	월/수	인228		
5	A-3	그래픽활용	화/목	인229		
6	B-1	댄스스포츠	수/금	차301		
7	B-2	대학영어회화	화	대102		
8						

❷ C열 머리글에서 [마우스 오른쪽 버튼] ➪ [삽입]을 선택한다.

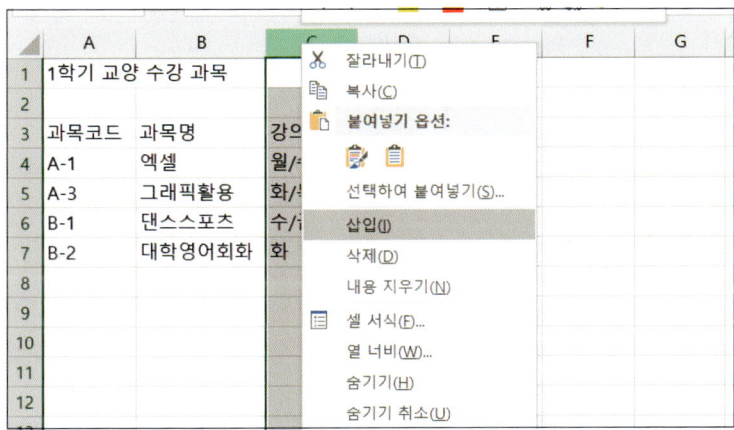

❸ 삽입된 C열에 다음과 같이 입력한다.

	A	B	C	D	E	F
1	1학기 교양 수강 과목					
2						
3	과목코드	과목명	담당교수	강의요일	강의실	
4	A-1	엑셀	이소연	월/수	인228	
5	A-3	그래픽활용	김영식	화/목	인229	
6	B-1	댄스스포츠	강윤호	수/금	차301	
7	B-2	대학영어회화	김경빈	화	대102	
8						

❹ B열 머리글에서 오른쪽 버튼 클릭 ➪ 열너비(W) ➪ 14를 입력한다.

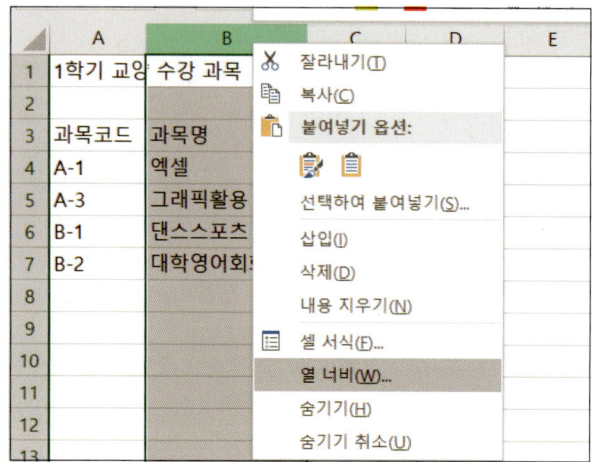
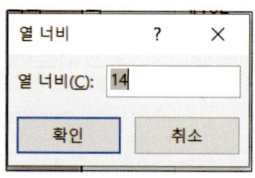

❺ C열 머리글을 선택하고 [마우스 오른쪽 버튼] ➪ [숨기기]

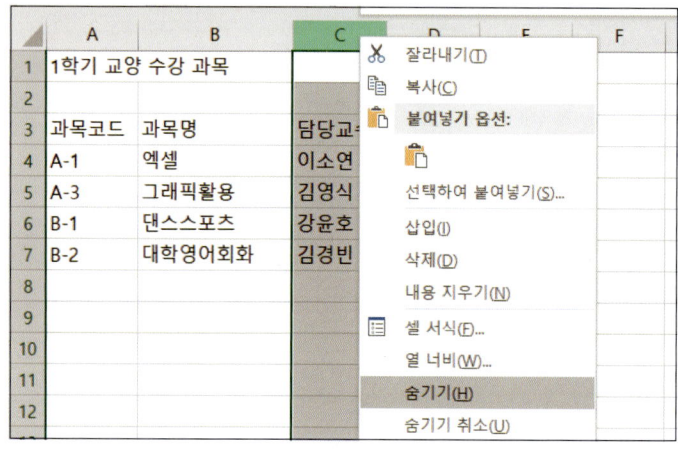

❻ "1학기 교양 수강 과목.xlsx"로 저장한다.

실습예제 2 | "제품매출보고서" 작성하기

❶ "제품매출보고서.xlsx" 파일을 불러온 후 D열 머리글과 E열 머리글 사이에 새로운 열 삽입하기

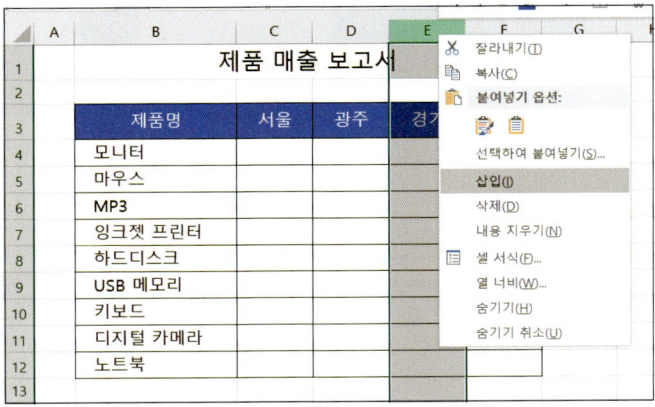

❷ E3셀에 "부산" 입력하기

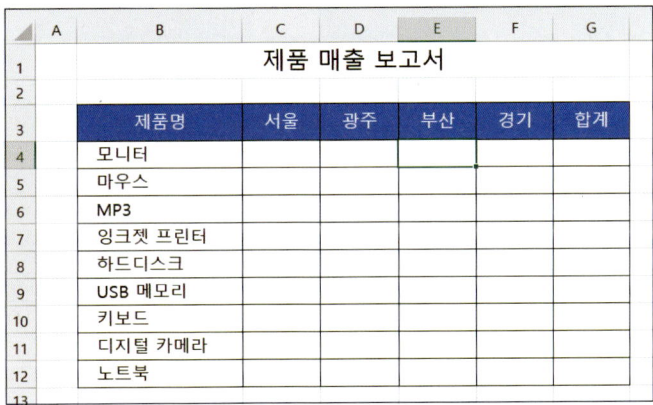

❸ 서울, 광주, 부산, 경기 셀 너비를 10으로 조절하기

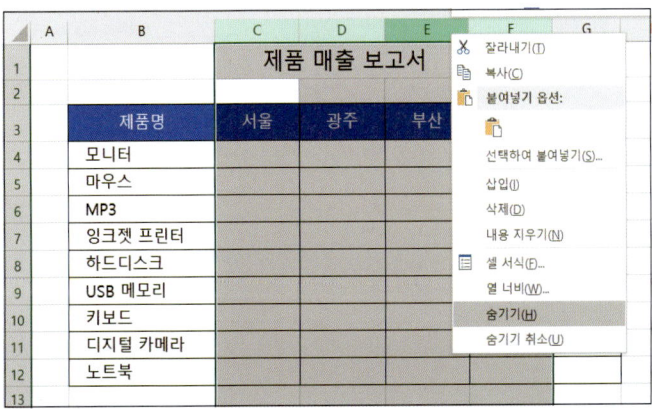

CHAPTER 03 문서 데이터 편집 **73**

❹ D열 숨기기

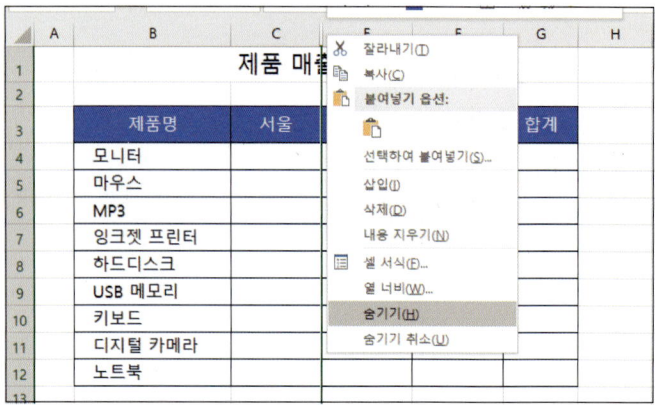

❺ B3:G12셀을 복사해서 I3셀에 붙여넣기

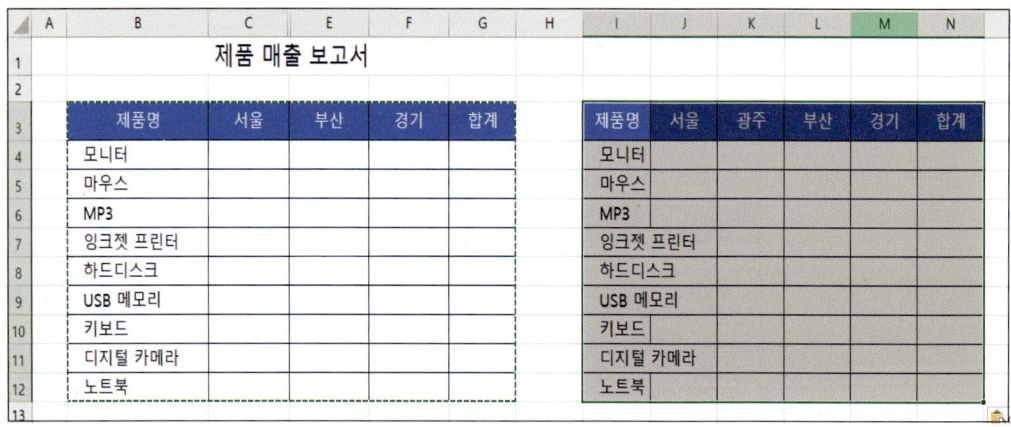

❻ B1:G12셀을 복사해서 I3셀에 값만 선택하여 붙여넣기

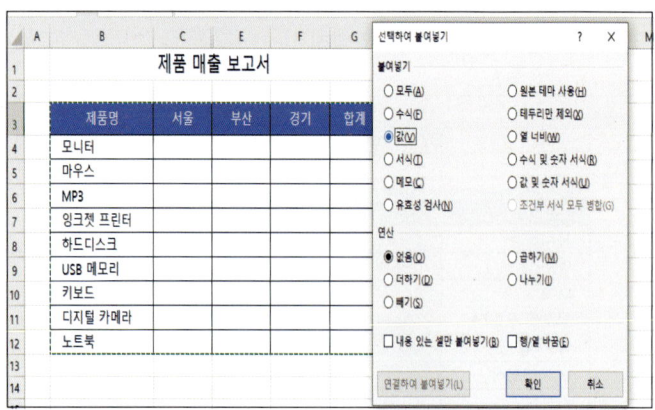

❼ B1:G12셀을 복사해서 I3셀에 행/열 바꿈 선택하여 붙여넣기

	제품명	서울	부산	경기	합계		제품명	모니터	마우스	MP3	잉크젯	하드디:	USB 메	키보드	디지털	노트북
		제품 매출 보고서														
	모니터						서울									
	마우스						광주									
	MP3						부산									
	잉크젯 프린터						경기									
	하드디스크						합계									
	USB 메모리															
	키보드															
	디지털 카메라															
	노트북															

❽ "제품매출보고서-완성.xlsx" 파일로 저장한다.

3.7 셀 범위를 복사하여 그림으로 붙여넣기

3.7.1 그림으로 붙여넣기

① 복사할 셀 영역을 선택한 후 [마우스 오른쪽 버튼] ⇨ [복사]를 클릭
② 붙여넣기를 할 셀에서 [마우스 오른쪽 버튼] ⇨ [기타 붙여넣기 옵션] 클릭

③  [그림] 아이콘 선택

- [그림으로 붙여넣기]는 셀의 영향을 받지 않고 이미지나 도형처럼 원하는 위치 어디에나 가져다 둘 수 있다.
- [그림으로 붙여넣기]는 복사한 셀의 데이터를 수정해도 그림으로 붙여놓은 데이터는 영향을 받지 않는다.

3.7.2 연결된 그림으로 붙여넣기

① 복사할 셀 영역을 선택한 후 [마우스 오른쪽 버튼] ⇨ [복사]를 클릭
② 붙여넣기를 할 셀에서 [마우스 오른쪽 버튼] ⇨ [기타 붙여넣기 옵션] 클릭

③ [연결된 그림] 아이콘 선택

- [연결된 그림으로 붙여넣기]는 복사한 셀의 데이터를 수정하면 그림으로 붙여놓은 데이터도 같이 수정된다.

| 실습예제 3 | 그림으로 붙여넣기 기능을 이용하여 "달력" 만들기 |

❶ 엑셀을 실행하고 Sheet1에 다음과 같이 데이터를 입력한다.

	A	B	C	D	E	F	G	H
1				1월				
2	월	화	수	목	금	토	일	
3							1	
4	2	3	4	5	6	7	8	
5	9	10	11	12	13	14	15	
6	16	17	18	19	20	21	22	
7	23	24	25	26	27	28	29	
8	30	31						
9								

❷ Sheet2에 다음과 같이 입력한다.

	A	B	C	D	E	F	G	H
1				2월				
2	월	화	수	목	금	토	일	
3			1	2	3	4	5	
4	6	7	8	9	10	11	12	
5	13	14	15	16	17	18	19	
6	20	21	22	23	24	25	26	
7	27	28						
8								

❸ Sheet1에 A:G열에서 [마우스 오른쪽 버튼] ⇨ [열너비] ⇨ 3을 입력한다.

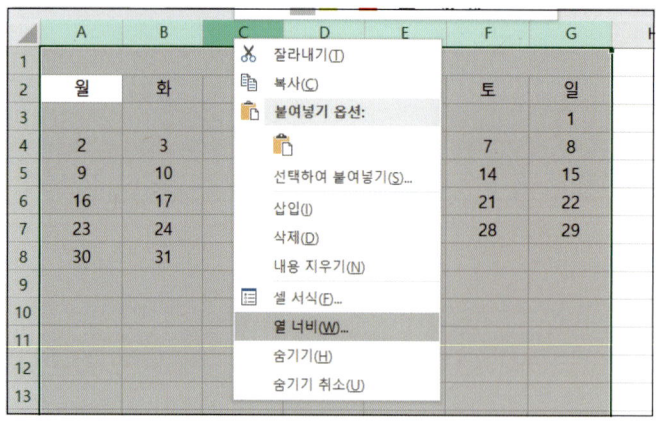
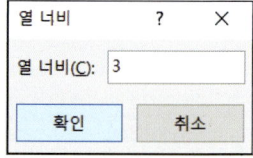

❹ Sheet2에서 1행 머리글에서 [마우스 오른쪽 버튼] ➪ [행높이] ➪ "100" 입력한다.

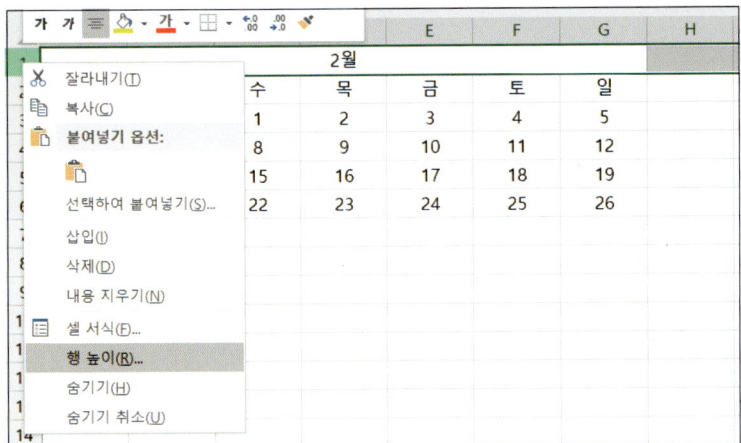
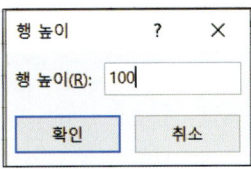

❺ Sheet1에서 A1:G8 데이터 내용에서 [마우스 오른쪽 버튼] ➪ [복사]를 선택한다.

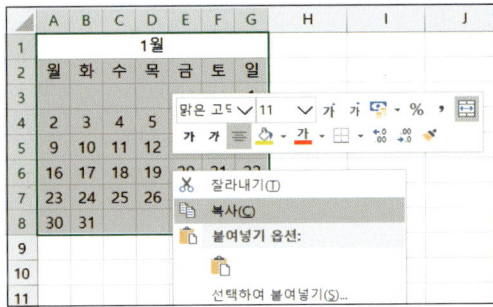

❻ Sheet2에서 A1셀에서 [마우스 오른쪽 버튼] ➪ [선택하여 붙여넣기] ➪ [그림]을 선택한다.

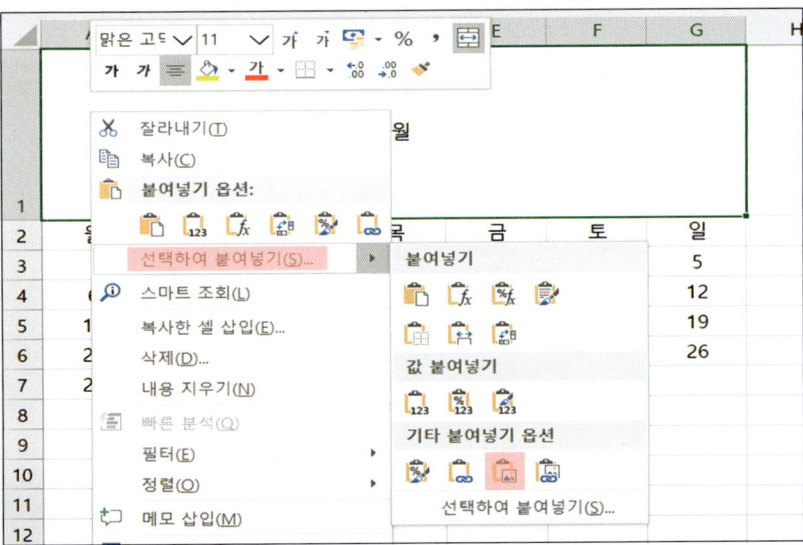

❼ 그림으로 붙여진 1월 달력을 적당한 사이즈로 조절한다.

❽ "달력.xlsx" 파일로 저장한다.

실습예제 4   "제품매출결재보고서" 그림으로 붙여넣기 기능 활용하기

❶ "제품매출보고서.xlsx" 파일을 불러온 후 2행과 3행 사이에 새로운 열 2개 삽입하기

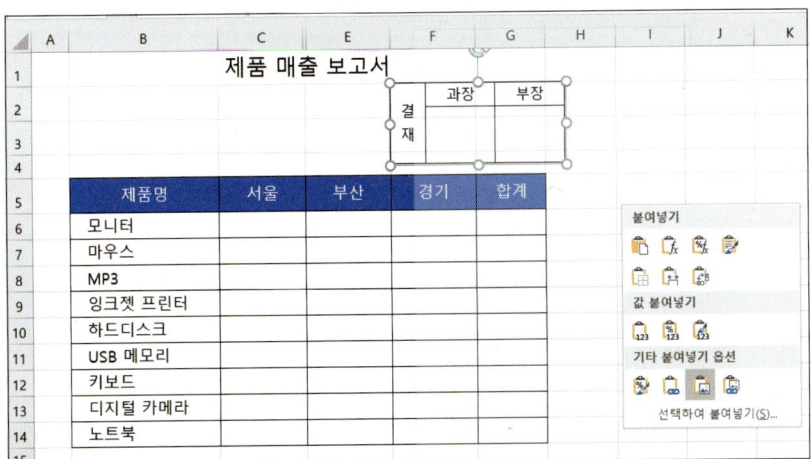

❷ [Sheet2]에 결재란 만들기

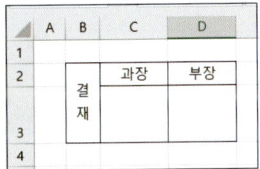

❸ 결재란을 복사해서 [제품매출보고서] F2셀에 그림으로 붙여넣기

❹ 결재란을 크기조절 및 위치 맞추기

❺ "제품매출보고서-결재란.xlsx" 파일로 저장한다.

3.8 Sheet 관리하기

3.8.1 Sheet 이름 바꾸기

① 이름을 바꿀 Sheet 선택 [마우스 오른쪽 버튼] ➪ [이름바꾸기] 클릭

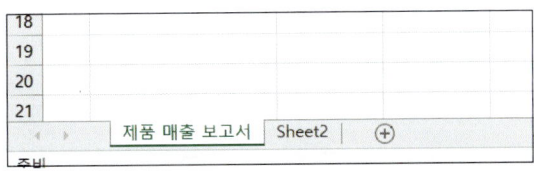

② 변경할 이름 "제품매출보고서"를 입력하고 Enter↵

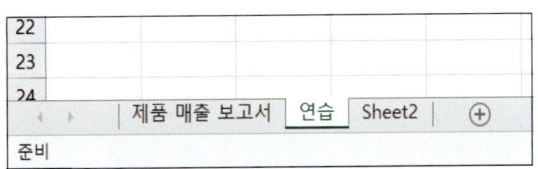

• Sheet1에서 더블클릭해도 이름 바꿀 수 있는 상태로 변경된다.

3.8.2 Sheet 삽입하기

① 마지막 Sheet옆 ⊕ 아이콘 클릭 ➪ 추가한 Sheet이름 "연습"을 입력하고 Enter↵

3.8.3 Sheet 삭제하기

① 삭제할 "연습" Sheet에서 [마우스 오른쪽 버튼] ➪ [삭제] 클릭

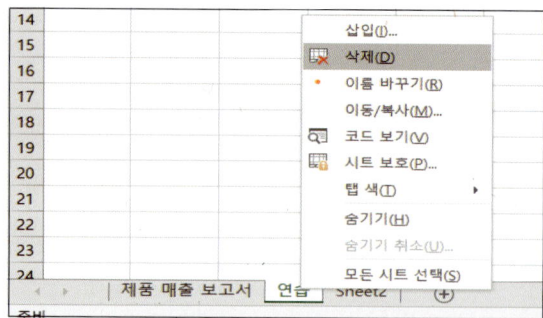

② 삭제할 Sheet에 데이터가 입력되어 있다면 아래와 같은 경고창이 나타난다. 이때 영구 삭제할 Sheet라면 [삭제] 버튼 클릭한다.

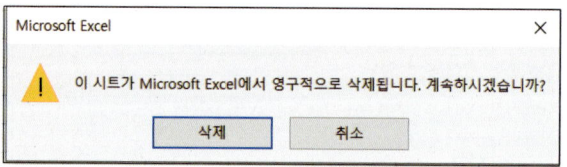

3.8.4 Sheet 복사/이동하기

① 복사할 Sheet에서 [마우스 오른쪽 버튼] ➪ [이동/복사(M)] 선택한다.

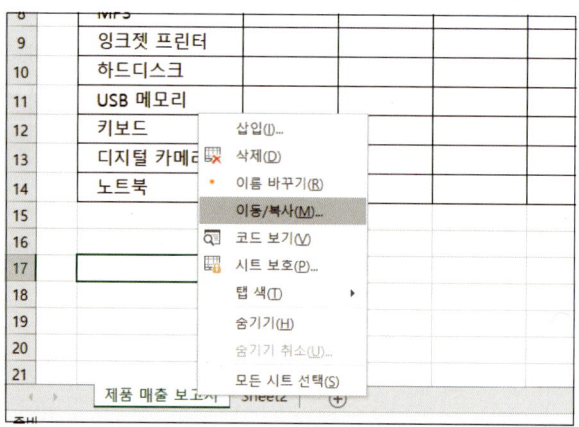

② 현재 통합 문서에 복사할 것인지 다른 통합문서 파일에 복사할 것인지를 선택한다.

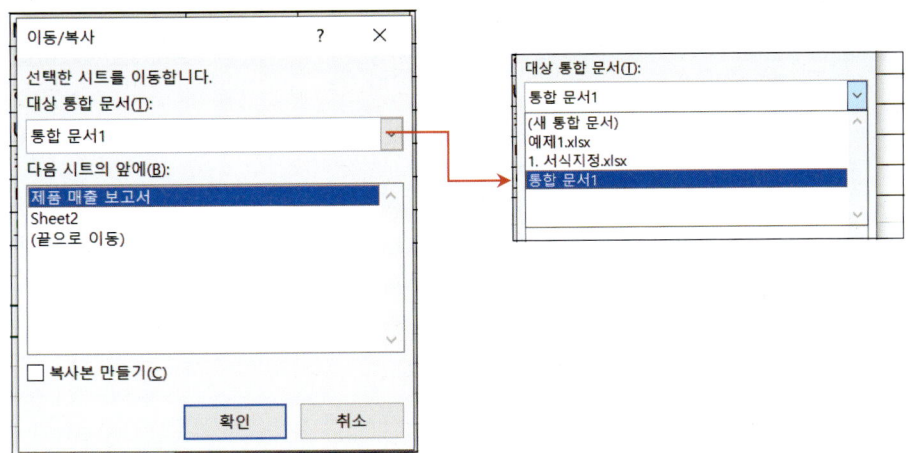

③ 아래 [확인] 버튼을 클릭한다. 이때 ☐복사본 만들기(C) 앞에 체크표시를 하지 않으면 [이동]이 되며, ☑복사본 만들기(C) 체크 표시를 하면 복사가 된다.

3.9 Sheet 편집

3.9.1 여러 Sheet 한꺼번에 편집하기

① Sheet를 추가하여 5개의 Sheet를 만든다. 만들어 놓은 Sheet중 "Sheet1", "Sheet3", "Sheet4"를 Ctrl키나 Shift키를 이용하여 선택하기

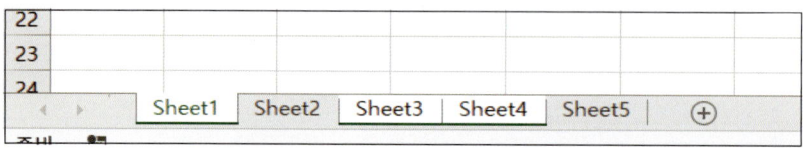

② Sheet1을 선택하고 B2셀에 "한영대학교"를 입력한 후 Enter↵

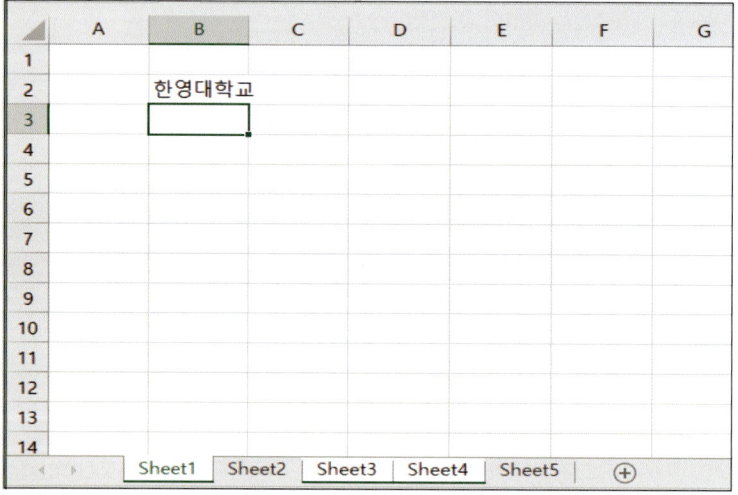

③ "Sheet1", "Sheet3", "Sheet4"의 B2셀에 "한영대학교"가 한꺼번에 입력된다.

3.10 데이터 찾기/바꾸기

3.10.1 데이터 찾기

① [홈] ⇨ [찾기 및 선택] ⇨ [찾기] 클릭한다.

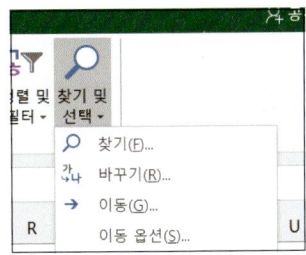

② 찾기 바꾸기 창에서 찾을 내용을 입력한다([옵션] 버튼을 클릭하면 다양한 항목을 선택가능하다.).

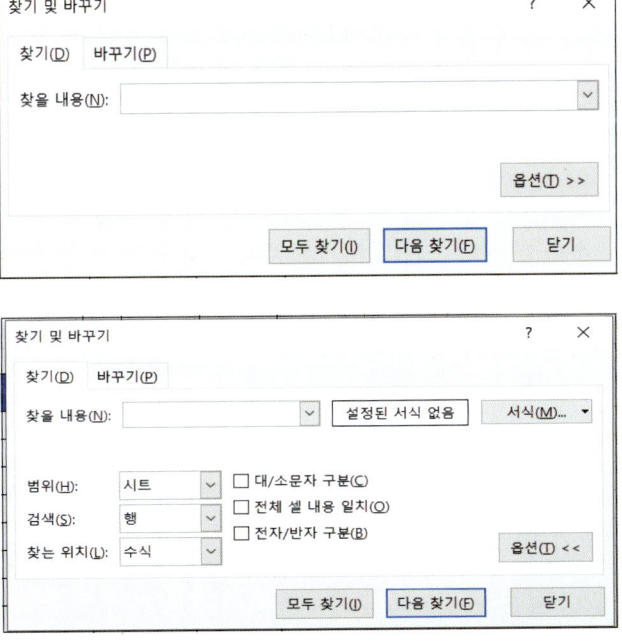

③ 다음 찾기(F) 버튼을 클릭하면 찾을 내용이 있는 셀로 셀 포인터를 이동시켜 준다.

- 단축키를 이용해도 [찾기 및 바꾸기] 창을 불러 올 수 있다(Ctrl+F).

3.10.2 데이터 바꾸기

① [홈] ⇨ [찾기 및 선택] ⇨ [바꾸기] 클릭한다.

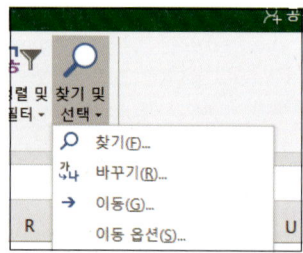

② 찾기 및 바꾸기 창에서 [찾을 내용]과 [바꿀 내용]을 입력한다([옵션] 버튼을 클릭하면 다양한 항목을 선택가능하다.).

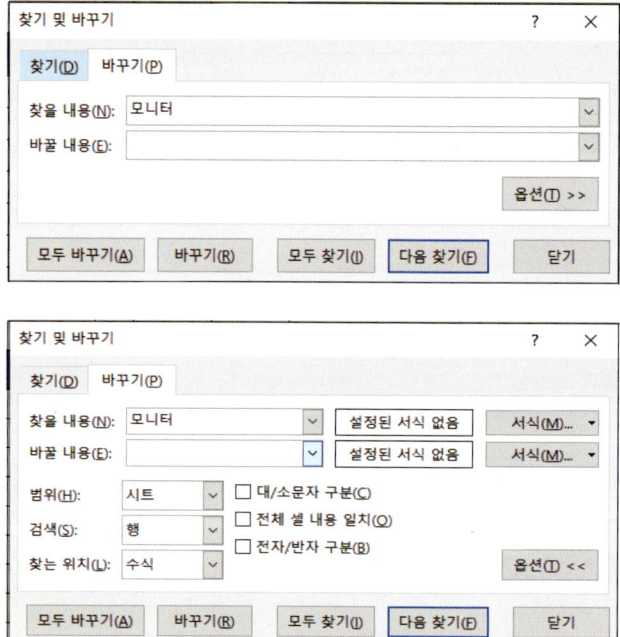

③ 모두 바꾸기(A) 버튼 또는 바꾸기(R) 버튼을 클릭하면 셀 데이터 내용을 바꿀 수 있다.

• 단축키를 이용해도 [찾기 및 바꾸기] 창을 불러 올 수 있다(Ctrl+F4).

| 실습예제 5 | "달력" 완성하기

❶ "달력.xlsx" 파일을 불러온다.
❷ Sheet1에서 [마우스 오른쪽 버튼] ⇨ [이름 바꾸기] 선택 ⇨ "1월"로 Sheet1 이름을 변경한다.
❸ Sheet2에서 [마우스 오른쪽 버튼] ⇨ [이름 바꾸기] 선택 ⇨ "2월"로 Sheet2 이름을 변경한다.

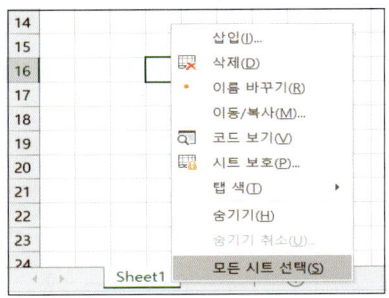
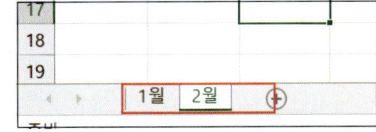

❹ 1월 Sheet에서 [마우스 오른쪽 버튼] ⇨ [이동/복사(M)] ⇨ (끝으로 이동) ⇨ 복사본 만들기
☑ 복사본 만들기(C) 앞에 체크 ⇨ [확인] 클릭 ⇨ 새로 생긴 Sheet이름을 "3월"로 바꿔준다.

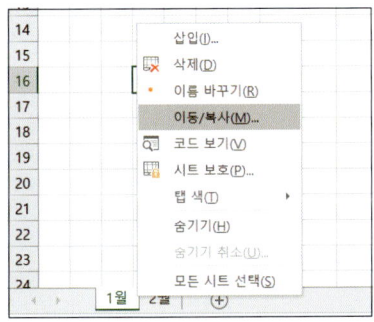
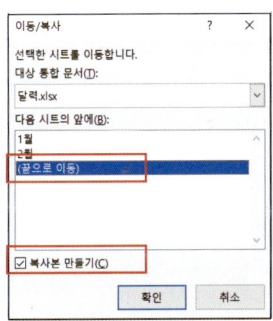
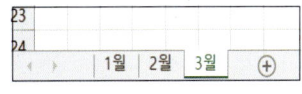

❺ 3월 Sheet에 A1:G8 데이터 내용을 3월 달력으로 수정하고 수정된 A1:G8 범위를 복사한 후 2월 Sheet에 그림으로 붙여 넣는다.

❻ "달력완성.xlsx" 파일로 저장한다.

| 실습예제 6 | "제품매출보고서" 찾기 및 바꾸기 기능으로 편집하기 |

❶ "제품매출 보고서-결재란.xlsx" 파일 불러와서 "잉크젯 프린터"를 찾기
❷ "잉크젯 프린터"를 "레이저 프린터"로 바꾸기

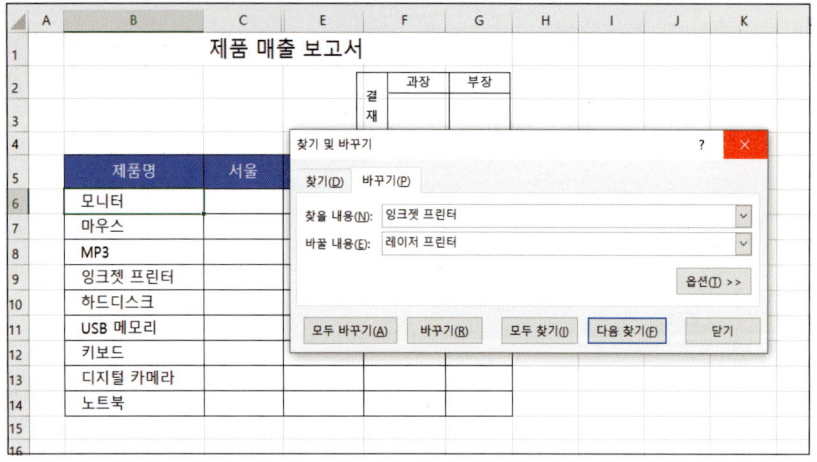

CHAPTER 03

연습문제 **지역별 판매현황**

결과

1. "지역별 판매현황.xlsx" 파일을 불러온 후 Sheet1이름을 '지역별 판매현황'으로 변경하기

2. Sheet2를 추가하고 아래와 같이 만든 후 Sheet이름을 '결재란'으로 만들기

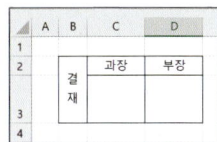

3. '지역별 판매현황' Sheet에 2행과 3행을 추가하고 결재란 Sheet에 결재표를 '지역별 판매현황' Sheet에 그림으로 붙여넣기

4. '지역별 판매현황' Sheet에 "계획수량"을 "주문수량"으로 [찾기 및 바꾸기]를 이용하여 수정하기

5. '지역별 판매현황' Sheet를 Sheet 맨 끝으로 복사하고 Sheet이름을 '지역별 재고 현황'으로 수정하기

6. "전년도 판매수량" 뒤에 아래와 같이 "재고수량" 추가하기

7. "지역별 판매현황완성.xlsx" 파일로 저장하기

CHAPTER 04
셀 서식 지정
일정표 만들기

4.1 셀 서식 지정(글꼴, 테두리, 맞춤)

4.2 셀 서식 지정(표시형식)

4.3 서식복사와 지우기

4.4 셀 스타일

4.5 조건부 서식

4.1 셀 서식 지정(글꼴, 테두리, 맞춤)

입력한 데이터의 서식을 지정하거나 변경하려면 셀 블록 편집 기능을 이용하여 서식을 바꿀 대상을 셀 블록으로 지정한 후 메뉴에서 [홈] ⇨ [서식] ⇨ [셀서식]을 선택하거나, 단축키 Ctrl+1 를 누르거나, 서식 도구모음에서 해당서식 아이콘을 클릭하여 서식을 지정할 수 있다.

> **Tip**
>
> [홈] ⇨ [서식] ⇨ [셀서식]
> 단축키 Ctrl+1
> 범위를 지정하고 [마우스 오른쪽 버튼] ⇨ [셀서식]

4.1.1 홈 메뉴

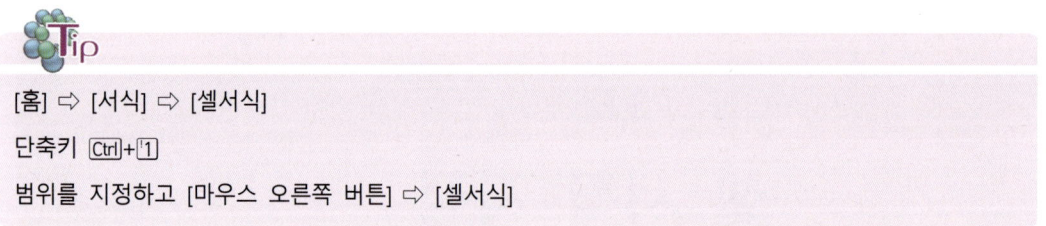

① 글꼴에 적용할 수 있는 서식들이 모여 있다.
② 셀 안의 텍스트 위치를 설정할 수 있는 서식이 모여 있다.
③ 숫자나 텍스트, 날짜/시간을 다양한 형태로 표시할 수 있는 서식이 모여 있다.

4.1.2 글꼴 변경하기

① B2셀에 "일별 품목별 부품판매 수량"이라고 입력한다.

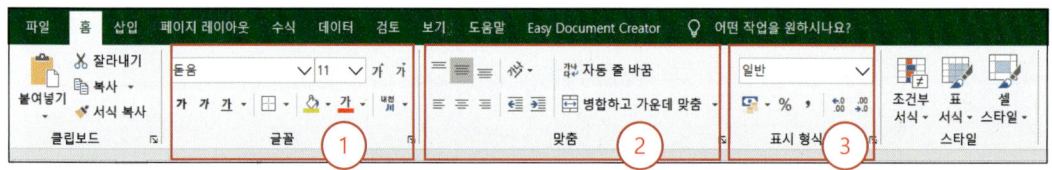

② B2셀부터 G2셀까지 범위를 지정한 후 [홈] ⇨ [맞춤] ⇨ [병합하고 가운데 맞춤]을 선택한다.

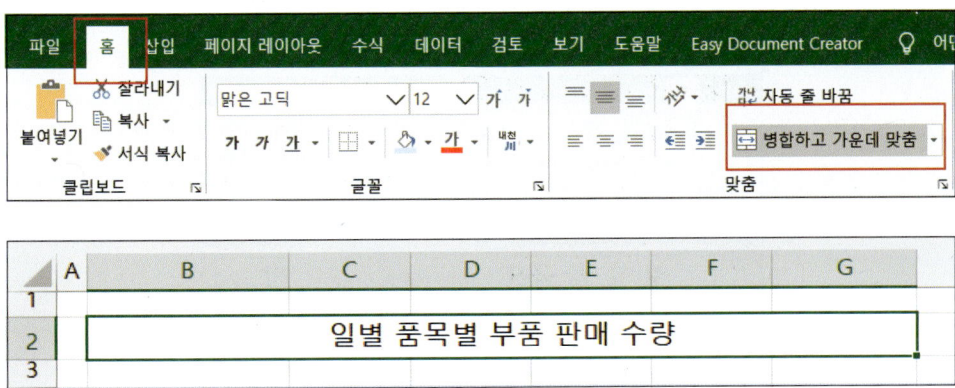

③ [홈] ⇨ [글꼴] ⇨ 맑은 고딕 을 선택하고 궁서체로 변경, 크기 12 는 24로 변경한다.

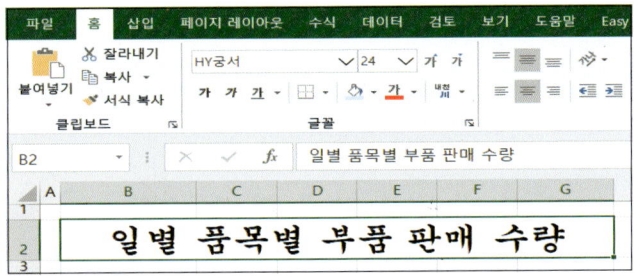

- 범위를 지정하고 [마우스 오른쪽 버튼] ⇨ [셀서식]에서도 변경 가능하다.

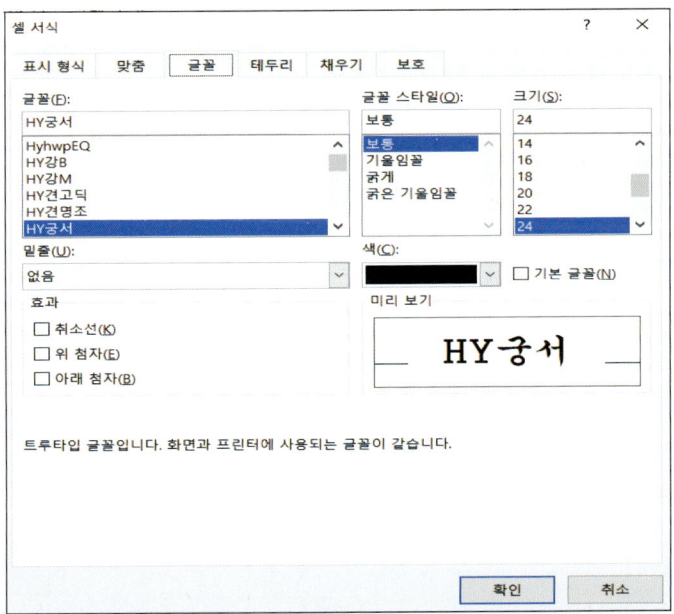

4.1.3 테두리 지정

① B2셀을 지정하고 [홈] ⇨ [글꼴] ⇨ [테두리] ⇨ [아래쪽 이중테두리]를 선택한다.

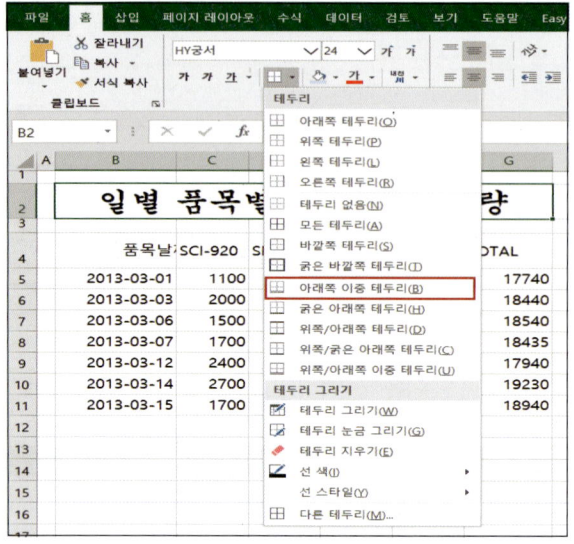

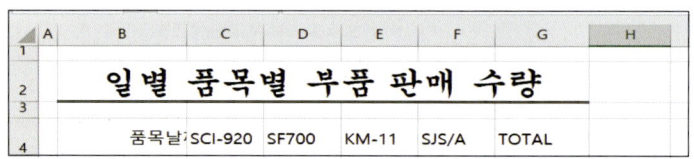

• 범위를 지정하고 [마우스 오른쪽 버튼] ⇨ [셀서식]에서도 변경 가능하다.

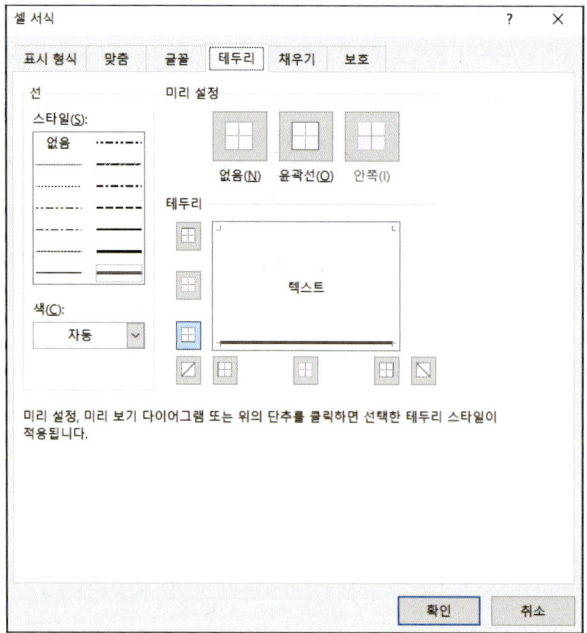

- [테두리그리기]를 지정하면 연필도구로 해당 셀 테두리를 직접 그리기 할 수도 있다.

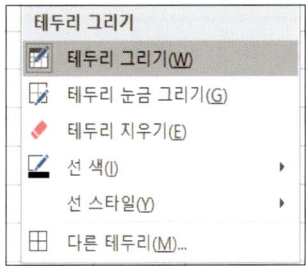

4.1.4 셀 무늬 색상 설정

① B2셀을 선택하고 [홈] ⇨ [글꼴] ⇨ [테마 색] ⇨ [황금색 강조4]를 선택한다.

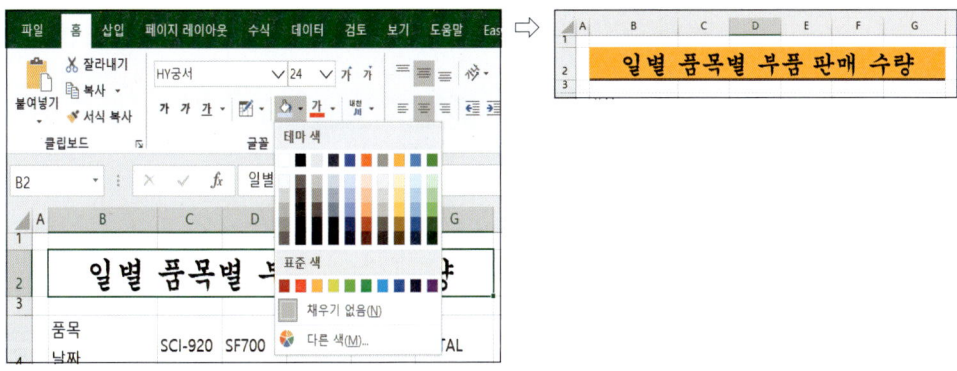

- 범위를 지정하고 [마우스 오른쪽 버튼] ⇨ [셀서식]을 이용하면 그라데이션/무늬 등 더욱 다양한 배경색 선택이 가능하다.

4.1.5 셀 맞춤 설정

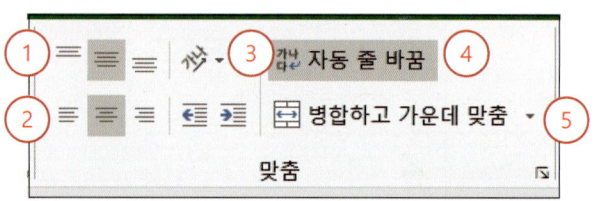

① 선택 셀 안의 글자를 세로방향으로 위쪽, 가운데, 아래에 맞춰준다.
② 선택 셀 안의 글자를 가로방향으로 왼쪽, 가운데, 오른쪽에 맞춰준다.
③ 선택 셀 안의 글자를 세로쓰기, 시계방향, 회전 등을 맞춰준다.

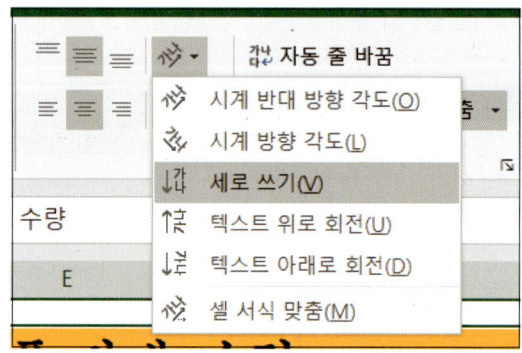

④ 셀에서 텍스트가 여러 줄로 나타나도록 배치하는 메뉴로 텍스트가 자동으로 줄 바꿈되도록 셀 서식을 지정할 수도 있고, 수동으로 줄 바꿈을 입력할 수도 있다.
• 수동으로 줄바꿈을 지정할 때 ⇨ [Alt]+[Enter↵]
⑤ 선택 셀을 하나로 병합하고 가로방향 가운데로 정렬시켜준다.

> **실습예제 1** "일정표" 만들기

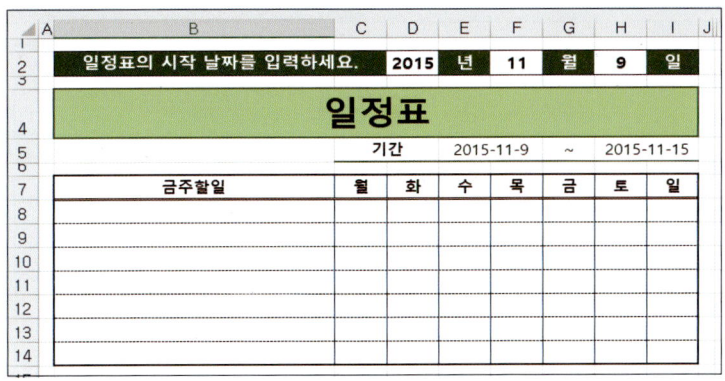

"일정표" 결과

❶ 새 워크시트에 내용을 아래와 같이 입력한다.

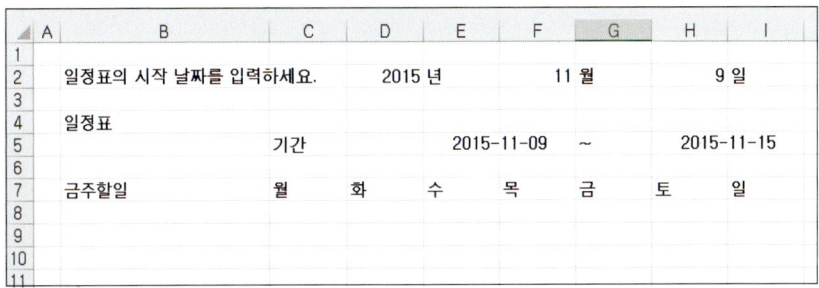

❷ B2:C2, B4:I4, E5:F5, H5:I5셀을 범위 지정한 후 [홈] ⇨ [맞춤] ⇨ [병합하고 가운데 맞춤]을 선택한다(셀 너비를 위 이미지와 같이 변경한다.).

❸ B7:I14셀을 범위 지정한 후 [홈] ⇨ [글꼴] ⇨ [테두리] ⇨ [모든 테두리]를 선택한다.

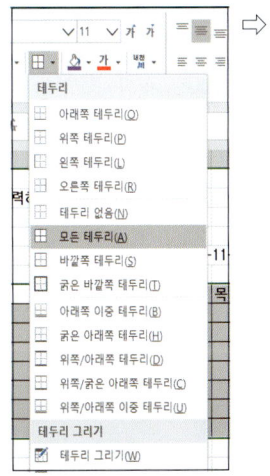

CHAPTER 04 셀 서식 지정 **99**

❹ 4행 높이를 35로 수정한 후 전체 글꼴을 [맑은고딕]으로 수정하고 B4셀에 "일정표"는 글자크기를 24로 수정한다.

❺ B2, E2, G2, I2을 선택하고 셀배경색을 "황녹색 강조3"으로, B4셀을 선택하고 셀 배경색을 "황녹색 강조3 40% 더밝게"로 각각 수정한다.

❻ B2:I5, B4셀을 범위 지정한 후 [홈] ⇨ [글꼴] ⇨ [테두리] ⇨ [모든 테두리]를 선택한다.

❼ 1행, 3행, 6행 높이를 10으로 변경한 후 C5:I5셀을 범위 지정 후 [홈] ⇨ [글꼴] ⇨ [테두리] ⇨ [굵은 아래쪽 테두리]로 변경한다.

❽ 모든 글자를 가운데 정렬한 후 B7:I14까지 범위 지정한 후 [홈] ⇨ [글꼴] ⇨ [테두리] ⇨ [굵은 바깥쪽 테두리]로 변경한다. 그리고 B7:I7까지 범위 지정한 후 [홈] ⇨ [글꼴] ⇨ [테두리] ⇨ [아래쪽 이중 테두리]로 변경한다.

❾ 일정표.xlsx 파일로 저장한다.

4.2 셀 서식 지정(표시형식)

표시형식이란 입력된 데이터를 워크시트 화면에 나타내는 방법 또는 인쇄 시 출력될 모양 등을 셀 서식 대화상자에서 지정한다. 시간, 날짜, 숫자, 화폐단위 및 천단위 표시, 소수점 자릿수, 사용자 지정형식 등을 지정한다.

4.2.1 [홈] 메뉴 사용

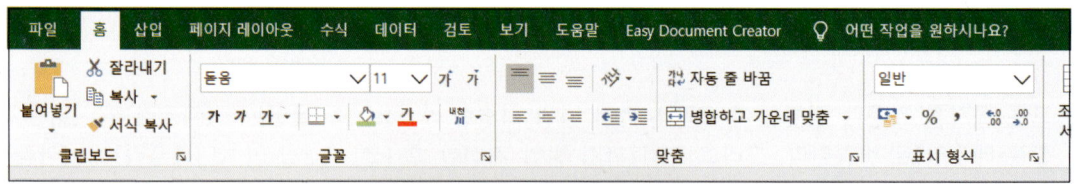

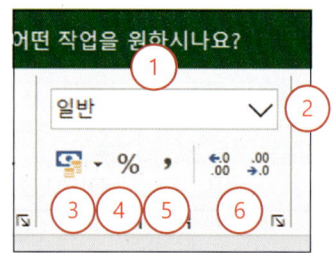

① 표시형식 : 많이 사용되는 숫자, 날짜/시간 표시형식 등을 선택할 수 있다.
② 대화상자 표시 아이콘 : 셀서식 대화상자를 표시한다.
③ 회계표시 : 통화기호와 천단위 구분기호를 표시한다. 화살표를 눌러서 원화기호 외에 다른 나라 통화기호를 선택할 수도 있다.
④ 백분율 스타일 : 백분율 형식으로 표시한다. 입력된 값이 0.5이면 50%로 나타난다.
⑤ 쉼표스타일 : 천단위 구분기호를 표시한다.
⑥ 자릿수 늘림/줄임 : 표시할 소수 자리수를 늘리거나 줄일 수 있다.

4.2.2 셀서식 대화상자 사용

셀에서 [마우스 오른쪽 버튼] ⇨ [셀서식] ⇨ [셀서식 대화상자]를 나타낸다.

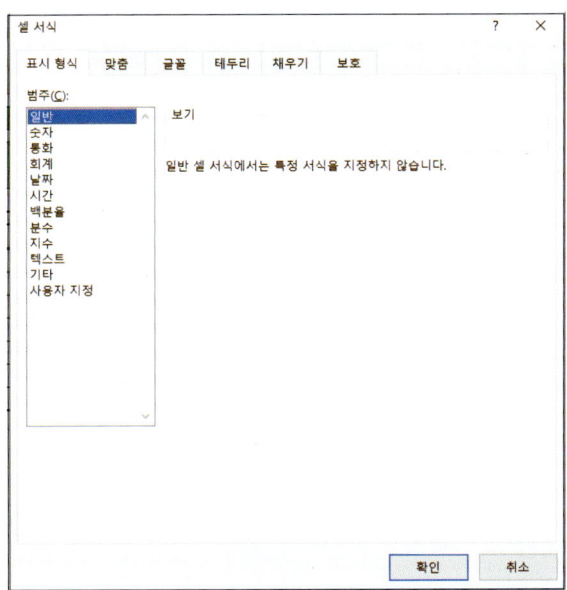

항목	설명
일반	표시형식을 지정하지 않는다.
숫자	천단위 구분기호, 소수자릿수, 음수인경우의 표시형식을 선택한다.
통화	나라별 통화기호와 소수자릿수, 음수인경우의 표시형식을 선택한다.
회계	나라별 통화기호와 소수자릿수를 선택한다.
날짜	원하는 날짜 표시형식을 선택한다.
시간	원하는 시간 표시형식을 선택한다.
백분율	백분율 표시와 소수 자릿수를 설정한다.
분수	분수 형태로 표시한다.
지수	지수 형태로 표시한다.
텍스트	입력한 그대로 표시, 숫자를 텍스트로 처리할 수 있다.
기타	전화번호나 주민등록번호처럼 자주 쓰이는 표시형식을 선택한다.
사용자 지정	미리 만들어진 사용자 지정표시 형식으로 표시하거나 직접 만들어서 사용한다.

4.2.3 사용자 지정 표시 형식

① 숫자 서식 기호

서식 기호	설명	사용 예		
		데이터	표시형식	결과
@	텍스트 정의 부분에 사용되며 입력한 텍스트가 표시된다.	이	@"씨"	이씨
#	숫자를 표시하며 유효하지 않은 0을 표시하지 않는다.	0.10	#.##	.1
0	숫자를 표시하며 유효하지 않은 0을 표시한다.	0.10	0.00	0.10
,	천단위 구분기호를 표시하거나 단위를 생략할 때 사용한다.	1000	#,###	1,000
		1000	#,	1
%	백분율 기호를 입력하면 백분율 스타일로 표시된다.	10	0%	10%

② 날짜 서식 기호

서식 기호	설명	사용 예		
		데이터	표시형식	결과
Y	년도를 숫자로 표시한다.	2019-1-12	YY-M-D	19-1-12
		2019-1-12	YYYY-MM-DD	2019-01-12
M	월을 숫자로 표시한다.	2019-1-12	YYYY-M-D	2019-1-12
		2019-1-12	YYYY-MM-DD	2019-01-12
	월이름을 약자로 표시한다.	2019-1-12	MMM	jan
		2019-1-12	MMMM	january
D	일을 숫자로 표시한다.	2019-1-2	YYYY-M-D	2019-1-2
		2019-1-2	YYYY-MM-DD	2019-01-02
	요일을 약자로 표시한다.	2019-1-12	DDD	sun
		2019-1-12	DDDD	sunday
A	요일을 한글로 표시한다.	2019-1-12	AAA	일
		2019-1-12	AAAA	일요일

실습예제 2 | "차량운행 실적" 셀서식을 활용하기

	B	C	D	E	F
1	차량운행 실적				
2					
3				휘발유 단가	₩ 1,527
4	차주명	운행시작일	운행시작요일	휘발유소모	휘발유경비
5	아토즈	2019-01-01	화요일	134 리터	₩ 204,618
6	아반떼	2018-03-02	금요일	525 리터	₩ 801,675
7	소나타	2017-07-03	월요일	1,026 리터	₩ 1,566,702
8	마티즈	2019-01-04	금요일	820 리터	₩ 1,252,140
9	그랜저	2019-01-05	토요일	730 리터	₩ 1,114,710
10		계		₩ 3,235	₩ 4,939,845

"차량운행 실적" 결과

❶ 새 워크시트에 내용을 아래와 같이 입력한다.

	B	C	D	E	F
1	차량운행 실적				
2					
3				휘발유	1527
4	차주명	운행시작일	운행시작요일	휘발유소모	휘발유경비
5	아토즈	2019-1-1	2019-1-1	134	204618
6	아반떼	2018-3-2	2018-3-2	525	801675
7	소나타	2017-7-3	2017-7-3	1026	1566702
8	마티즈	2019-1-4	2019-1-4	820	1252140
9	그랜저	2019-1-5	2019-1-5	730	1114710
10	계			3235	4939845

❷ B1:F1, B10:D10셀을 범위 지정한 후 [홈] ⇨ [맞춤] ⇨ [병합하고 가운데 맞춤]을 선택한다(셀 너비를 위 이미지와 같이 변경한다.).

❸ E3:F3셀과 B4:F10셀을 범위 지정한 후 [홈] ⇨ [글꼴] ⇨ [테두리] 를 이용하여 아래와 같이 테두리를 수정한다.

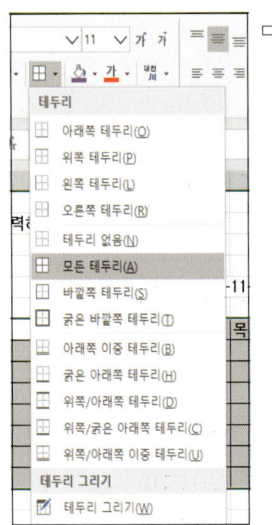
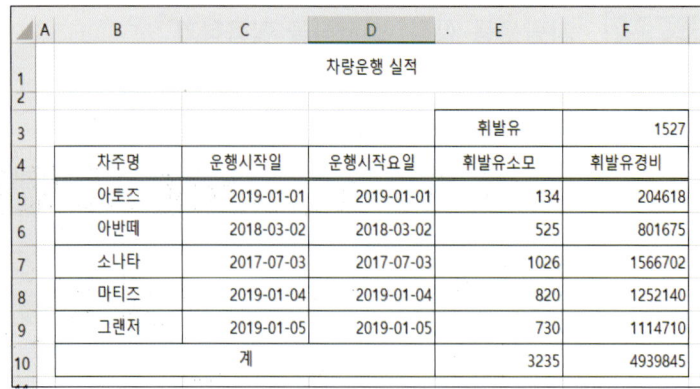

❹ 전체 글꼴을 [굴림체], 크기는 12로 수정하고 B1셀에 "차량운행 실적"은 [휴먼옛체], 크기는 20으로 수정한다. B1셀은 셀 배경색을 "진한파랑", 글자색은 "흰색", B4:F4셀을 선택하고 셀 배경색을 "녹색", 글자색은 "흰색"으로 각각 수정한다.

❺ E3셀에서 [마우스 오른쪽 버튼] ⇨ [셀서식] ⇨ [대화상자] ⇨ [사용자지정] ⇨ 형식(T): 란에 [@"단가"]를 입력하고 [확인]을 선택한다.

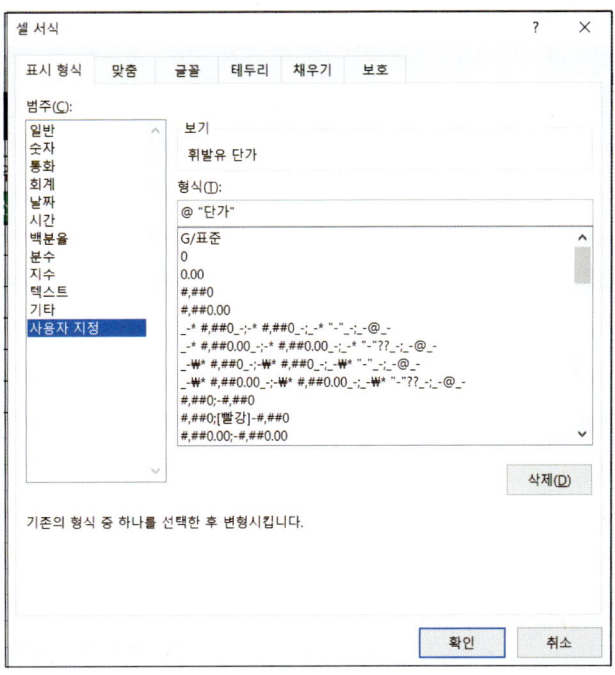

❻ C5:C9셀에서 [마우스 오른쪽 버튼] ➪ [셀서식] ➪ [표시형식] ➪ [사용자지정] ➪ ["YYYY-MM-DD"]를 입력하고 [확인]을 선택한다.

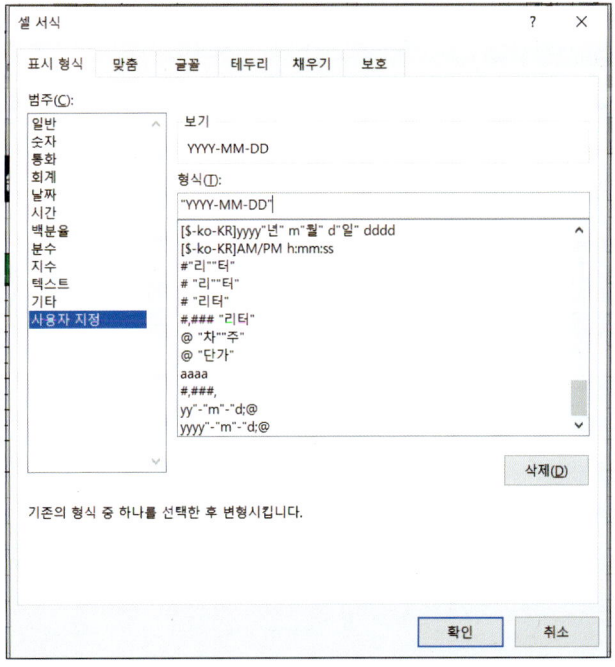

❼ D5:D9셀에서 [마우스 오른쪽 버튼] ➡ [셀서식] ➡ [표시형식] ➡ [사용자지정] ➡ ["AAAA"]를 입력하고 [확인]을 선택한다.

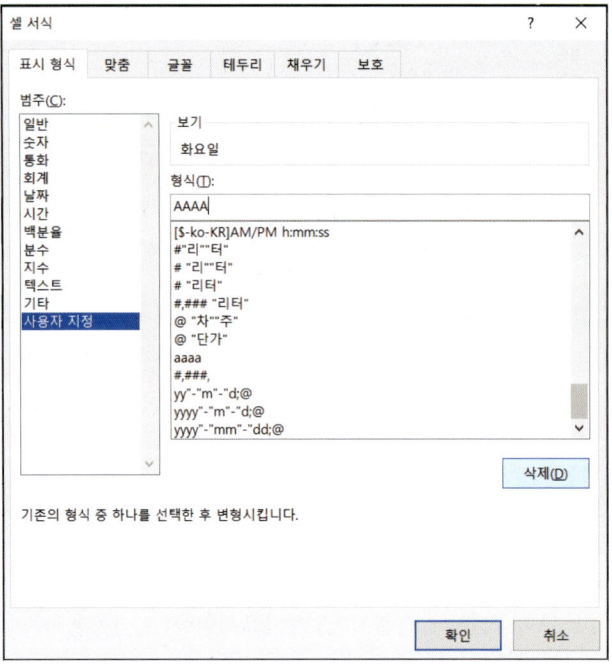

❽ E5:E9셀에서 [마우스 오른쪽 버튼] ➡ [셀서식] ➡ [표시형식] ➡ [사용자지정] ➡ [#,### "리터"]를 입력하고 [확인]을 선택한다.

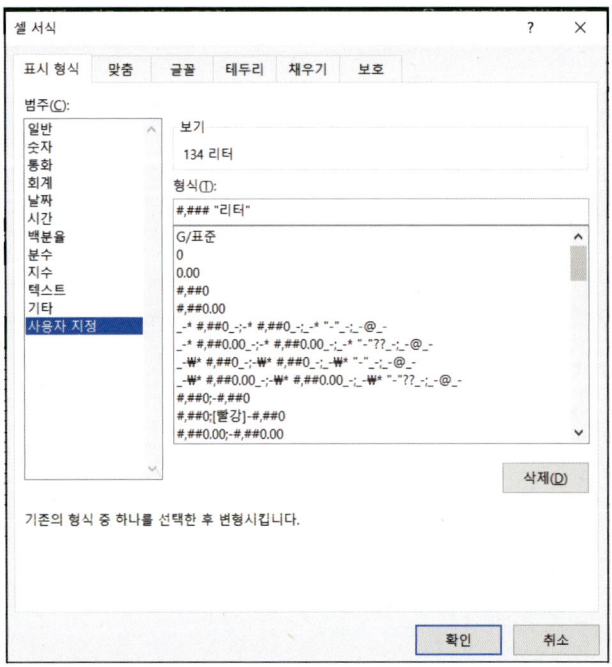

❾ F5:F9셀에서 [홈] ⇨ [표시형식] ⇨ [회계]를 선택한다(F3셀, E10셀도 회계형식으로 변경한다.).

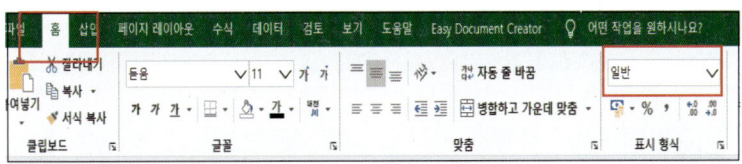

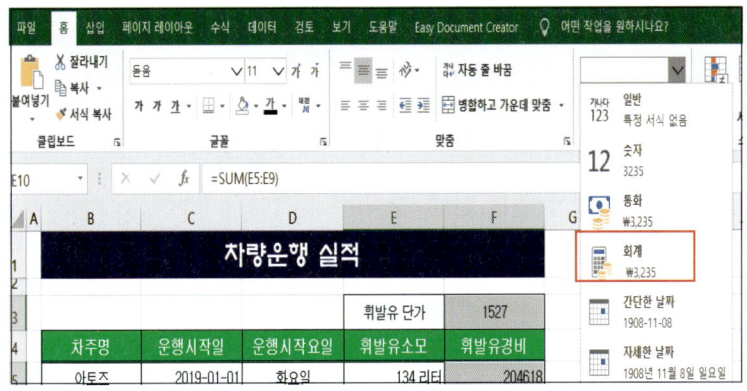

❿ "차량운행 실적.xlsx"로 저장한다.

CHAPTER 04 셀 서식 지정 **109**

4.3 서식복사와 지우기

서식복사 기능을 이용하면 이미 적용된 서식을 다른 셀에도 쉽게 적용할 수 있다 이때 서식만 복사되는 것이므로 데이터에는 아무 영향을 미치지 않아 편리하다.

4.3.1 한 개의 셀만 서식 복사

① 복사하기 원하는 셀을 선택한다.
② [홈] ⇨ [클립보드] ⇨ [서식복사]를 한번 클릭한다.

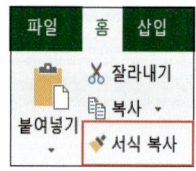

③ 마우스포인터 옆에 붓모양의 서식복사 아이콘이 표시된다.
④ 서식을 복사할 셀이나 셀 범위를 선택하면 바로 복사한 서식이 적용되고 서식복사 아이콘은 사라진다.

4.3.2 여러 셀을 반복해서 서식 복사

① 복사하기 원하는 셀을 선택한다.
② [홈] ⇨ [클립보드] ⇨ [서식복사]를 더블 클릭한다.

③ 마우스포인터 옆에 붓모양의 서식복사 아이콘이 표시된다.
④ 서식을 복사할 셀이나 셀 범위를 선택하면 바로 복사한 서식이 적용되고 서식복사 아이콘이 사라지지 않아 여러 번 반복사용가능하다
⑤ Esc키를 누르면 서식복사 아이콘이 사라지면서 서식복사 작업을 중단할 수 있다.

4.3.3 서식 지우기

이미 적용된 서식을 지우고 기본 서식으로 돌아갈 때 사용한다.

① 서식을 지우고 싶은 셀이나 범위를 선택한다.
② [홈] ⇨ [편집] ⇨ [지우기] ⇨ [서식 지우기]를 클릭한다.

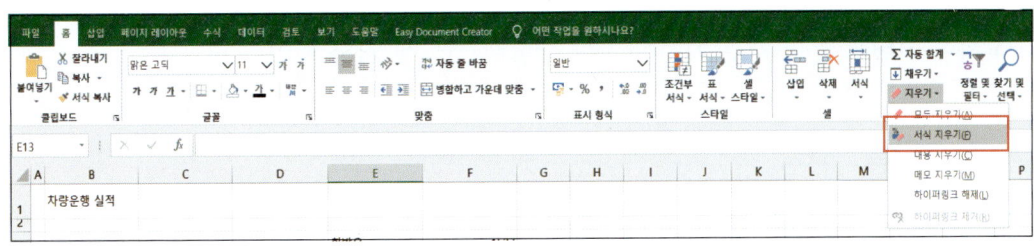

③ 적용된 서식만 지워지고 데이터는 그대로 표시된다.

4.3.4 자동채우기와 서식적용

어떤 셀을 선택하고 채우기 핸들을 끌어서 내용을 자동 채우기 할 경우 기본적으로 셀의 데이터 뿐만이 아니라 셀에 적용된 서식도 자동으로 복사되어 붙여 넣어 진다. 때로은 데이터 복사는 필요하지만 서식복사는 불필요한 경우가 생길 수 있다. 이때 셀 서식을 자동채우기할 때 선택적으로 복사를 적용할 때 다음과 같이 사용할 수 있다.

① 셀을 선택하고 채우기 핸들을 끌어서 자동채우기를 한다.
② 표시된 자동 채우기 옵션을 클릭하여 메뉴를 표시한다.

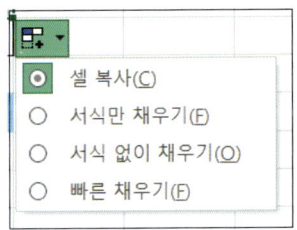

③ 셀복사 : 셀데이터와 셀서식을 모두 복사한다.
④ 서식만 채우기 : 데이터는 복사하지 않고 서식만 복사한다.
⑤ 서식없이 채우기 : 데이터는 복사하고 서식은 복사하지 않는다.

4.4 셀 스타일

글꼴, 맞춤, 테두리, 채우기 등 여러 가지 서식이 적용된 상태를 미리 정의해 놓은 것을 셀 스타일이라고 한다. 여러 가지 셀 서식이 적용되어 있는 서식의 집합으로 원하는 셀 스타일을 선택해서 적용하면 한번에 모든 해당 서식이 셀에 적용되므로 셀 서식 작업을 빠르게 할 수 있다.

4.4.1 셀 스타일 적용

① 셀 스타일을 적용할 셀이나 범위를 선택한다.
② [홈] ➪ [스타일] ➪ [셀스타일]을 클릭한다.

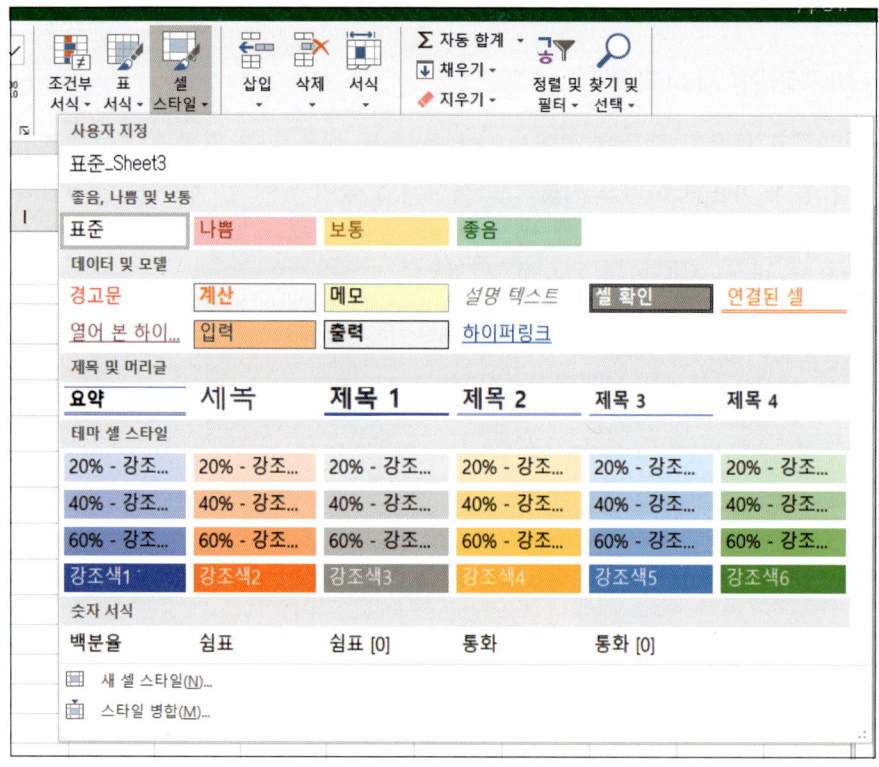

③ 원하는 셀 스타일을 클릭하면 스타일의 서식이 선택 셀에 적용된다.
④ 적용된 셀 스타일을 제거하려면 셀 스타일에서 [표준]을 선택한다.

4.5 조건부 서식

특정 조건이나 기준에 따라서 셀이나 셀 범위에 특수한 값이 강조되고, 데이터가 데이터 막대, 색조, 아이콘 집합 등으로 이미지로 시각화 되어 원하는 사항을 텍스트보다 쉽게 확인할 수 있도록 해준다.

4.5.1 조건부 서식의 종류

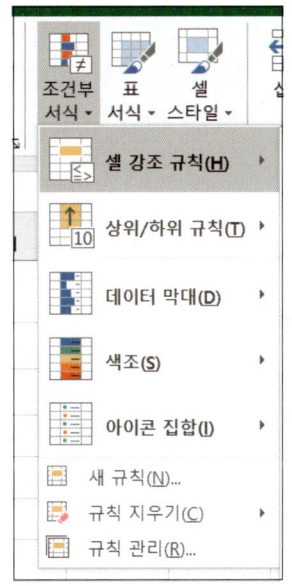

① 셀 강조 규칙 : 특정한 값과 셀을 비교하여 서식을 적용한다.
② 상위/하위 규칙 : 상위와 하위의 셀에 대하여 조건에 의해 서식을 지정한다.
③ 데이터 막대 : 셀에 색이 지정된 데이터 막대를 표시한다.
④ 색조 : 셀 범위에 지정된 다양한 색의 그라데이션을 표시한다.
⑤ 아이콘 집합 : 각 셀에 아이콘 집합의 아이콘을 표시한다.
⑥ 새 규칙 : 조건부 서식에 새로운 규칙을 지정한다.
⑦ 규칙 지우기 : 선택한 셀이나 전체 셀에 지정된 규칙을 지운다.
⑧ 규칙관리 : 조건부 서식 규칙에 우선 순위를 관리한다.

실습예제 3 | "차량운행 실적" 조건부서식 활용

"차량운행 실적-조건부서식" 결과

❶ "차량운행 실적.xlsx" 파일을 불러온다.

	A	B	C	D	E	F
1		차량운행 실적				
2						
3					휘발유 단가	₩ 1,527
4		차주명	운행시작일	운행시작요일	휘발유소모	휘발유경비
5		아토즈	2019-01-01	화요일	134 리터	₩ 204,618
6		아반떼	2018-03-02	금요일	525 리터	₩ 801,675
7		소나타	2017-07-03	월요일	1,026 리터	₩ 1,566,702
8		마티즈	2019-01-04	금요일	820 리터	₩ 1,252,140
9		그랜저	2019-01-05	토요일	730 리터	₩ 1,114,710
10		계			₩ 3,235	₩ 4,939,845

❷ E5:E9셀을 선택하고 [홈] ⇨ [스타일] ⇨ [조건부서식] ⇨ [셀 강조 규칙] ⇨ [보다 큼]을 선택한다. ⇨ 보다 큰 값에 "1000"을 입력 ⇨ [확인] 클릭한다.

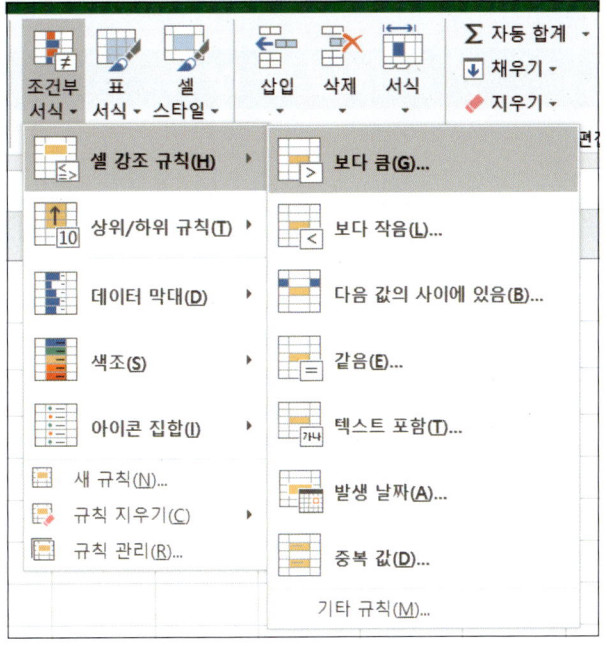

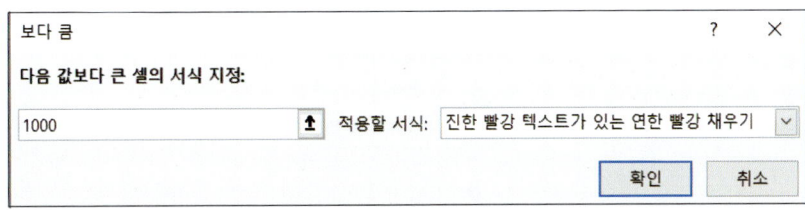

❸ F5:F9셀을 선택하고 [홈] ➪ [스타일] ➪ [조건부서식] ➪ [데이터 막대] ➪ [주황 데이터 막대]를 선택한다.

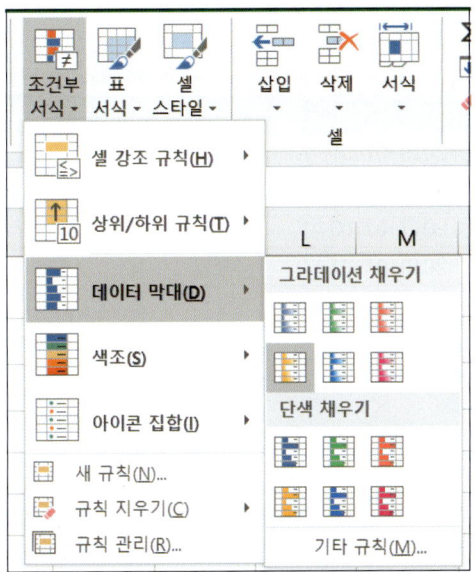

❹ D6셀을 선택하고 글자색을 빨강으로 수정한다.
❺ [홈] ⇨ [클립보드] ⇨ [서식복사]를 클릭한다.

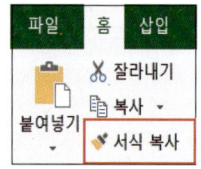

❻ 붓모양의 서식복사 아이콘이 나타나면 D8셀을 클릭한다.

❼ "차량운행 실적-조건부서식.xlsx"로 다른 이름으로 저장한다.

CHAPTER 04

연습문제 1. 강의실 사용료 기준

	A	B	C	D	E
1					
2		강의실 사용료 기준			
3					
4		▶ 기본 사용료 기준			
5		회의실	종일(1일)	반일(4h이내)	2일이상
6		대강당	1,320,000	792,000	2,200,000
7		세미나실	528,000	316,800	880,000
8		대강의실	495,000	297,000	825,000
9		중강의실	244,200	146,520	407,000
10		소강의실	204,600	122,760	341,000
11		연구토의실	125,400	75,240	209,000
12		전산강의실	264,000	158,400	440,000
13					
14		▶ 고객사 사용료 기준			
15		회의실	종일(1일)	반일(4h이내)	2일이상
16		대강당	980,000	596,000	1,620,000
17		세미나실	404,000	250,400	660,000
18		대강의실	380,000	236,000	620,000
19		중강의실	197,600	126,560	316,000
20		소강의실	168,800	109,280	268,000
21		연구토의실	111,200	74,720	172,000
22		전산강의실	212,000	135,200	340,000

결과

1. "강의실사용료.xlsx" 파일을 불러온 후 셀 서식을 이용하여 이미지와 같이 수정한다.

2. B2:E2, B4:C4, B14:C14셀은 병합하고, B2셀은 배경색 노랑, 셀테두리를 설정한다.

3. 데이터 표 바깥쪽 위아래는 굵은 테두리로 데이터 표 안쪽 테두리는 점선으로 만든다.

4. 기본사용료 기준 표는 조건부서식에서 800000 이상인 사용료만 강조한다.

5. 고객사 사용료 기준 표는 조건부서식에서 데이터막대를 이용하여 이미지와 같이 나타낸다.

6. "강의실사용료완성.xlsx" 파일로 저장한다.

CHAPTER 04

연습문제 2. 교육비 예산대비 실적

구분	그룹별	예산	실적	집행율
		기준일		
일반관리비		2,704,690	1,289,051	
그룹별 교육훈련비	Global	353,308	403,423	
	리더십	5,298,550	4,452,265	
	직무역량	988,678	269,664	
	정보능력	588,888	596,623	
교육훈련비		7,229,424	5,721,975	
총 계				

결과

1. "교육비실적.xlsx" 파일을 불러온 후 셀 서식을 이용하여 이미지와 같이 수정한다.

2. 기준일은 오늘 날짜를 입력하고 셀서식을 이용하여 날짜형식(YYYY년MM월DD일)을 변경해준다.

3. 집행률은 =E6/D6으로 구하고 셀서식을 이용하여 %로 보이도록 변경해준다.

4. 예산과 실적의 총계금액 뒤에 "원"(1,000,000원)이 나타나도록 셀서식을 이용하여 변경해준다.

5. C7:C10에 내용은 셀서식을 이용하여 뒤에 "교육"(Global교육)이 추가되도록 변경해준다.

6. "교육비실적완성.xlsx" 파일로 저장한다.

CHAPTER 05

수식

팀별 점수 합계 만들기

5.1 수식의 사용

5.2 이름 정의

5.3 개발도구

5.1 수식의 사용

수식이란 워크시트의 값을 계산하는 식으로 반드시 등호(=)로 시작해야하며, 표시할 값을 직접 입력하는 것이 아니라 값을 어떻게 처리해서 표시하라는 규칙을 입력하는 것이다.

5.1.1 수식 연산자

(1) 연산자의 종류

① 산술 연산자

기호	설명
+	더하기
-	빼기
*	곱하기
/	나누기
%	백분율
^	거듭제곱

② 비교 연산자

기호	설명
=	같다
>	보다 크다
<	보다 작다
>=	보다 크거나 같다
<=	보다 작거나 같다
<>	같지 않다

③ 텍스트 연결 연산자

기호	설명
&	두 텍스트 값을 연결한다 ("한영"&"대학교" ⇨ "한영대학교")

④ 참조 연산자

기호	설명
:	두 참조 사이에 있는 셀 범위 전체를 참조
,	떨어져 있는 다른 참조를 모두 참조

(2) 산술 연산자의 사용

① 셀에 "=10+20" 입력하고 [Enter↵]
② 셀에 "30"이 나타난다.

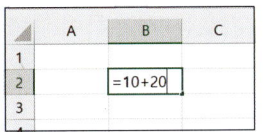 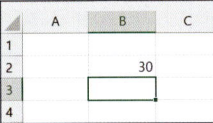

수식은 워크시트의 값을 계산하는 것으로 반드시 계산식을 등호(=)로 시작해야 계산된 결과값 셀에 나타난다.
(셀에 입력한 값 "1+2" ⇨ 결과값 "1+2"
셀에 입력한 값 "=1+2" ⇨ 결과값 "3")

(3) 텍스트 연결 연산자의 사용

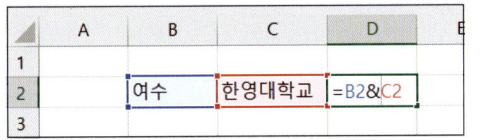 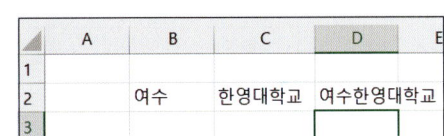

① D2셀에 "=B2&C2" 입력하고 [Enter↵]
② 셀에 "여수한영대학교"가 나타난다.

(4) 연산자 순위

순위	연산자	설명
1	( )	괄호
2	: ,	참조 연산자
3	% * ^ ? + = -	산술 연산자
4	&	텍스트 연결 연산자
5	= < > <= >= <>	비교 연산자

5.1.2 수식 참조

참조는 수식에서 다른 셀이나 셀 범위에 있는 다른 값을 사용할 수 있게 하는 것으로 셀 주소를 이용하여 셀 값을 참조하거나 열머리글과 행머리글을 이용하여 다른 값들을 사용할 수 있다.

(1) 참조의 유형

① 상대참조는 상대참조된 셀을 복사하거나 채우기 핸들을 이용할 때 복사된 상대참조 셀이 붙여 넣는 셀의 위치에 맞추어 참조주소가 바뀐다. ⇨ A1
② 절대참조는 절대참조된 셀을 복사하거나 채우기 핸들을 이용할 때 복사된 절대참조 셀이 붙여 넣는 셀의 위치에 상관없이 처음에 참조한 참조주소가 변경되지 않는다 ⇨ $A$1
③ 혼합참조는 행머리글이나 열머리글 한쪽에만 "$"기호를 사용하여 참조주소가 변하지 않게 고정한다. "$"를 사용하지 않은 행머리글이나 열머리글은 참조되는 주소로 변경된다 ⇨ $A1/A$1

- 행전체나 열전체 참조하는 방법
  (A:A ⇨ A열 전체를 참조/1:1 ⇨ 1행 전체를 참조)

(2) 참조의 차이점

① D1 셀에 상대참조된 수식을 아래 화살표대로 자동채우기 복사한다.
② F1 셀에 절대참조된 수식을 아래 화살표대로 자동채우기 복사한다.
③ H1 셀에 혼합참조된 수식을 아래 화살표대로 자동채우기 복사한다.
④ J1 셀에 혼합참조된 수식을 아래 화살표대로 자동채우기 복사한다.

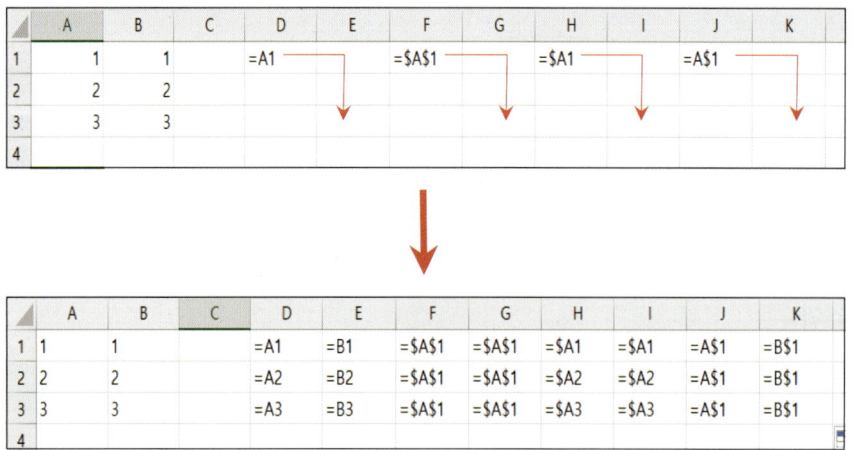

- 셀 참조를 입력하면서 F4를 누르면 "$" 기호를 직접 입력하지 않아도 자동으로 추가나 제거가 되며 상대 ⇨ 절대 ⇨ 혼합 참조 순서로 바뀐다.

실습예제 1 "팀별점수합계" 수식활용하기

	1월	2월	3월	4월	5월	합계
			팀별 점수합계			
1팀	2410	2100	2250	2200	3100	12060
2팀	1780	1650	1800	2100	1950	9280
3팀	2010	2000	2100	2040	2250	10400
합계	6200	5750	6150	6340	7300	31740
평균	2066.6667	1916.6667	2050	2113.3333	2433.3333	10580

"팀별점수합계" 결과

❶ 새 워크시트에 내용을 아래와 같이 입력한다.

	1월	2월	3월	4월	5월	합계
			팀별 점수합계			
1팀	2410	2100	2250	2200	3100	
2팀	1780	1650	1800	2100	1950	
3팀	2010	2000	2100	2040	2250	
합계	6200	5750	6150	6340	7300	
평균						

❷ H4셀에 "=C4+D4+E4+F4+G4"을 입력하고 Enter↵

	1월	2월	3월	4월	5월	합계
			팀별 점수합계			
1팀	2410	2100	2250	2200	3100	=C4+D4+E4+F4+G4
2팀	1780	1650	1800	2100	1950	
3팀	2010	2000	2100	2040	2250	
합계	6200	5750	6150	6340	7300	
평균						

❸ H4셀에서 채우기 핸들을 이용하여 H7셀까지 드래그한다.

❹ C8셀에 "=C7/3"를 입력하고 Enter↵

❺ C8셀에서 채우기핸들을 이용하여 오른쪽으로 H8셀까지 드래그한다.

❻ "팀별점수합계.xlsx" 파일로 저장한다.

5.2 이름 정의

셀이나 셀 범위에 셀 주소가 아닌 이름을 만들어 지정해 주면 사용하는 수식을 이해하기 쉬워지므로 필요한 셀이나 셀 범위에 이름을 만들어 수식을 사용한다. 또한 셀 주소를 이용하는 경우 채우기 핸들을 이용하여 복사할 때 경우에 따라 주소가 변경될 수도 있으나 셀 이름을 이용하면 복사할 때 주소가 변경되지 않아 편리하게 사용할 수 있다.

5.2.1 이름 규칙

① 이름의 첫 번째 문자는 문자, 밑줄, /여야 하며 나머지 문자는 문자, 숫자, 마침표 및 밑줄이 될 수 있다.
② c,C,r,R은 예약된 용도가 있으므로 이름으로 사용할 수 없다.
③ 이름의 최대길이는 255자이다.
④ 공백은 이름의 일부로 사용할 수 없다. 밑줄이나 마침표를 단어 구분기호로 사용한다.
⑤ 이름에는 대문자와 소문자가 구분되지 않는다.
⑥ 한 워크시트는 같은 이름을 사용할 수 없다.

5.2.2 이름 입력 방법

(1) 셀의 선택영역을 이용하여 이름 정의하기

① 이름으로 정의할 셀 범위를 이름으로 사용할 셀을 포함해서 선택한다.

	팀이름	1월	2월	3월	4월	5월	합계
	1팀	2410	2100	2250	2200	3100	12060
	2팀	1780	1650	1800	2100	1950	9280
	3팀	2010	2000	2100	2040	2250	10400
	합계	6200	5750	6150	6340	7300	31740
	평균	3100	2875	3075	3170	3650	15870

(제목: 팀별 점수합계)

② [수식] ▷ [정의된 이름] ▷ [선택영역에서 만들기]

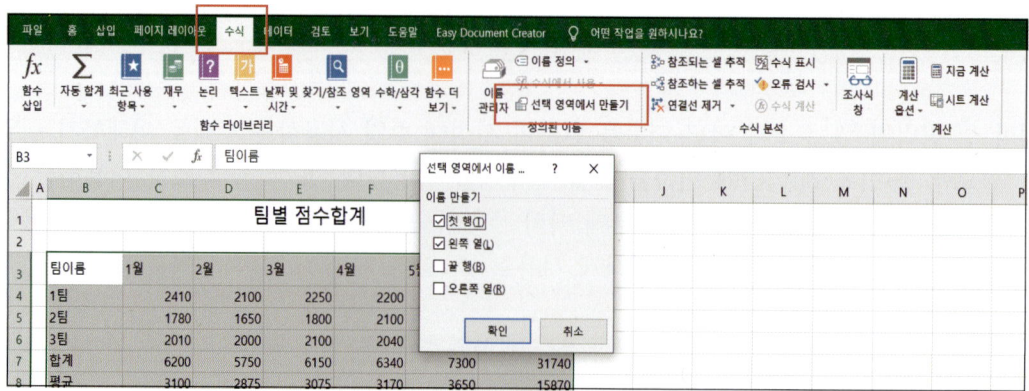

③ [선택 영역에서 이름 만들기] 대화상자에서 이름이 포함되어 있는 셀의 위치를 [첫행], [왼쪽 열], [끝 행], [오른쪽 열] 중에서 선택한다.

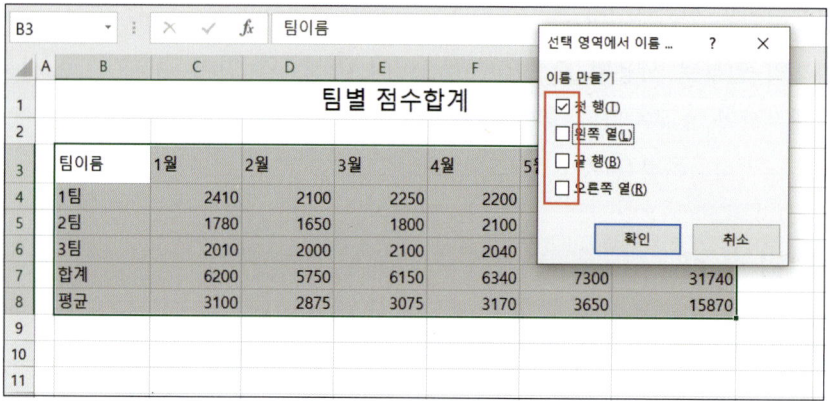

(2) 새 이름 대화상자를 사용하여 이름 정의하기

① [수식] ▷ [정의된 이름] ▷ [이름정의] 클릭

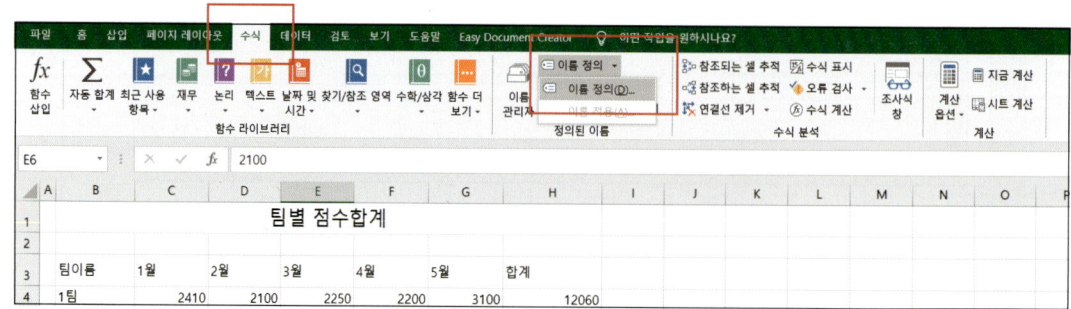

② [새이름 대화상자]의 이름 상자에 참조로 사용할 이름을 입력한다.

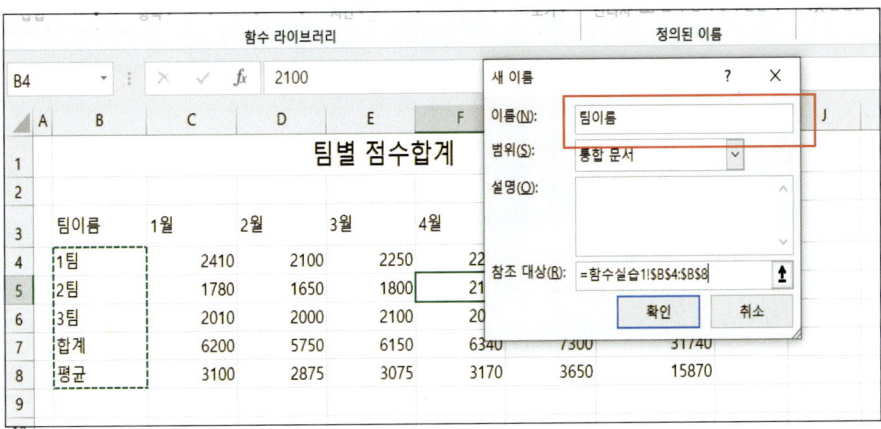

③ 참조대상에서 이름에 맞는 셀을 선택한다.

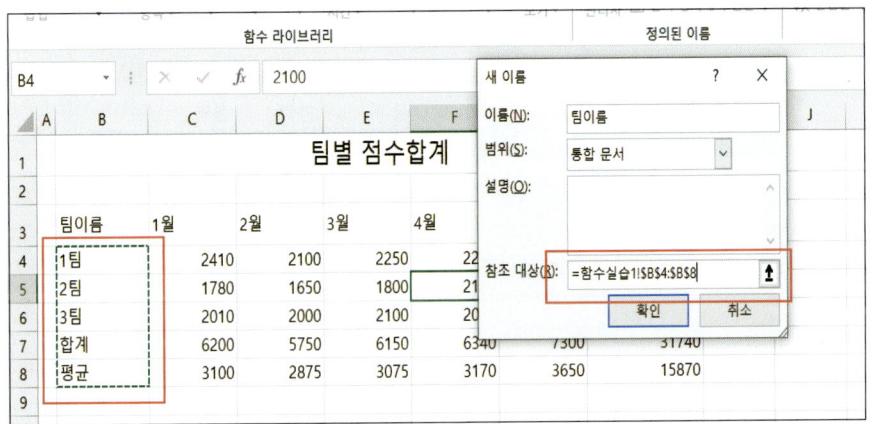

④ 필요한 경우 255자 설명을 입력할 수 있다.

(3) 이름관리자 대화상자를 사용하여 이름 정의하기

① [수식] ⇨ [정의된 이름] ⇨ [이름관리자] 클릭

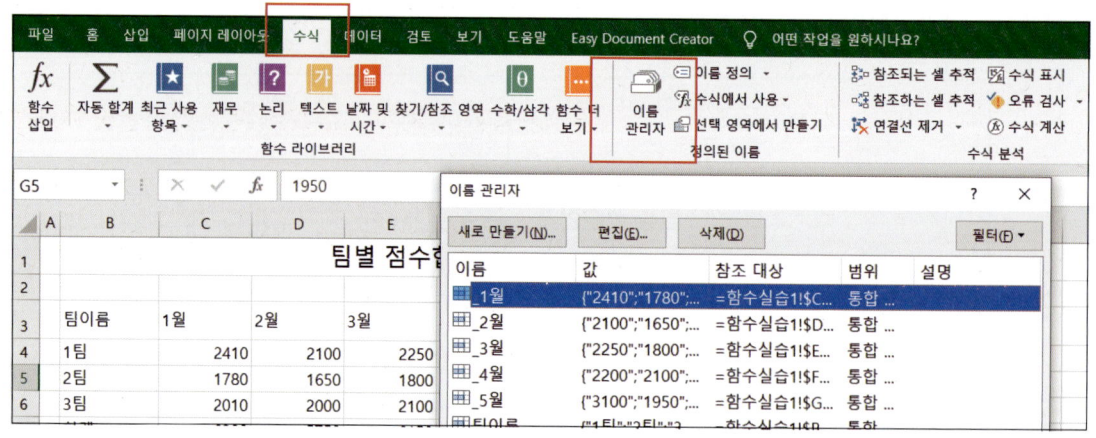

② [이름관리자] 대화상자에서 각 이름에 대한 정보가 나타나며 수정하거나 삭제, 새로 만들기를 할 수 있다.

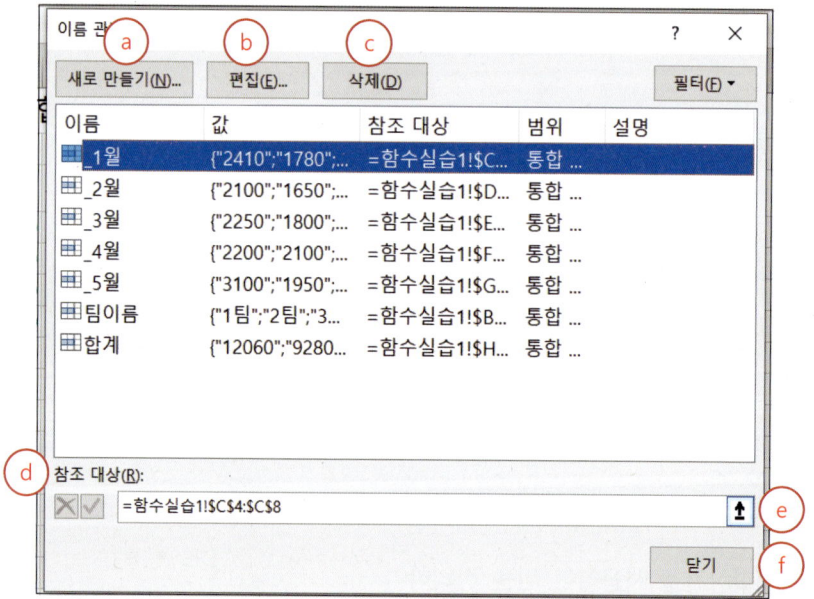

ⓐ [새로만들기]] : [새이름] 대화상자를 사용해서 새로운 이름을 정의한다.
ⓑ [편집] : [새이름] 대화상자와 동일한 [이름 편집] 대화상자를 사용해서 이름을 수정한다.
ⓒ [삭제] : 선택한 이름을 삭제한다.
ⓓ [참조대상] : 선택한 이름의 참조 대상만 수정하려면, 이곳에서 바로 수정할 수 있다.
ⓔ [대화상자축소/확대] : 아이콘을 클릭하여 대화상자를 축소한 후 필요한 셀 범위를 직접 마우스로 드래그한다. 다시 아이콘을 클릭하여 대화상자를 크게 표시한다.
ⓕ [닫기] : 수정을 마치면 [닫기]를 클릭해서 변경된 내용을 저장한다.

5.3 개발도구

엑셀에서 데이터를 입력할 때 데이터를 보다 쉽게 입력하도록 하는 확인란 또는 옵션 단추 또는 목록에서 항목을 선택할 수 있도록 하는 목록상자와 같은 다양한 양식 컨트롤을 삽입할 수 있다. 이러한 양식컨트롤을 이용하면 더욱 편리하게 데이터를 입력하거나 관리할 수 있다.

상단 리본메뉴에 개발도구 탭이 보이지 않을 경우 개발도구 탭 나타내기

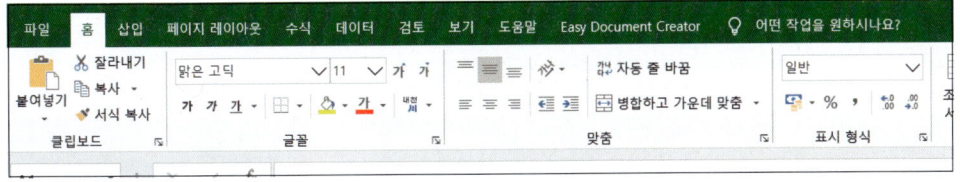

① [파일] ⇨ [옵션] ⇨ [리본사용자지정] ⇨ [개발도구] 체크하기 ⇨ [확인] 클릭

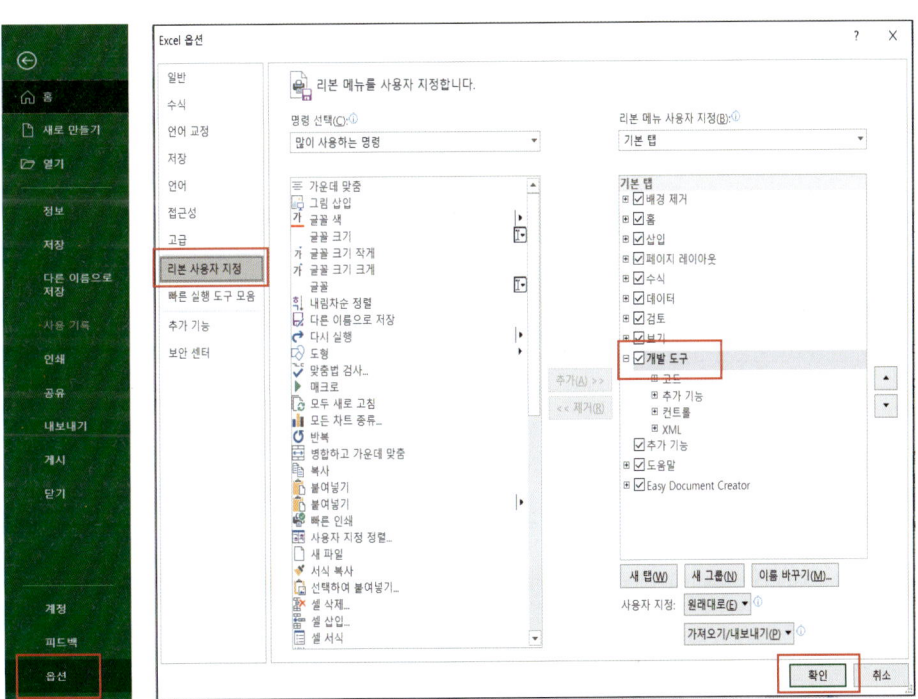

② 상단 리본메뉴에 개발도구가 나타난다.

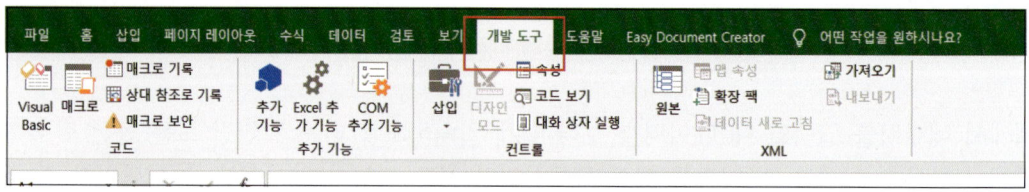

5.3.1 확인란 사용하기

여러 옵션 중 옵션을 선택할 때 적합하다.

① [개발도구] ⇨ [삽입] ⇨ [확인란]☑을 클릭한다.

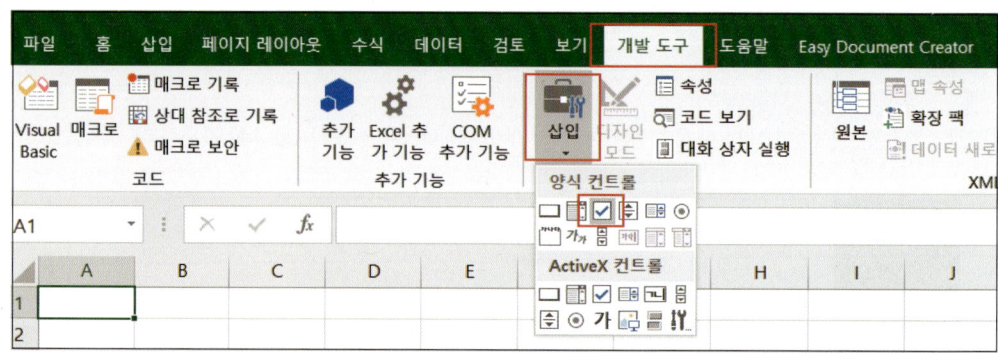

② B2셀 위치에 드래그한 후 "확인란1"글자를 클릭하고 삭제하면 원하는 데이터를 입력할 수 있다.

③ 나머지 선택 옵션을 추가해서 삽입한다(삽입된 옵션 중 여러 옵션을 동시에 선택 가능하다.).

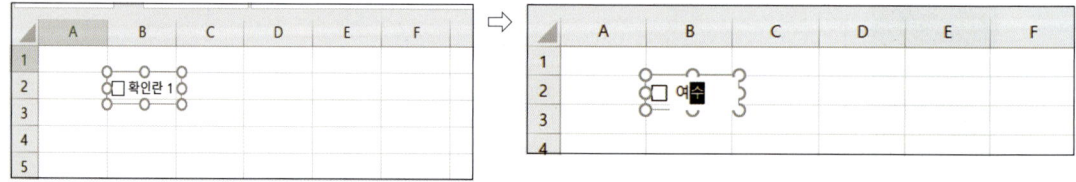

컨트롤 서식에서 셀 연결하기

셀 연결을 하면 선택된 값에 따라 다른 결과를 나타내는 수식 이용할 때 유용하게 활용할 수 있다.

① 확인란을 선택하고 [마우스 오른쪽 버튼] ⇨ [컨트롤 서식]

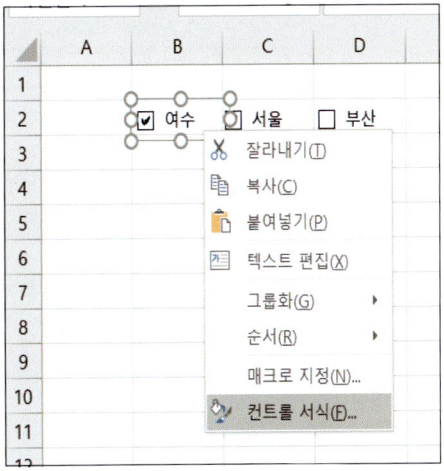

② [컨트롤] ⇨ [셀 연결]을 하면 확인란에 선택된 값의 결과 값을 지정 셀에 연결할 수 있다(선택하면 "TRUE", 선택하지 않았을 경우 "FLASE"로 나타난다.).

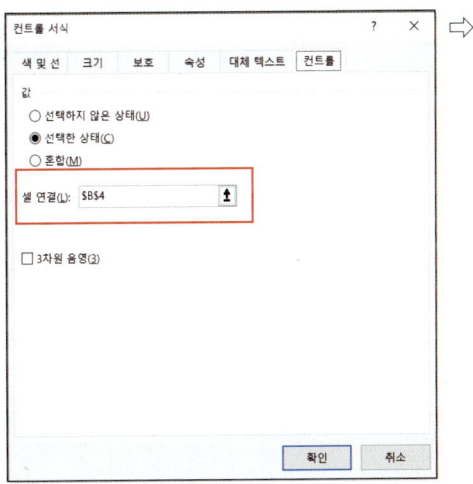
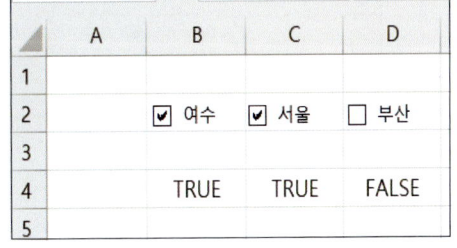

5.3.2 옵션단추 사용하기

여러 옵션 중 한 가지 옵션만 선택할 수 있다.

① [개발도구] ⇨ [삽입] ⇨ [옵션단추 ◉]을 클릭한다.

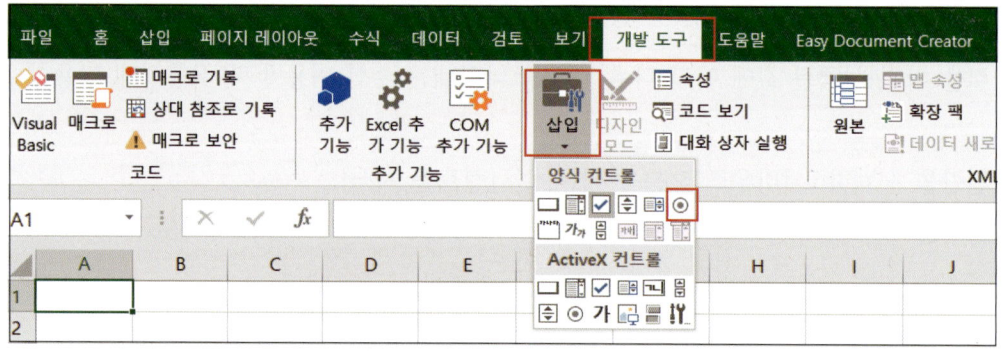

② B2셀 위치에 드래그한 후 "옵션단추" 글자를 클릭하고 삭제하면 원하는 데이터를 입력할 수 있다.

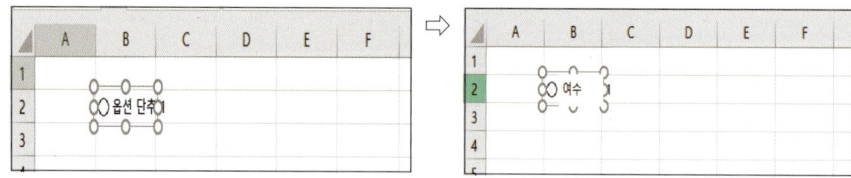

③ 나머지 선택 옵션단추를 추가해서 삽입한다(삽입된 옵션 중 한 가지 옵션만 선택 가능하다.).

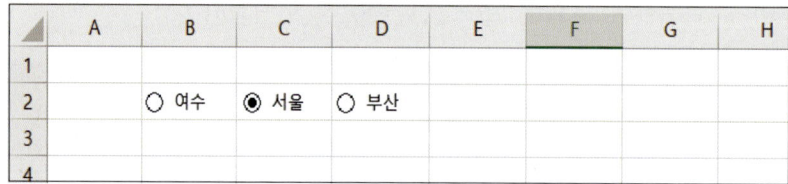

컨트롤 서식에서 셀 연결하기

셀 연결을 하면 선택된 값에 따라 다른 결과를 나타내는 수식 이용할 때 유용하게 활용할 수 있다.

① 옵션단추을 선택하고 [마우스 오른쪽 버튼] ⇨ [컨트롤 서식]

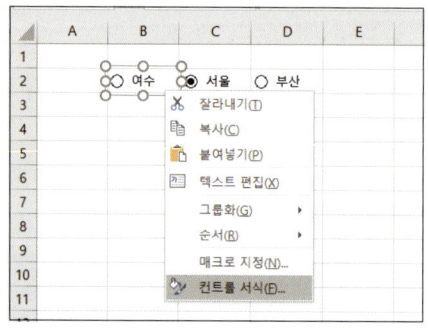

② [컨트롤] ➪ [셀 연결]을 하면 확인란에 선택된 값의 결과 값을 지정 셀에 연결할 수 있다(옵션단추는 옵션단추 중 한 개만 선택하여 셀연결을 하면 모든 옵션단추에 같은 셀이 연결되며 연결된 셀에는 선택한 옵션의 숫자가 나타난다.).

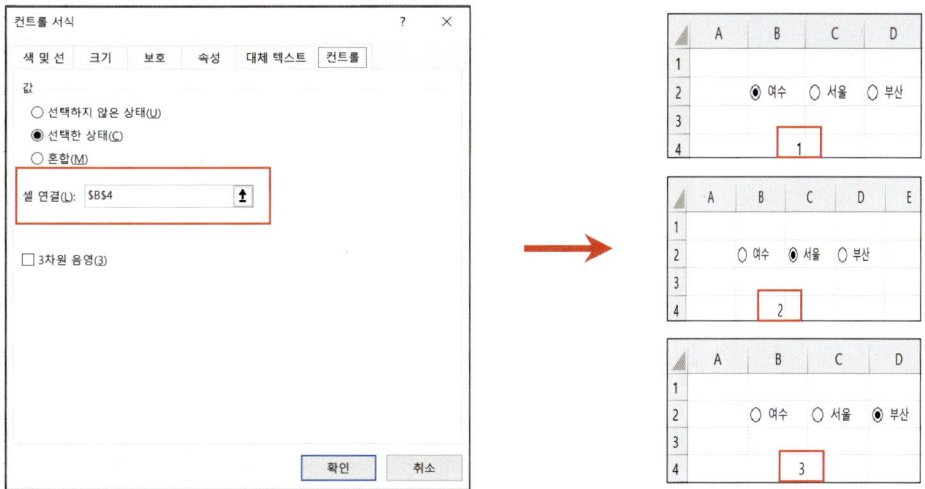

5.3.3 목록상자 사용하기

목록에서 항목을 선택할 수 있도록 한다.

① [개발도구] ➪ [삽입] ➪ [목록상자]를 클릭한다.

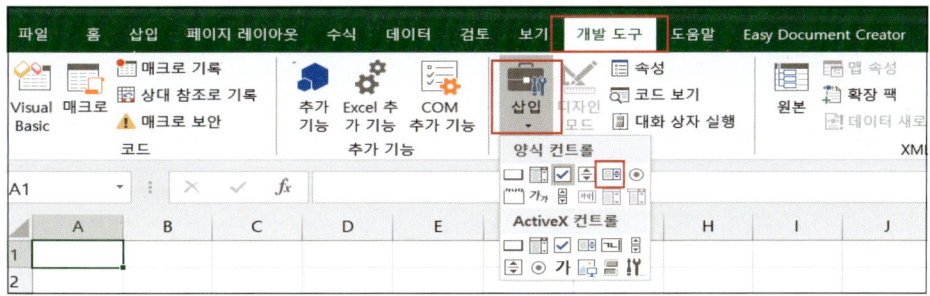

② B2셀 위치에 적당한 크기로 드래그한다.

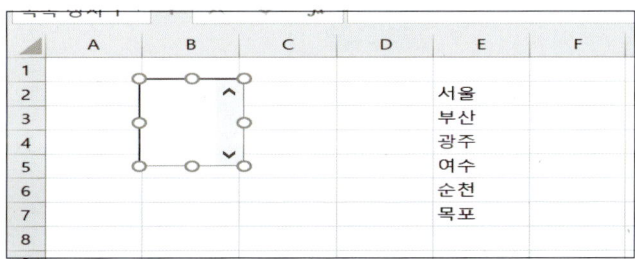

③ 목록상자에서 [마우스 오른쪽 버튼] ⇨ [컨트롤 서식] 클릭한다.

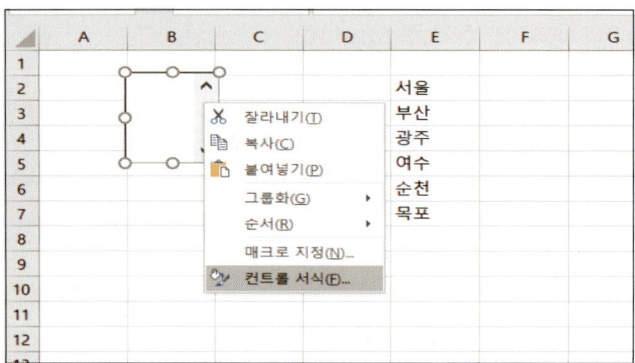

④ [개체서식] ⇨ [컨트롤] ⇨ [입력범위]에서 목록상자에 나타낼 데이터가 입력된 셀을 선택한 후 [확인]을 클릭한다.

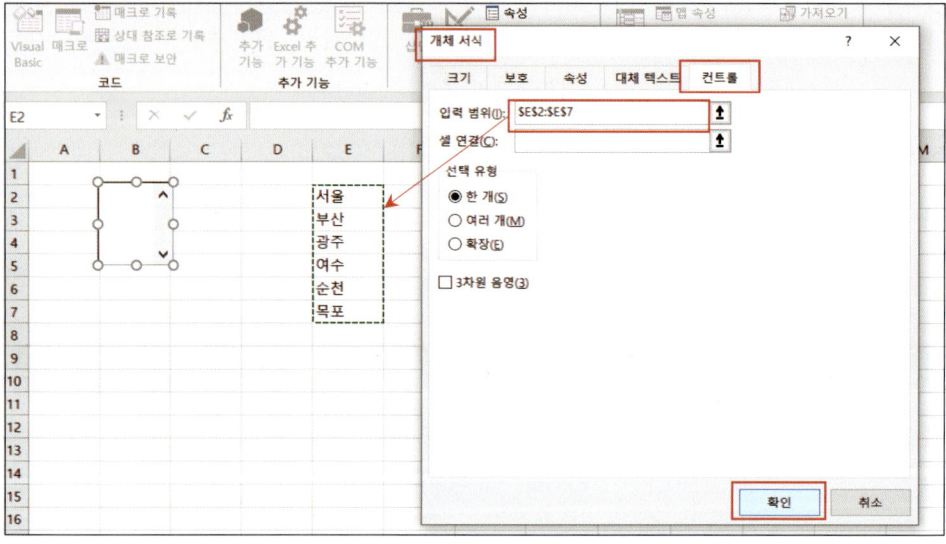

⑤ 목록상자에 입력된 데이터가 나타난다.

컨트롤 서식에서 셀 연결하기

셀 연결을 하면 선택된 값에 따라 다른 결과를 나타내는 수식 이용할 때 유용하게 활용할 수 있다.

① 목록상자를 선택하고 [마우스 오른쪽 버튼] ⇨ [컨트롤 서식]

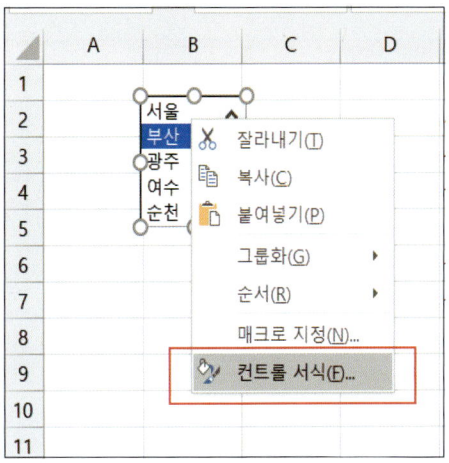

② [컨트롤] ⇨ [셀 연결]을 하면 확인란에 선택된 값의 결과 값을 지정 셀에 연결할 수 있다(목록상자에 셀 연결을 하면 연결된 셀에 목록상자 중 선택된 목록에 해당되는 숫자가 나타난다.).

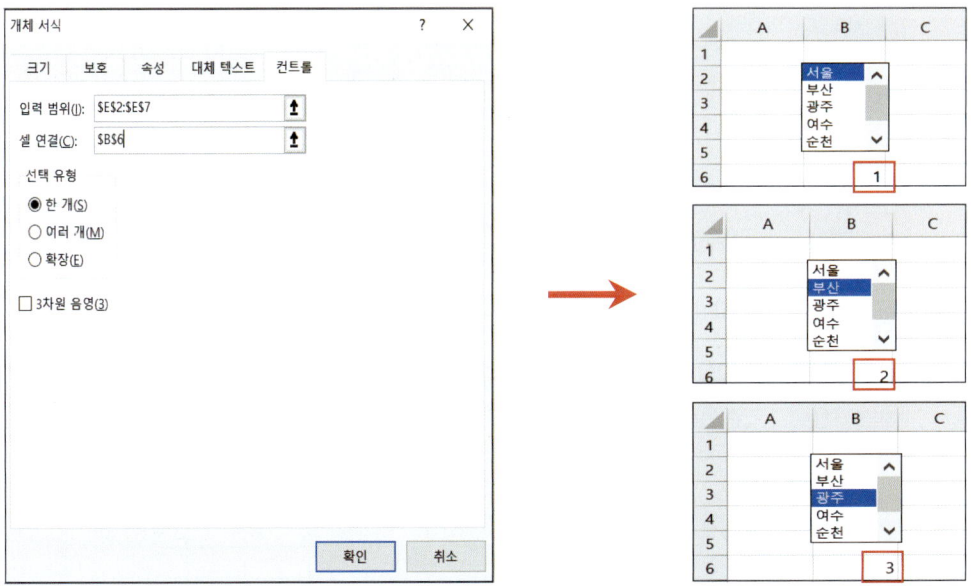

실습예제 2 수식을 활용하여 "주문내역서" 만들기

거래번호	회사명	코드	일련번호	품목	단가	수량	금액	할인금액
1	한영	A01	1-A01	CASIO 계산기	460	6,650	3,059,000	764,750
2	이화	A02	2-A02	파랑잉크	490	5,700	2,793,000	698,250
3	천만석	C01	3-C01	A4용지	490	5,650	2,768,500	692,125
4	삼화	B04	4-B04	CASIO 계산기	770	7,840	6,036,800	1,509,200
5	AG	A03	5-A03	제도샤프	720	6,780	4,881,600	1,220,400
6	한화플러스	B01	6-B01	파랑잉크	500	6,450	3,225,000	806,250
7	BBG	B03	7-B03	투명테이프	460	9,840	4,526,400	1,131,600
8	HY	C03	8-C03	키보드	420	2,430	1,020,600	255,150

할인 비율 25%

"주문내역서" 결과

❶ "주문내역서.xlsx" 파일을 불러온다.

❷ H6셀에 "=F6*G6"입력하고 Enter↵

❸ H6셀의 채우기 핸들을 H13셀까지 끌어서 수식을 복사한다.

❹ I6셀에 [=H6*$I$3] 입력한다(이때 I3셀을 선택한 후 F4키를 이용하여 절대주소로 변경해준다.)

❺ I6셀의 채우기 핸들을 I13셀까지 끌어서 수식을 복사한다.

❻ E열 머리글에서 열을 하나 삽입하고 E5셀에 "일련번호"라고 입력한다.

❼ E6셀에 [=B6&"-"&D6] 입력한다.

❽ D6셀의 채우기 핸들을 D13셀까지 끌어서 수식을 복사한다.

❾ "주문내역서완성.xlsx" 파일로 저장한다.

실습예제 3 수식에 이름을 이용하여 "주문내역서" 만들기

거래번호	회사명	코드	일련번호	품목	단가	수량	금액	할인금액
						할인 비율	25%	
1	한영	A01	1-A01	CASIO 계산기	460	6,650	3,059,000	764,750
2	이화	A02	2-A02	파랑잉크	490	5,700	2,793,000	698,250
3	천만석	C01	3-C01	A4용지	490	5,650	2,768,500	692,125
4	삼화	B04	4-B04	CASIO 계산기	770	7,840	6,036,800	1,509,200
5	AG	A03	5-A03	제도샤프	720	6,780	4,881,600	1,220,400
6	한화플러스	B01	6-B01	파랑잉크	500	6,450	3,225,000	806,250
7	BBG	B03	7-B03	투명테이프	460	9,840	4,526,400	1,131,600
8	HY	C03	8-C03	키보드	420	2,430	1,020,600	255,150

"주문내역서" 결과

❶ "주문내역서.xlsx" 파일을 불러온다.

거래번호	회사명	코드	품목	단가	수량	금액	할인금액
					할인 비율	25%	
1	한영	A01	CASIO 계산기	460	6,650		
2	이화	A02	파랑잉크	490	5,700		
3	천만석	C01	A4용지	490	5,650		
4	삼화	B04	CASIO 계산기	770	7,840		
5	AG	A03	제도샤프	720	6,780		
6	한화플러스	B01	파랑잉크	500	6,450		
7	BBG	B03	투명테이프	460	9,840		
8	HY	C03	키보드	420	2,430		

❷ E열 머리글에서 열을 하나 삽입하고 E5셀에 "일련번호"라고 입력한다.

거래번호	회사명	코드	일련번호	품목	단가	수량	금액	할인금액
						할인 비율	25%	
1	한영	A01		CASIO 계산기	460	6,650		
2	이화	A02		파랑잉크	490	5,700		
3	천만석	C01		A4용지	490	5,650		
4	삼화	B04		CASIO 계산기	770	7,840		
5	AG	A03		제도샤프	720	6,780		
6	한화플러스	B01		파랑잉크	500	6,450		
7	BBG	B03		투명테이프	460	9,840		
8	HY	C03		키보드	420	2,430		

❸ B5:J13을 선택하고 [수식] ➡ [정의된 이름] ➡ [선택영역에서 만들기] ➡ [첫행] ➡ [확인] 클릭

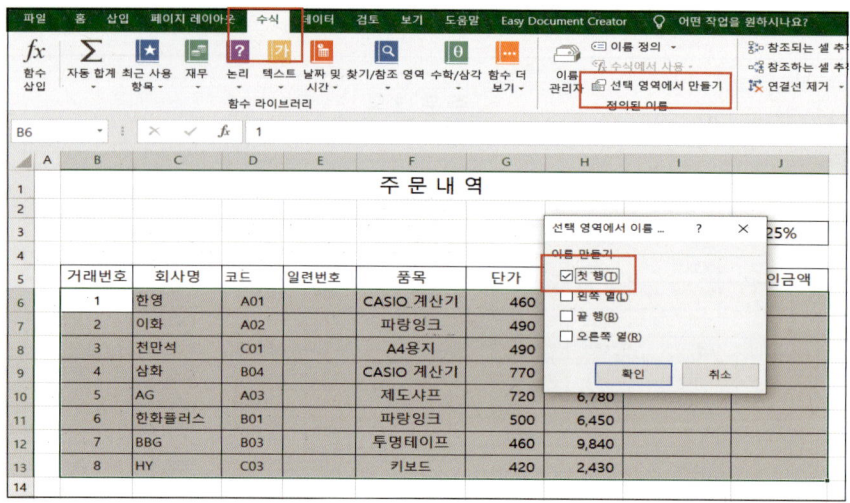

❹ I3:J3을 선택하고 [수식] ➡ [정의된 이름] ➡ [선택영역에서 만들기] ➡ [왼쪽열] ➡ [확인] 클릭

❺ I6셀에 [=단가*수량]이라고 입력한다.

❻ I6셀의 채우기 핸들을 I13셀까지 끌어서 수식을 복사한다.

거래번호	회사명	코드	일련번호	품목	단가	수량	금액	할인금액
						할인 비율	25%	
1	한영	A01		CASIO 계산기	460	6,650	3,059,000	
2	이화	A02		파랑잉크	490	5,700	2,793,000	
3	천만석	C01		A4용지	490	5,650	2,768,500	
4	삼화	B04		CASIO 계산기	770	7,840	6,036,800	
5	AG	A03		제도샤프	720	6,780	4,881,600	
6	한화플러스	B01		파랑잉크	500	6,450	3,225,000	
7	BBG	B03		투명테이프	460	9,840	4,526,400	
8	HY	C03		키보드	420	2,430	1,020,600	

❼ J6셀에 [=금액*할인비율] 입력하고 Enter↵

❽ J6셀의 채우기 핸들을 I13셀까지 끌어서 수식을 복사한다.

거래번호	회사명	코드	일련번호	품목	단가	수량	금액	할인금액
						할인 비율	25%	
1	한영	A01		CASIO 계산기	460	6,650	3,059,000	764,750
2	이화	A02		파랑잉크	490	5,700	2,793,000	698,250
3	천만석	C01		A4용지	490	5,650	2,768,500	692,125
4	삼화	B04		CASIO 계산기	770	7,840	6,036,800	1,509,200
5	AG	A03		제도샤프	720	6,780	4,881,600	1,220,400
6	한화플러스	B01		파랑잉크	500	6,450	3,225,000	806,250
7	BBG	B03		투명테이프	460	9,840	4,526,400	1,131,600
8	HY	C03		키보드	420	2,430	1,020,600	255,150

* 이름을 이용한 수식은 절대주소를 사용하지 않아도 된다.

❾ E6셀에 [거래번호&"-"&코드]를 입력하고 E6셀의 채우기 핸들을 E13셀까지 수식을 복사한다.

	A	B	C	D	E	F	G	H	I	J
1					주 문 내 역					
2										
3									할인 비율	25%
4										
5		거래번호	회사명	코드	일련번호	품목	단가	수량	금액	할인금액
6		1	한영	A01	1-A01	CASIO 계산기	460	6,650	3,059,000	764,750
7		2	이화	A02	2-A02	파랑잉크	490	5,700	2,793,000	698,250
8		3	천만석	C01	3-C01	A4용지	490	5,650	2,768,500	692,125
9		4	삼화	B04	4-B04	CASIO 계산기	770	7,840	6,036,800	1,509,200
10		5	AG	A03	5-A03	제도샤프	720	6,780	4,881,600	1,220,400
11		6	한화플러스	B01	6-B01	파랑잉크	500	6,450	3,225,000	806,250
12		7	BBG	B03	7-B03	투명테이프	460	9,840	4,526,400	1,131,600
13		8	HY	C03	8-C03	키보드	420	2,430	1,020,600	255,150
14										

❿ "주문내역서-이름수식.xlsx" 파일로 저장한다.

CHAPTER 05

연습문제 1. 주문서1

결과

1. 새 워크시트에 아래 데이터 내용을 입력한 후 셀 서식을 이용하여 아래 이미지와 같이 수정한다.

2. H10셀은 [=E10*F10]을 이용하여 공급가를 구한다.

3. K10셀은 [=H10*10%]를 이용하여 구한다.

4. H18셀은 공급가의 합을 구한다.

5. D8셀은 [=H18+K18]을 이용하여 구한다.

6. "주문서.xlsx" 파일로 저장한다.

연습문제 2. **주문서2**

결과

1. "주문서.xlsx" 파일을 불러온 후 수식이 입력된 셀 내용을 삭제한다.

2. 각 항목에 이름정의를 이용하여 이름을 만든다.
   (E10:E13셀은 "개수", F10:F13셀은 "단가", H10:H13셀은 "공급가", K10:K13셀은 "세액", H18셀은 "공급가총합", K18셀은 "세액총합")

3. 셀에 정의된 이름을 이용하여 수식을 완성한다.

4. H10셀은 [=개수*단가]을 이용하여 공급가를 구한다.

5. K10셀은 [=공급가*10%]를 이용하여 구한다.

6. H18셀은 공급가의 총합, K18은 세액의 총합을 구한다(자동합계 이용).

7. D8셀은 [=공급가 총합+세액총합]을 이용하여 구한다.

8. "주문서-이름정의.xlsx" 파일로 저장한다.

CHAPTER 06

함수
직원승진시험결과 만들기

6.1 함수 정의

6.2 함수 사용

6.3 기본 함수

6.1 함수 정의

함수는 복잡한 수식을 쉽게 계산할 수 있게 미리 정의해 놓은 간단한 식을 말하며 함수는 한 개 이상의 인수를 입력받아 계산을 수행하고 한 개 이상의 값을 반환한다.

6.1.1 함수 구조

```
=함수이름(인수1,인수2,...인수N)
```

① 함수도 수식의 한 종류이므로 반드시 "="로 시작해야 한다.
② 기능에 따른 다양한 함수 이름을 적는다.
③ 함수이름에 따른 인수는 함수이름 다음에 괄호 안에 적는다.
④ 기능에 맞는 함수이름에 포함된 다양한 인수 값을 적는다.
⑤ 함수가 하나 이상의 인수를 포함할 때는 인수사이에 쉼표로 인수를 구분한다.

6.2 함수 사용

6.2.1 자동 합계 - 합계

엑셀에서 자주 사용하는 함수를 모아놓은 곳으로 쉽게 함수를 셀에 추가할 수 있다.

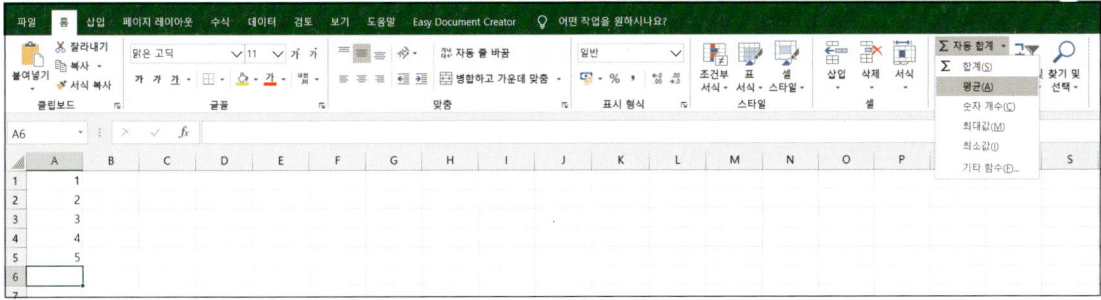

① [홈] ➪ [자동합계] ➪ [합계]를 선택
② 합계가 표시될 셀의 왼쪽이나 위쪽으로 인접한 숫자가 있는 셀들이 자동으로 범위가 설정되며 함수가 입력되어진다.
③ 원하는 범위면 Enter↵를 입력한다.
④ 원하는 범위가 아니면 범위를 다시 선택하고 Enter↵를 입력한다.
• 자동합계에서 사용할 수 있는 함수는 합계(SUM), 평균(AVERAGE). 숫자개수(COUNT), 최대값(MAX), 최소값(MIN)이다.

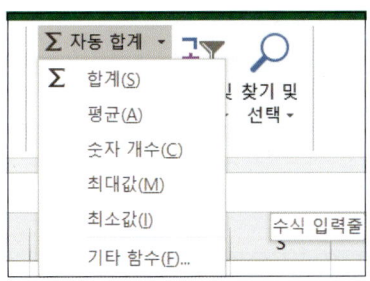

6.2.2 자동 합계 - 평균

① 평균을 표시할 셀을 선택한다.

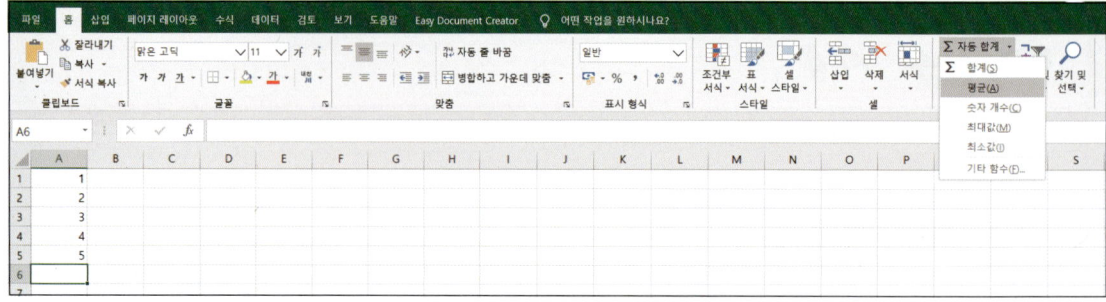

② [홈] ⇨ [자동합계] ⇨ [평균]을 선택
③ 평균가 표시될 셀의 왼쪽이나 위쪽으로 인접한 숫자가 있는 셀들이 자동으로 범위가 설정되며 함수가 입력되어진다.
④ 원하는 범위면 Enter를 입력한다.
⑤ 원하는 범위가 아니면 범위를 다시 선택하고 Enter를 입력한다.
⑥ 나머지 숫자개수, 최대값, 최소값도 같은 방법으로 구한다.

- 자동합계에서 사용할 수 있는 함수는 합계(SUM), 평균(AVERAGE), 숫자개수(COUNT), 최대값(MAX), 최소값(MIN)이다.

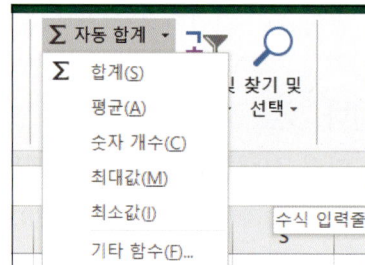

6.2.3 함수 마법사 이용

① 합계를 표시할 셀을 선택한다.
② [수식] ⇨ [함수삽입] ⇨ [함수마법사] 클릭

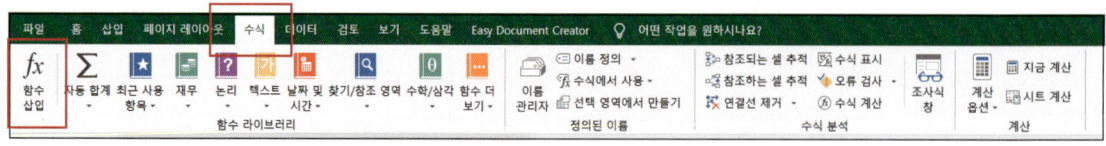

③ [함수마법사] 대화상자에서 검색할 내용을 입력한 후 [검색]을 클릭해 함수를 검색한다.

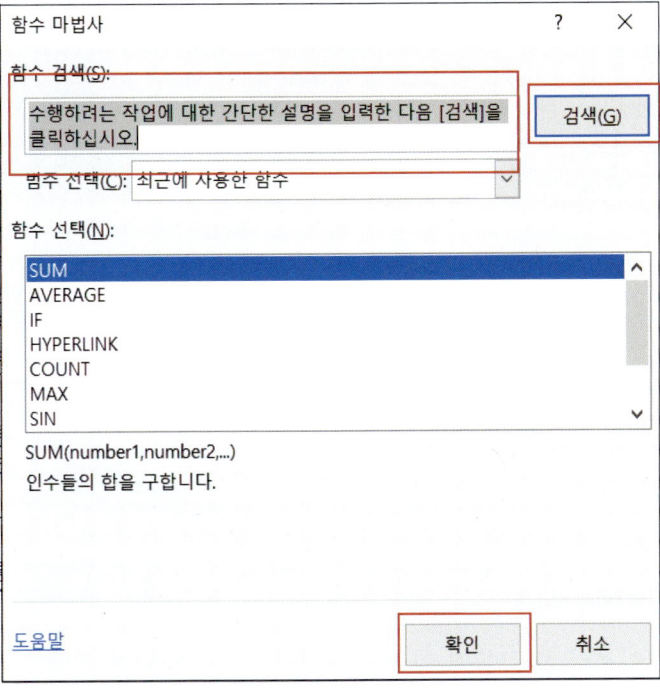

④ [범주선택]에서 화살표를 클릭해 범주별로 함수목록을 보면서 원하는 함수를 클릭해 함수를 선택할 수 있다.

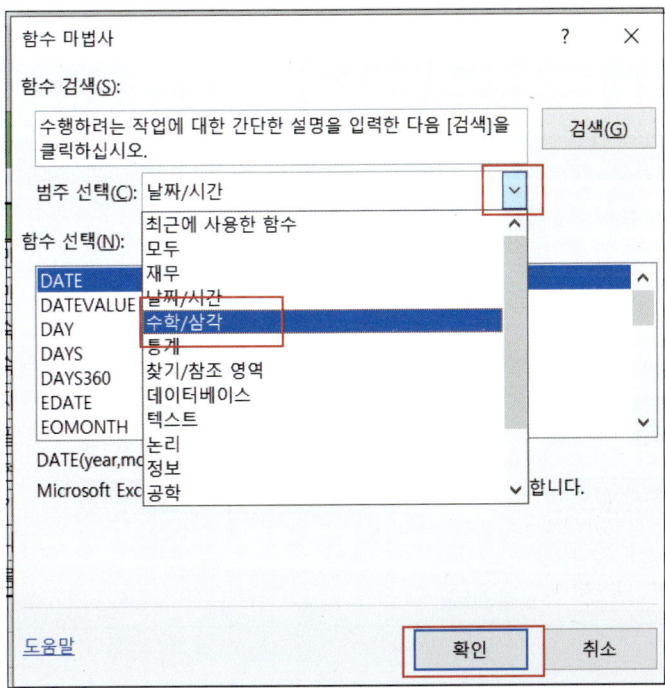

⑤ [함수인수] 대화상자가 나타나면 함수에 맞는 인수를 입력하고 [확인] 클릭한다.

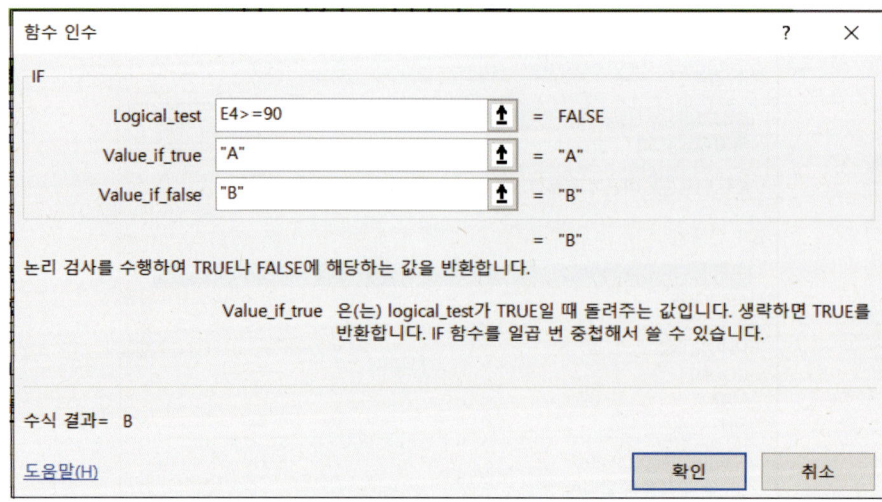

6.2.4 함수 라이브러리 이용

① [수식] ⇨ [함수라이브러리] 그룹에 함수들이 그룹별로 정리되어 있다.

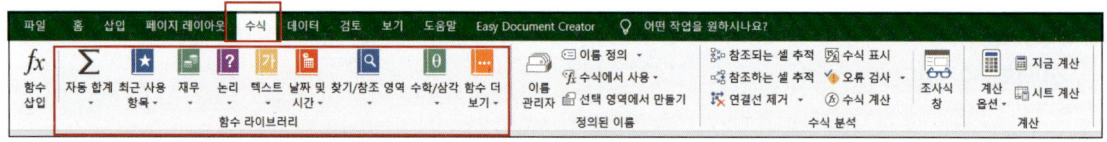

② 함수이름 옆 화살표를 클릭해 나타나는 함수목록에서 원하는 함수를 선택한다.

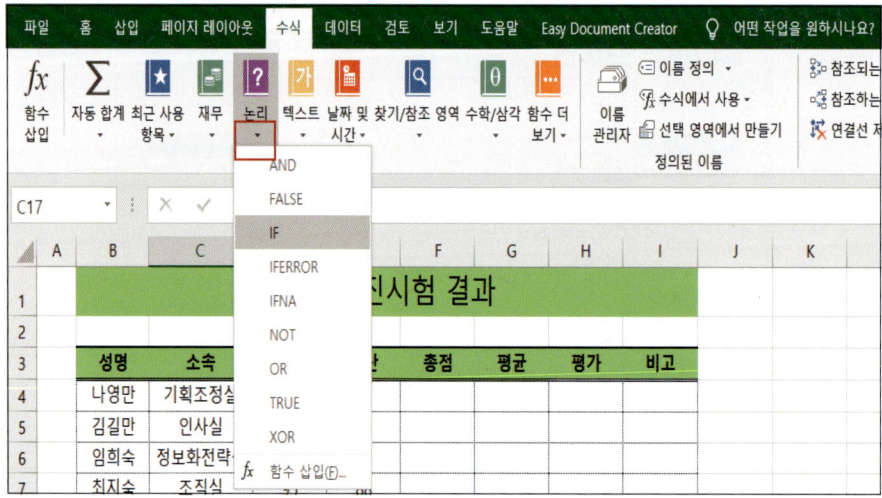

③ [함수인수] 대화상자에서 함수인수를 입력하고 [확인]을 클릭한다.

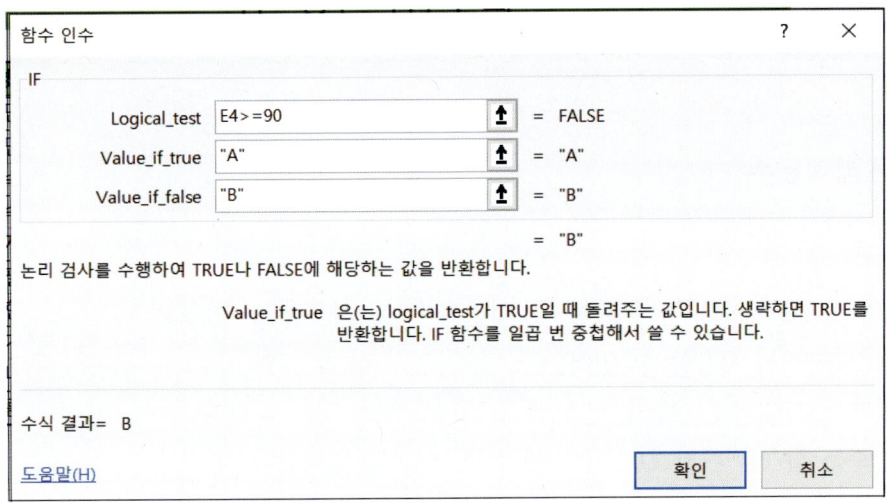

6.3 기본 함수

6.3.1 자동합계함수

(1) SUM함수

① 인수들의 합계를 구하는 함수로 숫자, 참조, 이름을 사용할 수 있다.
② 인수는 255개까지 사용할 수 있다.
③ 사용법 ⇨ =SUM(인수1,인수2, …)
　이때 인수는 합계를 구할 값들이나 셀 주소, 이름을 입력한다.

	A	B	C	D	E	F
1						
2		영어	수학	수식입력	결과	설명
3		90	95	=SUM(4,2)	6	4와 2의 합을 구한다.
4		85	89	=SUM(B4:C4)	174	B42부터 C4까지의 합을 구한다.
5		95	88	=SUM(영어)	270	영어이름 범위의 합을 구한다.

(2) AVERAGE함수

① 인수들의 평균을 구하는 함수로 숫자, 참조, 이름을 사용할 수 있다.
② 인수는 255개까지 사용할 수 있다.
③ 사용법 ⇨ =AVERAGE(인수1,인수2, …)
　이때 인수는 합계를 구할 값들이나 셀 주소, 이름을 입력한다.

	A	B	C	D	E	F
1						
2		영어	수학	수식입력	결과	설명
3		90	95	=AVERAGE(4,2)	3	4와 2의 평균을 구한다.
4		85	89	=AVERAGE(B4:C4)	174	B4부터 C4까지의 평균을 구한다.
5		95	88	=AVERAGE(영어)	90	영어이름 범위의 평균을 구한다.

(3) MAX, MIN함수

① 인수들의 최대값/최소값을 구하는 함수로 숫자, 참조, 이름을 사용할 수 있다.
② 인수는 255개까지 사용할 수 있다.
③ 사용법 ⇨ =MAX(인수1,인수2, …)
　　　　　　=MIN(인수1,인수2, …)
　　　　　이때 인수는 최대값/최소값을 구할 값들이나 셀 주소, 이름을 입력한다.

	A	B	C	D	E	F
1						
2		영어	수학	수식입력	결과	설명
3		90	95	=MAX(4,2)	4	4와 2의 최대값을 구한다.
4		85	89	=MAX(B4:C4)	174	B4부터 C4까지의 최대값을 구한다.
5		95	88	=MAX(영어)	95	영어이름 범위의 최대값을 구한다.

(4) COUNT/COUNTA함수

① COUNT함수는 인수목록에서 숫자인 인수의 개수를 세는 함수로 숫자, 참조, 이름을 사용할 수 있다.
② COUNTA함수는 인수목록에서 빈값을 가진 셀을 제외하고 모든 셀의 개수를 세는 함수로 숫자, 참조, 이름을 사용할 수 있다.
③ 인수는 255개까지 사용할 수 있다.
④ 사용법 ⇨ =COUNT(인수1,인수2, …)
　　　　　　=COUNTA(인수1,인수2, …)

	A	B	C	D	E	F
1						
2		영어	수학	수식입력	결과	설명
3		90	95	=COUNT(4,2)	2	4와 2의 숫자가 입력된 셀의 개수를 구한다.
4		85	89	=COUNT(B4:C4)	2	B4부터 C4까지의 숫자가 입력된 셀의 개수를 구한다.
5		95	88	=COUNT(영어)	3	영어이름 범위의 숫자가 입력된 셀의 개수를 구한다.

실습예제 1 "직원승진시험결과" 함수활용

	A	B	C	D	E	F	G	H	I
1		직원 승진시험 결과							
2									
3		성명	소속	영어	전산	총점	평균	평가	비고
4		나영만	기획조정실	88	62	150	75		
5		김길만	인사실	95	88	183	91.5		
6		임희숙	정보화전략실	90	88	178	89		
7		최지숙	조직실	95	88	183	91.5		
8		임말자	인사실	90	88	178	89		
9		강성필	조직실	65	60	125	62.5		
10		정수현	정보화전략실	80	75	155	77.5		
11		정민기	인사실	95	88	183	91.5		
12		기하나	인사실	90	88	178	89		
13		이아름	정보화전략실	91	54	145	72.5		
14									

"직원승진시험결과" 결과

❶ "직원승진시험결과.xlsx" 파일을 불러온다.

	A	B	C	D	E	F	G	H	I
1		직원 승진시험 결과							
2									
3		성명	소속	영어	전산	총점	평균	평가	비고
4		나영만	기획조정실	88	62				
5		김길만	인사실	95	88				
6		임희숙	정보화전략실	90	88				
7		최지숙	조직실	95	88				
8		임말자	인사실	90	88				
9		강성필	조직실	65	60				
10		정수현	정보화전략실	80	75				
11		정민기	인사실	95	88				
12		기하나	인사실	90	88				
13		이아름	정보화전략실	91	54				
14									

❷ F4셀을 선택하고 [홈] ⇨ [편집] ⇨ [자동합계] ⇨ [합계] 클릭

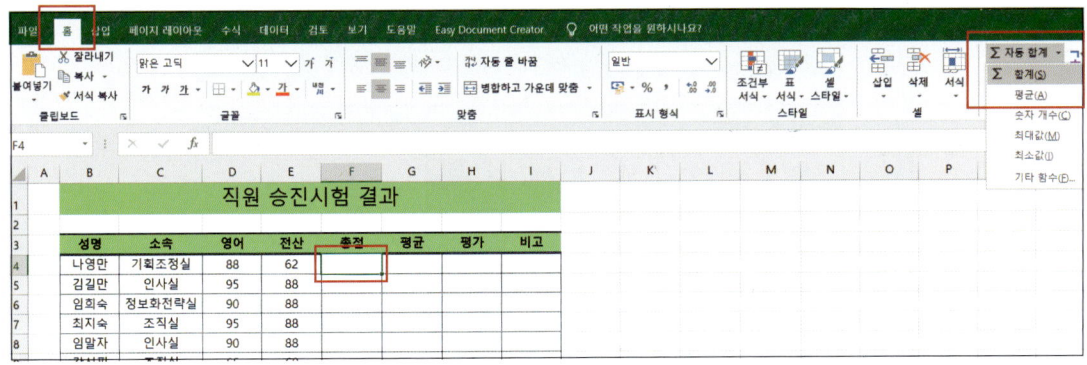

❸ F4셀의 왼쪽으로 인접한 숫자가 들어있는 셀이 강조되어 나타난다. 이때 D4:E4까지의 범위가 맞게 설정되어 있으면 Enter↵ 입력한다.

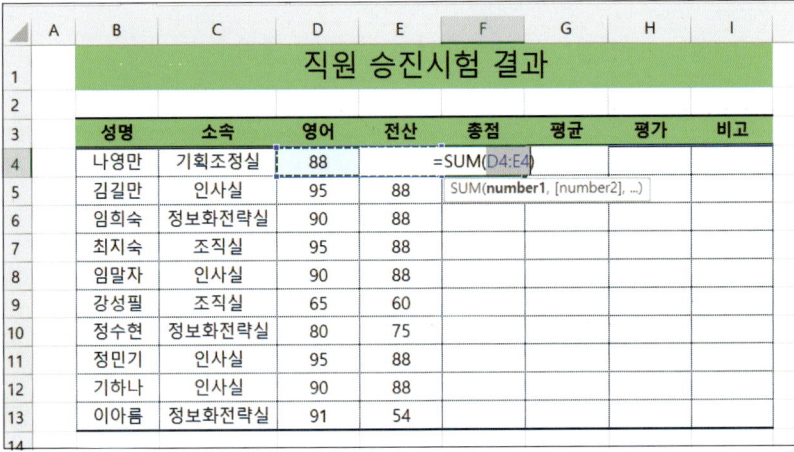

❹ F6셀부터 F13까지 채우기 핸들을 끌어서 자동채우기를 해준 후 하단에 [자동채우기 옵션] 아이콘을 클릭해 [서식없이 채우기]를 선택한다.

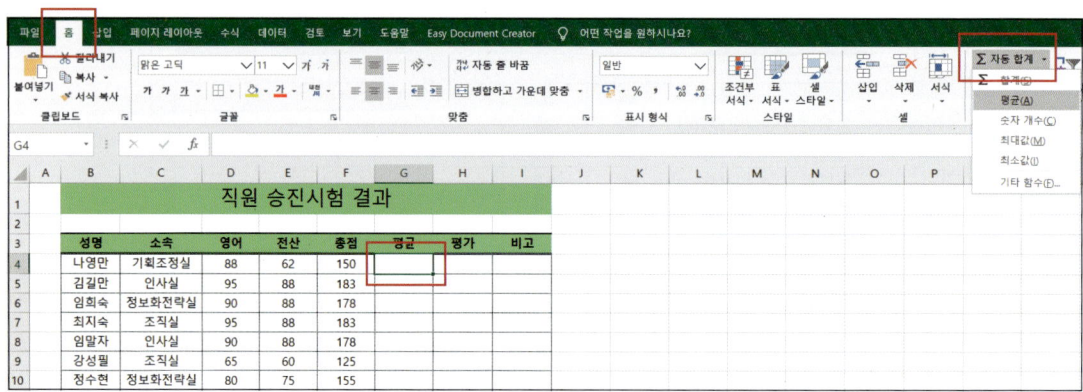

서식까지 채워져 불필요한 서식이 나타나게 되므로 [자동채우기 옵션] 아이콘을 클릭해 [서식 없이 채우기]를 선택한다.

❺ G4셀을 선택하고 [홈] ⇨ [편집] ⇨ [자동합계] ⇨ [평균] 클릭

❻ G4셀의 왼쪽으로 인접한 숫자가 들어있는 셀이 강조되어 나타난다. 이때 범위를 D4:E4까지로 수정하고 Enter↵ 입력한다.

❼ G6셀부터 G13까지 채우기 핸들을 끌어서 자동채우기를 해준 후 하단에 [자동채우기 옵션] 아이콘을 클릭해 [서식없이 채우기]를 선택한다.

성명	소속	영어	전산	총점	평균	평가	비고
			직원 승진시험 결과				
나영만	기획조정실	88	62	150	75		
김길만	인사실	95	88	183	91.5		
임희숙	정보화전략실	90	88	178	89		
최지숙	조직실	95	88	183	91.5		
임말자	인사실	90	88	178	89		
강성필	조직실	65	60	125	62.5		
정수현	정보화전략실	80	75	155	77.5		
정민기	인사실	95	88	183	91.5		
기하나	인사실	90	88	178	89		
이아름	정보화전략실	91	54	145	72.5		

❽ "직원승진시험결과완성.xlsx" 파일로 저장한다.

6.3.2 논리 함수

(1) IF함수

① 논리식이 참이면 값1을 결과값으로 돌려주고 거짓이면 값2를 결과값으로 돌려준다.
② 값1, 값2에는 숫자, 텍스트, 수식과 함수를 사용할 수 있다.
③ 사용법 ⇨ =IF(논리식,값1,값2)

영어	수학	수식입력	결과	설명
90	95	=IF(95>90,"A","B")	A	95가 90보다 크면 A를 나타내고 그렇지 않으면 B를 나타내라
85	89	=IF(B4>C4,"A","B")	B	B4가 C4보다 크면 A를 나타내고 그렇지 않으면 B를 나타내라
95	88	=IF(B5>C5,"A","B")	A	B5가 C5보다 크면 A를 나타내고 그렇지 않으면 B를 나타내라

(2) AND함수

① 모든 논리식이 참이면 결과값으로 TRUE, 하나라도 거짓이면 결과값으로 FALSE를 돌려준다.
② 논리식은 255개까지 사용할 수 있다.
③ 사용법 ⇨ =AND(논리식1,논리식2…)

(3) OR함수

① 논리식중 하나라도 참이면 결과값으로 TRUE, 하나라도 거짓이면 결과값으로 FALSE를 돌려준다.
② 논리식은 255개까지 사용할 수 있다.
③ 사용법 ⇨ =OR(논리식1,논리식2…)

(4) NOT함수

① 논리식이 참이면 결과값으로 FALSE, 거짓이면 결과값으로 TRUE를 돌려준다.
② 사용법 ⇨ =NOT(논리식)

(5) IFERROR함수

① 주어진 식에 오류가 없으면 수식의 결과 값을 돌려주고, 오류가 있으면 오류 값을 결과 값으로 돌려준다.
② 사용법 ⇨ =IFERROR(수식,오류값)

| 실습예제 2 | "직원승진시험결과" 함수활용 |

"직원승진시험결과" 결과

❶ "직원승진시험결과완성.xlsx" 파일을 불러온다.

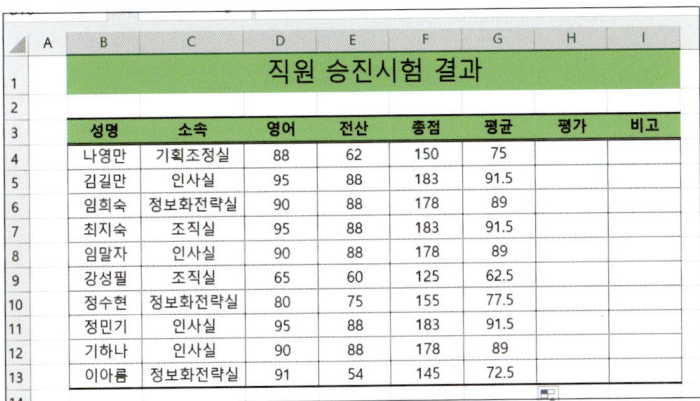

❷ H4셀을 선택하고 [수식] ⇨ [함수라이브러리] ⇨ [논리] ⇨ [IF] 클릭

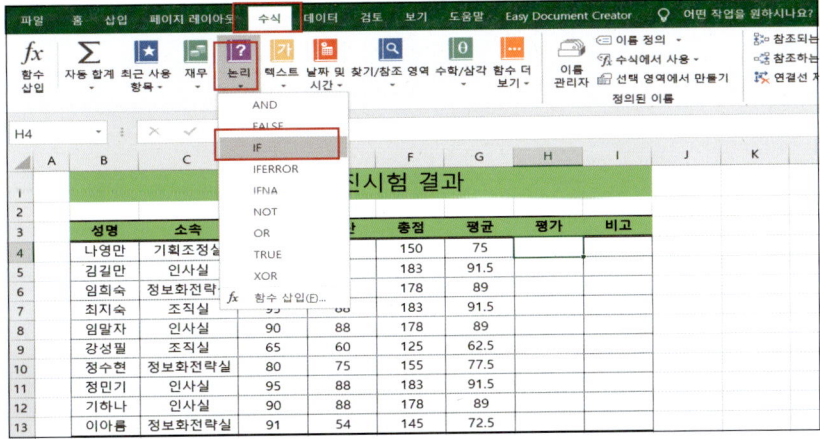

CHAPTER 06 함수 **161**

❸ 함수인수 대화상자에 조건을 입력하는 logical_test영역에 평균이 85점 이상(G4>=85)을 입력하고 Value_if_true영역에 "합격", Value_if_false영역에 "불합격"을 입력하고 [확인]을 클릭한다.

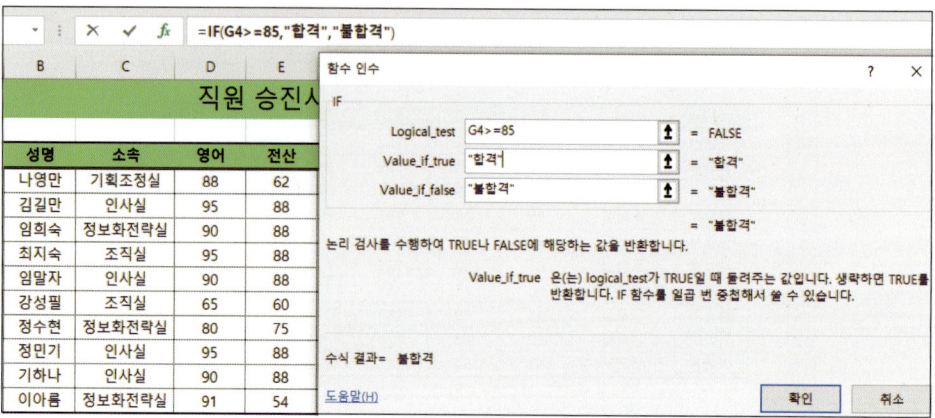

❹ H4셀에서 H13셀까지 채우기 핸들을 끌어서 자동채우기를 해준 후 하단에 [자동채우기 옵션] 아이콘을 클릭해서 [서식없이 채우기]를 선택한다.

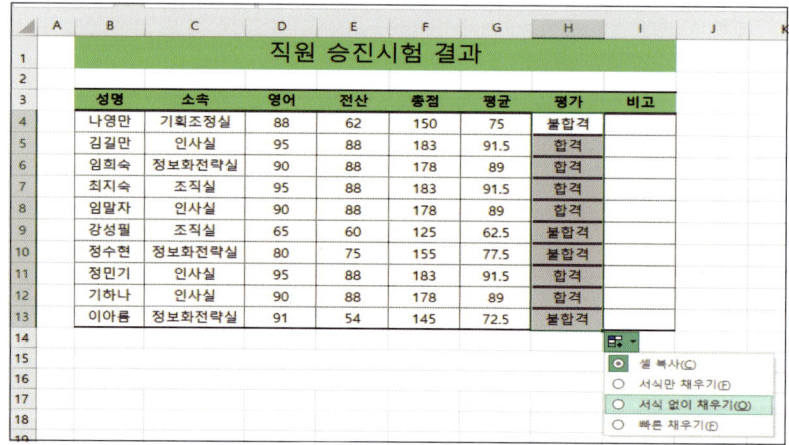

❺ 함수마법사를 이용하지 않고 H4셀에 직접 [=IF(G4>=85,"합격","불합격")] 입력해도 결과는 같다.
❻ 파일을 저장한다.

6.3.3 조건부 함수

(1) SUMIF함수

① 주어진 범위에서 조건을 만족하는 값들의 합계를 구한다.
② 조건은 숫자를 사용하는 경우를 제외하고 큰따옴표로 묶어 입력해야 한다.
③ 사용법 ⇨ =SUMIF(범위,조건,추가범위)

	A	B	C	D	E
1					
2					30,000
3		가격	수수료	수식입력	결과
4		10,000	700	=SUMIF(B4:B7,">25000",C4:C7)	Ⓐ 490
5		20,000	140	=SUMIF(B4:B7,">16000")	Ⓑ 90,000
6		30,000	210	=SUMIF(B4:B7,">=30000",C4:C7)	Ⓒ 490
7		40,000	280	=SUMIF(B4:B7,">"&E2,C4:C7)	Ⓓ 280
8					
9				설명	
10	Ⓐ	₩25,000이 넘는 가격에 대한 수수료 합계를 반환합니다.			
11	Ⓑ	₩16,000이 넘는 가격에 대한 합계를 반환합니다.			
12	Ⓒ	가격이 ₩30,000 이상인 항목에 대한 수수료 합계를 반환합니다.			
13	Ⓓ	E2의 값보다 큰 가격에 대한 수수료 합계를 반환합니다.			

	A	B	C	D	E	F
1						
2		범주	음식	판매액	수식입력	결과
3		야채	토마토	23,000	=SUMIF(B3:B7,"과일",D3:D7)	Ⓐ 92,000
4		야채	호박	55,000	=SUMIF(B3:B7,"야채",D3:D7)	Ⓑ 120,000
5		과일	오렌지	80,000	=SUMIF(C3:C7,"*박",D3:D7)	Ⓒ 67,000
6		야채	당근	42,000		
7		과일	수박	12,000		
8						
9				설명		
10	Ⓐ	"과일" 범주에 있는 모든 음식의 판매량 합계를 반환합니다.				
11	Ⓑ	"야채" 범주에 있는 모든 음식의 판매량 합계를 반환합니다.				
12	Ⓒ	"박"으로 끝나는 모든 음식(수박, 호박)의 판매량 합계를 반환합니다.				

(2) SUMIFS함수

① 주어진 범위에서 여러 조건을 만족하는 값들의 합계를 구한다.

② 조건범위와 조건은 처음 것을 제외하고 생략 가능하다. 조건범위와 조건은 127개까지 사용할 수 있다.
③ 조건은 숫자를 사용하는 경우를 제외하고 큰따옴표로 묶어 입력해야 한다.
④ 사용법 ⇨ =SUMIFS(합계범위,조건범위,조건1,조건범위2,조건2…)

	A	B	C	D	E	F
2		범주	음식	판매액	수식입력	결과
3		야채	토마토	23,000	=SUMIFS(D3:D7,B3:B7,"야채",C3:C7,"*박")	Ⓐ 55,000
4		야채	호박	55,000	=SUMIFS(D3:D7,B3:B7,"과일",C3:C7,"*박")	Ⓑ 12,000
5		과일	오렌지	80,000		
6		야채	당근	42,000		
7		과일	수박	12,000		
8						
9				설명		
10		Ⓐ "야채" 범주에 있으며 박에 해당하는 모든 음식의 판매량 합계를 반환합니다.				
11		Ⓑ "과일" 범주에 있으며 박으로 끝나는 모든 음식의 판매량 합계를 반환합니다.				

(3) AVERAGEIF함수

① 주어진 범위에서 조건을 만족하는 값들의 평균을 구한다.
② 조건은 숫자를 사용하는 경우를 제외하고 큰따옴표로 묶어 입력해야 한다.
③ 사용법 ⇨ =AVERAGEIF(범위,조건,추가범위)

	A	B	C	D	E
2					30,000
3		가격	수수료	수식입력	결과
4		10,000	700	=AVERAGEIF(B4:B7,">25000",C4:C7)	Ⓐ 245
5		20,000	140	=AVERAGEIF(B4:B7,">16000")	Ⓑ 30,000
6		30,000	210	=AVERAGEIF(B4:B7,">=30000",C4:C7)	Ⓒ 245
7		40,000	280	=AVERAGEIF(B4:B7,">"&E2,C4:C7)	Ⓓ 280
8					
9				설명	
10	Ⓐ ₩25,000이 넘는 가격에 대한 수수료 평균을 반환합니다.				
11	Ⓑ ₩16,000이 넘는 가격에 대한 평균을 반환합니다.				
12	Ⓒ 가격이 ₩30,000이상인 항목에 대한 수수료 평균을 반환합니다.				
13	Ⓓ E2의 값보다 큰 가격에 대한 수수료 평균을 반환합니다.				

	A	B	C	D	E	F
1						
2		범주	음식	판매액	수식입력	결과
3		야채	토마토	23,000	=AVERAGEIF(B3:B7,"과일",D3:D7)	Ⓐ 46,000
4		야채	호박	55,000	=AVERAGEIF(B3:B7,"야채",D3:D7)	Ⓑ 40,000
5		과일	오렌지	80,000	=AVERAGEIF(C3:C7,"*박",D3:D7)	Ⓒ 33,500
6		야채	당근	42,000		
7		과일	수박	12,000		
8						
9				설명		
10	Ⓐ	"과일" 범주에 있는 모든 음식의 판매량 평균을 반환합니다.				
11	Ⓑ	"야채" 범주에 있는 모든 음식의 판매량 평균을 반환합니다.				
12	Ⓒ	"박"으로 끝나는 모든 음식(수박, 호박)의 판매량 평균을 반환합니다.				

(4) AVERAGEIFS함수

① 주어진 범위에서 여러 조건을 만족하는 값들의 평균을 구한다.
② 조건범위와 조건은 처음 것을 제외하고 생략 가능하다. 조건범위와 조건은 127개까지 사용할 수 있다.
③ 조건은 숫자를 사용하는 경우를 제외하고 큰따옴표로 묶어 입력해야 한다.
④ 사용법 ⇨ =AVERAGEIFS(평균범위,조건범위,조건1,조건범위2,조건2…)

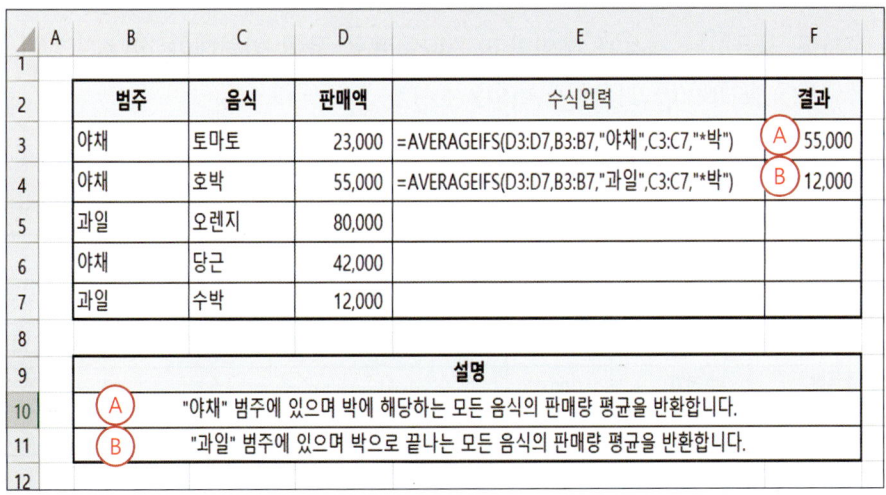

(5) COUNTIF함수

① 주어진 범위에서 조건을 만족하는 값을 가진 셀의 개수를 구한다.

② 조건은 숫자를 사용하는 경우를 제외하고 큰따옴표로 묶어 입력해야 한다.
③ 사용법 ➡ =COUNTIF(범위,조건)

	A	B	C	D	E
1					
2					30,000
3		가격	수수료	수식입력	결과
4		10,000	700	=COUNTIF(B4:B7,">25000")	Ⓐ 2
5		20,000	140	=COUNTIF(C4:C7,">200")	Ⓑ 3
6		30,000	210	=COUNTIF(B4:B7,">30000")	Ⓒ 1
7		40,000	280	=COUNTIF(B4:B7,">"&E2)	Ⓓ 1
8					
9			설명		
10	Ⓐ	₩25,000이 넘는 가격의 개수를 반환합니다.			
11	Ⓑ	₩200이 넘는 수수료의 개수를 반환합니다.			
12	Ⓒ	가격이 ₩30,000 이상인 항목의 개수를 반환합니다.			
13	Ⓓ	E2의 값보다 큰 가격의 개수를 반환합니다.			

(6) COUNTIFS함수

① 주어진 범위에서 여러 조건을 만족하는 값을 가진 셀들의 개수를 구한다.
② 조건범위와 조건은 처음 것을 제외하고 생략 가능하다. 조건범위와 조건은 127개까지 사용할 수 있다.
③ 조건은 숫자를 사용하는 경우를 제외하고 큰따옴표로 묶어 입력해야 한다.
④ 사용법 ➡ =COUNTIFS(범위1,조건1,범위2,조건2...)

	A	B	C	D	E	F
1						
2		범주	음식	판매액	수식입력	결과
3		야채	토마토	23,000	=COUNTIFS(B3:B7,"야채",C3:C7,"*박")	Ⓐ 1
4		야채	호박	55,000	=COUNTIFS(B3:B7,"과일",C3:C7,"*박")	Ⓑ 1
5		과일	오렌지	80,000		
6		야채	당근	42,000		
7		과일	수박	12,000		
8						
9				설명		
10		Ⓐ	"야채" 범주에 있으며 박에 해당하는 모든 음식의 개수를 반환합니다.			
11		Ⓑ	"과일" 범주에 있으며 박으로 끝나는 모든 음식의 개수를 반환합니다.			

6.3.4 조건식 사용

(1) 텍스트와 숫자 조건

① 텍스트를 사용하는 조건과 비교연산자를 사용하는 조건은 반드시 ""로 묶어야 한다.
② 텍스트를 비교할 경우 대소문자는 구분하지 않는다.
③ 텍스트는 "1,2,....가....A..."순서로 커진다.

(2) 임의의 텍스트 찾기

① [*]나 [?]와 같은 와일드 카드 기호를 조건에서 임의의 텍스트를 찾는 데 사용한다.
② [*] ⇨ 글자 개수 제한 없는 글자
③ [?] ⇨ 한 글자에 대응하는 글자

	A	B	C
1			
2		"김"	정확히 [김]이라는 텍스트를 찾는다.
3		"김*"	김으로 시작하는 모든 글자를 찾는다.
4		"김?"	김으로 시작하는 2글자를 찾는다.
5		"김??"	김으로 시작하는 3글자를 찾는다.
6		"*김"	김으로 끝나는 모든 글자를 찾는다.

(3) 셀 참조 또는 수식 사용

① 셀참조나 수식은 조건에서 "" 밖에 놓고 &연산자로 연결해야 한다.

	A	B	C
1			
2		">A1"	"A1" 값보다 큰 텍스트 값을 찾는다.
3		">"&A1	A1셀의값보다 큰 텍스트 값을 찾는다.
4		">="&A1*0.5	A1셀의값보다 크거나 같은 텍스트 값을 찾는다.
5			

실습예제 3   "직원승진시험결과" 함수활용

성명	소속	영어	전산	총점	평균	평가	비고
나영만	기획조정실	88	62	150	75	불합격	
김길만	인사실	95	88	183	91.5	합격	
임희숙	정보화전략실	90	88	178	89	합격	
최지숙	조직실	95	88	183	91.5	합격	
임말자	인사실	90	88	178	89	합격	
강성필	조직실	65	60	125	62.5	불합격	
정수현	정보화전략실	80	75	155	77.5	불합격	
정민기	인사실	95	88	183	91.5	합격	
기하나	인사실	90	88	178	89	합격	
이아름	정보화전략실	91	54	145	72.5	불합격	
				평균90이 넘는 직원수			3
				인사실 영어점수 평균			90.25

"직원승진시험결과" 결과

❶ "직원승진시험결과완성.xlsx" 파일을 불러온다.

❷ G14:H14셀과 G15:H15을 각각 병합하고 가운데 맞춤을 실행한다.
❸ G14셀에 "평균 90이 넘는 직원수"를 입력하고, H14셀에는 "인사실 영어점수 평균"을 입력한다.

❹ I14셀을 선택하고 [수식] ▷ [함수삽입] ▷ [함수마법사] ▷ [함수검색] ▷ "COUNTIF"를 입력하고 [검색] ▷ 함수 선택하고 ▷ [확인] 클릭

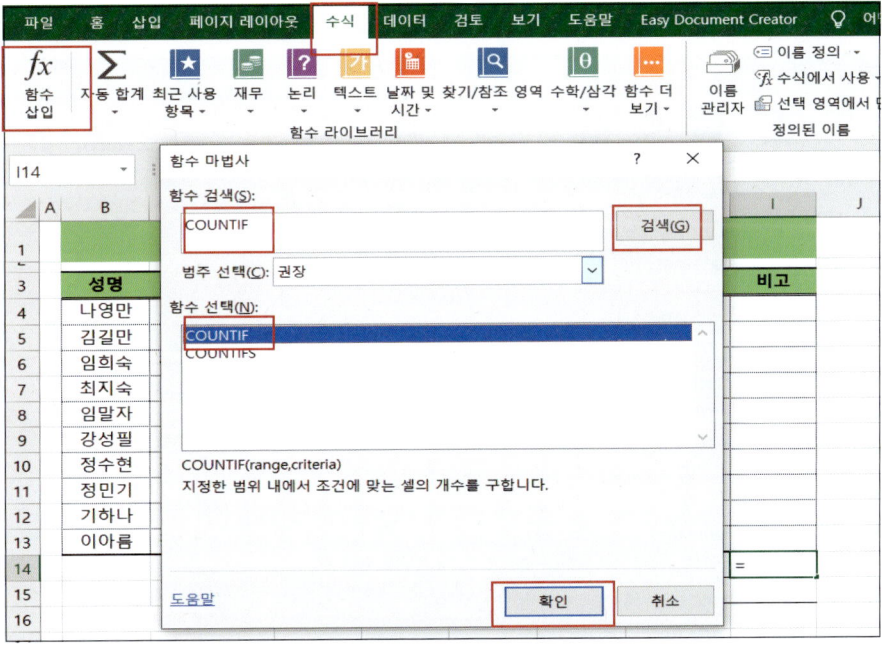

❺ 함수인수 대화상자에서 Range에 "G4:G13"을 입력하고, Criteria에 ">=90"을 입력하고 [확인] 클릭한다.

❻ I15셀을 선택하고 [수식] ⇨ [함수삽입] ⇨ [함수마법사] ⇨ [함수검색] ⇨ "AVERAGEIF"를 입력하고 [검색] ⇨ 함수 선택하고 [확인] 클릭

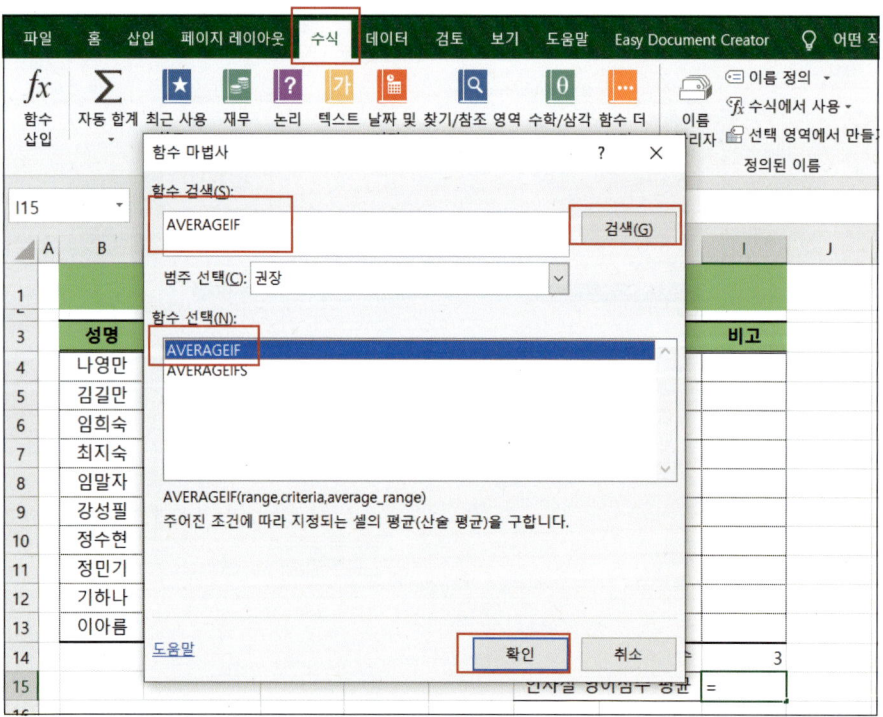

❼ 함수인수 대화상자에서 Range에 "C4:C13"을 입력하고, Criteria에 "인사실"을 입력하고 Average_Range항목에 "G4:G13"을 입력하고 [확인] 클릭한다.

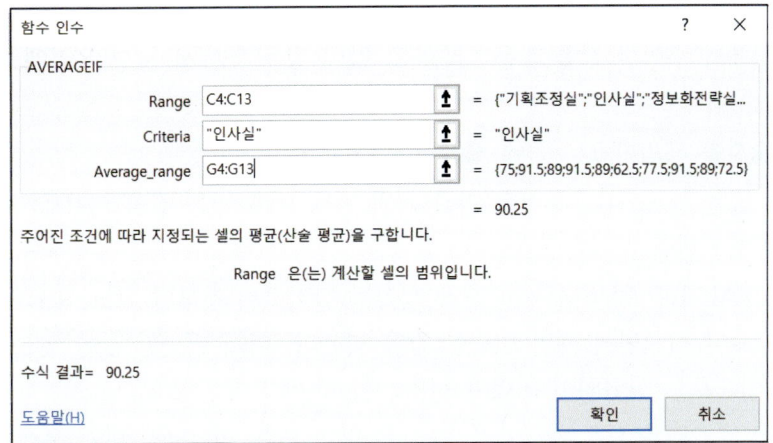

❽ I14셀과 I15에 직접 =COUNTIF(G4:G13,">=90"), =AVERAGEIF(C4:C13,"인사실",G4:G13)을 입력해도 같은 결과가 나타난다.

❾ 파일을 저장한다.

6.3.5 참조함수

(1) VLOOKUP함수

① 범위의 첫 열에서 주어진 값을 찾은 다음, 그 값이 있는 행에서 지정된 열에 있는 값을 결과값으로 돌려준다.
② 찾을 값은 숫자를 제외하고 ""안에 넣는다.
③ 불러올 값이 있는 열 순서는 주어진 범위의 몇 번째 열에 있는 값을 사용할지를 정하는데 이 때 1보다는 커야 한다.
④ 찾기 옵션은 FALSE인 경우 주어진 값과 정확히 일치하는 경우만 찾고, TRUE이거나 생략하면 주어진 값보다 작으면서 제일 비슷한 값을 찾는다. 이때 비슷한 값을 찾는 경우라면 해당 범위가 오름차순으로 정렬되어 있어야 한다.
⑤ 사용법 ⇨ =VLOOKUP(찾을 값, 범위, 불러올 값이 있는 열 순서, 찾기 옵션)

	A	B	C	D	E	F	G
1							
2		코드	품명	개수	단가	수식입력	결과
3		A	수모	6	5,200	=VLOOKUP("B",$B$3:$E$6,2,FALSE) Ⓐ	원피스
4		B	원피스	5	35,000	=VLOOKUP("C",$B$3:$E$6,2,FALSE) Ⓑ	반신 수영복
5		C	반신 수영복	10	85,000	=VLOOKUP("E",$B$3:$E$6,2,FALSE) Ⓒ	#N/A
6		D	전신 수영복	8	150,000		
7							
8					설명		
9		Ⓐ	B3:E6범위에서 "B"를 찾고 2번째 열값을 반환합니다.				
10		Ⓑ	B3:E6범위에서 "C"를 찾고 2번째 열값을 반환합니다.				
11		Ⓒ	B3:E6범위에서 "E"를 찾고 2번째 열값을 반환합니다.(E가 없으므로 오류가 나타난다)				

(2) HLOOKUP함수

① VLOOKUP함수는 열 방향으로 값을 찾지만 HLOOKUP함수는 행 방향으로 값을 찾는다.
② 찾을 값은 숫자를 제외하고 ""안에 넣는다.
③ 불러올 값이 있는 행 순서는 주어진 범위의 몇 번째 행에 있는 값을 사용할지를 정하는데 이 때 1보다는 커야 한다.
④ 찾기 옵션은 FALSE인 경우 주어진 값과 정확히 일치하는 경우만 찾고, TRUE이거나 생략하면 주어진 값보다 작으면서 제일 비슷한 값을 찾는다. 이때 비슷한 값을 찾는 경우라면 해당 범위가 오름차순으로 정렬되어 있어야 한다.

⑤ 사용법 ⇨ =HLOOKUP(찾을 값, 범위, 불러올 값이 있는 행 순서, 찾기 옵션)

	A	B	C	D	E	F
1						
2		코드	A	B	C	D
3		품명	수모	원피스	반신 수영복	전신 수영복
4		개수	6	5	10	8
5		단가	5,200	35,000	85,000	150,000
6		수식입력	=VLOOKUP("B",$B$3:$E$6,2,FALSE)	=VLOOKUP("C",$B$3:$E$6,2,FALSE)	=VLOOKUP("E",$B$3:$E$6,2,FALSE)	
7		결과	Ⓐ 원피스	Ⓑ 반신 수영복	Ⓒ #N/A	
9		설명				
10	Ⓐ B3:E6범위에서 "B"를 찾고 2번째 행값을 반환합니다.					
11	Ⓑ B3:E6범위에서 "C"를 찾고 2번째 행값을 반환합니다.					
12	Ⓒ B3:E6범위에서 "E"를 찾고 2번째 행값을 반환합니다.(E가 없으므로 오류가 나타난다)					

6.3.6 텍스트함수

(1) 텍스트 추출 함수

① LEFT함수 ⇨ 주어진 텍스트의 왼쪽부터 주어진 개수만큼 글자를 추출한다.

② RIGHT함수 ⇨ 주어진 텍스트의 오른쪽부터 주어진 개수만큼 글자를 추출한다.

③ MID함수 ⇨ 주어진 텍스트의 시작위치부터 주어진 개수만큼 글자를 추출한다.

④ 사용법 ⇨ =LEFT(텍스트, 추출할 개수)
=RIGHT(텍스트, 추출할 개수)
=MID(텍스트, 시작할 위치, 추출할 개수)

	A	B	C	D	E
1					
2		데이터	수식입력	결과	설명
3		ABCDE	=LEFT(B3,2)	AB	B2셀에 입력된 데이터왼쪽에서 2개 글자를 추출한다.
4		ABCDE	=RIGHT(B4,2)	DE	B2셀에 입력된 데이터오른쪽에서 2개 글자를 추출한다.
5		ABCDE	=MID(B5,2,3)	BCD	B2셀에 입력된 데이터중간 2번째부터 3개 글자를 추출한다.

(2) 대소문자 변환 함수

① PROPER함수 ⇨ 텍스트의 첫글자를 영문 대문자로 변환한다.

② UPPER함수 ⇨ 모든 영문자를 영문 대문자로 변환한다.

③ LOWER함수 ⇨ 모든 영문자를 영문 소문자로 변환한다.
④ 사용법 ⇨ =PROPER(변환할 텍스트)
　　　　　=UPPER(변환할 텍스트)
　　　　　=LOWER(변환할 텍스트)

데이터	수식입력	결과	설명
abcde	=PROPER(B3)	Abcde	영문 첫글자를 대문자로 바꿔준다.
Abcde	=UPPER(B4)	ABCDE	모든 영문자를 대문자로 바꿔준다
Abcde	=LOWER(B5)	abcde	모든 영문자를 소문자로 바꿔준다

실습예제 4 "직원승진시험결과" 함수활용

"직원승진시험결과" 결과

❶ "직원승진시험결과완성.xlsx" 파일을 불러온다.

❷ L3:N7셀에 아래 이미지와 같이 데이터 입력한다.

점수	비고	등급
60	전보	D
70	보류	C
80	보류	B
90	승진	A

	A	B	C	D	E	F	G	H	I	J	K	L	M	N
1					직원 승진시험 결과									
2														
3		성명	소속	영어	전산	총점	평균	평가	비고	등급		점수	비고	등급
4		나영만	기획조정실	88	62	150	75	불합격				60	전보	D
5		김길만	인사실	95	88	183	91.5	합격				70	보류	C
6		임희숙	정보화전략실	90	88	178	89	합격				80	보류	B
7		최지숙	조직실	95	88	183	91.5	합격				90	승진	A
8		임말자	인사실	90	88	178	89	합격						
9		강성필	조직실	65	60	125	62.5	불합격						
10		정수현	정보화전략실	80	75	155	77.5	불합격						
11		정민기	인사실	95	88	183	91.5	합격						
12		기하나	인사실	90	88	178	89	합격						
13		이아름	정보화전략실	91	54	145	72.5	불합격						

❸ [I4셀을 선택하고 [수식] ⇨ [함수삽입] ⇨ [함수마법사] ⇨ [함수검색] ⇨ "VLOOKUP"를 입력하고 [검색] ⇨ 함수 선택하고 ⇨ [확인] 클릭

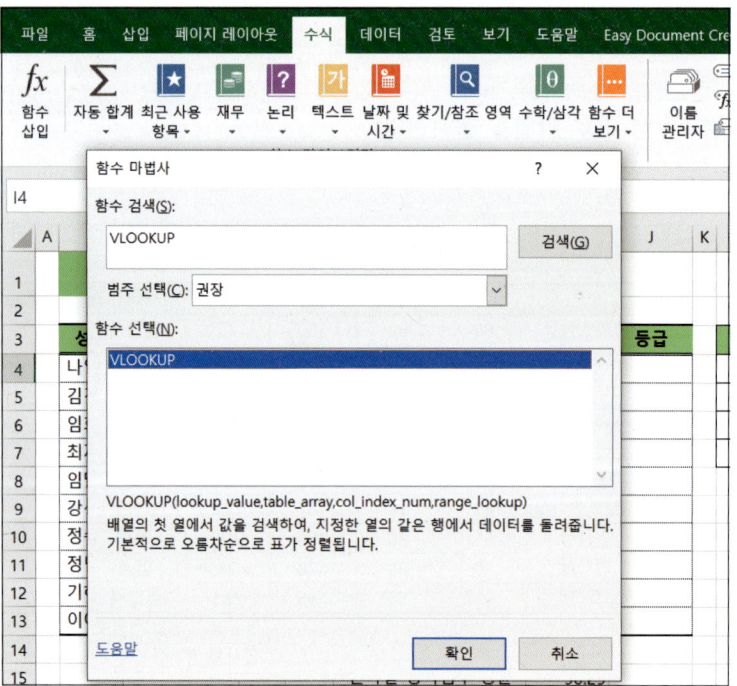

❹ 함수인수 대화상자에서 첫 번째 인수는 G4를 입력, 두 번째 인수는 L4:N7를 입력, 세 번째 열 번호는 2를 입력하고 정확히 일치하는 TRUE를 입력하고 [확인] 클릭한다.

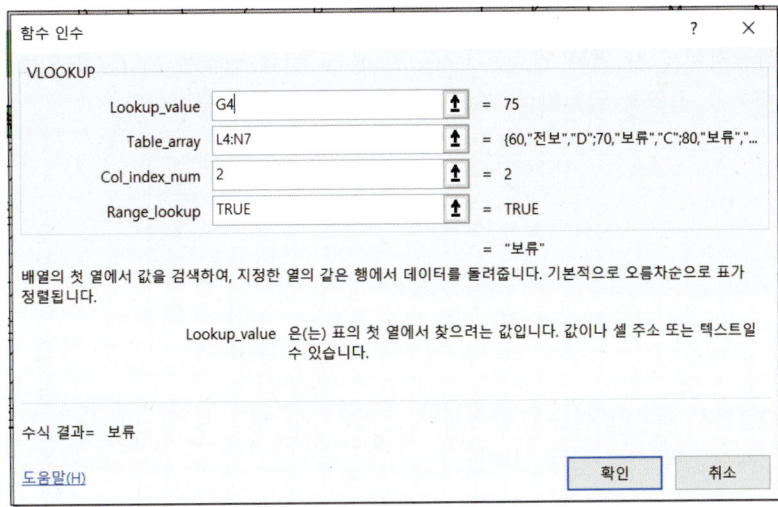

❺ 이때 두 번째 Table_array 항목은 F4키를 이용하여 절대주소로 변경해준다.
  * 나중에 채우기 핸들로 아래로 드래그하면 상대주소는 참고할 범위가 변경되어버리기 때문에 절대주소로 해야 한다.

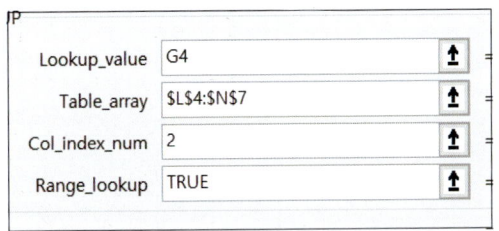

❻ I4셀에서 I13셀까지 채우기 핸들을 끌어서 자동채우기를 해준 후 하단에 [자동채우기 옵션] 아이콘을 클릭해 [서식없이 채우기]를 선택한다.

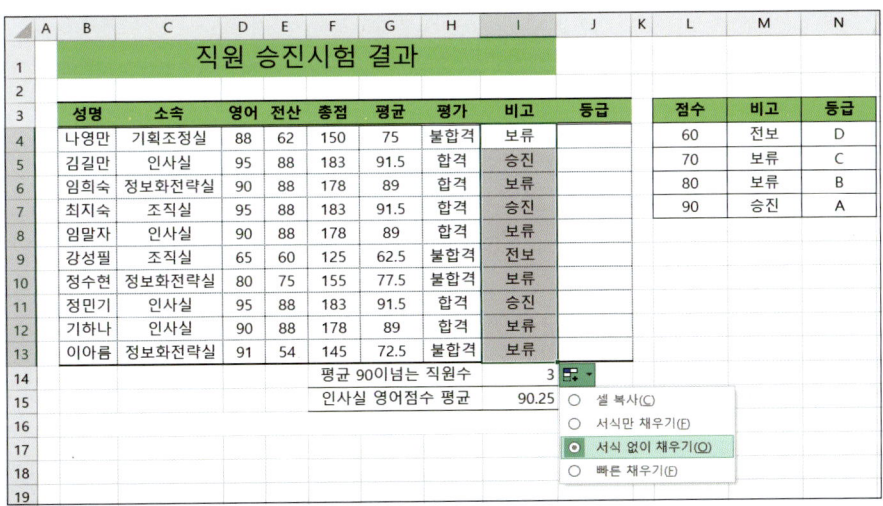

❼ J4셀에서 함수마법사를 이용하여 VLOOKUP 함수인수 대화상자를 불러온다.

❽ 함수인수 대화상자에서 첫 번째 인수는 G4를 입력, 두 번째 인수는 L4:N7를 입력, 세 번째 열 번호는 3를 입력하고 정확히 일치하는 TRUE를 입력하고 [확인] 클릭한다.

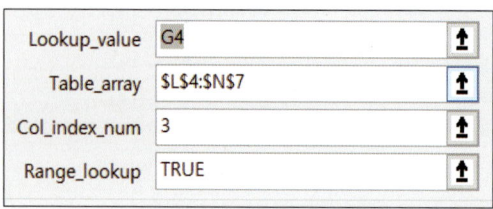

❾ J4셀에서 J13셀까지 채우기 핸들을 끌어서 자동채우기를 해준 후 하단에 [자동채우기 옵션] 아이콘을 클릭해 [서식없이 채우기]를 선택한다.

❿ 파일을 저장한다.

실습예제 5 "연간목표달성현황분석" 함수활용

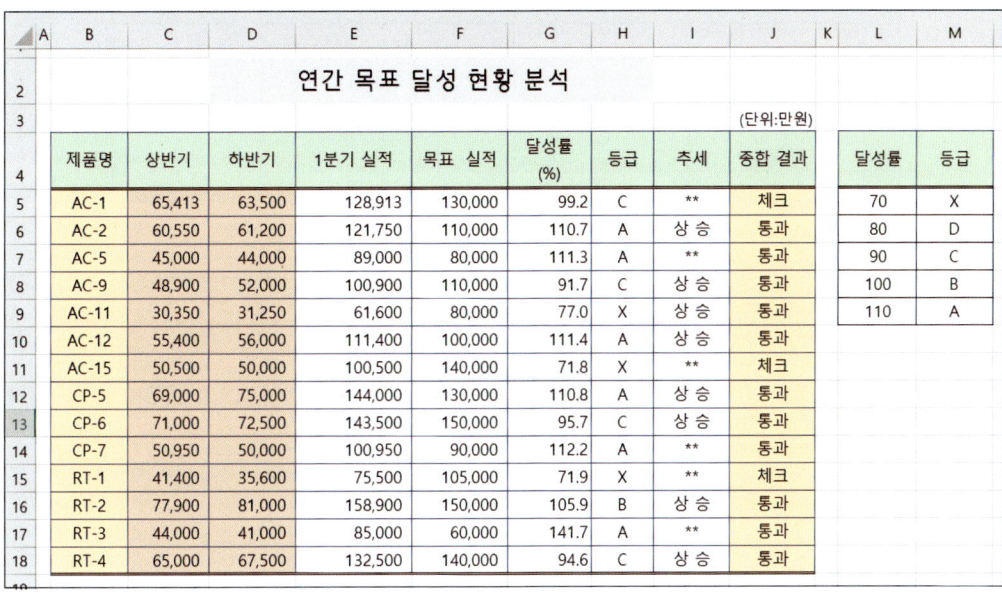

"연간목표달성현황분석" 결과

❶ "연간목표달성현황분석.xlsx" 파일을 불러온다.

❷ E5셀에 상반기와 하반기의 합을 입력한다. ⇨ =SUM(B5:C5)
❸ G5셀에 (1분기TOTAL실적/1분기목표실적*100)을 입력한다. ⇨ =E5/F5*100

	A	B	C	D	E	F	G	H	I	J	K	L	M
2		연간 목표 달성 현황 분석											
3											(단위:만원)		
4		제품명	상반기	하반기	1분기 실적	목표 실적	달성률 (%)	등급	추세	종합 결과		달성률	등급
5		AC-1	65,413	63,500	128,913	130,000	99.2					70	X
6		AC-2	60,550	61,200	121,750	110,000	110.7					80	D
7		AC-5	45,000	44,000	89,000	80,000	111.3					90	C
8		AC-9	48,900	52,000	100,900	110,000	91.7					100	B
9		AC-11	30,350	31,250	61,600	80,000	77.0					110	A
10		AC-12	55,400	56,000	111,400	100,000	111.4						
11		AC-15	50,500	50,000	100,500	140,000	71.8						
12		CP-5	69,000	75,000	144,000	130,000	110.8						
13		CP-6	71,000	72,500	143,500	150,000	95.7						
14		CP-7	50,950	50,000	100,950	90,000	112.2						
15		RT-1	41,400	35,600	75,500	105,000	71.9						
16		RT-2	77,900	81,000	158,900	150,000	105.9						
17		RT-3	44,000	41,000	85,000	60,000	141.7						
18		RT-4	65,000	67,500	132,500	140,000	94.6						

❹ H5셀을 선택하고 [수식] ⇨ [함수삽입] ⇨ [함수마법사] ⇨ [함수검색] ⇨ "VLOOKUP"를 입력하고 [검색] ⇨ 함수 선택하고 ⇨ [확인] 클릭

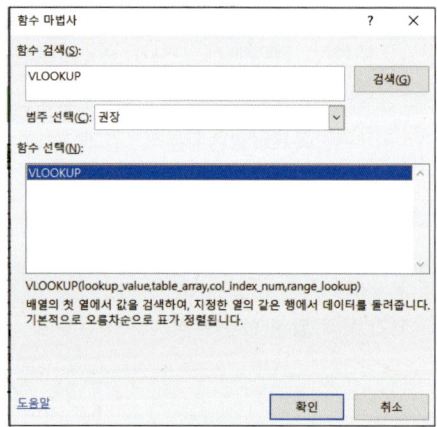

❺ 함수인수 대화상자에서 첫 번째 인수는 G5를 입력, 두 번째 인수는 L5:M9를 입력, 세 번째 열 번호는 2를 입력하고 유사일치를 선택하는 TRUE를 입력하고 [확인] 클릭한다.

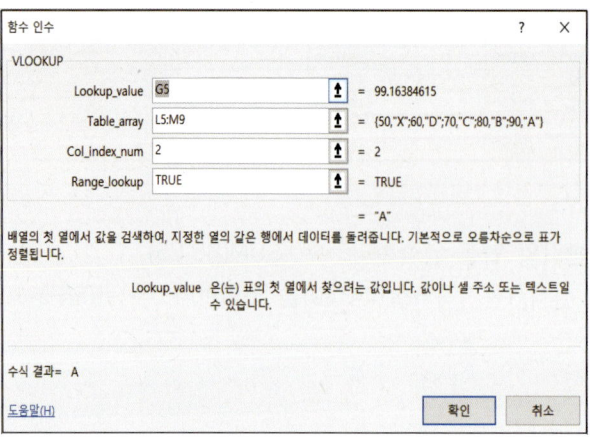

❻ 이때 두 번째 Table_array항목은 F4키를 이용하여 절대주소로 변경해준다.
　* 나중에 채우기 핸들로 아래로 드래그하면 상대주소는 참고할 범위가 변경되어버리기 때문에 절대주소로 해야 한다.

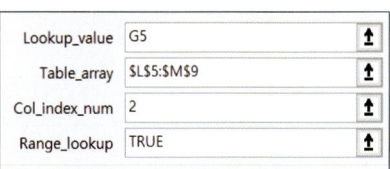

❼ H4셀에서 H18셀까지 채우기 핸들을 끌어서 자동채우기를 해준 후 하단에 [자동채우기 옵션] 아이콘을 클릭해 [서식없이 채우기]를 선택한다.

❽ I5셀은 상반기보다 하반기 입력값이 더 크면 "상승", 그렇지 않으면 "**"기호를 표시하도록 한다.
　⇨ I5셀을 선택하고 [수식] ⇨ [함수삽입] ⇨ [함수마법사] ⇨ [함수검색] ⇨ "IF"를 입력하고 [검색] ⇨ 함수 선택하고 ⇨ [확인] 클릭
❾ 함수인수 대화상자에 조건을 입력하는 logical_test영역에 (C5<D5)을 입력하고 Value_if_true영역에 "상 승", Value_if_false영역에 "**"을 입력하고 [확인]을 클릭한다.

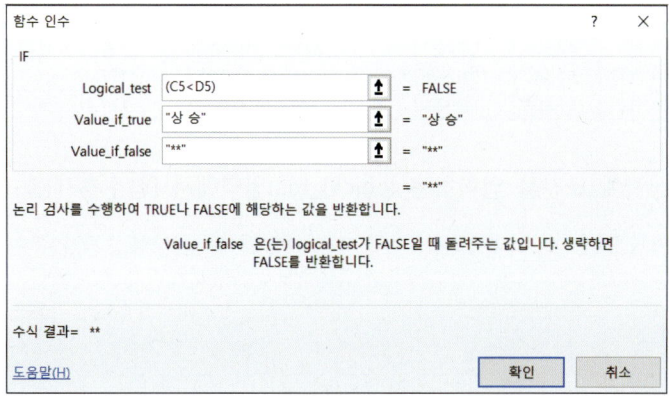

❿ I5셀에서 I18셀까지 채우기 핸들을 끌어서 자동채우기를 해준 후 하단에 [자동채우기 옵션] 아이콘을 클릭해 [서식없이 채우기]를 선택한다.

⓫ 종합결과는 달성률이 100이상이거나 추세가 "상 승"이면 "통과" 그렇지 않으면 "체크"를 입력한다.

⓫-1 J5셀을 선택하고 [수식] ⇨ [함수라이브러리] ⇨ [논리] ⇨ [IF] 클릭

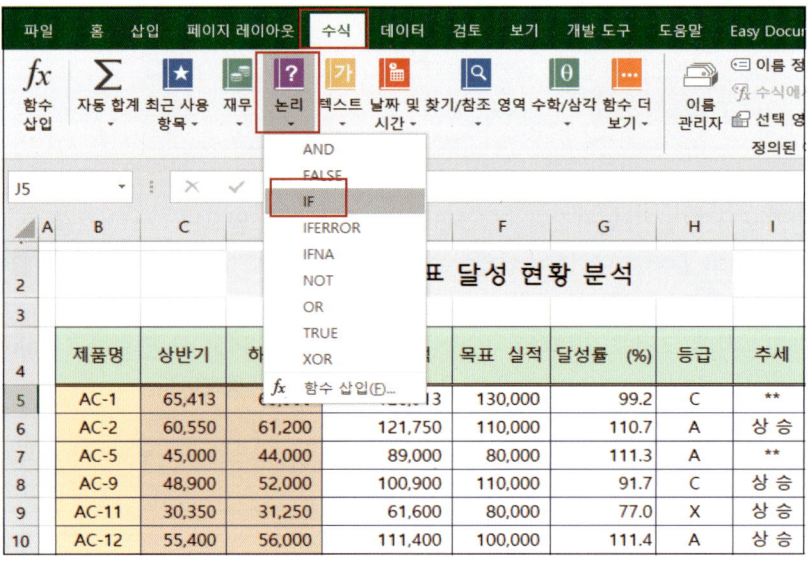

⓫-2 함수인수 대화상자에 조건을 입력하는 logical_test영역에서 [함수추가]를 클릭한다.

182 • 실전 예제로 완성하는 엑셀 2016

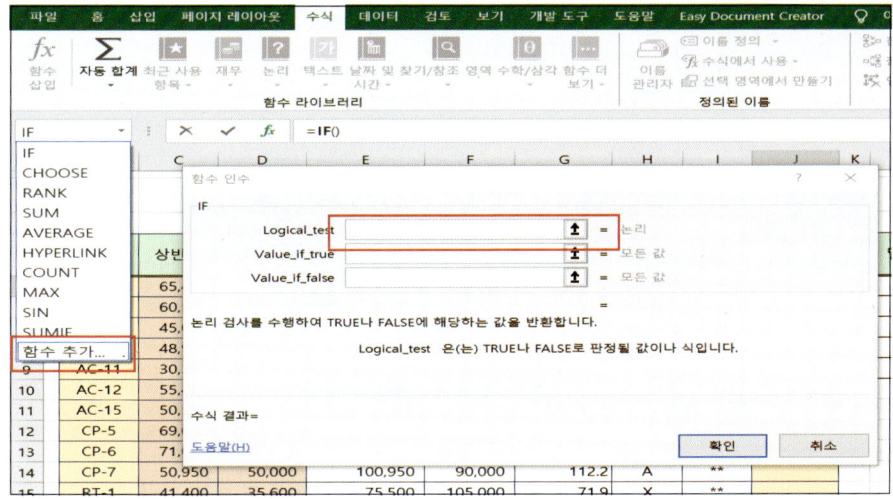

⑪-3 함수마법사 대화상자에서 [함수마법사] ⇨ [함수검색] ⇨ "OR"를 입력하고 [검색] ⇨ 함수 선택하고 ⇨ [확인] 클릭

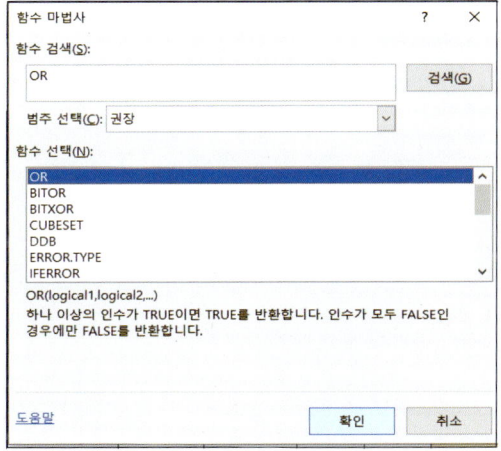

⑪-4 첫 번째 조건에 G5>=100입력하고 두 번째 조건에 I5="상 승" 입력한 후 [확인] 클릭한다.

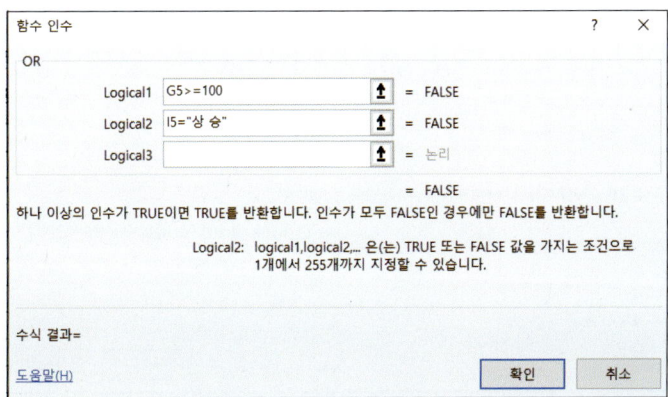

⑪-5 수식이 완성되지 않았기 때문에 오류 메시지가 나타난다. 이때 [확인] 클릭한다.

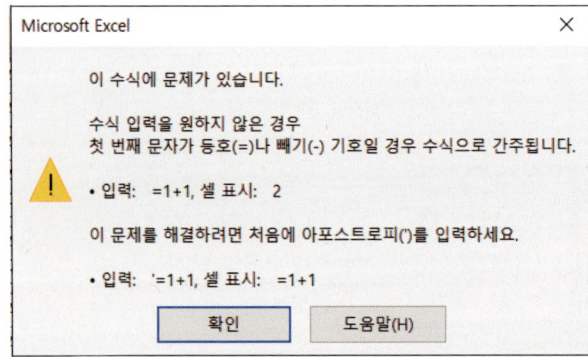

⑪-6 커서를 수식입력줄에 =IF에 클릭한 후 함수삽입 f_x 아이콘 클릭하여 IF[함수 인수] 대화상자를 실행시킨다.

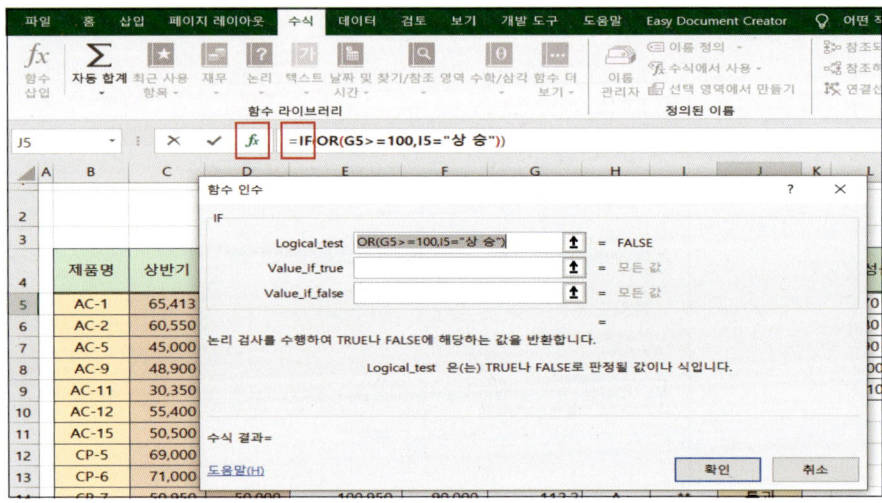

⑪-7 Value_if_true영역에 "통과", Value_if_false영역에 "체크"를 입력하고 [확인]을 클릭한다.

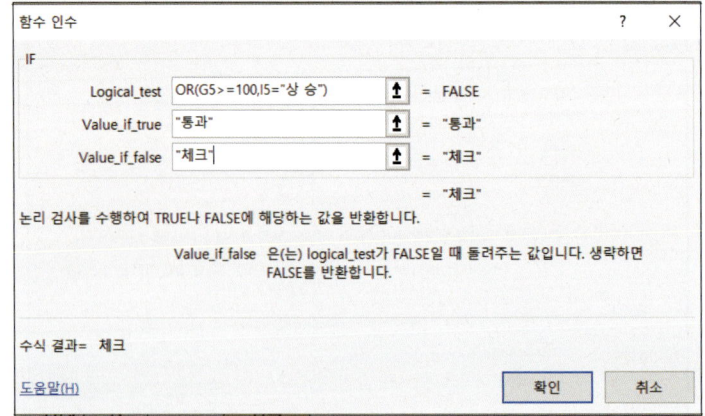

⓬ J5셀에서 J18셀까지 채우기 핸들을 끌어서 자동채우기를 해준다.

연간 목표 달성 현황 분석

(단위:만원)

제품명	상반기	하반기	1분기 실적	목표 실적	달성률(%)	등급	추세	종합 결과	달성률	등급
AC-1	65,413	63,500	128,913	130,000	99.2	C	**	체크	70	X
AC-2	60,550	61,200	121,750	110,000	110.7	A	상승	통과	80	D
AC-5	45,000	44,000	89,000	80,000	111.3	A	**	통과	90	C
AC-9	48,900	52,000	100,900	110,000	91.7	C	상승	통과	100	B
AC-11	30,350	31,250	61,600	80,000	77.0	X	상승	통과	110	A
AC-12	55,400	56,000	111,400	100,000	111.4	A	상승	통과		
AC-15	50,500	50,000	100,500	140,000	71.8	X	**	체크		
CP-5	69,000	75,000	144,000	130,000	110.8	A	상승	통과		
CP-6	71,000	72,500	143,500	150,000	95.7	C	상승	통과		
CP-7	50,950	50,000	100,950	90,000	112.2	A	**	통과		
RT-1	41,400	35,600	75,500	105,000	71.9	X	**	체크		
RT-2	77,900	81,000	158,900	150,000	105.9	B	상승	통과		
RT-3	44,000	41,000	85,000	60,000	141.7	A	**	통과		
RT-4	65,000	67,500	132,500	140,000	94.6	C	상승	통과		

⓭ "연간목표달성현황분석완성.xlsx" 파일로 저장한다.

6.3.7 기타함수

(1) RANK함수

① 범위 내의 지정한 순위의 수치를 구하는 함수이다.

② 사용법 ➯ =RANK(인수,범위,순위)

　　　　　이때 순위는 0이면 내림차순으로 정렬/1이면 오름차순으로 정렬된다.

	A	B	C	D	E	F	G
1							
2		영어	수학	평균	수식입력	결과	설명
3		95	95	95	=RANK(D3,$D$3:$D$4,0)	1	평균점수가 높은 순으로 순위를 나타낸다
4		95	88	92	=RANK(D4,$D$3:$D$4,1)	1	평균점수가 낮은 순으로 순위를 나타낸다
5							

(2) TODAY함수

① 현재 날짜를 날짜 연번으로 계산한다.

② 사용법 ➯ =TODAY()

(3) DATE함수

① 지정한 날짜에 해당하는 날짜 연번을 구한다.

② 사용법 ➯ =DATE()

(4) YEAR/MONTH/DAY함수

① 날짜 연번에 해당하는 년도/월/일을 표시한다.

② 사용법 ➯ =YEAR()/=MONTH()/=DAY()

(5) CHOOSE함수

① 원하는 데이터를 추출하는 함수이다.

② 사용법 ➯ =CHOOSE(index_num,인수1,인수2...)

- 이때 index_num는 1과 254 사이의 숫자이거나 이에 해당하는 숫자가 들어 있는 수식 또는 셀 참조여야 한다.

	A	B	C	D
1				
2		수식입력	결과	설명
3		=CHOOSE(3,"서울","대전","여수","부산")	여수	"서울","대전","여수","부산"중 3번째 데이터를 보여준다
4		=CHOOSE(2,"서울","대전","여수","부산")	대전	"서울","대전","여수","부산"중 2번째 데이터를 보여준다
5		=CHOOSE(1,"서울","대전","여수","부산")	서울	"서울","대전","여수","부산"중 1번째 데이터를 보여준다

(6) DATEDIF함수

① 두 날짜 사이의 일, 월 또는 연도 수를 계산해서 추출하는 함수이다.
② 사용법 ⇨ =DATEDIF(Start_date,End_date,"인수")
- DATEDIF함수에서 사용되는 인수의 종류에는 "Y","M","D","YM","MD","YD"가 있다.

인수	설명
Y	해당 기간에 포함된 전체 연도 수
M	해당 기간에 포함된 전체 개월 수
D	해당 기간에 포함된 날짜 수
YM	start_date와 end_date의 개월 차이. 두 날짜의 일과 연도는 무시됩니다.
MD	start_date와 end_date의 날짜 차이. 두 날짜의 월이나 연도는 무시됩니다.
YD	start_date와 end_date의 날짜 차이. 두 날짜의 연도는 무시됩니다.

	A	B	C	D	E	F
1						
2		시작날짜	종료날짜	수식입력	결과	설명
3		2001-01-01	2003-01-01	=DATEDIF(B3,C3,"Y")	2	해당 기간에 포함된 전체 연도 수인 2년 (2)
4		2001-06-01	2002-08-15	=DATEDIF(B4,C4,"D")	440	2001년 6월 1일부터 2002년 8월 15일까지의 날짜 수인 440일 (440)
5		2001-06-01	2002-08-15	=DATEDIF(B5,C5,"YD")	75	연도는 무시하고 6월 1일부터 8월 15일까지의 날짜 수인 75일 (75)

(7) INDEX함수

① 테이블이나 범위에서 값 또는 값에 대한 참조를 반환해주는 함수이다.
② 사용법 ⇨ =INDEX(array, 열번호, 행번호)

	A	B	C	D	E	F
1						
2		과일1	과일2	수식입력	결과	설명
3		사과	레몬	=INDEX(B3:C4,2,2)	배	범위에서 두 번째 행과 두 번째 열이 교차하는 위치의 값(B3:C4)
4		바나나	배	=INDEX(B3:C4,2,1)	바나나	범위에서 두 번째 행과 첫 번째 열이 교차하는 위치의 값(B3:C4)

(8) MATCH함수

① 셀 범위에서 지정된 항목을 검색하고 범위에서 해당 항목이 차지하는 상대 위치를 반환해주는 함수이다.
② 예를 들어 A1:A3 범위에 값 5, 25, 38이 있는 경우 =MATCH(25,A1:A3,0) 수식은 25가 범위의 두 번째 항목이므로 숫자 2를 반환한다.
③ 사용법 ⇨ =MATCH(찾을값,셀범위,인수)

인수	설명
1 또는 생략	찾을 값 보다 작거나 같은 값 중에서 최대값을 찾는다.
0	찾을 값과 같은 첫째 값을 찾는다.
-1	일치하는 값 보다 크거나 같은 값 중 가장 작은 값을 찾는다(내림차순으로 정렬되어 있어야 한다.).

	A	B	C	D	E	F
1						
2		상품	개수	수식입력	결과	설명
3		바나나	25	=MATCH(39,C3:C6,1)	2	정확히 일치하는 값이 없기 때문에 범위 C3:C6에서 다음으로 낮은 값(38)의 위치를 반환한다.
4		오렌지	38	=MATCH(41,C3:C6,0)	4	범위 C3:C6에서 값 41의 위치를 반환한다.
5		사과	40	=MATCH(40,C3:C6,-1)	#N/A	범위 C3:C6의 값이 내림차순이 아니므로 오류를 반환한다.
6		배	41			
7						

실습예제 6 "여수관광지선호도조사" 함수활용

관광코드	관광지	선호 인원수	순위	비선호순위
A-001	오동도	52,350	5	4
C-012	돌산대교	75,300	2	7
B-121	엑스포	33,580	7	2
B-001	예울마루	62,300	4	5
A-002	향일암	80,750	1	8
D-112	거북공원	32,051	8	1
D-102	진남관	65,200	3	6
E-002	낭만거리	48,150	6	3

"여수관광지선호도조사" 결과

❶ "여수관광지선호도조사.xlsx" 파일을 불러온다.

관광코드	관광지	선호 인원수	순위
A-001	오동도	52,350	
C-012	돌산대교	75,300	
B-121	엑스포	33,580	
B-001	예울마루	62,300	
A-002	향일암	80,750	
D-112	거북공원	32,051	
D-102	진남관	65,200	
E-002	낭만거리	48,150	

❷ D4셀을 선택하고 [수식] ⇨ [함수삽입] ⇨ [함수마법사] ⇨ [함수검색] ⇨ "RANK"를 입력하고 [검색] ⇨ 함수 선택하고 ⇨ [확인] 클릭

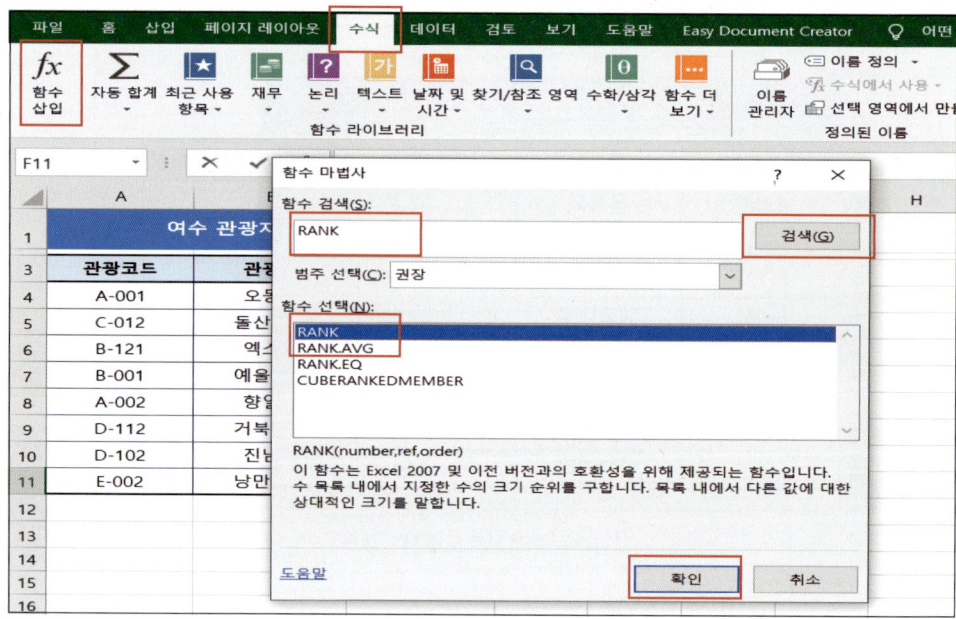

❸ 함수인수 대화상자에서 첫 번째 인수는 C4를 입력, 두 번째 범위는 C4:C11를 입력, 세 번째는 순위를 정렬하는 방법으로 0을 입력하여 내림차순으로 순위가 정렬되도록 한후 [확인]을 클릭한다.

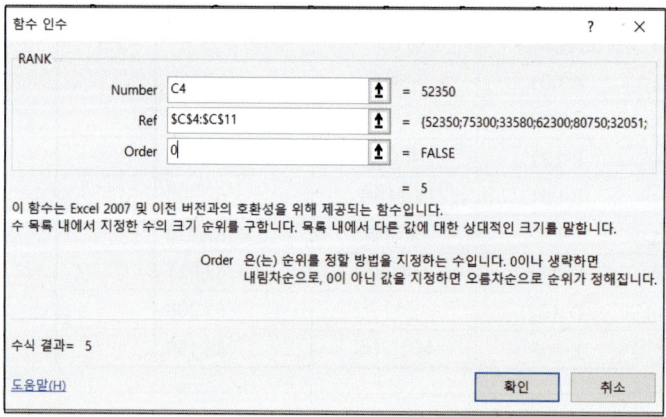

❹ 이때 두 번째 Ref항목은 F4키를 이용하여 절대주소로 변경해준다.
　* 나중에 채우기 핸들로 아래로 드래그하면 상대주소는 참고할 범위가 변경되어버리기 때문에 절대주소로 해야 한다.
❺ D4셀을 선택하고 채우기핸들을 이용하여 D11까지 드래그한다.

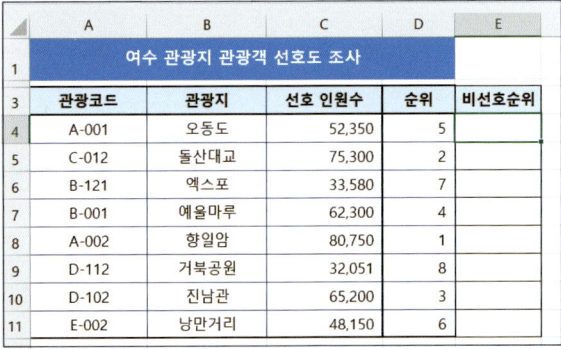

❻ E4셀을 선택하고 "비선호순위"를 입력한다.

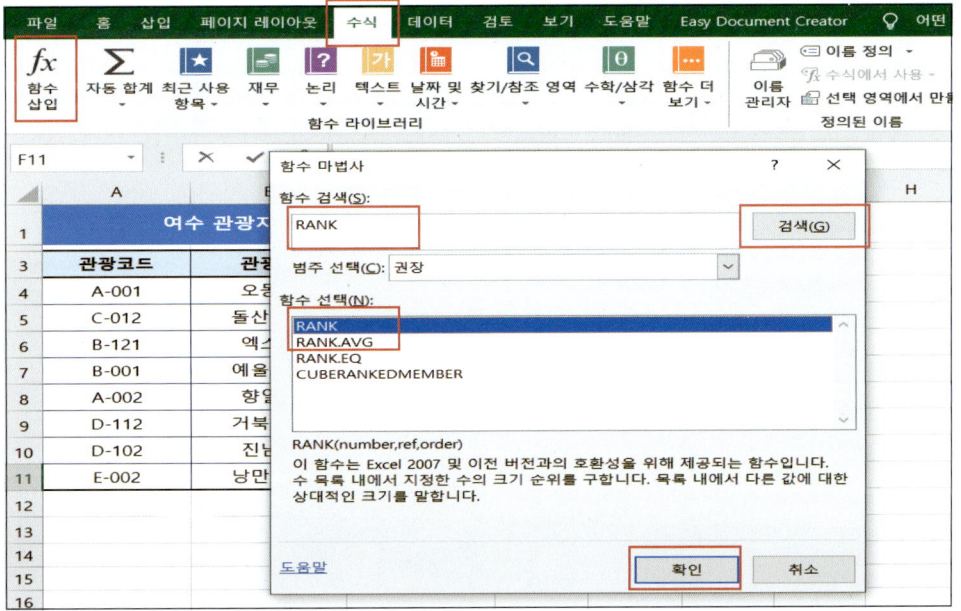

❼ E4셀을 선택하고 [수식] ⇨ [함수삽입] ⇨ [함수마법사] ⇨ [함수검색] ⇨ "RANK"를 입력하고 [검색] ⇨ 함수 선택하고 ⇨ [확인] 클릭

❽ 함수인수 대화상자에서 첫 번째 인수는 C4를 입력, 두 번째 범위는 C4:C11를 입력, 세 번째는 순위를 정렬하는 방법으로 1을 입력하여 오름차순으로 순위가 정렬되도록 한 후 [확인]을 클릭한다.

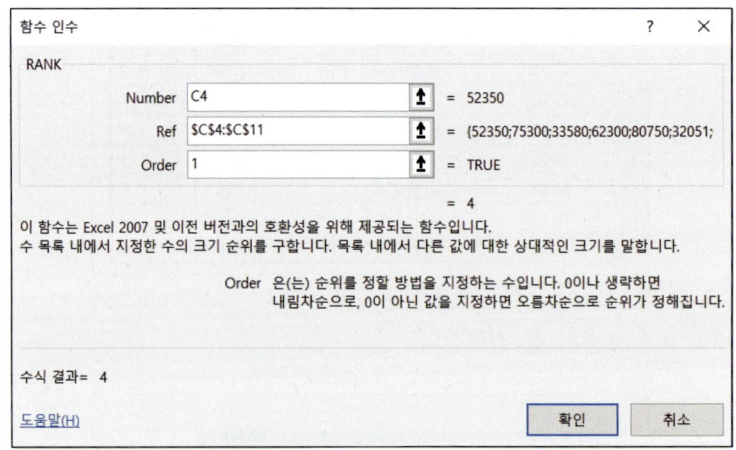

❾ E4셀을 선택하고 채우기 핸들을 이용하여 E11까지 드래그한다.
❿ Order 값에 따라 순위가 바뀌는 것을 확인할 수 있다.
⓫ "여수관광지선호도조사완성.xlsx" 파일로 저장한다.

관광코드	관광지	선호 인원수	순위	비선호순위
	여수 관광지 관광객 선호도 조사			
A-001	오동도	52,350	5	4
C-012	돌산대교	75,300	2	7
B-121	엑스포	33,580	7	2
B-001	예울마루	62,300	4	5
A-002	향일암	80,750	1	8
D-112	거북공원	32,051	8	1
D-102	진남관	65,200	3	6
E-002	낭만거리	48,150	6	3

실습예제 7 "날짜함수"

"날짜함수" 결과

	A	B	C	D
1		시간/날짜 함수		
3	현재날짜	2019-12-03		
4	현재시간	2013-03-01 0:00		
6	날짜	YEAR	MONTH	DAY
7	2013-03-01	2013	3	1
8	2014-05-05	2014	5	5
9	2015-06-06	2015	6	6
10	2016-08-15	2016	8	15
11	2017-10-03	2017	10	3
12	2018-12-25	2018	12	25

❶ "날짜함수.xlsx" 파일을 불러온다.

❷ B3셀을 선택하고 =TO라고 입력하면 아래 이미지와 같이 TODAY함수가 나타난다. 이때 나타난 함수 TODAY를 더블클릭하면 함수가 B3셀에 입력된다. ⇨ =TODAY() 괄호를 닫고 [Enter↵] 함수를 완성한다.

CHAPTER 06 함수

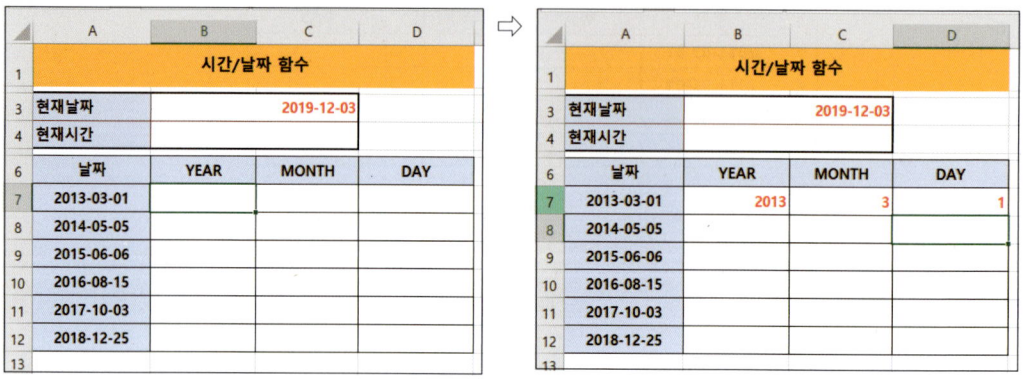

❸ B7셀을 선택하고 =YEAR(A7), C7셀을 선택하고 =YEAR(A7), D7셀을 선택하고 =YEAR(A7)을 입력하고 Enter↵

❹ G7:D7을 선택하고 채우기핸들을 이용하여 D12까지 드래그하여 아래 데이터도 채워준다.

❺ B4셀을 선택하고 =DATE(G7,C7,D7)을 입력하고 Enter↵

❻ "날짜함수완성.xlsx" 파일로 저장한다.

실습예제 8 "학생대회실적"

	A	B	C	D
1	학생 마라톤 대회 실적			
3	지역번호	이름	지역명	기록(초)
4	1	김민호	서울	120.01
5	2	이주호	부산	100.05
6	1	윤정빈	서울	97.52
7	4	김율후	여수	85.31
8	3	유명식	광주	110.45
9	2	민경재	부산	95
10	3	최지호	광주	115.65
11	최단 기록			
12	최장 기록			

"학생대회실적" 결과

❶ "학생대회실적.xlsx" 파일을 불러온다.

	A	B	C	D
1	학생 마라톤 대회 실적			
3	지역번호	이름	지역명	기록(초)
4	1	김민호		120.01
5	2	이주호		100.05
6	1	윤정빈		97.52
7	4	김율후		85.31
8	3	유명식		110.45
9	2	민경재		95
10	3	최지호		115.65
11	최단 기록			
12	최장 기록			

❷ C4셀을 선택하고 [수식] ⇨ [함수삽입] ⇨ [함수마법사] ⇨ [함수검색] ⇨ "CHOOSE"를 입력하고 [검색] ⇨ 함수 선택하고 ⇨ [확인] 클릭

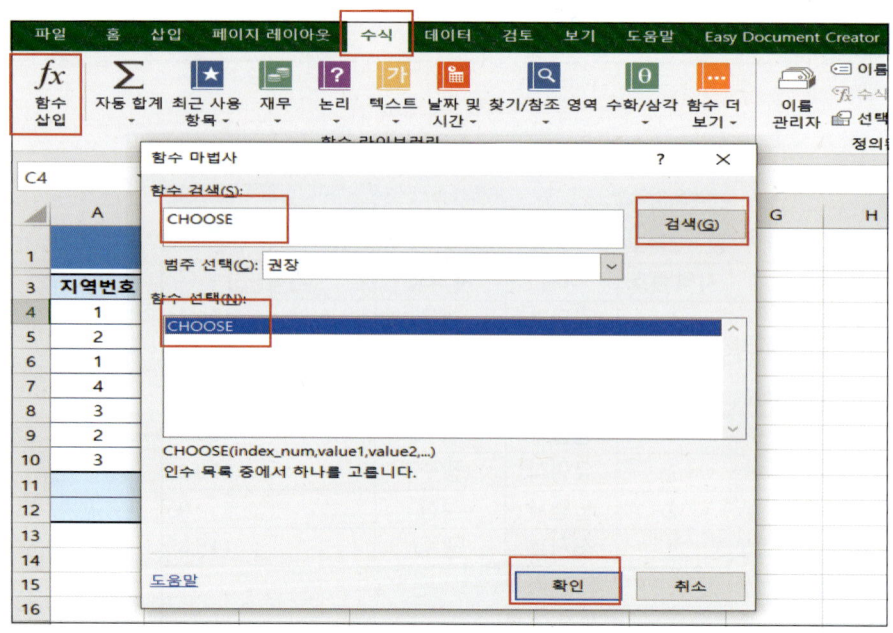

❸ 함수인수 대화상자에서 첫 번째 칸에 A4를 입력, 그 다음칸부터 "서울", "부산", "광주", "여수"를 입력하고 [확인]을 클릭한다.

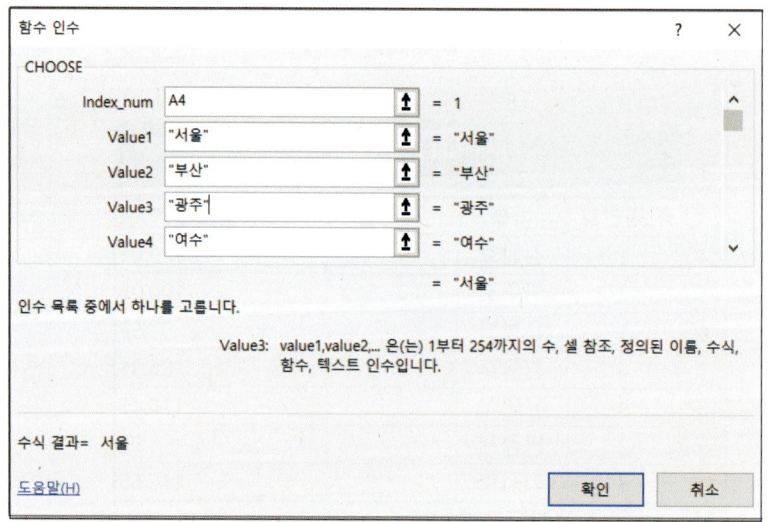

❹ C4셀을 선택하고 C10까지 채우기핸들을 드래그해서 나머지 데이터를 채워준다.

	A	B	C	D
1	학생 마라톤 대회 실적			
3	지역번호	이름	지역명	기록(초)
4	1	김민호	서울	120.01
5	2	이주호		100.05
6	1	윤정빈		97.52
7	4	김율후		85.31
8	3	유명식		110.45
9	2	민경재		95
10	3	최지호		115.65
11	최단 기록			
12	최장 기록			

❺ "학생대회실적완성.xlsx" 파일로 저장한다.

	A	B	C	D
1	학생 마라톤 대회 실적			
3	지역번호	이름	지역명	기록(초)
4	1	김민호	서울	120.01
5	2	이주호	부산	100.05
6	1	윤정빈	서울	97.52
7	4	김율후	여수	85.31
8	3	유명식	광주	110.45
9	2	민경재	부산	95
10	3	최지호	광주	115.65
11	최단 기록			
12	최장 기록			

CHAPTER 06

연습문제 1. 정보능력결과

이름	학번	과제	중간	기말	합계	평균	등급	합격	<등급표>	
				정보능력결과						
이름	학번	과제	중간	기말	합계	평균	등급	합격		
강하나	20190001	80	98	93	271	90.3	A	합격	60	D
김철수	20190002	90	70	85	245	81.7	B	합격	70	C
이준희	20190003	95	87	75	257	85.7	B	합격	80	B
이춘화	20190004	90	63	70	223	74.3	C	합격	90	A
강미소	20190005	75	84	80	239	79.7	C	합격		
김현희	20190006	78	55	95	228	76.0	C	불합격		
박소희	20190007	90	92	73	255	85.0	B	합격		
김태희	20190008	85	90	93	268	89.3	B	합격		

결과

1. "정보능력결과.xlsx" 파일을 불러온다.

2. SUM함수를 이용하여 합계를 구한다.

3. AVERAGE함수를 이용하여 평균을 구한다.

4. VLOOKUP함수를 이용하여 등급을 구한다(등급표참조).

5. 합격여부는 출석, 중간, 기말이 모두 60점이 넘어야 합격 그렇지 않으면 불합격으로 구한다(IF,AND함수 이용).

6. "정보능력결과.xlsx" 파일로 저장한다.

CHAPTER 06

연습문제 2. 축제 정보

축제이름	구분	주관	방문자수	개최날자	축제달	요금	요금합	요금순위	성과
고양국제꽃박람회	1	도	3,500	2020-05-14	5월	5,000	17,500,000	2	성공
무주반딧불이축제	2	시	2,100	2020-08-15	8월	8,000	16,800,000	3	보완
보령머드축제	1	도	1,600	2020-07-30	7월	2,000	3,200,000	6	보완
해운대모래축제	2	시	9,000	2020-07-17	7월	2,000	18,000,000	1	성공
경남사천항공우주엑스포	1	도	1,200	2020-02-18	2월	10,000	12,000,000	4	보완
진주남강유등축제	3	군	1,400	2020-05-19	5월	6,000	8,400,000	5	보완
현재날짜		2019-12-03		도주관개최요금평균		5667	성공축제수		2
축제수		6							

결과

1. "축제정보.xlsx" 파일을 불러온다.

2. 구분이 1이면 "도", 2이면 "시", 3이면 "군"으로 입력한다(CHOOSE함수를 이용).

3. 축제달은 개최날짜에서 월만 입력한다(MONTH함수를 이용).

4. 요금합은 방문자수*요금을 이용하여 계산한다.

5. 요금합을 이용하여 요금순위를 계산한다(RANK함수 이용).

6. 성과는 방문자수가 3000이상이면 "성공", 그렇지 않으면 "보완"으로 입력한다(IF함수 이용).

7. 현재날짜를 입력한다(TODAY함수 이용).

8. 축제수를 구한다(COUNTA함수 이용).

9. 도주관 개최요금 평균을 구한다(AVERAGEIF함수 이용).

10. 성공개최수를 구한다(COUNTIF함수 이용).

11. "축제정보완성.xlsx" 파일로 저장한다.

CHAPTER 07

인쇄 설정

7.1 인쇄

7.2 머리글/바닥글

7.3 여백 설정하기

7.4 편집 내용을 페이지 가운데 이동하기

7.5 일부분만 인쇄

7.6 페이지 제목 인쇄하기

7.1 인쇄

작성된 워크시트를 종이에 출력하는 것으로 문서를 인쇄 시에 필요한 용지 방향, 여백, 머리글/바닥글, 시트 옵션 등에 대해 설정하는 일이 필요하다.

7.1.1 인쇄 설정

① [파일] ➪ [인쇄]를 선택한다.

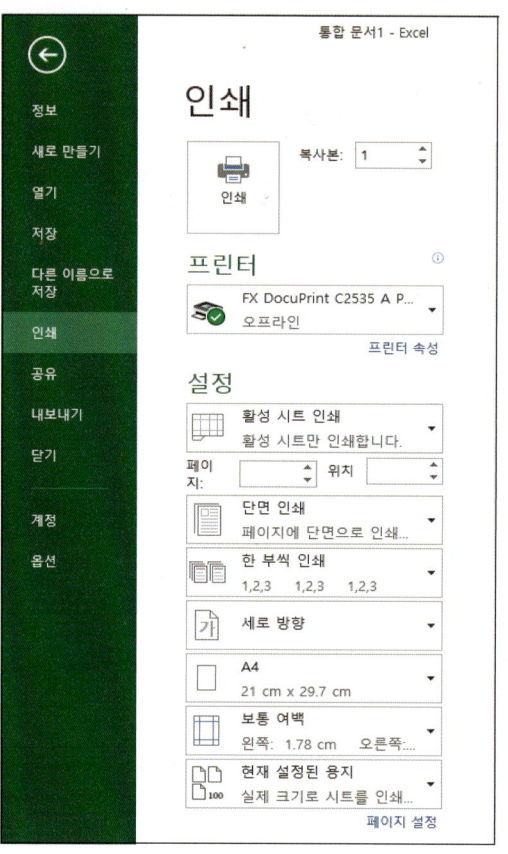

- 단축키 Ctrl+P를 누른다.
② 출력하기 전에 출력한 워크시트의 출력 설정을 하고, [인쇄] 버튼을 누르면 프린터에 출력된다.
③ 출력할 프린터를 설정한다.
④ 현재 활성화된 워크시트와 연결된 차트, 그리기 개체를 출력한다.

⑤ 출력할 시트의 페이지를 설정한다.

7.1.2 인쇄 미리 보기

인쇄될 모습을 화면으로 보여주는 기능으로 실제로 인쇄를 하기 전에 대략적으로 어떻게 인쇄가 되어 나올지 확인할 수 있다.

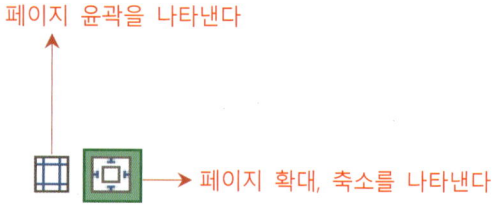

7.1.3 페이지 설정

인쇄 화면 하단에서 [페이지 설정] 단추를 누르면 인쇄할 워크시트의 페이지를 설정할 수 있다.

① [페이지 레이아웃] ⇨ [페이지 설정] ⇨ 를 클릭한다.

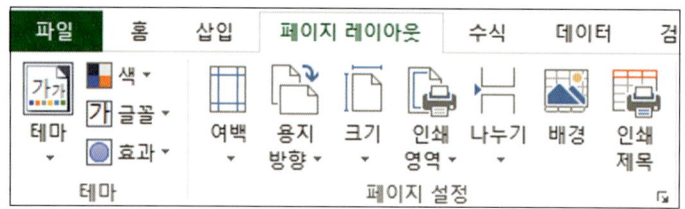

② [페이지 설정] ⇨ [페이지] ⇨ [용지 설정]을 [가로]로 선택한 후, [확인]을 클릭한다.

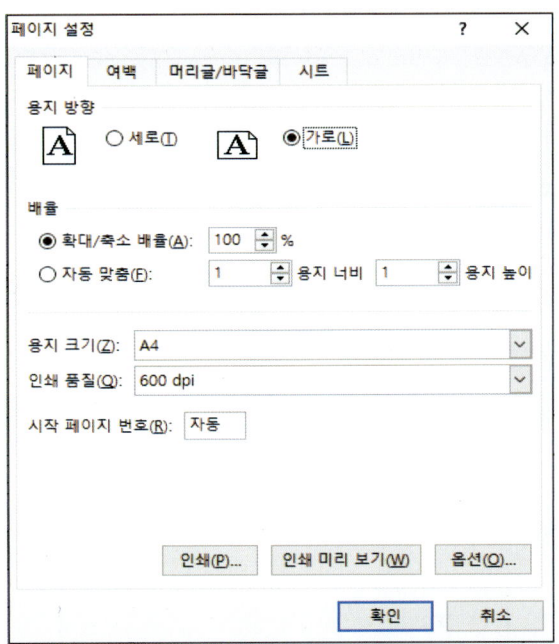

③ 페이지 : 인쇄할 쪽의 용지 방향, 축수/확대 배율, 용지크기, 인쇄품질 등을 설정한다.
④ 여백 : 용지의 여백 및 페이지 맞추기 등을 설정한다.
⑤ 머리글/바닥글 : 인쇄할 쪽의 위와 아래에 쓰이는 머리글과 바닥글을 설정할 수 있다.
⑥ 시트 : 워크시트의 인쇄 영역, 셀 구분선, 셀 무늬 표시, 행/열 머리글과 인쇄 우선순위 등을 설정할 수 있다.

7.2 머리글/바닥글

머리글은 인쇄할 때 페이지 위쪽에 표시되는 정보이고, 바닥글은 페이지의 아래쪽에 표시되는 것이다. 각각은 왼쪽, 가운데, 오른쪽의 세 부분으로 구성된다.

① [페이지 레이아웃] ⇨ [페이지 설정] ⇨ [머리글/바닥글] ⇨ [머리글 편집] 단추를 누른다.

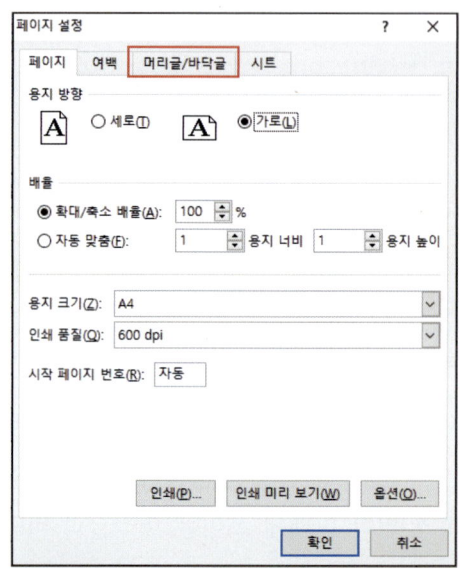

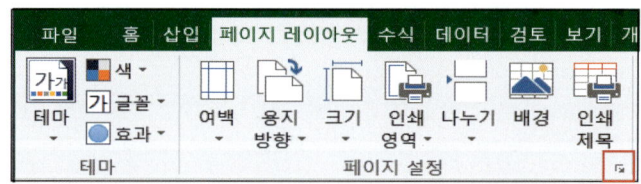

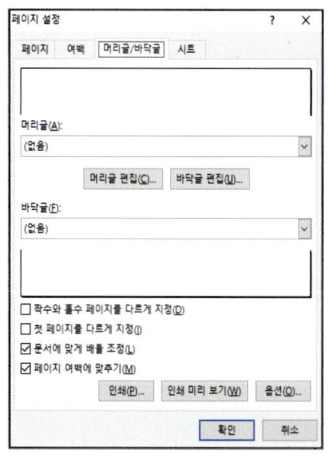
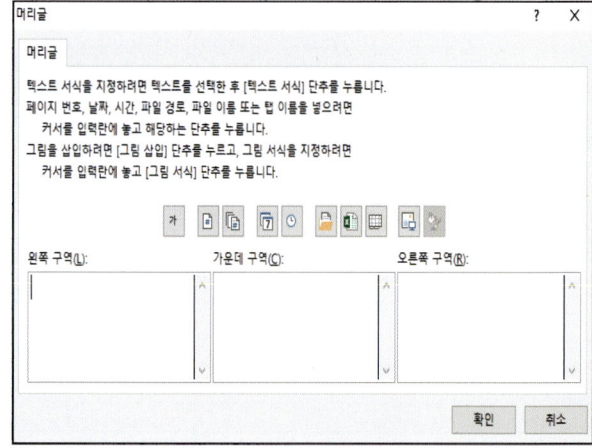

② [가운데 구역]의 여백을 클릭하고, [그림 삽입] 을 선택한다.

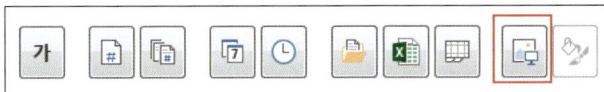

③ [그림 삽입]의 Bing 이미지를 '바다'로 검색한다.

④ 이미지를 선택하고 [삽입]을 클릭한다.

⑤ [머리글] ⇨ [가운데 구역]에 그림이 표시된다.

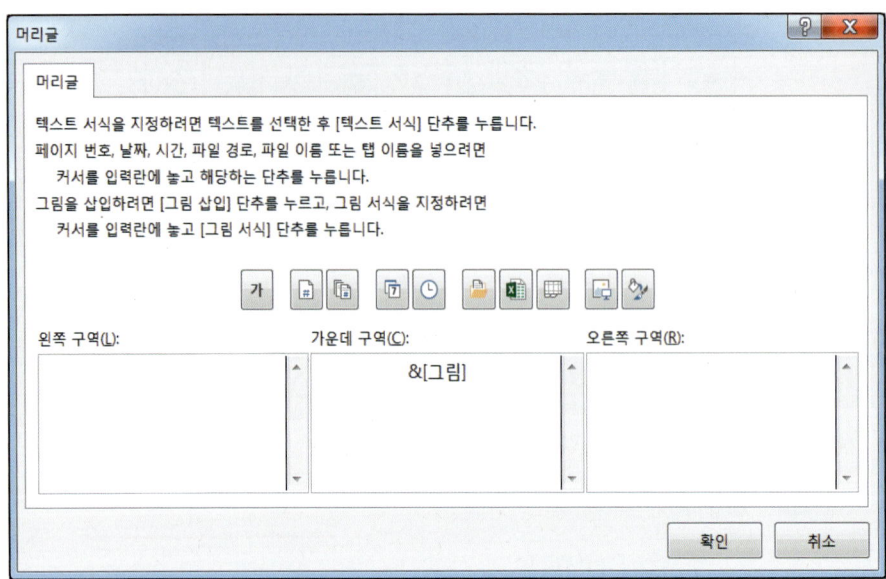

⑥ [머리글]에 있는 '&[그림]'을 편집하기 위해 [그림 서식] 을 클릭한다.

⑦ [그림 서식] [그림] ⇨ [색]을 '희미하게'로 선택하고 [확인]을 클릭한다.

⑧ [인쇄 미리보기]를 클릭하여 배경그림이 희미하게 나타나는지 확인한다.

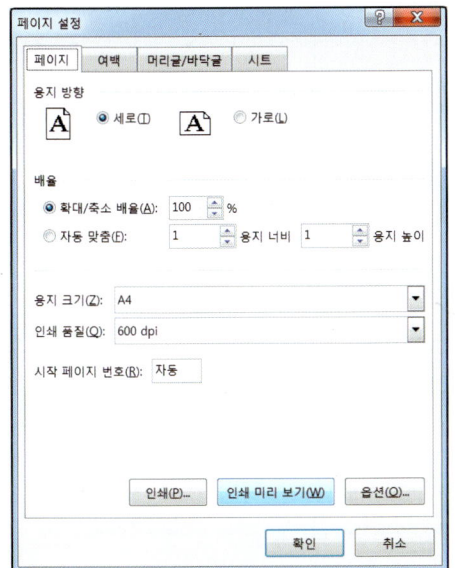 

⑨ [페이지 레이아웃] ⇨ [페이지 설정] ⇨ [머리글/바닥글] ⇨ [바닥글 편집] 단추를 누른다.

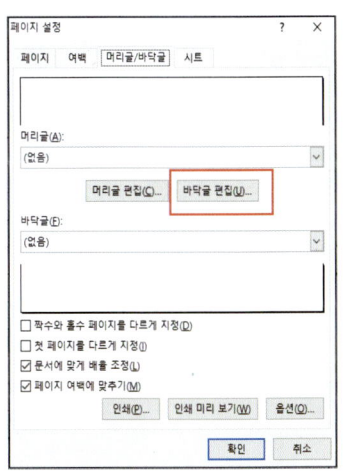 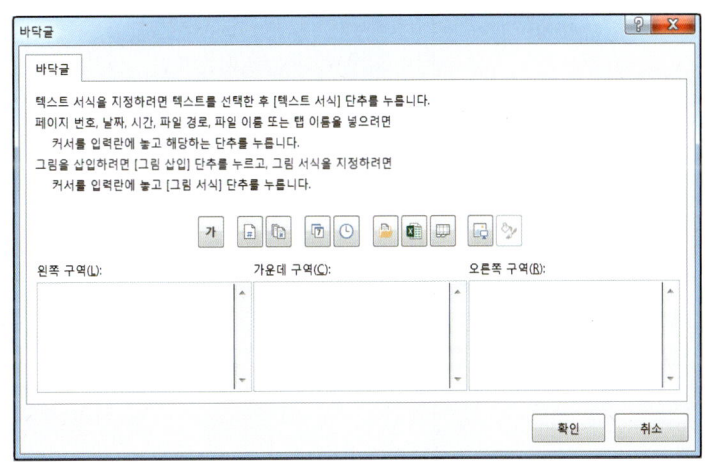

⑩ [가운데 구역]의 여백을 클릭하고, [페이지 번호 삽입] 을 선택한다.

⑪ [확인]을 클릭한다.

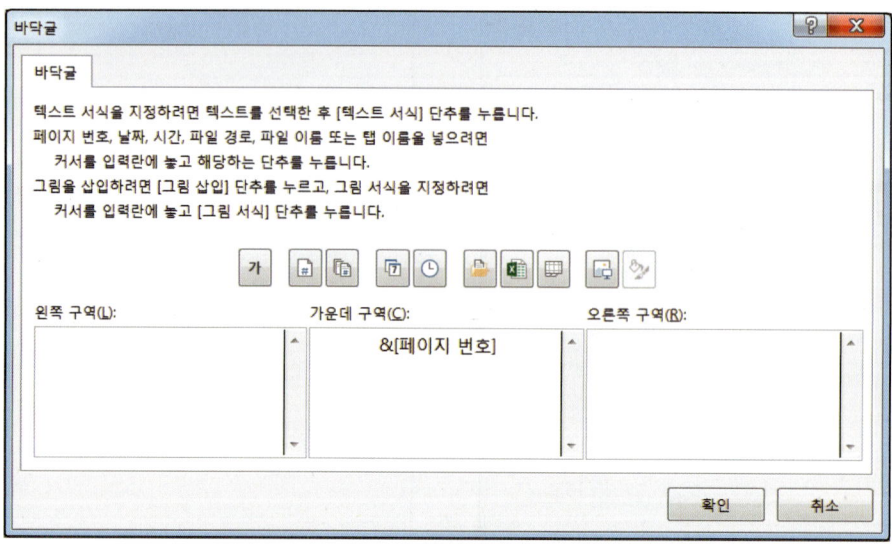

⑫ [인쇄 미리보기]를 클릭하여 페이지가 나타나는지 확인한다.

7.3 여백 설정하기

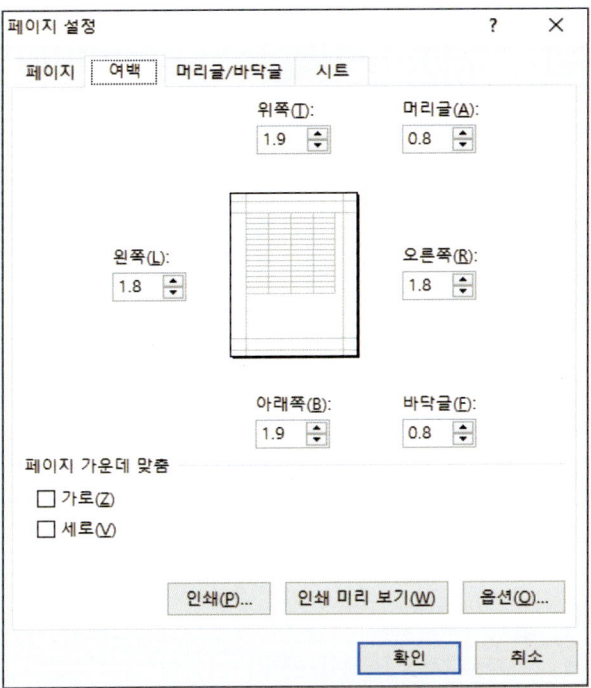

① [페이지 설정] ➪ [여백]을 클릭한다.
② 여백 탭을 클릭한다.
③ 왼쪽과 오른쪽의 여백을 입력한다.
④ [확인] 단추를 클릭한다.

7.4 편집 내용을 페이지 가운데 이동하기

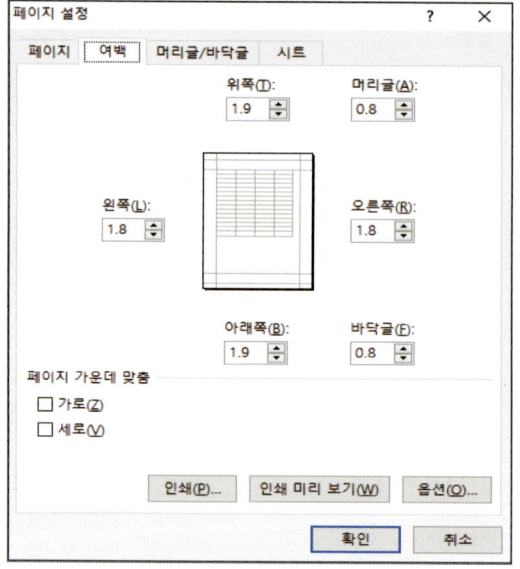

① [페이지 설정] ➡ [페이지] 실행한다.
② [페이지 가운데 맞춤] ➡ [가로][세로]를 체크한다.
③ [확인]을 클릭한다.
④ 다음과 같이 나타난다.

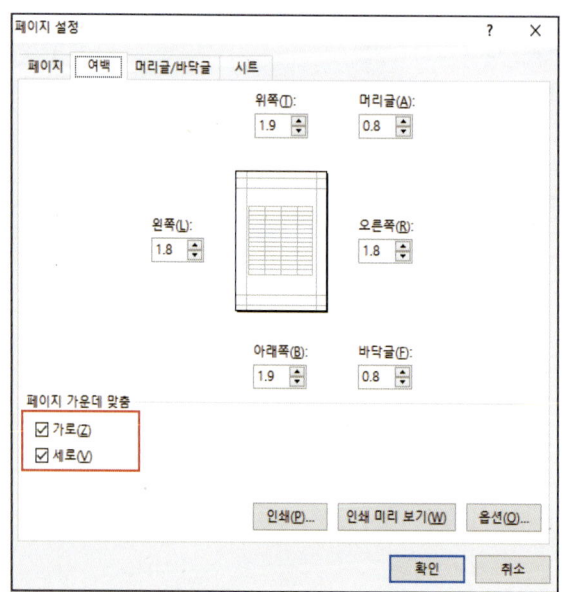

7.5 일부분만 인쇄

① 인쇄할 영역을 설정한다.
② [파일] ⇨ [인쇄] ⇨ [설정] ⇨ [선택 영역 인쇄]를 선택한다.

③ 인쇄 미리보기를 확인한다.

7.6 페이지 제목 인쇄하기

데이터가 여러 장에 나눠 인쇄될 때 필드이름이 첫 행에만 나오고 다음 페이지에는 데이터만 나오게 된다. 이때 매 페이지의 첫 행에 필드명을 반복 인쇄하기 위한 기능이다.

① [페이지 레이아웃] ➪ [페이지 설정] ➪ [인쇄 제목]을 누른다.
② [페이지 설정] 대화상자가 나타나고 [시트] 탭을 지정한다.

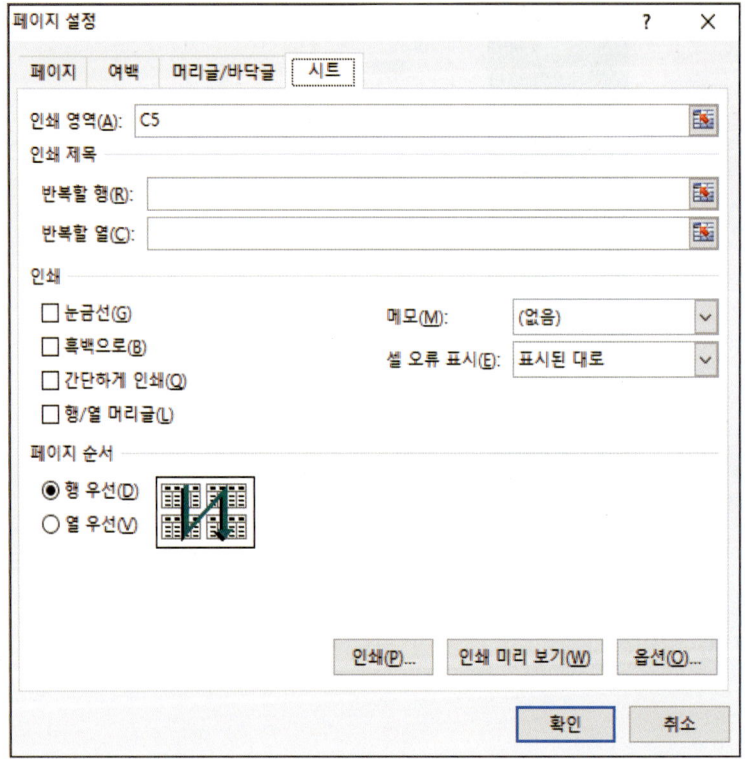

③ 인쇄 영역과 반복할 행을 지정한다.

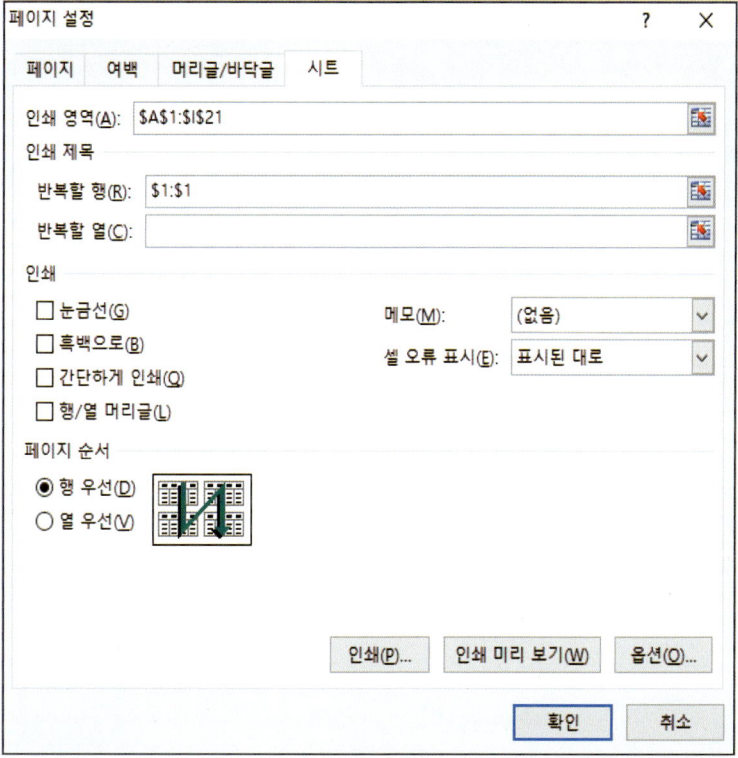

④ [인쇄 미리보기] 단추를 누르면 인쇄 화면이 나타난다.

CHAPTER 08
데이터 관리와 분석

8.1 데이터베이스 이해

8.2 데이터 정렬

8.3 데이터 부분합

8.4 데이터 필터

8.5 데이터 통합

8.6 피벗 테이블

8.1 데이터베이스 이해

8.1.1 데이터 작업의 필요성

데이터베이스란 많은 양의 데이터를 특정 용도에 맞게 체계적으로 정리해 놓은 것을 공용으로 사용될 목적으로 관리되는 데이터의 집합이다.

데이터 베이스로부터 필요한 정보를 얻기 위해서 데이터를 정렬하거나 조건에 맞는 데이터만 표시하는 기능, 데이터를 요약 표시하는 기능, 여러 데이터를 통합하여 하나의 데이터베이스로 만드는 기능 등을 사용해서 데이터를 다루는 작업을 한다.

8.1.2 데이터베이스 구성

데이터를 체계적으로 관리하기 위해서는 정해진 형식에 맞춰 데이터를 분류하고 입력해야 하며, 이를 위해 데이터베이스는 필드, 필드명, 레코드로 이루어진 형식을 갖는다.

데이터 목록의 첫 행에는 필드명을 입력하며 필드명은 중복이 되어서는 안된다. 하나의 필드에는 하나의 정보만 입력하고 같은 필드 내의 데이터는 같은 데이터 형식을 가져야 한다.

사원번호	성명	주민번호	부서	직위	담당업무	입사일자	퇴사일자	주소
BIT001	임꺽정	941228-1380247	총무부	차장	자재 조달	2009-02-21	2013-11-29	서울시 노원구 상계동 135-24
BIT002	홍길동	940213-1341949	개발부	부장	프로그램 개발	2010-01-31	2012-07-10	서울시 노원구 중계동 315-11
BIT003	이몽룡	930933-1535547	개발부	차장	오퍼레이터	2011-05-17	2014-01-24	서울시 노원구 월계동 115
BIT004	성춘향	930814-1301531	홍보부	과장	사보편집	2009-01-30	2011-07-06	서울시 강동구 성내동 143
BIT005	조예준	940327-1528808	영업부	부장	판매	2001-12-01	2013-12-30	서울시 강서구 내발산동 318
BIT006	한재호	940119-2904892	개발부	차장	오퍼레이터	2002-12-17	2012-05-24	서울시 강서구 등촌동 106-3
BIT007	정영일	791109-2480193	관리부	대리	자원 관리	2002-05-03	2012-03-24	서울시 강서구 오쇠동 124-7
BIT008	강미란	930520-1811049	홍보부	과장	기자	2009-04-13	2012-11-16	서울시 강서구 화곡 1동 77-3
BIT009	문흥미	801214-2483583	관리부	사원	인력 관리	2000-07-21	2011-09-16	서울시 구로구 가리봉 1동 22-1
BIT010	황길도	821214-2117997	개발부	대리	오퍼레이터	2002-11-06	2012-01-06	서울시 구로구 오류 1동 101
BIT011	박광준	750921-2188041	개발부	사원	프로그램 개발	2003-05-06	2012-04-04	서울시 노원구 공릉동 178
BIT012	강태준	830912-2919183	영업부	차장	판매	2000-04-10	2011-02-07	서울시 도봉구 미아 7동 334-7
BIT013	주진국	830414-1751383	총무부	사원	문서 작성	2002-05-23	2013-01-10	서울시 도봉구 방학 3동 18
BIT014	조자룡	740518-2778045	관리부	부장	자재 조달	2010-04-12	2011-12-21	서울시 도봉구 창 1동 218-16
BIT015	정영진	831120-1890183	관리부	부장	인력 관리	2012-02-01	2012-02-09	서울시 동대문구 신설동 721-11
BIT016	정승화	800122-2834475	홍보부	대리	사보편집	2010-02-04	2011-06-04	서울시 동대문구 전농 1동 742-3
BIT017	황영남	791219-1432098	관리부	과장	인력 관리	2001-06-06	2014-08-23	서울시 동작구 노량진 1동 71

① 필드 : A열부터 I열까지 각 열들은 A열은 '사원번호', B열은 '성명'처럼 같은 특성을 가진 데이터 집합을 한 열에 한 집합씩 표시하고 있다. 이처럼 데이터베이스에서 하나의 열에 해당하며, 같은 종류의 데이터 모임을 말한다.

② 레코드 : 2부터 18까지 각 행들은 2행은 'BIT001 임꺽정 941228-1380247...', 3행은 'BIT002

홍길동 940213-1341949…'처럼 서로 다른 특성을 가진 9가지(A~I)의 데이터를 지닌 각 개체를 한 행에 한 개씩 표시하고 있다. 데이터베이스에서 한 행에 대당하며, 하나 이상의 필드 데이터를 묶은 한 건의 자료를 말한다.

③ 필드명 : A11셀부터 I1셀까지 각 필드의 데이터를 구분하는 레이블이 입력되어 있는데, 이런 레이블을 필드 이름 또는 열 이름이라고 하며 데이터베이스에서 열 제목에 해당한다.

④ 데이터 베이스 : 특정 주제나 목적과 관련된 데이터 모음을 말한다.

8.1.3 데이터베이스 작성 규칙

① 데이터베이스를 사용한 작업을 할 때, 원하는 기준이나 조건은 필드 단위로 적용되고 그 결과로 표시되는 데이터는 레코드 단위로 표시된다.

② 정렬이나 그룹 작업에서는 기준이나 조건을 열 단위로 할지 행 단위로 할지 선택할 수 있지만, 필터나 부분합 작업 등 대부분의 데이터베이스 관련 작업에서는 선택할 수 없다. 그러므로 데이터베이스를 사용한 작업을 하려면 필드를 열로 레코드를 행으로 입력한다.

③ 데이터베이스의 첫 행에 필드 이름을 입력한다.

④ 데이터베이스 범위 안에 있는 셀을 병합하면 안된다.

⑤ 데이터베이스 내에 빈 행이나 빈 열이 있으면 안된다. 단, 빈 셀은 있을 수 있다.

⑥ 빈 행이나 빈 열을 데이터베이스 범위의 끝으로 자동 인식하기 때문에 데이터베이스 범위와 인접한 셀에 다른 데이터베이스를 작성하면 안된다.

⑦ 한 필드에 한 항목만 입력되도록 한다.

8.2 데이터 정렬

8.2.1 오름차순/내림차순 정렬

정렬(SORT)은 데이터를 기준이 되는 열(필드)의 순서대로 나열하는 기능으로 이름 목록을 가나다 순서로 나열하거나, 판매 수량을 최솟값부터 최댓값 순서로 나열하는 등 데이터가 이해하기 쉽게 나열되면서 원하는 데이터를 쉽게 찾을 수 있다.

- 내림차순, 오름차순 정렬
  오름차순 (ascending) 정렬은 작은 값부터 큰 값 순서로 나열하고 내림차순(descending) 정렬은 큰 값부터 작은 값 순서로 나열한다. 숫자, 텍스트가 섞여 있는 경우에는 숫자, 특수문자, 영문, 한글 순으로 정렬된다.

- 정렬 순서

정렬순서	오름차순	내림차순
한글	가,나,다	다,나,가
영문	A,B,C	C,B,A
숫자	1,2,3	3,2,1
혼합	1,2,~,@,A,B,a,b,가,나	나,가,b,a,B,A,@,~,2,1
날짜	2020-1-1, 2020-12-31	2020-12-31, 2020-1-1

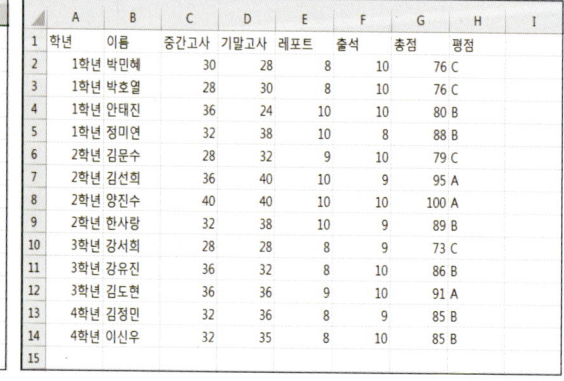

정렬하기 전 　　　　　　　　　학년으로 정렬한 후

① 정렬하려는 기준이 되는 필드 데이터가 있는 셀을 클릭한다.
② [데이터] ⇨ [정렬 및 필터] ⇨ [정렬 및 필터]를 클릭한다.

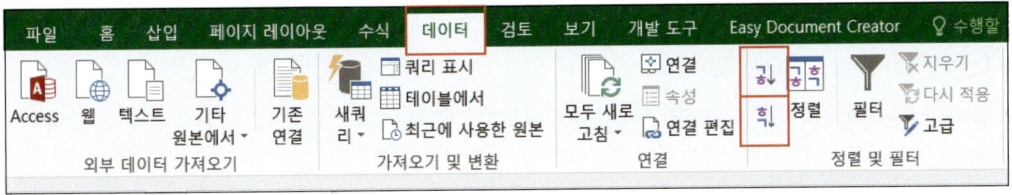

③ [오름차순] 또는 [내림차순]을 선택하여 정렬한다.
④ 총점을 [내림차순]으로 정렬한다.

	A	B	C	D	E	F	G	H
1	학년	이름	중간고사	기말고사	레포트	출석	총점	평점
2	3학년	강서희	28	28	8	9	73	C
3	1학년	박민혜	30	28	8	10	76	C
4	1학년	박호열	28	30	8	10	76	C
5	2학년	김문수	28	32	9	10	79	C
6	1학년	안태진	36	24	10	10	80	B
7	4학년	김정민	32	36	8	9	85	B
8	4학년	이신우	32	35	8	10	85	B
9	3학년	강유진	36	32	8	10	86	B
10	1학년	정미연	32	38	10	8	88	B
11	2학년	한사랑	32	38	10	9	89	B
12	3학년	김도현	36	36	9	10	91	A
13	2학년	김선희	36	40	10	9	95	A
14	2학년	양진수	40	40	10	10	100	A

⑤ 총점을 [오름차순]으로 정렬한다.

8.2.2 사용자 지정 정렬

	A	B	C	D	E	F	G	H
1	학년	이름	중간고사	기말고사	레포트	출석	총점	평점
2	2학년	양진수	40	40	10	10	100	A
3	2학년	김선희	36	40	10	9	95	A
4	3학년	김도현	36	36	9	10	91	A
5	2학년	한사랑	32	38	10	9	89	B
6	1학년	정미연	32	38	10	8	88	B
7	3학년	강유진	36	32	8	10	86	B
8	4학년	김정민	32	36	8	9	85	B
9	4학년	이신우	32	35	8	10	85	B
10	1학년	안태진	36	24	10	10	80	B
11	2학년	김문수	28	32	9	10	79	C
12	1학년	박민혜	30	28	8	10	76	C
13	1학년	박호열	28	30	8	10	76	C
14	3학년	강서희	28	28	8	9	73	C

여러 개의 필드를 기준으로 정렬하거나 정렬 조건을 다양하게 설명하려면 사용자 지정 정렬을 사용한다.

① 정렬하려는 데이터가 있는 셀을 클릭한다. 정렬 기준이 되는 필드에 있는 셀이 아니어도 상관없다.

② [홈] ⇨ [편집] ⇨ [정렬 및 필터] ⇨ [사용자 지정 정렬]을 클릭한다.

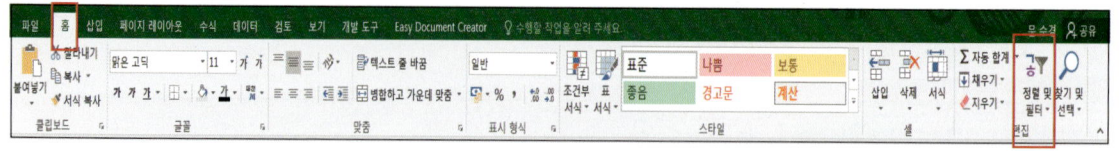

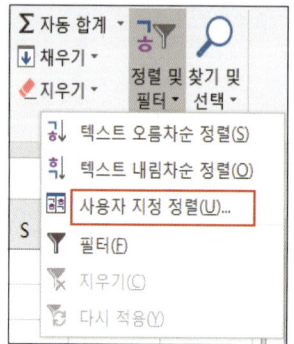

- [기준 추가]를 클릭해서 정렬 기준을 추가함으로 여러 개의 정렬 기준을 사용할 수 있다. 최대 64개의 열을 기준으로 사용할 수 있다.
- [기준 삭제]를 클릭하면 정렬 기준을 하나씩 삭제할 수 있다.
- [기준 복사]를 클릭하면 현재 선택된 정렬 기준과 동일한 정렬 기준을 한 개 추가할 수 있다.

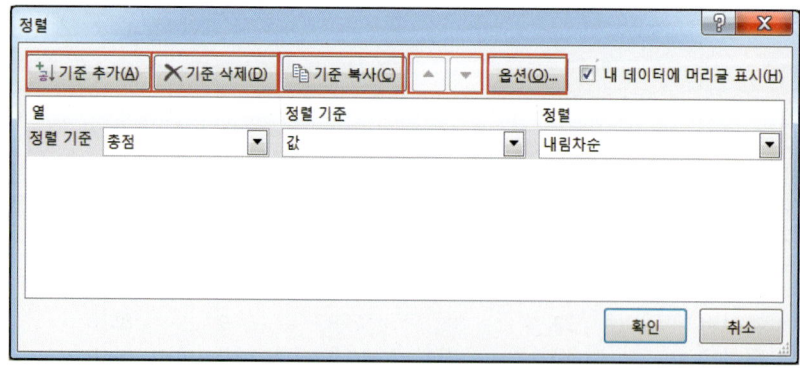

- 화살표를 이용해서 정렬 기준이 적용되는 순서를 조정할 수 있다. 먼저 순서를 바꾸기기를 원하는 정렬 기준 또는 다음 기준을 클릭한 다음 화살표를 클릭해서 적용되는 순서를 바꾼다.
- [옵션]을 클릭해서 다음 옵션들을 조정할 수 있다.

③ 사용자 지정 목록을 지정한다. 총점을 기준으로 오름차순으로 정렬한다.

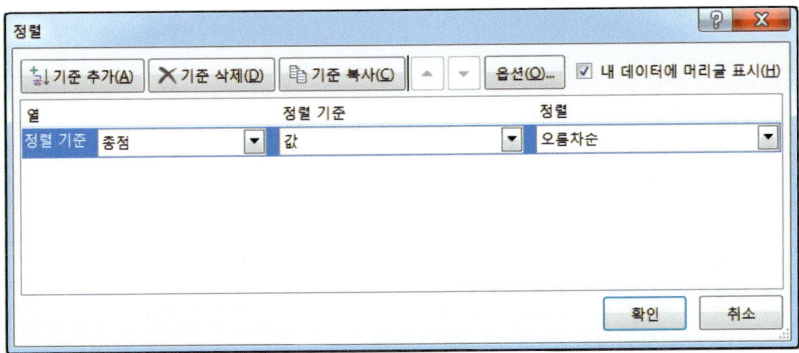

④ 정렬 기준에 '학년'을 추가한다.

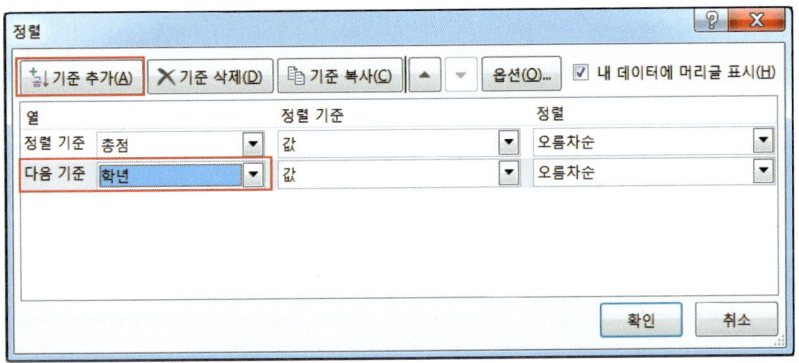

⑤ 정렬기준 [총점]과 다음기준[학년]을 실행하면 다음과 같이 정렬된다.

	A	B	C	D	E	F	G	H	I
1	학년	이름	중간고사	기말고사	레포트	출석	총점	평점	
2	3학년	강서희	28	28	8	9	73	C	
3	1학년	박민혜	30	28	8	10	76	C	
4	1학년	박호열	28	30	8	10	76	C	
5	2학년	김문수	28	32	9	10	79	C	
6	1학년	안태진	36	24	10	10	80	B	
7	4학년	김정민	32	36	8	9	85	B	
8	4학년	이신우	32	35	8	10	85	B	
9	3학년	강유진	36	32	8	10	86	B	
10	1학년	정미연	32	38	10	8	88	B	
11	2학년	한사랑	32	38	10	9	89	B	
12	3학년	김도현	36	36	9	10	91	A	
13	2학년	김선희	36	40	10	9	95	A	
14	2학년	양진수	40	40	10	10	100	A	
15									

⑥ 색과 아이콘 정렬 순서를 정의한다. 색이나 아이콘의 정렬 순서를 정의하려면 우선 필드에 기본값이 아닌 한 종류 이상의 셀 색, 글꼴 색 또는 셀 아이콘이 적용되어 있어야 한다.

8.2.3 셀 색 기준으로 정렬

① 다음과 같이 1학년은 노랑, 3학년은 초록으로 셀 채우기를 한다.

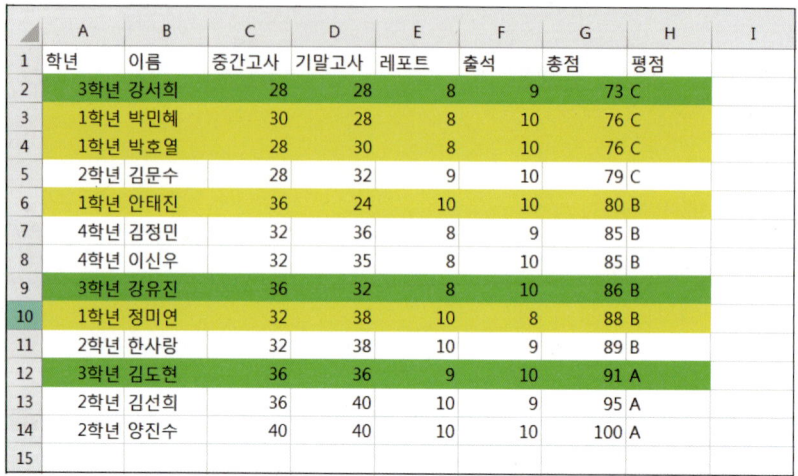

② 정렬 기준은 [총점], 정렬 기준 [셀 색], 정렬 [노랑]을 선택한다.
③ 다음 기준은 [총점], 정렬 기준 [셀 색], 정렬 [초록]을 선택한다.

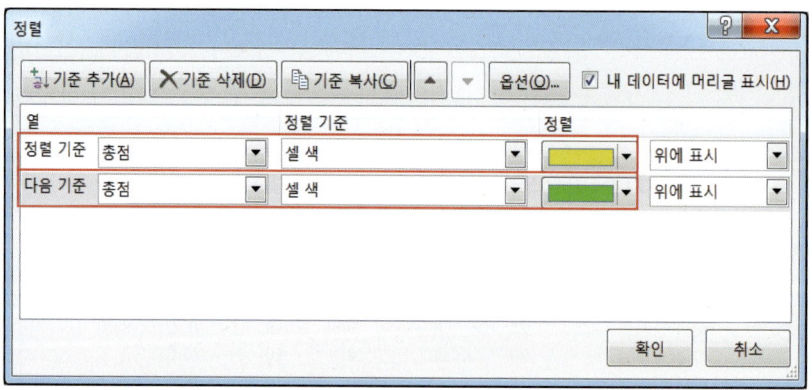

④ 결과는 다음과 같이 정렬된다.

	A	B	C	D	E	F	G	H
1	학년	이름	중간고사	기말고사	레포트	출석	총점	평점
2	1학년	박민혜	30	28	8	10	76	C
3	1학년	박호열	28	30	8	10	76	C
4	1학년	안태진	36	24	10	10	80	B
5	1학년	정미연	32	38	10	8	88	B
6	3학년	강서희	28	28	8	9	73	C
7	3학년	강유진	36	32	8	10	86	B
8	3학년	김도현	36	36	9	10	91	A
9	2학년	김문수	28	32	9	10	79	C
10	4학년	김정민	32	36	8	9	85	B
11	4학년	이신우	32	35	8	10	85	B
12	2학년	한사랑	32	38	10	9	89	B
13	2학년	김선희	36	40	10	9	95	A
14	2학년	양진수	40	40	10	10	100	A
15								

- 숨겨진 열이나 행은 정렬되지 않기 때문에, 정렬을 하기 전에 숨겨진 열과 행을 표시하는 것이 좋다.

실습예제 1   "정보 능력 성적처리" 정렬하기

❶ "정보능력 성적처리.xlsx" 파일을 불러온다.

	A	B	C	D	E	F	G	H
1				정보능력 성적처리				
2								
3	학과	학번	이름	중간고사	기말고사	과제점수	총점	
4	경제	203201	김태현	75	100	100	275	
5	물리	191108	윤상현	98	87	90	275	
6	경영	191026	이지유	100	90	70	260	
7	국문	181208	이소연	96	90	100	286	
8	전기	190106	박은경	98	75	80	253	
9	경영	203024	정원호	97	77	90	264	
10	영문	202043	최민지	84	94	90	268	
11	화학	202049	이현주	68	96	80	244	
12	국문	200150	김경희	75	67	90	232	
13	영문	193204	김유리	76	85	90	251	
14	기계	191205	박세희	72	78	100	250	
15	전자	193206	이명섭	65	87	80	232	
16	경영	191105	이국기	58	69	70	197	
17	전자	191103	이민현	72	87	90	249	
18	경제	202017	김다은	65	82	90	237	
19	경제	204203	김원호	58	69	90	217	
20	영문	201026	이영호	68	85	70	223	
21								

❷ 정렬하고자 하는 데이터 B4:G20 범위를 설정하고 [홈] ➪ [편집] ➪ [정렬 및 필터] ➪ [텍스트 오름차순 정렬]을 선택하여 정렬한다.

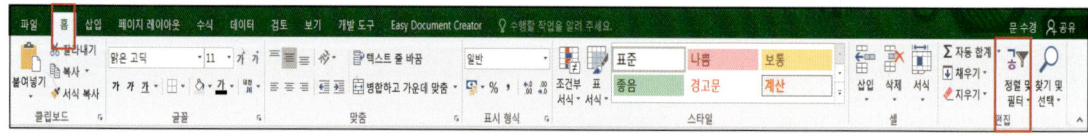

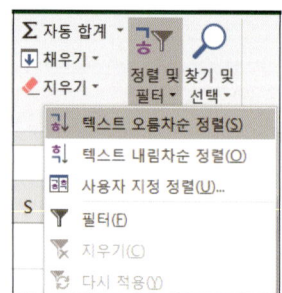

❸ 다음과 같이 오름차순 정렬이 완성된다.

	A	B	C	D	E	F	G
1	정보능력 성적처리						
2							
3	학과	학번	이름	중간고사	기말고사	과제점수	총점
4	경영	191026	이지유	100	90	70	260
5	경영	203024	정원호	97	77	90	264
6	경영	191105	이국기	58	69	70	197
7	경제	203201	김태현	75	100	100	275
8	경제	202017	김다은	65	82	90	237
9	경제	204203	김원호	58	69	90	217
10	국문	181208	이소연	96	90	100	286
11	국문	200150	김경희	75	67	90	232
12	기계	191205	박세희	72	78	100	250
13	물리	191108	윤상현	98	87	90	275
14	영문	202043	최민지	84	94	90	268
15	영문	193204	김유리	76	85	90	251
16	영문	201026	이영호	68	85	70	223
17	전기	190106	박은경	98	75	80	253
18	전자	193206	이명섭	65	87	80	232
19	전자	191103	이민현	72	87	90	249
20	화학	202049	이현주	68	96	80	244
21							

❹ 같은 방법으로 내림차순 정렬을 완성해 본다.

	A	B	C	D	E	F	G
1	정보능력 성적처리						
2							
3	학과	학번	이름	중간고사	기말고사	과제점수	총점
4	화학	202049	이현주	68	96	80	244
5	전자	193206	이명섭	65	87	80	232
6	전자	191103	이민현	72	87	90	249
7	전기	190106	박은경	98	75	80	253
8	영문	202043	최민지	84	94	90	268
9	영문	193204	김유리	76	85	90	251
10	영문	201026	이영호	68	85	70	223
11	물리	191108	윤상현	98	87	90	275
12	기계	191205	박세희	72	78	100	250
13	국문	181208	이소연	96	90	100	286
14	국문	200150	김경희	75	67	90	232
15	경제	203201	김태현	75	100	100	275
16	경제	202017	김다은	65	82	90	237
17	경제	204203	김원호	58	69	90	217
18	경영	191026	이지유	100	90	70	260
19	경영	203024	정원호	97	77	90	264
20	경영	191105	이국기	58	69	70	197
21							

❺ 정렬기준을 '학번',오름차순, 다음기준은 '총점', 내림차순으로 정렬하여 보자.
❻ 정렬하고자 하는 데이터 안쪽에 셀을 위치하고 [홈] ⇨ [편집] ⇨ [정렬 및 필터] ⇨ [사용자 지정 정렬]을 클릭한다.

❼ 정렬 기준은 [학번]를 선택하고 정렬은 [오름차순]으로 선택한다.

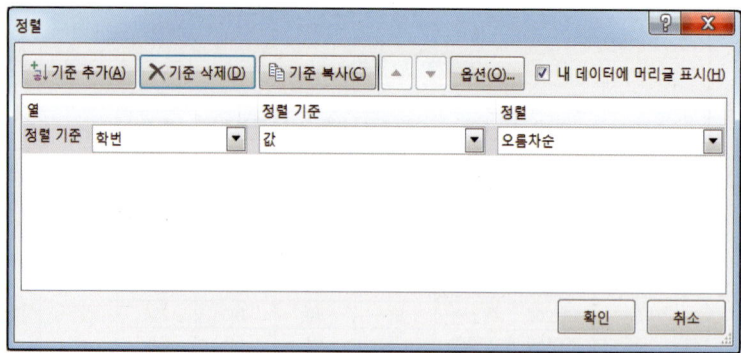

❽ [기준추가] 버튼을 눌러 다음 기준을 추가하고 [총점]과 [내림차순]을 선택한다.

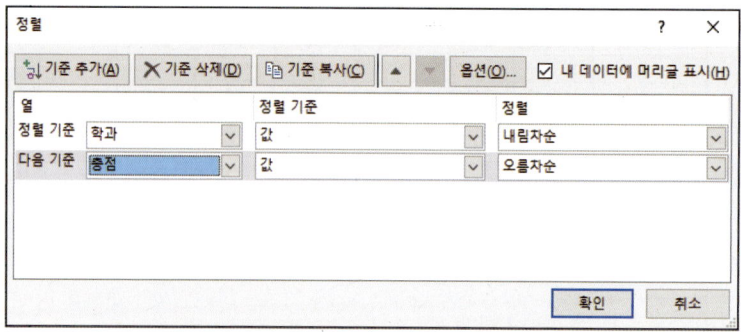

❾ [확인] 버튼을 눌러 정렬을 완성한다.

	A	B	C	D	E	F	G
1			정보능력 성적처리				
2							
3	학과	학번	이름	중간고사	기말고사	과제점수	총점
4	화학	202049	이현주	68	96	80	244
5	전자	193206	이명섭	65	87	80	232
6	전자	191103	이민현	72	87	90	249
7	전기	190106	박은경	98	75	80	253
8	영문	201026	이영호	68	85	70	223
9	영문	193204	김유리	76	85	90	251
10	영문	202043	최민지	84	94	90	268
11	물리	191108	윤상현	98	87	90	275
12	기계	191205	박세희	72	78	100	250
13	국문	200150	김경희	75	67	90	232
14	국문	181208	이소연	96	90	100	286
15	경제	204203	김원호	58	69	90	217
16	경제	202017	김다은	65	82	90	237
17	경제	203201	김태현	75	100	100	275
18	경영	191105	이국기	58	69	70	197
19	경영	191026	이지유	100	90	70	260
20	경영	203024	정원호	97	77	90	264
21							

❿ 경영과는 노랑, 영문과는 주황으로 셀 채우기를 한다.

	A	B	C	D	E	F	G
1	정보능력 성적처리						
2							
3	학과	학번	이름	중간고사	기말고사	과제점수	총점
4	화학	202049	이현주	68	96	80	244
5	전자	193206	이명섭	65	87	80	232
6	전자	191103	이민현	72	87	90	249
7	전기	190106	박은경	98	75	80	253
8	영문	201026	이영호	68	85	70	223
9	영문	193204	김유리	76	85	90	251
10	영문	202043	최민지	84	94	90	268
11	물리	191108	윤상현	98	87	90	275
12	기계	191205	박세희	72	78	100	250
13	국문	200150	김경희	75	67	90	232
14	국문	181208	이소연	96	90	100	286
15	경제	204203	김원호	58	69	90	217
16	경제	202017	김다은	65	82	90	237
17	경제	203201	김태현	75	100	100	275
18	경영	191105	이국기	58	69	70	197
19	경영	191026	이지유	100	90	70	260
20	경영	203024	정원호	97	77	90	264
21							

⓫ [홈] ⇨ [편집] ⇨ [정렬 및 필터] ⇨ [사용자 지정 정렬]을 클릭한다.
⓬ 정렬기준으로 [학과]로 지정하고 정렬기준은 [셀 색]-[노랑]을 선택한다.
　다음기준으로 [학과]로 지정하고 정렬기준은 [셀 색]-[주황]을 선택한다.

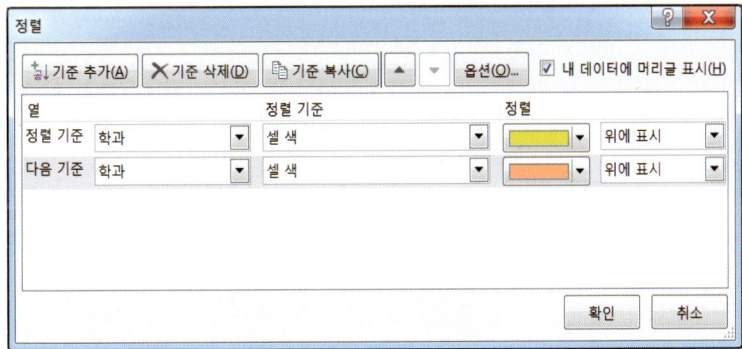

⓭ 셀 색으로 정렬을 완성한다.

	A	B	C	D	E	F	G
1	정보능력 성적처리						
2							
3	학과	학번	이름	중간고사	기말고사	과제점수	총점
4	경영	191105	이국기	58	69	70	197
5	경영	191026	이지유	100	90	70	260
6	경영	203024	정원호	97	77	90	264
7	영문	201026	이영호	68	85	70	223
8	영문	193204	김유리	76	85	90	251
9	영문	202043	최민지	84	94	90	268
10	화학	202049	이현주	68	96	80	244
11	전자	193206	이명섭	65	87	80	232
12	전자	191103	이민현	72	87	90	249
13	전기	190106	박은경	98	75	80	253
14	물리	191108	윤상현	98	87	90	275
15	기계	191205	박세희	72	78	100	250
16	국문	200150	김경희	75	67	90	232
17	국문	181208	이소연	96	90	100	286
18	경제	204203	김원호	58	69	90	217
19	경제	202017	김다은	65	82	90	237
20	경제	203201	김태현	75	100	100	275
21							

실습예제 2   "사원 명부" 정렬하기

❶ "사원 명부.xlsx" 파일을 불러온다.

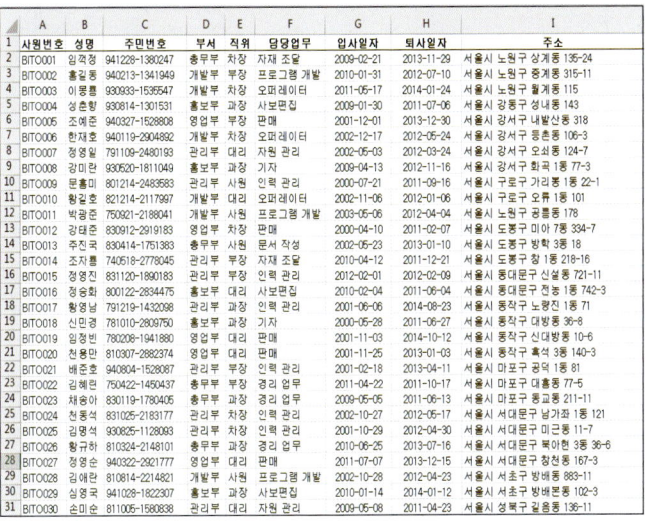

❷ [홈] ⇨ [편집] ⇨ [정렬 및 필터] ⇨ [사용자 지정 정렬]을 클릭한다.

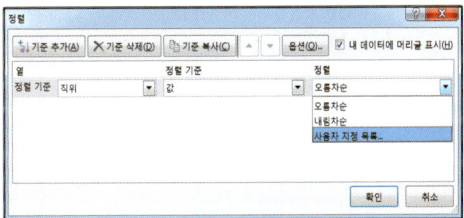

❸ [사용자 지정목록] ⇨ [새 목록] ⇨ [목록 항목]에 '부장, 차장, 과장, 대리, 사원' 목록을 입력한 후 [추가]를 클릭한다.

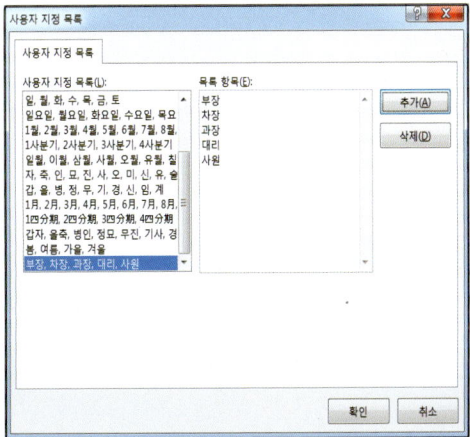

CHAPTER 08 데이터 관리와 분석 **231**

❹ '부장, 차장, 과장, 대리, 사원' 목록을 선택한 후 [확인]을 클릭한다.

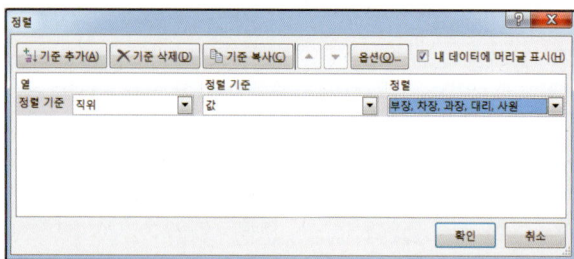

❺ [확인]을 클릭하면 데이터가 정렬되어서 표시된다.

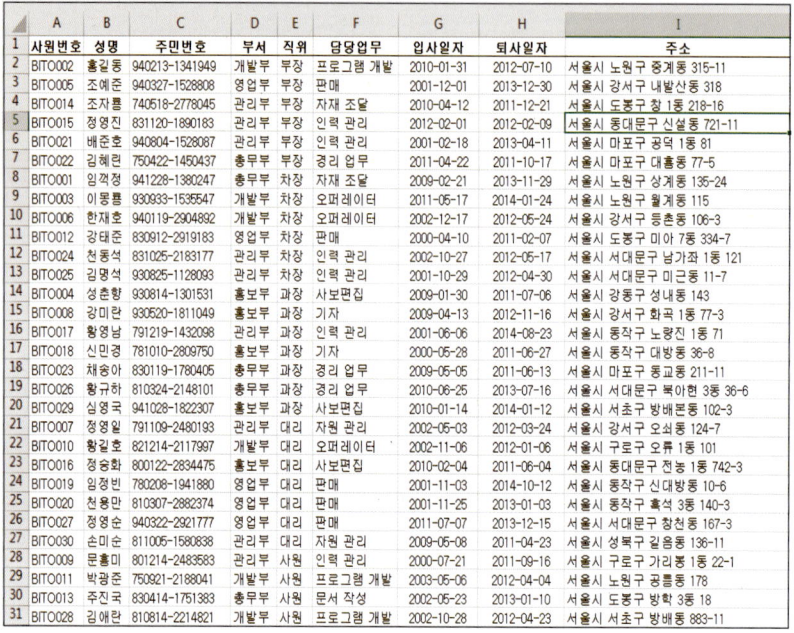

8.3 데이터 부분합

부분합이란 전체 데이터를 특정 필드에 대해 그룹으로 묶은 후, 각 그룹에 대한 합계나 평균 등을 계산하는 기능이다. 부분합을 실행하기 전에 데이터는 반드시 정렬되어 있어야 한다. 정렬되지 않은 상태에서 부분합을 적용하면 원치 않은 결과를 얻을 수 있기 때문이다.

8.3.1 부분합

① 부분합을 적용할 셀 범위를 선택한다.
② 부분합에 기준으로 사용될 열은 반드시 정렬되어 있어야 하므로 필요하다면 정렬한다.
③ [데이터] ⇨ [윤곽선] ⇨ [부분합]을 클릭한다.

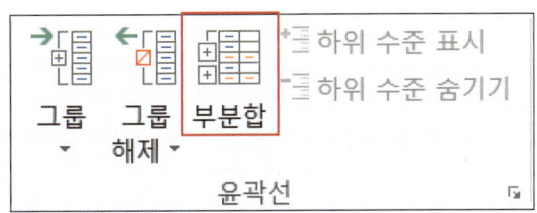

④ [부분합] 대화상자가 표시된다.

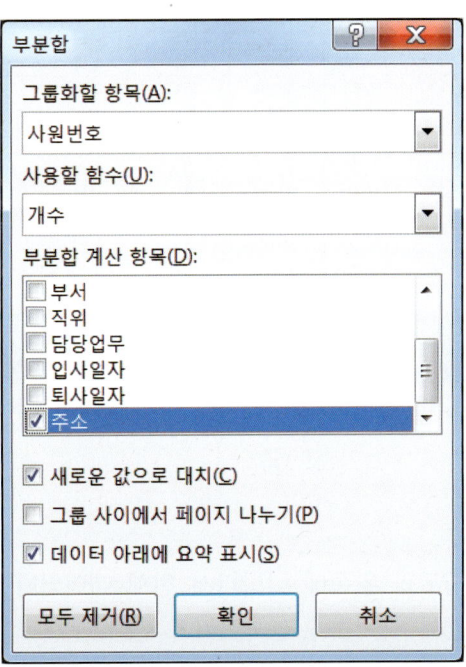

- 그룹화할 항목 : 부분합을 구하는 기준이 될 열을 선택한다.
- 사용할 함수 : 합계, 평균, 개수 등 부분합을 구해서 계산할 함수를 선택한다.
- 부분합 계산 항목 : 함수를 사용하여 계산될 열을 선택한다.
- 새로운 값으로 대치 : 확인란이 선택된 경우 이미 설정된 부분합이 있다면 그 설정을 지운 후 새 설정을 추가한다. 확인란이 선택되지 않은 경우 기존 부분합 설정에 새 설정 값이 추가된다.
- 그룹 사이에서 페이지 나누기 : 그룹마다 페이지 나누기가 삽입되어 매 그룹이 다른 페이지에 인쇄된다.
- 데이터 아래에 요약 표시 : 부분합을 표시할 요약 행이 데이터 아래에 올지 데이터 위에 올지 위치를 지정한다.
- 모두 제거 : 설정되어 있는 부분합을 제거한다.

⑤ 부분합이 설정되면 워크시트 왼쪽에 윤곽이 표시된다.

품명	판매가	분류	계절	상하	판매량	매출액
\multicolumn{7}{c}{11월 분류별 제품 판매 현황}						
AA-T540	65,000	어른	가을	상의	33	2,145,000
AA-B115	57,900	어른	가을	하의	72	4,168,800
AA-B415	51,000	어른	가을	하의	41	2,091,000
KA-T210	43,000	어린이	가을	상의	54	2,322,000
			가을 요약		200	10,726,800
AW-T150	69,000	어른	겨울	상의	181	12,489,000
AW-T250	102,900	어른	겨울	상의	154	15,846,600
AW-T550	99,000	어른	겨울	상의	141	13,959,000
AW-T140	85,000	어른	겨울	상의	124	10,540,000
AW-B115	58,800	어른	겨울	하의	120	7,056,000
AW-B115	88,000	어른	겨울	하의	98	8,624,000
AW-B115	78,000	어른	겨울	하의	108	8,424,000
KW-T330	77,900	어린이	겨울	상의	205	15,969,500
KW-B230	49,900	어린이	겨울	하의	180	8,982,000
			겨울 요약		1311	101,890,100
AS-T150	59,900	어른	여름	상의	135	8,086,500
KS-T430	59,000	어린이	여름	상의	34	2,006,000
			여름 요약		169	10,092,500
합계					3,191	235,326,300
			총합계		4,871	358,035,700

8.3.2 윤곽

① 부분합을 설정하면 워크시트의 왼쪽에 나타나서 전체 데이터나 부분합만 따로 그룹 단위로 표시하거나 숨길 수 있게 해주는 것을 윤곽이라고 한다.

② 자동 윤곽을 적용하려는 데이터가 입력된 셀 범위에는 반드시 사용자가 직접 작성한 그룹별

로 요약된 행이나 열이 있어야 한다.

③ [데이터] ➪ [윤곽선] ➪ [그룹] ➪ [자동 윤곽]을 클릭한다.

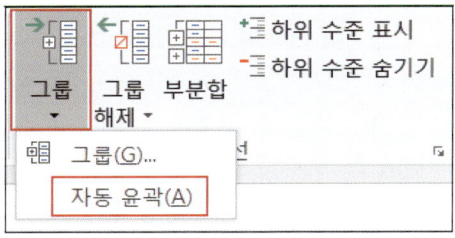

④ 사용자가 작성한 요약 행이나 열을 기준으로 부분합과 같이 윤곽이 설정된다.

품명	판매가	분류	계절	상하	판매량	매출액
AA-T540	65,000	어른	가을	상의	33	2,145,000
AA-B115	57,900	어른	가을	하의	72	4,168,800
AA-B415	51,000	어른	가을	하의	41	2,091,000
KA-T210	43,000	어린이	가을	상의	54	2,322,000
			가을 요약		200	10,726,800
AW-T150	69,000	어른	겨울	상의	181	12,489,000
AW-T250	102,900	어른	겨울	상의	154	15,846,600
AW-T550	99,000	어른	겨울	상의	141	13,959,000
AW-T140	85,000	어른	겨울	상의	124	10,540,000
AW-B115	58,800	어른	겨울	하의	120	7,056,000
AW-B115	88,000	어른	겨울	하의	98	8,624,000
AW-B115	78,000	어른	겨울	하의	108	8,424,000
KW-T330	77,900	어린이	겨울	상의	205	15,969,500
KW-B230	49,900	어린이	겨울	하의	180	8,982,000
			겨울 요약		1311	101,890,100
AS-T150	59,900	어른	여름	상의	135	8,086,500
KS-T430	59,000	어린이	여름	상의	34	2,006,000
			여름 요약		169	10,092,500
합계					3,191	235,326,300
			총합계		4,871	358,035,700

11월 분류별 제품 판매 현황

⑤ 자동 윤곽을 제거하려면 [데이터] ➪ [윤곽선] ➪ [그룹 해제] ➪ [윤곽 지우기]를 클릭한다.

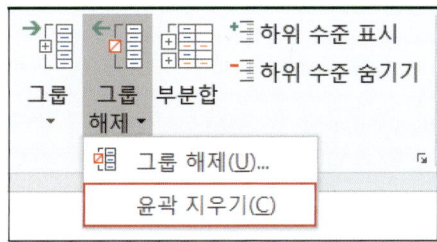

⑥ 윤곽 지우기를 하면 다음과 같다.

품명	판매가	분류	계절	상하	판매량	매출액
AA-T540	65,000	어른	가을	상의	33	2,145,000
AA-B115	57,900	어른	가을	하의	72	4,168,800
AA-B415	51,000	어른	가을	하의	41	2,091,000
KA-T210	43,000	어린이	가을	상의	54	2,322,000
			가을 요약		200	10,726,800
AW-T150	69,000	어른	겨울	상의	181	12,489,000
AW-T250	102,900	어른	겨울	상의	154	15,846,600
AW-T550	99,000	어른	겨울	상의	141	13,959,000
AW-T140	85,000	어른	겨울	상의	124	10,540,000
AW-B115	58,800	어른	겨울	하의	120	7,056,000
AW-B115	88,000	어른	겨울	하의	98	8,624,000
AW-B115	78,000	어른	겨울	하의	108	8,424,000
KW-T330	77,900	어린이	겨울	상의	205	15,969,500
KW-B230	49,900	어린이	겨울	하의	180	8,982,000
			겨울 요약		1311	101,890,100
AS-T150	59,900	어른	여름	상의	135	8,086,500
KS-T430	59,000	어린이	여름	상의	34	2,006,000
			여름 요약		169	10,092,500
합계					3,191	235,326,300
			총합계		4,871	358,035,700

8.3.3 그룹

① 세부 데이터와 부분합이 표시된 행이나 열을 선택한다. 이때 전체 요약이 표시된 행이나 열은 포함되지 않도록 한다.

② [데이터] ⇨ [윤곽선] ⇨ [그룹] ⇨ [그룹]을 클릭한다.

③ 하위 그룹을 설정하려면 그룹으로 설정할 세부 데이터를 선택하고 [데이터] ⇨ [윤곽선] ⇨ [그룹] ⇨ [그룹]을 클릭한다. 이때도 마찬가지로 해당 하위 그룹의 그룹 요약이 표시된 행이나 열은 포함하지 않는다.

④ 설정된 [그룹]을 제거하려면 그룹이 설정된 범위를 선택한 후 [데이터] ⇨ [윤곽선] ⇨ [그룹 해제] ⇨ [그룹 해제]를 클릭한다.

실습예제 3   "정보능력 성적처리"를 부분합으로 정리하기

❶ "정보능력 성적처리.xlsx" 파일을 불러온다.

	A	B	C	D	E	F	G
1				정보능력 성적처리			
2							
3	학과	학번	이름	중간고사	기말고사	과제점수	총점
4	경제	203201	김태현	75	100	100	275
5	물리	191108	윤상현	98	87	90	275
6	경영	191026	이지유	100	90	70	260
7	국문	181208	이소연	96	90	100	286
8	전기	190106	박은경	98	75	80	253
9	경영	203024	정원호	97	77	90	264
10	영문	202043	최민지	84	94	90	268
11	화학	202049	이현주	68	96	80	244
12	국문	200150	김경희	75	67	90	232
13	영문	193204	김유리	76	85	90	251
14	기계	191205	박세희	72	78	100	250
15	전자	193206	이명섭	65	87	80	232
16	경영	191105	이국기	58	69	70	197
17	전자	191103	이민현	72	87	90	249
18	경제	202017	김다은	65	82	90	237
19	경제	204203	김원호	58	69	90	217
20	영문	201026	이영호	68	85	70	223
21							

❷ A3를 클릭하고 [홈] ⇨ [편집] ⇨ [정렬 및 필터] ⇨ [텍스트 오름차순 정렬]을 선택한다. '학과'가 오름차순으로 정렬된다.

	A	B	C	D	E	F	G
1				정보능력 성적처리			
2							
3	학과	학번	이름	중간고사	기말고사	과제점수	총점
4	경영	191026	이지유	100	90	70	260
5	경영	203024	정원호	97	77	90	264
6	경영	191105	이국기	58	69	70	197
7	경제	203201	김태현	75	100	100	275
8	경제	202017	김다은	65	82	90	237
9	경제	204203	김원호	58	69	90	217
10	국문	181208	이소연	96	90	100	286
11	국문	200150	김경희	75	67	90	232
12	기계	191205	박세희	72	78	100	250
13	물리	191108	윤상현	98	87	90	275
14	영문	202043	최민지	84	94	90	268
15	영문	193204	김유리	76	85	90	251
16	영문	201026	이영호	68	85	70	223
17	전기	190106	박은경	98	75	80	253
18	전자	193206	이명섭	65	87	80	232
19	전자	191103	이민현	72	87	90	249
20	화학	202049	이현주	68	96	80	244
21							

❸ [데이터] ⇨ [윤곽선] ⇨ [그룹] ⇨ [그룹]을 클릭한다. [부분합] 창에서 [그룹화할 항목]은 '학과', [사용할 함수]는 '합계', [부분합 계산 항목]은 '중간고사', '기말고사'로 설정한다.

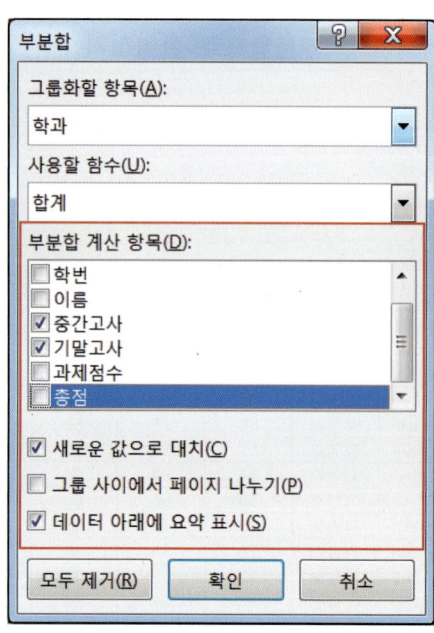

❹ 부분합이 적용되어 데이터가 그룹화되면 각 그룹 아래에 계산한 값이 나타난다. 데이터 왼쪽에 그룹화의 수준이 1,2,3으로 나타나며, 각 그룹은 +,-를 클릭하여 접거나 펼쳐 볼 수 있다.

	A	B	C	D	E	F	G
3	학과	학번	이름	중간고사	기말고사	과제점수	총점
4	경영	191026	이지유	100	90	70	260
5	경영	203024	정원호	97	77	90	264
6	경영	191105	이국기	58	69	70	197
7	경영 요약			255	236		
8	경제	203201	김태현	75	100	100	275
9	경제	202017	김다은	65	82	90	237
10	경제	204203	김원호	58	69	90	217
11	경제 요약			198	251		
12	국문	181208	이소연	96	90	100	286
13	국문	200150	김경희	75	67	90	232
14	국문 요약			171	157		
15	기계	191205	박세희	72	78	100	250
16	기계 요약			72	78		
17	물리	191108	윤상현	98	87	90	275
18	물리 요약			98	87		
19	영문	202043	최민지	84	94	90	268
20	영문	193204	김유리	76	85	90	251
21	영문	201026	이영호	68	85	70	223
22	영문 요약			228	264		
23	전기	190106	박은경	98	75	80	253
24	전기 요약			98	75		
25	전자	193206	이명섭	65	87	80	232
26	전자	191103	이민현	72	87	90	249
27	전자 요약			137	174		
28	화학	202049	이현주	68	96	80	244
29	화학 요약			68	96		
30	총합계			1325	1418		

❺ 부분합이 적용된 셀에 다시 한 번 [데이터] ⇨ [윤곽선] ⇨ [부분합]을 선택한다.
❻ [부분합] 창에서 [사용할 함수]는 '최대값', '새로운 값으로 대치'를 체크 해제한다.
❼ 학년별 평균과 함께 최대값이 나타난다.

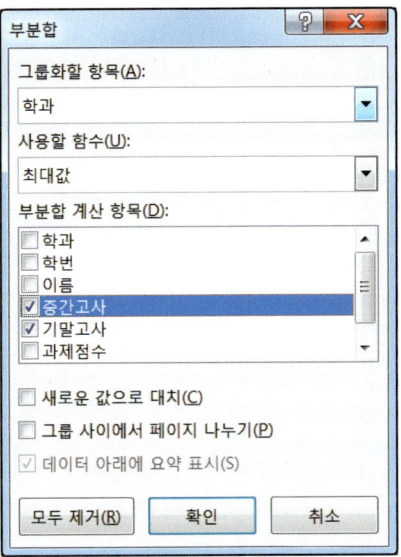

❽ 단계별로 표현하면 다음과 같다.

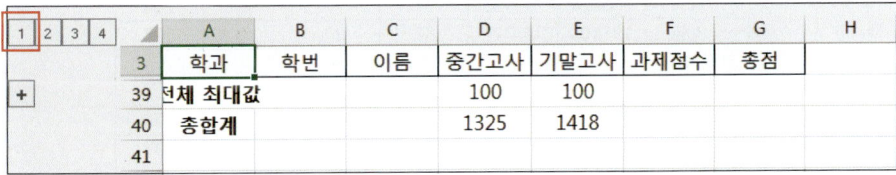

	A	B	C	D	E	F	G
3	학과	학번	이름	중간고사	기말고사	과제점수	총점
7	경영 최대값			100	90		
8	경영 요약			255	236		
12	경제 최대값			75	100		
13	경제 요약			198	251		
16	국문 최대값			96	90		
17	국문 요약			171	157		
19	기계 최대값			72	78		
20	기계 요약			72	78		
22	물리 최대값			98	87		
23	물리 요약			98	87		
27	영문 최대값			84	94		
28	영문 요약			228	264		
30	전기 최대값			98	75		
31	전기 요약			98	75		
34	전자 최대값			72	87		
35	전자 요약			137	174		
37	화학 최대값			68	96		
38	화학 요약			68	96		
39	전체 최대값			100	100		
40	총합계			1325	1418		

	A	B	C	D	E	F	G
3	학과	학번	이름	중간고사	기말고사	과제점수	총점
4	경영	191026	이지유	100	90	70	260
5	경영	203024	정원호	97	77	90	264
6	경영	191105	이국기	58	69	70	197
7	경영 최대값			100	90		
8	경영 요약			255	236		
9	경제	203201	김태현	75	100	100	275
10	경제	202017	김다은	65	82	90	237
11	경제	204203	김원호	58	69	90	217
12	경제 최대값			75	100		
13	경제 요약			198	251		
14	국문	181208	이소연	96	90	100	286
15	국문	200150	김경희	75	67	90	232
16	국문 최대값			96	90		
17	국문 요약			171	157		
18	기계	191205	박세희	72	78	100	250
19	기계 최대값			72	78		
20	기계 요약			72	78		
21	물리	191108	윤상현	98	87	90	275
22	물리 최대값			98	87		
23	물리 요약			98	87		
24	영문	202043	최민지	84	94	90	268
25	영문	193204	김유리	76	85	90	251
26	영문	201026	이영호	68	85	70	223
27	영문 최대값			84	94		
28	영문 요약			228	264		
29	전기	190106	박은경	98	75	80	253
30	전기 최대값			98	75		

❾ 부분합이 적용된 A3셀을 클릭하고 [데이터] ⇨ [윤곽선] ⇨ [부분합]을 선택한다. [부분합] 창에서 [모두 제거]를 클릭한다.

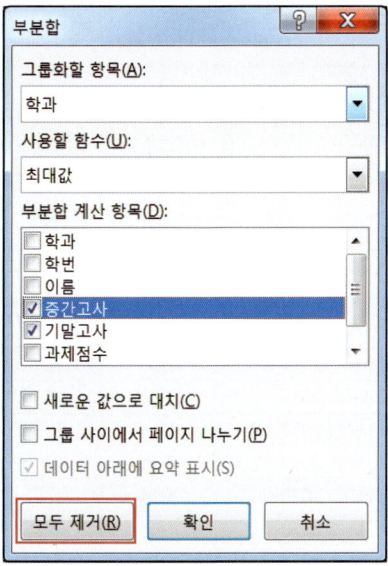

❿ 다음과 같이 부분합이 제거된다.

	A	B	C	D	E	F	G
1			정보능력 성적처리				
2							
3	학과	학번	이름	중간고사	기말고사	과제점수	총점
4	경영	191026	이지유	100	90	70	260
5	경영	203024	정원호	97	77	90	264
6	경영	191105	이국기	58	69	70	197
7	경제	203201	김태현	75	100	100	275
8	경제	202017	김다은	65	82	90	237
9	경제	204203	김원호	58	69	90	217
10	국문	181208	이소연	96	90	100	286
11	국문	200150	김경희	75	67	90	232
12	기계	191205	박세희	72	78	100	250
13	물리	191108	윤상현	98	87	90	275
14	영문	202043	최민지	84	94	90	268
15	영문	193204	김유리	76	85	90	251
16	영문	201026	이영호	68	85	70	223
17	전기	190106	박은경	98	75	80	253
18	전자	193206	이명섭	65	87	80	232
19	전자	191103	이민현	72	87	90	249
20	화학	202049	이현주	68	96	80	244
21							

| 실습예제 4 | "연차 사용"을 부분합으로 정리하기 |

❶ "연차 사용.xlsx" 파일을 불러온다.

번호	이름	부서명	입사년도	직위	연차일수	연차사용일수	연차사용율
1	문미영	홍보부	2000-01-03	이사	25	10	40%
2	홍석영	기획부	2006-06-01	차장	20	15	75%
3	박준영	기획부	2018-11-10	대리	10	8	80%
4	강태호	경리부	2015-03-20	과장	15	12	80%
5	김국진	관리부	2015-03-20	과장	15	10	67%
6	주자영	관리부	2017-05-15	대리	10	5	50%
7	신영진	기획부	2018-09-20	대리	10	2	20%
8	강승화	경리부	2019-09-01	사원	5	4	80%
9	황나희	경리부	2019-11-20	사원	5	5	100%
10	차민경	홍보부	2020-03-02	사원	5	0	0%
11	차수빈	홍보부	2016-11-12	과장	15	10	67%
12	강용만	경리부	2010-08-20	차장	20	15	75%
13	이준호	관리부	2012-04-19	과장	15	10	67%
14	김준영	영업부	2010-11-11	차장	20	10	50%
15	정희선	영업부	2019-12-20	사원	5	1	20%

❷ 직위를 '부장, 차장, 과장, 대리, 사원' 순서로 정렬하기 위해 사용자 지정 목록에 항목을 추가한다.

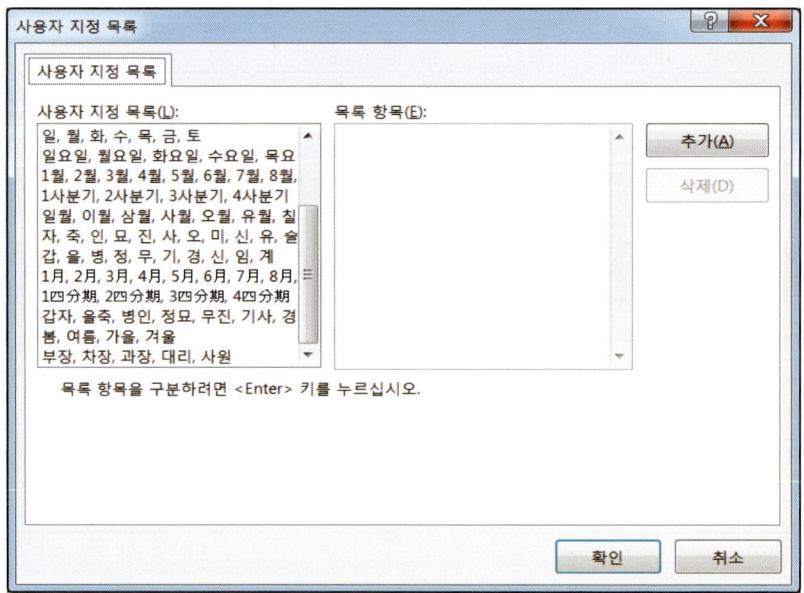

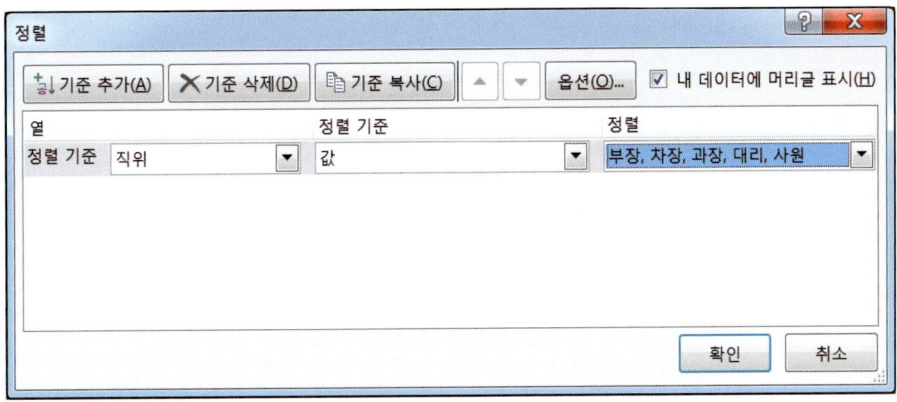

❸ 직위가 사용자 지정목록에 맞게 정렬된다.

	A	B	C	D	E	F	G	H
1	대 한 기 업							
2								
3	번호	이름	부서명	입사년도	직위	연차일수	연차사용일수	연차사용율
4	2	홍석영	기획부	2006-06-01	차장	20	15	75%
5	12	강용만	경리부	2010-08-20	차장	20	15	75%
6	14	김준영	영업부	2010-11-11	차장	20	10	50%
7	4	강태호	경리부	2015-03-20	과장	15	12	80%
8	5	김국진	관리부	2015-03-20	과장	15	10	67%
9	11	차수빈	홍보부	2016-11-12	과장	15	10	67%
10	13	이준호	관리부	2012-04-19	과장	15	10	67%
11	3	박준영	기획부	2018-11-10	대리	10	8	80%
12	6	주자영	관리부	2017-05-15	대리	10	5	50%
13	7	신영진	기획부	2018-09-20	대리	10	2	20%
14	8	강승화	경리부	2019-09-01	사원	5	4	80%
15	9	황나희	경리부	2019-11-20	사원	5	5	100%
16	10	차민경	홍보부	2020-03-02	사원	5	0	0%
17	15	정희선	영업부	2019-12-20	사원	5	1	20%
18	1	문미영	홍보부	2000-01-03	이사	25	10	40%

❹ 직위별로 연차일수의 합계를 부분합으로 표현하기

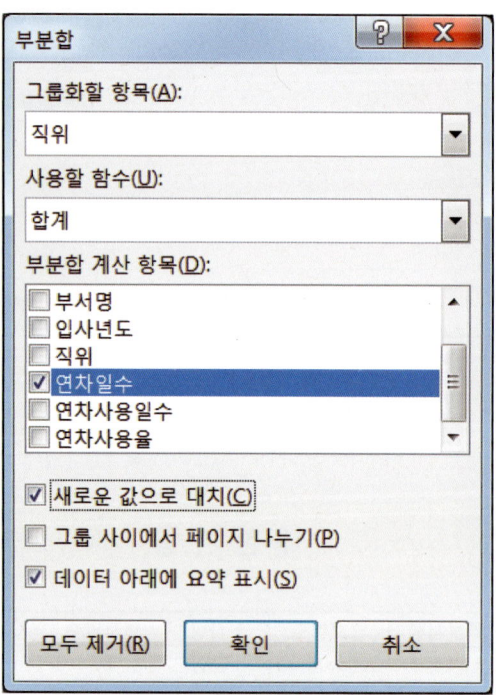

	번호	이름	부서명	입사년도	직위	연차일수	연차사용일수	연차사용율
				대 한 기 업				
3	번호	이름	부서명	입사년도	직위	연차일수	연차사용일수	연차사용율
4	2	홍석영	기획부	2006-06-01	차장	20	15	75%
5	12	강용만	경리부	2010-08-20	차장	20	15	75%
6	14	김준영	영업부	2010-11-11	차장	20	10	50%
7					차장 요약	60		
8	4	강태호	경리부	2015-03-20	과장	15	12	80%
9	5	김국진	관리부	2015-03-20	과장	15	10	67%
10	11	차수빈	홍보부	2016-11-12	과장	15	10	67%
11	13	이준호	관리부	2012-04-19	과장	15	10	67%
12					과장 요약	60		
13	3	박준영	기획부	2018-11-10	대리	10	8	80%
14	6	주자영	관리부	2017-05-15	대리	10	5	50%
15	7	신영진	기획부	2018-09-20	대리	10	2	20%
16					대리 요약	30		
17	8	강승화	경리부	2019-09-01	사원	5	4	80%
18	9	황나희	경리부	2019-11-20	사원	5	5	100%
19	10	차민경	홍보부	2020-03-02	사원	5	0	0%
20	15	정희선	영업부	2019-12-20	사원	5	1	20%
21					사원 요약	20		
22	1	문미영	홍보부	2000-01-03	이사	25	10	40%
23					이사 요약	25		

❺ 직위별로 연차사용율의 평균을 새로운 값으로 대치하지 않는 부분합으로 표현하기

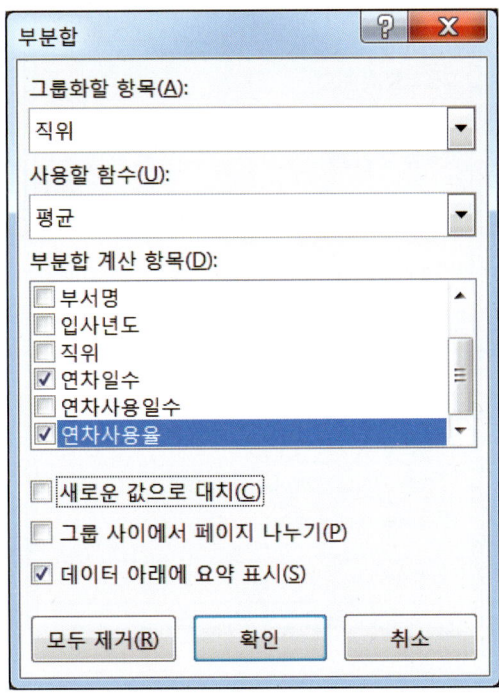

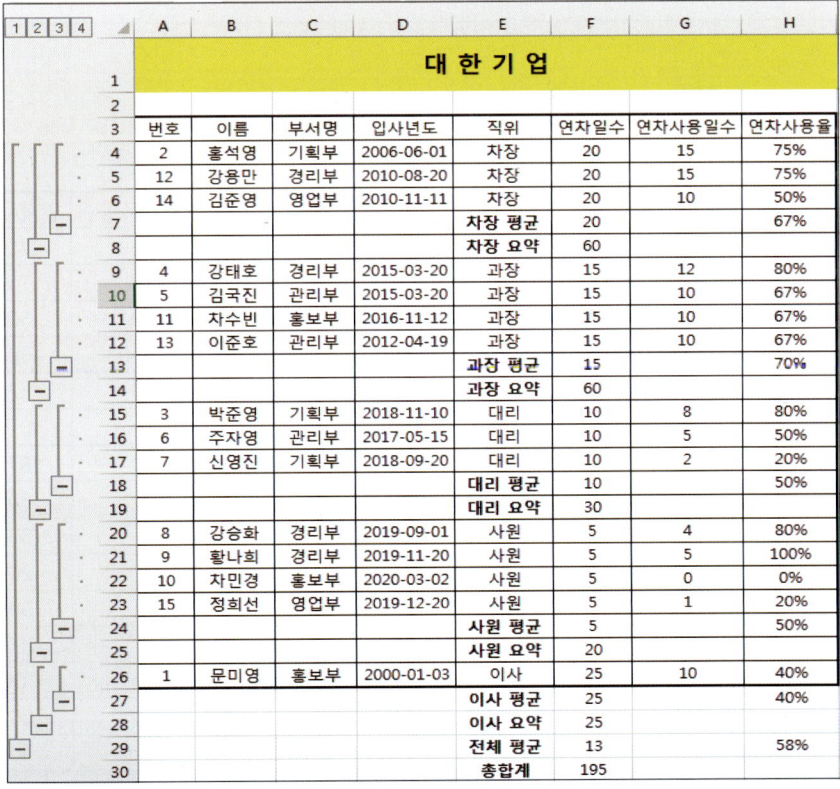

❻ 모든 부분합을 삭제하기

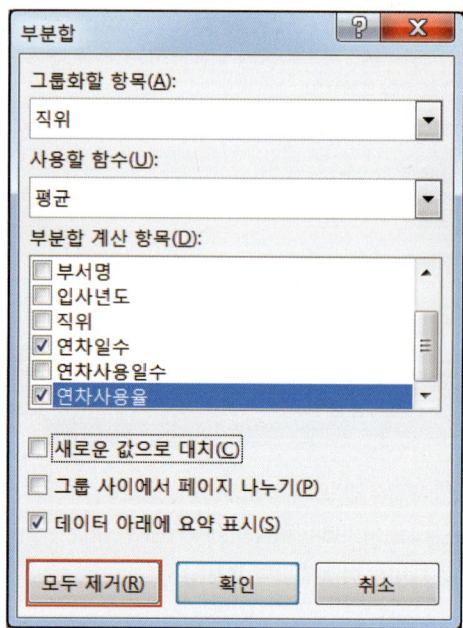

❼ 다음과 같은 결과로 나타난다.

	A	B	C	D	E	F	G	H
1	대 한 기 업							
2								
3	번호	이름	부서명	입사년도	직위	연차일수	연차사용일수	연차사용율
4	2	홍석영	기획부	2006-06-01	차장	20	15	75%
5	12	강용만	경리부	2010-08-20	차장	20	15	75%
6	14	김준영	영업부	2010-11-11	차장	20	10	50%
7	4	강태호	경리부	2015-03-20	과장	15	12	80%
8	5	김국진	관리부	2015-03-20	과장	15	10	67%
9	11	차수빈	홍보부	2016-11-12	과장	15	10	67%
10	13	이준호	관리부	2012-04-19	과장	15	10	67%
11	3	박준영	기획부	2018-11-10	대리	10	8	80%
12	6	주자영	관리부	2017-05-15	대리	10	5	50%
13	7	신영진	기획부	2018-09-20	대리	10	2	20%
14	8	강승화	경리부	2019-09-01	사원	5	4	80%
15	9	황나희	경리부	2019-11-20	사원	5	5	100%
16	10	차민경	홍보부	2020-03-02	사원	5	0	0%
17	15	정희선	영업부	2019-12-20	사원	5	1	20%
18	1	문미영	홍보부	2000-01-03	이사	25	10	40%

8.4 데이터 필터

필터(Filter)란 데이터 목록에서 조건에 맞는 데이터만 추출하는 기능으로, 많은 양의 데이터 중에서 원하는 것만 걸러서 보고자 할 때 유용하게 사용된다. 필터를 적용하면 원본 데이터의 순서는 그대로 유지한 채 조건에 해당하는 데이터만 찾아서 표시해준다. 필터는 조건에 맞는 데이터가 있는 행만 표시하고 그 밖의 행들을 숨기는 기능으로 데이터 필터 적용을 통하여 원하는 데이터를 쉽고 빠르게 찾아서 작업할 수 있다.

간단한 조건으로 데이터를 추출하고자 할 때는 자동 필터를, 복잡하고 다양한 조건을 적용하고자 할 때는 고급필터를 사용한다. 자동필터는 기본적인 필터 조건을 각 필드마다 적용해서 데이터를 필터링한다. 복잡한 필터 조건과 부가적인 기능을 사용해서 데이터를 필터링하기 위해서는 고급 필터를 사용해야 한다.

8.4.1 자동 필터

자동 필터는 추출하고자 하는 필드에 필터 단추를 표시하여 색, 숫자, 텍스트 등의 간단한 조건을 통해 데이터를 추출하는 기능이다. 하나의 필드 내에서는 AND와 OR 조건을 사용할 수 있지만, 다른 필드 간에는 AND 조건만 적용 가능하다.

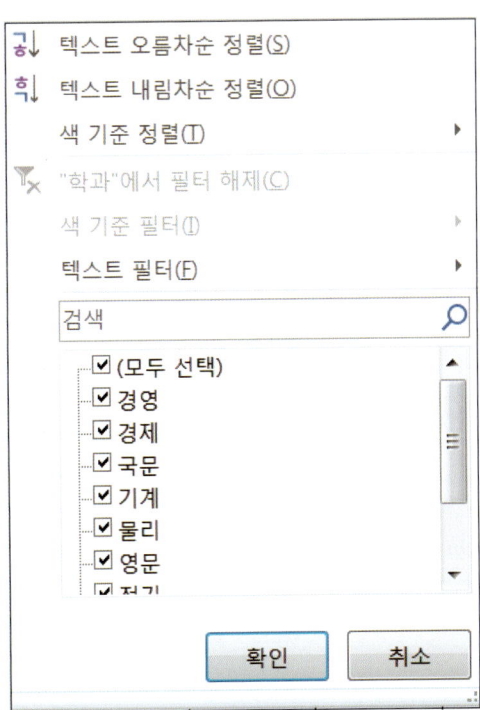

필터 조건 설정

- 오름차순 정렬, 내림차순 정렬, 색 기준 정렬 : 한 개의 필드를 기준으로 주어진 순서로 정렬한다.
- 필터 해제 : 이미 필터를 적요했을 때 활성화되며 적용된 필터 조건을 지운다.
- 색 기준 필터 : 셀 색, 글꼴 색, 셀 아이콘 기준으로 필터 조건을 설정할 수 있다. 단, 색 기준 필터는 한 개의 필터에 여러 가지 색 기준을 적용할 수 없다.
- 필터 : 해당 필드의 데이터 형식에 따라 각각 '텍스트 필터', '숫자 필터', '날짜 필터'로 표시된다.
- 목록에서 선택
  - 텍스트, 숫자, 데이터 형식 : 해당 필드에 있는 값이 요약되어 목록으로 표시된다. 선택하거나 선택을 취소하여 필터를 적용할 수 있다.
  - 날짜/시간 데이터 형식 : 해당 필드에 있는 값이 연, 월, 일로 계측적으로 정리되어 목록으로 표시된다. 선택하거나 선택을 취소하여 필터를 적용할 수 있다.
  - 목록은 10,000개까지 표시될 수 있으며 아래쪽의 크기 조절 핸들을 사용하여 자동 필터 메뉴의 크기를 조절할 수 있다.

텍스트 필터

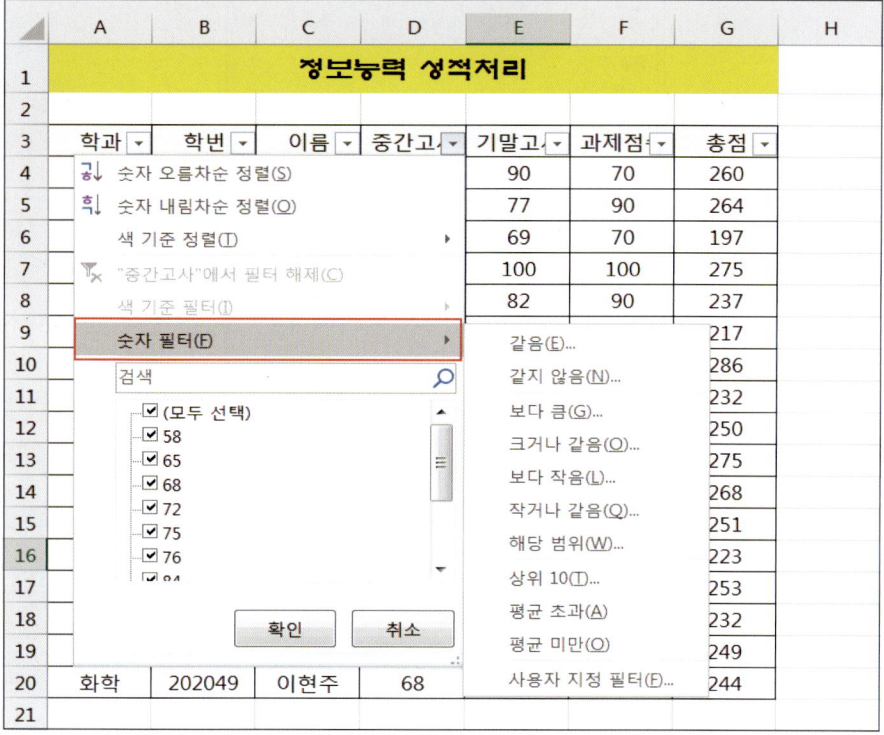

숫자 필터

- **텍스트 필터 메뉴** : 텍스트 필터 메뉴의 항목들은 모두 사용자 지정 필터 대화상자에서 설정할 수 있다.
- **숫자 필터 메뉴** : 숫자 필터 메뉴의 항목들은 다음 항목들을 제외하면 모두 사용자 지정 필터 대화 상자에서 설정할 수 있다.
 - 상위 10 : 상위인지 하위인지, 몇 항목(개)을 표시할 것인지, 몇 % 범위에 드는 것을 표시할 것인지를 설정할 수 있다.
 - 평균 초과, 평균 미만 : 해당 필드의 숫자 데이터의 평균값보다 크거나 작은 레코드만을 표시한다.
- **날짜 필터 메뉴** : 날짜 필터 메뉴의 항목들은 모두 사용자 지정 필터 대화상자에서 설정할 수 있다. 하지만, '내일'부터 '해당 기간의 모든 날짜'까지의 항목은 메뉴에서 바로 선택하는 것이 훨씬 편리하다.
- **사용자 지정 필터** : 필터 메뉴에서 [사용자 지정 필터]를 클릭하면 대화상자가 표시된다.
 - 찾을 조건 : '그리고'나 '또는'으로 연결되는 두 가지 필터 조건을 설정할 수 있다.
 - 왼쪽에서는 조건의 종류를 선택하고 오른쪽에서는 조건의 값을 선택하거나 입력한다.

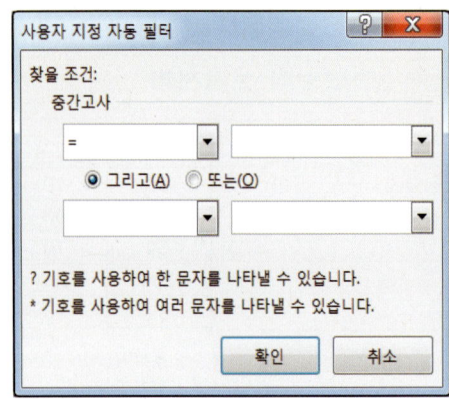

- 사용할 수 있는 조건의 종류

데이터 형식	사용할 수 있는 조건의 종류
텍스트, 숫자, 날짜	시작 문자, 제외할 시작 문자, 끝 문자, 제외할 끝 문자, 포함, 포함하지 않음
텍스트, 숫자	=, <>, <, <=, >=, >
날짜	=, <>, 이후, 이후 또는 같은, 이전, 이전 또는 같음

① 필터 작업을 하려는 데이터가 있는 셀을 클릭한다. 필터의 기준으로 삼을 필드의 셀이 아니어도 괜찮다.

② [홈] ⇨ [편집] ⇨ [정렬 및 필터] ⇨ [필터]를 클릭한다.

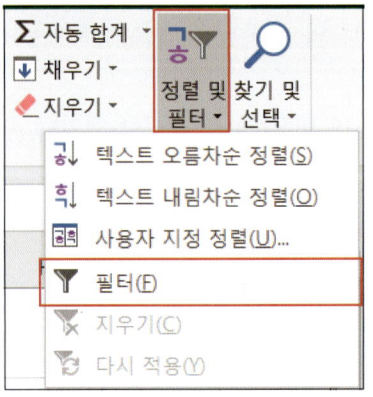

③ 자동 필터가 실행되면서 첫 번째 행의 각 셀(필드 이름)에 화살표가 표시된다. 화살표를 클릭하여 필터 조건을 설정할 수 있다.

④ [학과] 필드가 '경영'인 조건을 설정한다.

⑤ [검색]에 '경영'이라고 입력하면 다른 과는 선택이 해제된다.

⑥ 필터가 누적 적용되지 않도록 하려면 필터를 해제해야 한다.
⑦ 필터 해제를 원하는 필드 이름의 필터 아이콘을 클릭한 후 [~에서 필터 해제]를 클릭하면 필터가 해제된다.

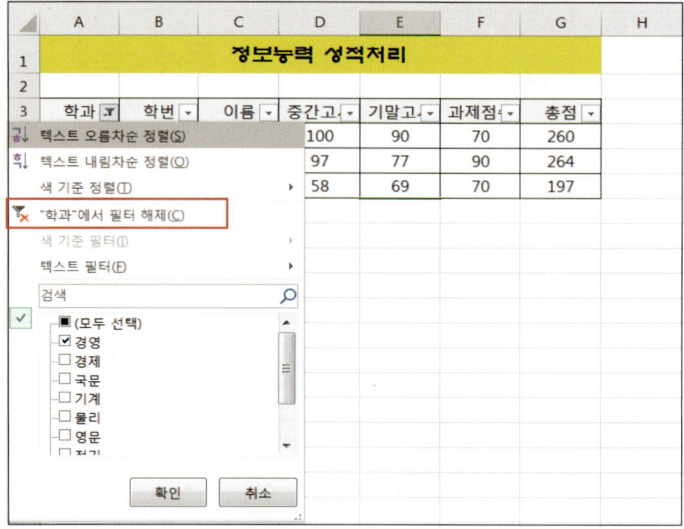

⑧ [홈] ⇨ [편집] ⇨ [정렬 및 필터] ⇨ [지우기]를 클릭하면 여러 필드에 적용된 필터가 전부 해제된다.
⑨ 자동 필터 끝내기를 하려면 [홈] ⇨ [편집] ⇨ [정렬 및 필터] ⇨ [필터]를 클릭하여 선택 해제한다.

8.4.2 고급 필터

고급필터는 데이터 영역 외부에 조건을 직접 입력하여 데이터를 추출하는 방법으로, 여러 필드를 대상으로 한 복잡한 조건을 적용하고자 할 때 유용하게 사용된다.

자동 필터에서는 여러 필드를 사용한 필드 조건을 사용할 수 없고, 서로 다른 필드를 간에 AND 조건만 적용할 수 있는 반면, 고급 필터에서는 사용되는 조건을 셀에 입력하여 사용하므로 여러 필드를 사용한 조건을 비롯한 복잡한 필터 조건을 지정하고 한 번에 필터를 적용할 수 있으며, AND와 OR조건을 다양한 형태로 적용할 수 있다.

① 필터를 적용할 데이터 영역 바깥에 고급 필터 조건으로 사용할 값을 입력한다. 첫 행에는 필터 조건이 적용될 필드 이름을 적고, 둘째 행부터 필터 조건을 입력한다.
② 필터를 하려는 데이터가 있는 셀을 클릭한다.
③ [데이터] ⇨ [정렬 및 필터] ⇨ [고급]을 클릭한다.

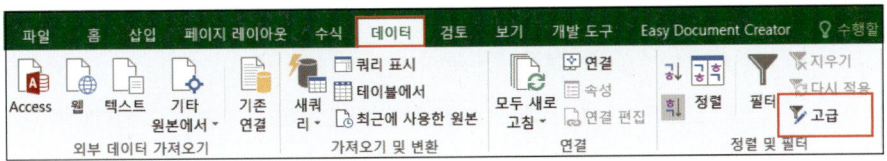

고급 필터 대화상자 조건 설정

- 현재 위치에 필터 : 자동필터처럼 현재 워크시트에서 필터를 적용한다.
- 다른 장소에 복사 : 필터 결과를 [복사 위치]의 셀 범위에 자동 입력한다.
- 목록 범위 : 필터를 적용할 데이터 범위를 선택한다.
- 조건 범위 : 필터에 적용할 조건이 입력되어 있는 범위를 선택한다.
- 복사 위치 : [다른 장소에 복사]를 선택한 경우 '필터 결과를 복사할 범위를 선택한다'는 이미 선택되어 있으므로, 조건 범위를 알맞게 선택한 후 [확인]을 클릭한다.
- 동일한 레코드는 하나만 : 선택하면 필터 결과에서 동일한 값을 가진 레코드는 한 개만 표시한다.

④ [학과]가 경영이고 [총점]이 '250 이상인' 데이터를 추출하는 조건을 적어보자.

	A	B	C	D	E	F	G	H	I	J
1			정보능력 성적처리							
2										
3	학과	학번	이름	중간고사	기말고사	과제점수	총점		학과	총점
4	경영	191026	이지유	100	90	70	260		경영	>=250
5	경영	203024	정원호	97	77	90	264			
6	경영	191105	이국기	58	69	70	197			
7	경제	203201	김태현	75	100	100	275			
8	경제	202017	김다은	65	82	90	237			
9	경제	204203	김원호	58	69	90	217			
10	국문	181208	이소연	96	90	100	286			
11	국문	200150	김경희	75	67	90	232			
12	기계	191205	박세희	72	78	100	250			
13	물리	191108	윤상현	98	87	90	275			
14	영문	202043	최민지	84	94	90	268			
15	영문	193204	김유리	76	85	90	251			
16	영문	201026	이영호	68	85	70	223			
17	전기	190106	박은경	98	75	80	253			
18	전자	193206	이명섭	65	87	80	232			
19	전자	191103	이민현	72	87	90	249			
20	화학	202049	이현주	68	96	80	244			
21										

⑤ 데이터 전체를 목록 범위로 설정하고 조건을 적은 셀의 범위를 조건범위로 설정한다.

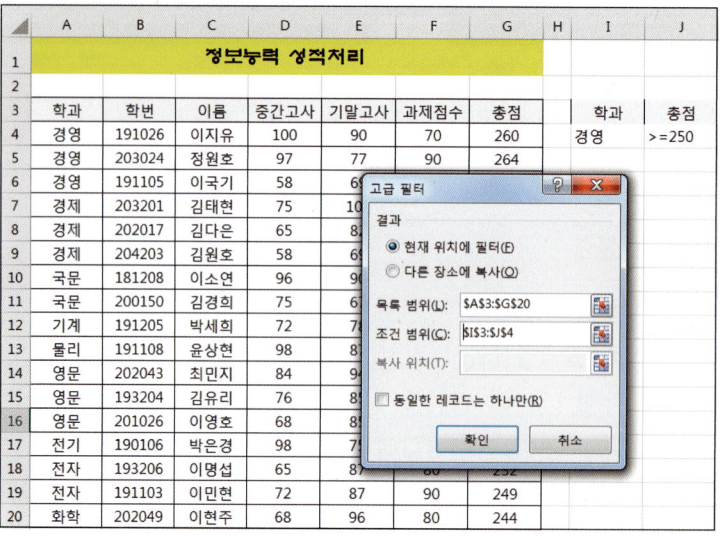

⑥ 다음과 같이 조건에 맞는 레코드가 추출된다.

	A	B	C	D	E	F	G	H	I	J
1				정보능력 성적처리						
2										
3	학과	학번	이름	중간고사	기말고사	과제점수	총점		학과	총점
4	경영	191026	이지유	100	90	70	260		경영	>=250
5	경영	203024	정원호	97	77	90	264			

⑦ 결과값을 기본 데이터와 겹치지 않게 따로 표현하기 위해서는 결과값을 [다른 장소에 복사]를 선택하여 나타낼 수 있다.

	A	B	C	D	E	F	G	H	I	J
1				정보능력 성적처리						
2										
3	학과	학번	이름	중간고사	기말고사	과제점수	총점		학과	총점
4	경영	191026	이지유	100	90	70	260		경영	>=250
5	경영	203024	정원호	97	77	90	264			
6	경영	191105	이국기	58	69	70	197			
7	경제	203201	김태현	75	100	100	275			
8	경제	202017	김다은	65	82	90	237			
9	경제	204203	김원호	58	69	90	217			
10	국문	181208	이소연	96	90	100	286			
11	국문	200150	김경희	75	67	90	232			
12	기계	191205	박세희	72	78	100	250			
13	물리	191108	윤상현	98	87	90	275			
14	영문	202043	최민지	84	94	90	268			
15	영문	193204	김유리	76	85	90	251			
16	영문	201026	이영호	68	85	70	223			
17	전기	190106	박은경	98	75	80	253			
18	전자	193206	이명섭	65	87	80	232			
19	전자	191103	이민현	72	87	90	249			
20	화학	202049	이현주	68	96	80	244			
21										
22	학과	학번	이름	중간고사	기말고사	과제점수	총점			
23	경영	191026	이지유	100	90	70	260			
24	경영	203024	정원호	97	77	90	264			

• 고급 필터 조건의 예

필터 조건	설명
<table><tr><td>이름</td><td>학과</td></tr><tr><td>=박*</td><td>전자</td></tr><tr><td>=이*</td><td>전자</td></tr></table>	'이름'이 박, 이로 시작하고 '학과'가 전자
<table><tr><td>학과</td><td>총점</td></tr><tr><td>경영</td><td>>=80</td></tr></table>	'학과'가 경영이고 '총점'이 80 이상
<table><tr><td>총점</td><td>총점</td></tr><tr><td>>=60</td><td><70</td></tr><tr><td>>=90</td><td></td></tr></table>	총점이 60 이상 70 미만이거나 90 이상
<table><tr><td>조건</td></tr><tr><td>=D2<E2</td></tr></table>	D2셀에서 시작하는 D열 값이 E2셀부터 시작하는 E열에 있는 값보다 작다.

실습예제 5 "사원명부" 필터링 이용

❶ "사원명부.xlsx" 파일을 불러온다.

	A	B	C	D	E	F	G	H	I
1	사원번호	성명	주민번호	부서	직위	담당업무	입사일자	퇴사일자	주소
2	BITO002	홍길동	940213-1341949	개발부	부장	프로그램 개발	2010-01-31	2012-07-10	서울시 노원구 중계동 315-11
3	BITO005	조예준	940327-1528808	영업부	부장	판매	2001-12-01	2013-12-30	서울시 강서구 내발산동 318
4	BITO014	조자룡	740518-2778045	관리부	부장	자재 조달	2010-04-12	2011-12-21	서울시 도봉구 창 1동 218-16
5	BITO015	정영진	831120-1890183	관리부	부장	인력 관리	2012-02-01	2012-02-09	서울시 동대문구 신설동 721-11
6	BITO021	배준호	940804-1528087	관리부	부장	인력 관리	2001-02-18	2013-04-11	서울시 마포구 공덕 1동 81
7	BITO022	김혜린	750422-1450437	총무부	부장	경리 업무	2011-04-22	2011-10-17	서울시 마포구 대흥동 77-5
8	BITO001	임꺽정	941228-1380247	총무부	차장	자재 조달	2009-02-21	2013-11-29	서울시 노원구 상계동 135-24
9	BITO003	이몽룡	930933-1535547	개발부	차장	오퍼레이터	2011-05-17	2014-01-24	서울시 노원구 월계동 115
10	BITO006	한재호	940119-2904892	개발부	차장	오퍼레이터	2002-12-17	2012-05-24	서울시 강서구 등촌동 106-3
11	BITO012	강태준	830912-2919183	영업부	차장	판매	2000-04-10	2011-02-07	서울시 도봉구 미아 7동 334-7
12	BITO024	천동석	831025-2183177	관리부	차장	인력 관리	2002-10-27	2012-05-17	서울시 서대문구 남가좌 1동 121
13	BITO025	김명석	930825-1128093	관리부	차장	인력 관리	2001-10-29	2012-04-30	서울시 서대문구 미근동 11-7
14	BITO004	성춘향	930814-1301531	홍보부	과장	사보편집	2009-01-30	2011-07-06	서울시 강동구 성내동 143
15	BITO008	강미란	930520-1811049	홍보부	과장	기자	2009-04-13	2012-11-16	서울시 강서구 화곡 1동 77-3
16	BITO017	황영남	791219-1432098	개발부	과장	인력 관리	2001-06-06	2014-08-23	서울시 노량진 1동 71
17	BITO018	신민경	781010-2809750	홍보부	과장	기자	2000-05-28	2011-06-27	서울시 동작구 대방동 36-8
18	BITO023	채송아	830119-1780405	총무부	과장	경리 업무	2009-05-05	2011-06-13	서울시 마포구 동교동 211-11
19	BITO026	황규하	810324-2148101	총무부	과장	경리 업무	2010-06-25	2013-07-16	서울시 서대문구 북아현 3동 36-6
20	BITO029	심영국	941028-1822307	홍보부	과장	사보편집	2010-01-14	2014-01-12	서울시 서초구 방배본동 102-3
21	BITO007	정영일	791109-2480193	관리부	대리	자원 관리	2002-05-03	2012-03-24	서울시 강서구 오쇠동 124-7
22	BITO010	황길호	821214-2117997	개발부	대리	오퍼레이터	2002-11-06	2012-01-06	서울시 구로구 오류 1동 101
23	BITO016	정승화	800122-2834475	홍보부	대리	사보편집	2010-02-04	2011-06-04	서울시 동대문구 전농 1동 742-3
24	BITO019	임정빈	780208-1941880	영업부	대리	판매	2001-11-03	2014-10-12	서울시 동작구 신대방동 10-6
25	BITO020	천용만	810307-2882374	영업부	대리	판매	2001-11-25	2013-01-03	서울시 동작구 흑석 3동 140-3
26	BITO027	정영순	940322-2921777	영업부	대리	판매	2011-07-07	2013-12-15	서울시 서대문구 창천동 167-3
27	BITO030	손미순	811005-1580838	관리부	대리	자원 관리	2009-05-08	2011-04-23	서울시 성북구 길음동 136-11
28	BITO009	문홍미	801214-2483583	관리부	사원	인력 관리	2000-07-21	2011-09-16	서울시 구로구 가리봉 1동 22-1
29	BITO011	박광준	750921-2188041	개발부	사원	프로그램 개발	2003-05-06	2012-04-04	서울시 노원구 공릉동 178
30	BITO013	주진국	830414-1751383	총무부	사원	문서 작성	2002-05-23	2013-01-10	서울시 도봉구 방학 3동 18
31	BITO028	김애란	810814-2214821	개발부	사원	프로그램 개발	2002-10-28	2012-04-23	서울시 서초구 방배동 883-11

❷ 필터링을 하기 위해 [홈] ⇨ [편집] ⇨ [정렬 및 필터] ⇨ [필터]를 클릭한다. 또는 [데이터] ⇨ [정렬 및 필터] ⇨ [필터]를 클릭한다.

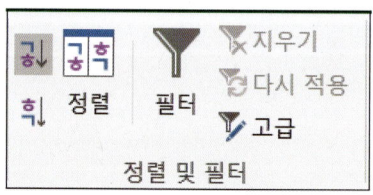

❸ [필터]를 클릭하면 각 필드제목에 필터모양이 나타난다.

	A	B	C	D	E	F	G	H	I
1	사원번▼	성명▼	주민번호▼	부서▼	직▼	담당업무▼	입사일자▼	퇴사일자▼	주소▼
2	BITO001	임꺽정	941228-1380247	총무부	차장	자재 조달	2009-02-21	2013-11-29	서울시 노원구 상계동 135-24
3	BITO002	홍길동	940213-1341949	개발부	부장	프로그램 개발	2010-01-31	2012-07-10	서울시 노원구 중계동 315-11
4	BITO003	이몽룡	930933-1535547	개발부	차장	오퍼레이터	2011-05-17	2014-01-24	서울시 노원구 월계동 115
5	BITO004	성춘향	930814-1301531	홍보부	과장	사보편집	2009-01-30	2011-07-06	서울시 강동구 성내동 143
6	BITO005	조예준	940327-1528808	영업부	부장	판매	2001-12-01	2013-12-30	서울시 강서구 내발산동 318
7	BITO006	한재호	940119-2904892	개발부	차장	오퍼레이터	2002-12-17	2012-05-24	서울시 강서구 등촌동 106-3
8	BITO007	정영일	791109-2480193	관리부	대리	자원 관리	2002-05-03	2012-03-24	서울시 강서구 오쇠동 124-7
9	BITO008	강미란	930520-1811049	홍보부	과장	기자	2009-04-13	2012-11-16	서울시 강서구 화곡 1동 77-3

❹ [부서]가 '총무부'인 레코드만 필터링하기 위해 부서필터에서 '총무부'만 검색한다.

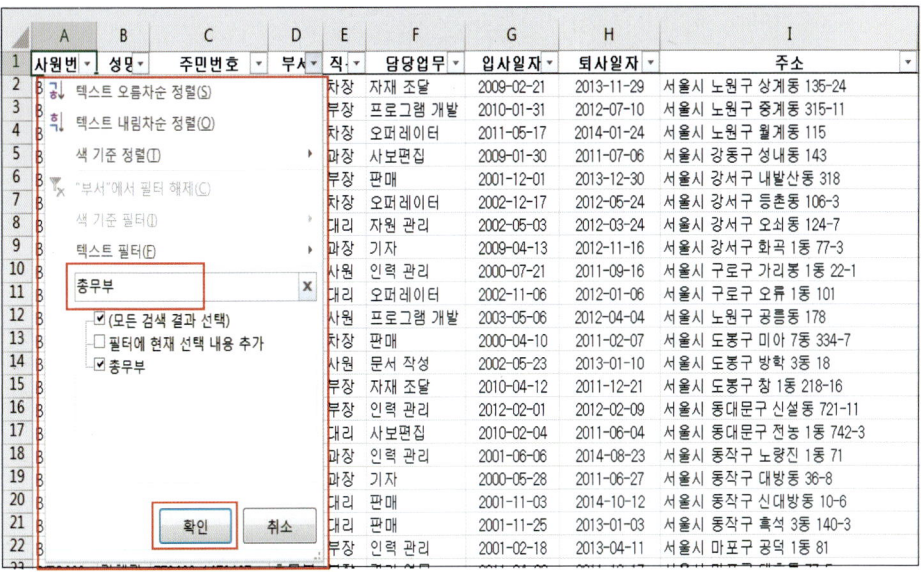

❺ 다음과 같이 [부서]가 '총무부'인 명단이 필터링된다.

❻ [부서] 필터링 해제하기 위해서 ['부서'에서 필터 해제]를 클릭하고 [확인] 버튼을 누른다.

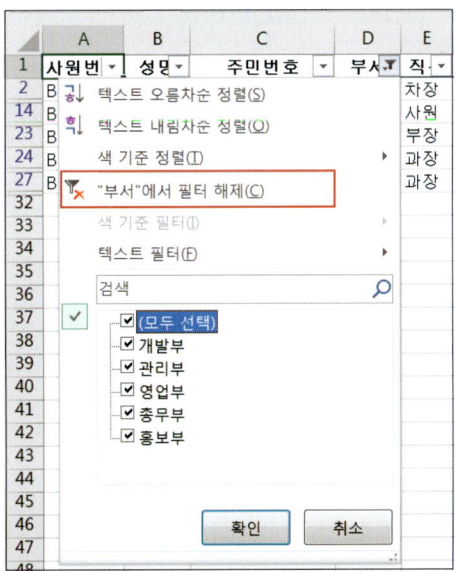

❼ [입사일자]를 필터링하기 위해 [날짜 필터]를 선택한다.

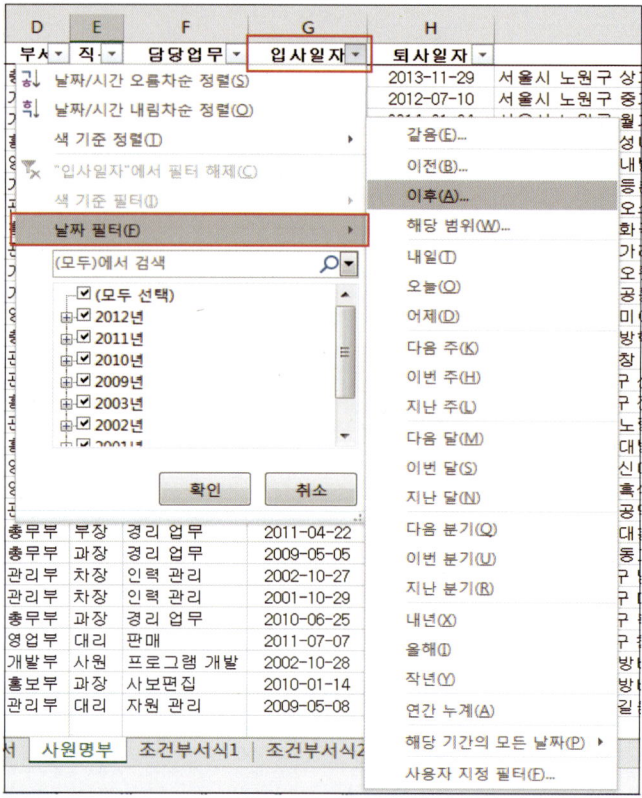

❽ [입사일자]가 2010-01-01 이후 입사한 사원을 필터링하기 위해 [날짜 필터] ⇨ [이후] 선택하여 조건에 '2010-01-01'을 입력하고 [확인]을 클릭한다.

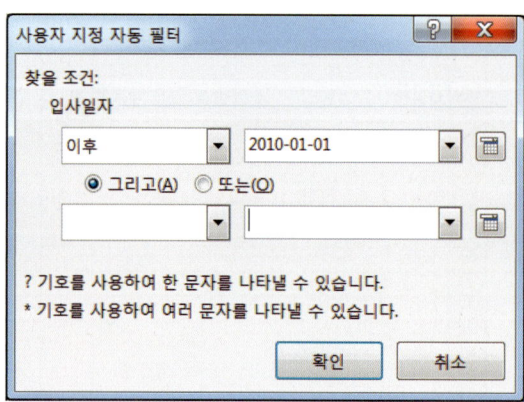

❾ 2010-01-01 이후에 입사한 사원의 명단이 필터링된다.

⓾ [입사 일자]의 필터링을 해제하기 위해서 ['날짜'에서 필터 해제]를 클릭하고 [확인] 버튼을 누른다.

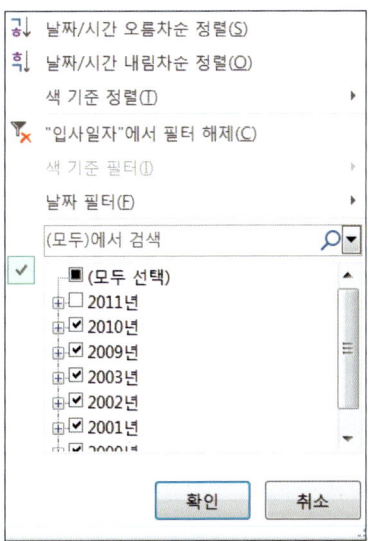

⓫ [직위]가 '대리' 또는 '사원'인 레코드만 필터링하기 위해 '대리'와 '사원'만 선택한다.

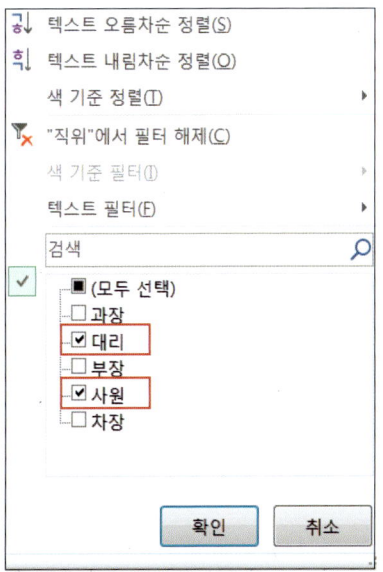

⓬ 직위가 '대리' 또는 '사원'인 레코드가 필터링된다.

	A	B	C	D	E	F	G	H	I
1	사원번▼	성명▼	주민번호 ▼	부서▼	직.▼	담당업무 ▼	입사일자▼	퇴사일자 ▼	주소 ▼
8	BITO007	정영일	791109-2480193	관리부	대리	자원 관리	2002-05-03	2012-03-24	서울시 강서구 오쇠동 124-7
10	BITO009	문흥미	801214-2483583	관리부	사원	인력 관리	2000-07-21	2011-09-16	서울시 구로구 가리봉 1동 22-1
11	BITO010	황길호	821214-2117997	개발부	대리	오퍼레이터	2002-11-06	2012-01-06	서울시 구로구 오류 1동 101
12	BITO011	박광준	750921-2188041	개발부	사원	프로그램 개발	2003-05-06	2012-04-04	서울시 노원구 공릉동 178
14	BITO013	주진국	830414-1751383	총무부	사원	문서 작성	2005-05-23	2013-01-10	서울시 도봉구 방학 3동 18
17	BITO016	정승화	800122-2834475	홍보부	대리	사보편집	2010-02-04	2011-06-04	서울시 동대문구 전농 1동 742-3
20	BITO019	임정빈	780208-1941880	영업부	대리	판매	2001-11-03	2014-10-12	서울시 동작구 신대방동 10-6
21	BITO020	천용만	810307-2882374	영업부	대리	판매	2001-11-25	2013-01-03	서울시 동작구 흑석 3동 140-3
28	BITO027	정영순	940322-2921777	영업부	대리	판매	2011-07-07	2013-12-15	서울시 서대문구 창천동 167-3
29	BITO028	김애란	810814-2214821	개발부	사원	프로그램 개발	2002-10-28	2012-04-23	서울시 서초구 방배동 883-11
31	BITO030	손미순	811005-1580838	관리부	대리	자원 관리	2009-05-08	2011-04-23	서울시 성북구 길음동 136-11
32									

⓭ 필터링 된 레코드에서 [부서]가 '영업부'만 선택하여 '영업부'만 필터링한다.

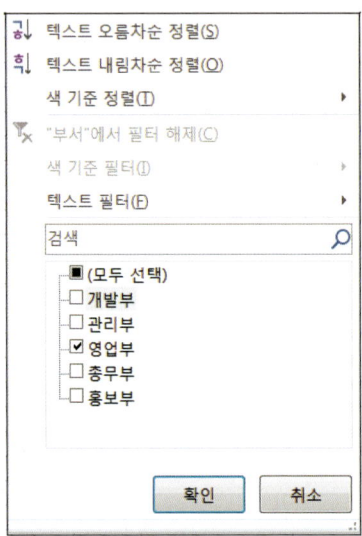

⓮ [직위]가 '대리', '사원' 중에서 [부서]가 '영업부'인 레코드만 필터링하면 다음과 같다.

⓯ 모든 필터를 해제한다.
⓰ [부서]가 영업부, [입사일자]가 2005-01-01 이전에 입사한 레코드를 필터링하기 위해 조건을 K1:L2 셀에 입력한다.

K	L
부서	입사일자
영업부	<2005-01-01

⓱ [데이터] ⇨ [정렬 및 필터] ⇨ [고급]을 선택한다.

⓲ 고급필터에 [다른 장소에 복사], [목록 범위], [조건 범위], [복사 위치]를 지정하고 [확인]을 클릭한다.

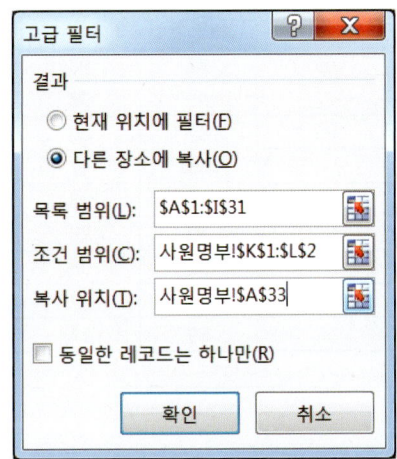

⓳ 2005-01-01 이전에 입사한 사원중 영업부인 레코드만 필터링된다.

사원번호	성명	주민번호	부서	직위	담당업무	입사일자	퇴사일자	주소
BITO005	조예준	940327-1528808	영업부	부장	판매	2001-12-01	2013-12-30	서울시 강서구 내발산동 318
BITO012	강태준	830912-2919183	영업부	차장	판매	2000-04-10	2011-02-07	서울시 도봉구 미아 7동 334-7
BITO019	임정빈	780208-1941880	영업부	대리	판매	2001-11-03	2014-10-12	서울시 동작구 신대방동 10-6
BITO020	천용만	810307-2882374	영업부	대리	판매	2001-11-25	2013-01-03	서울시 동작구 흑석 3동 140-3

실습예제 6 '정보통신학과 시험 성적' 필터링하여 명단 만들기

❶ "정보통신학과 시험 성적.xlsx" 파일을 불러온다.

성명	실용영어	정보처리개론	인터넷통신	프로그래밍	총점	평균
김선욱	92	88	87	96	363	90.8
임상호	96	77	45	98	316	79.0
최진경	84	96	87	86	353	88.3
황미주	98	94	100	97	389	97.3
김가경	74	98	66	68	306	76.5
이원영	58	67	59	78	262	65.5
최성철	80	89	92	88	349	87.3
윤성완	98	80	78	97	353	88.3
김은예	74	68	89	54	285	71.3

❷ [총점]이 300점 이하인 조건으로 필터링한다.

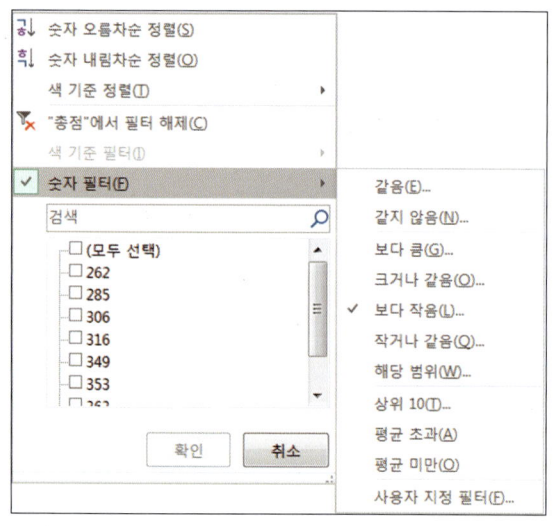 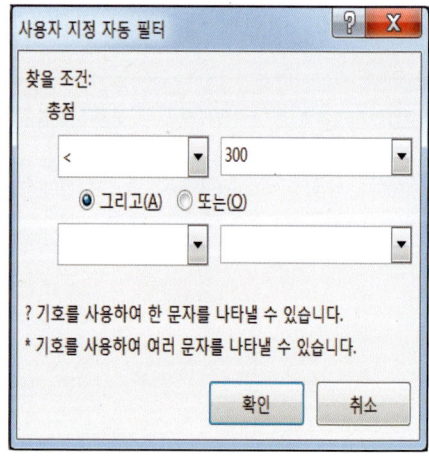

❸ [총점]이 300점 이하인 조건으로 필터링한 결과

	A	B	C	D	E	F	G	H	I
1									
2		♣ 정보통신학과 시험 성적 현황 ♣							
3									
4		성명	실용영	정보처리개	인터넷통	프로그래	총점	평균	
10		이원영	58	67	59	78	262	65.5	
13		김은예	74	68	89	54	285	71.3	
14									

❹ 필터링 해제하기

❺ [성명]이 '김'으로 시작하고 조건으로 필터링하기

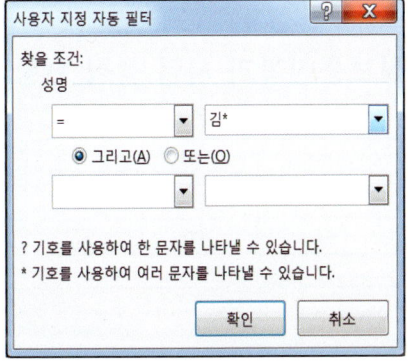

	A	B	C	D	E	F	G	H	I
1									
2		♣ 정보통신학과 시험 성적 현황 ♣							
3									
4		성명	실용영	정보처리개	인터넷통	프로그래	총점	평균	
5		김선욱	92	88	87	96	363	90.8	
9		김가경	74	98	66	68	306	76.5	
13		김은예	74	68	89	54	285	71.3	
14									

❻ 필터링 해제하기

❼ [실용영어]가 90점 이상이고 [인터넷통신]이 80점 이상인 조건으로 필터링하기

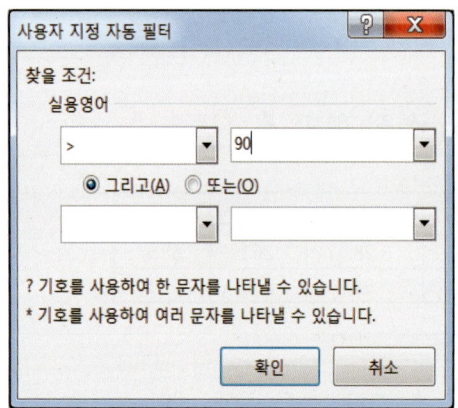 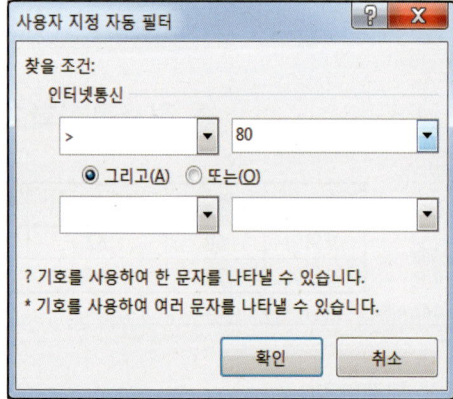

❽ 필터링 해제하기
❾ [실용영어]가 90점 이상이고 [인터넷통신]이 80점 이상인 조건을 고급필터로 필터링하기 위해 조건 입력하기

❿ 고급필터를 실행하고 목록범위, 조건범위, 복사위치를 지정한다.

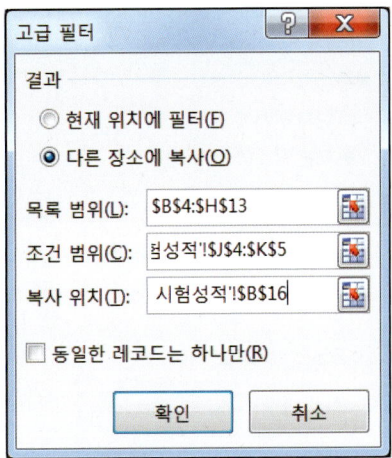

⓫ 고급필터를 이용한 필터링을 다음과 같다.

	성명	실용영어	정보처리개론	인터넷통신	프로그래밍	총점	평균		실용영어	인터넷통신
				♣ 정보통신학과 시험 성적 현황 ♣						
	성명	실용영어	정보처리개론	인터넷통신	프로그래밍	총점	평균		실용영어	인터넷통신
	김선욱	92	88	87	96	363	90.8		>=90	>=80
	임상호	96	77	45	98	316	79.0			
	최진경	84	96	87	86	353	88.3			
	황미주	98	94	100	97	389	97.3			
	김가경	74	98	66	68	306	76.5			
	이원영	58	67	59	78	262	65.5			
	최성철	80	89	92	88	349	87.3			
	윤성완	98	80	78	97	353	88.3			
	김은예	74	68	89	54	285	71.3			
	성명	실용영어	정보처리개론	인터넷통신	프로그래밍	총점	평균			
	김선욱	92	88	87	96	363	90.8			
	황미주	98	94	100	97	389	97.3			

⓬ 고급필터를 이용하여 [실용영어]가 90점 이상이거나 [인터넷통신]이 80점 이상인 조건을 필터링하기

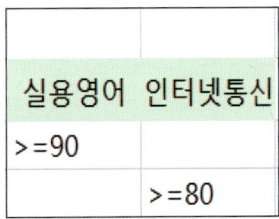

⓭ 고급필터를 실행하고 목록범위, 조건범위, 복사위치를 지정한다.

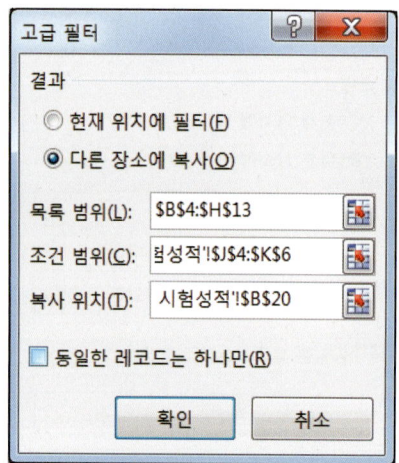

⓮ 고급필터를 이용한 필터링은 다음과 같다.

	성명	실용영어	정보처리개론	인터넷통신	프로그래밍	총점	평균		실용영어	인터넷통신
				♣ 정보통신학과 시험 성적 현황 ♣						
4	성명	실용영어	정보처리개론	인터넷통신	프로그래밍	총점	평균		실용영어	인터넷통신
5	김선욱	92	88	87	96	363	90.8		>=90	
6	임상호	96	77	45	98	316	79.0			>=80
7	최진경	84	96	87	86	353	88.3			
8	황미주	98	94	100	97	389	97.3			
9	김가경	74	98	66	68	306	76.5			
10	이원영	58	67	59	78	262	65.5			
11	최성철	80	89	92	88	349	87.3			
12	윤성완	98	80	78	97	353	88.3			
13	김은예	74	68	89	54	285	71.3			
16	성명	실용영어	정보처리개론	인터넷통신	프로그래밍	총점	평균			
17	김선욱	92	88	87	96	363	90.8			
18	황미주	98	94	100	97	389	97.3			
20	성명	실용영어	정보처리개론	인터넷통신	프로그래밍	총점	평균			
21	김선욱	92	88	87	96	363	90.8			
22	임상호	96	77	45	98	316	79.0			
23	최진경	84	96	87	86	353	88.3			
24	황미주	98	94	100	97	389	97.3			
25	최성철	80	89	92	88	349	87.3			
26	윤성완	98	80	78	97	353	88.3			
27	김은예	74	68	89	54	285	71.3			

8.5 데이터 통합

8.5.1 텍스트 나누기

정렬이나 필터 같은 기능을 사용할 수 있도록 하나의 셀에는 하나의 값만 들어가는 것이 원칙이다. 원칙을 따르지 않고 데이터가 입력된 경우 하나의 셀에 여러 개의 값이 쉼표나 공백 등으로 구분되어 입력되어 있을 경우에 한해서 테스트 나누기 기능을 사용하면 값들이 각각 하나의 셀에 표시되도록 할 수 있다.

① 테스트를 나누려고 하는 셀 범위를 선택한다.
② [데이터] ➪ [데이터 도구] ➪ [텍스트 나누기]를 클릭한다.

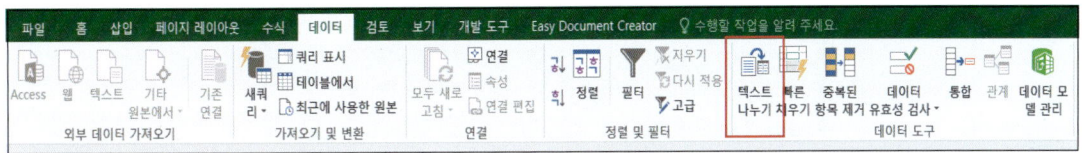

③ 텍스트 마법사 1단계
- 구분 기호로 분리됨 : 쉼표, 공백과 같은 문자로 구분된 경우에 사용한다.
- 너비가 일정함 : 일정한 너비를 가진 경우에 사용한다.

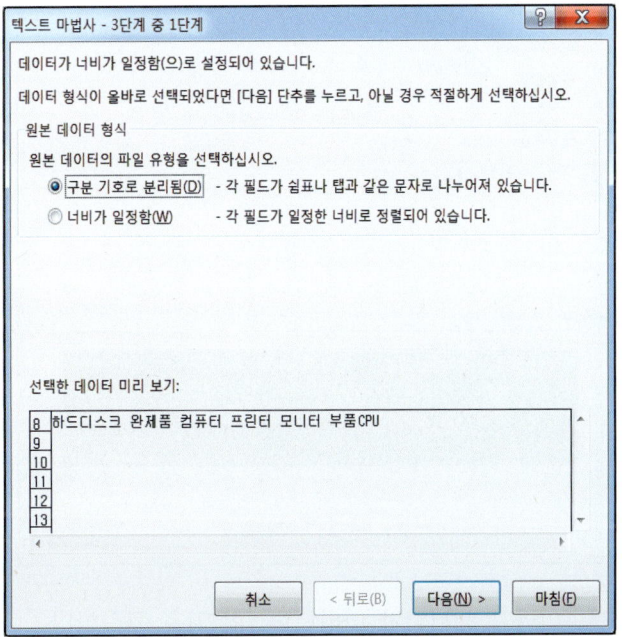

④ 텍스트 마법사 2단계
- [구분 기호로 분리됨]을 선택한 경우 구분 기호를 선택한다.
- [너비가 일정함]을 선택한 경우 너비를 지정한다.

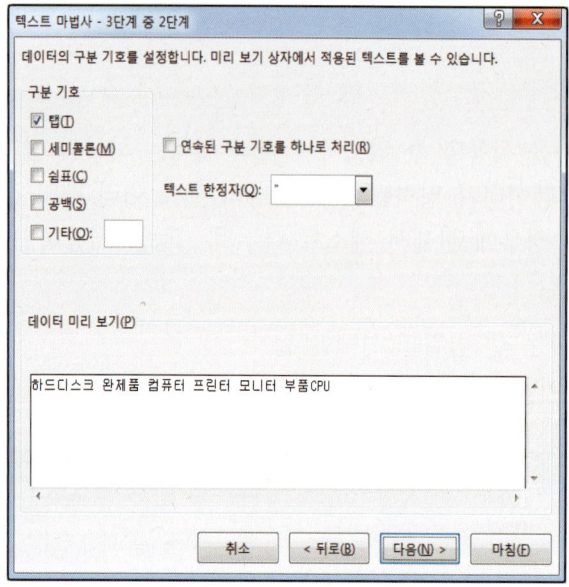

⑤ 텍스트 마법사 3단계
- 열 데이터 서식 : 나누어질 항목들의 데이터 서식을 지정한다.
- 대상 : 나누어질 항목이 복사될 셀 범위를 지정한다.

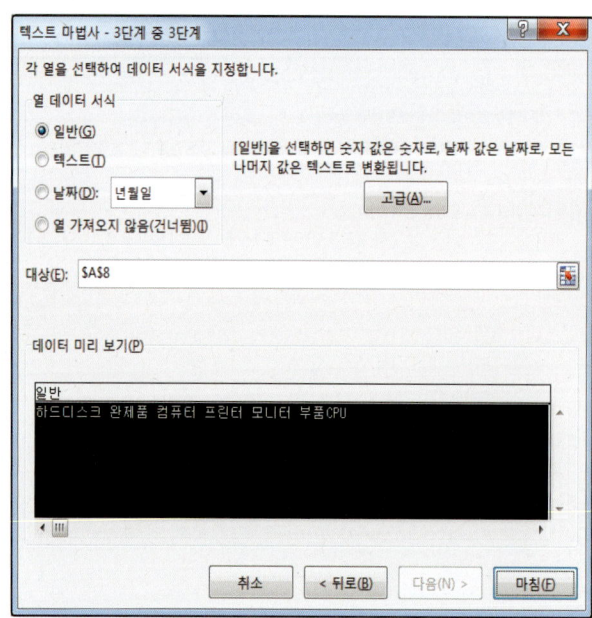

⑥ [셀 내용을 바꾸시겠습니까?] 메시지가 나타나면 [확인]을 클릭한다.

8.5.2 중복된 항목 제거

① 데이터를 입력한 셀 범위에 있는 하나의 셀을 선택한다.
② 셀 범위에서 중복된 항목을 제거하기 위해 [데이터] ➪ [데이터 도구] ➪ [중복된 항목 제거]를 클릭한다.

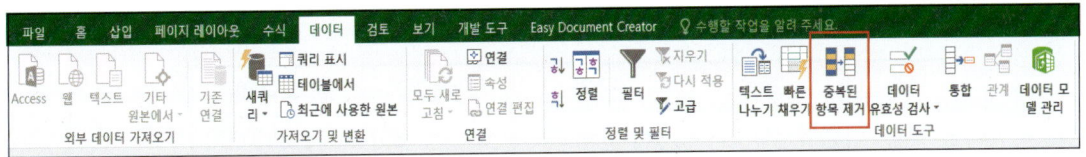

③ [중복된 항목 제거] 대화상자에서 중복된 항목이 있는지 확인할 열을 선택한다. 기본적으로 모든 열이 선택되어 있다.

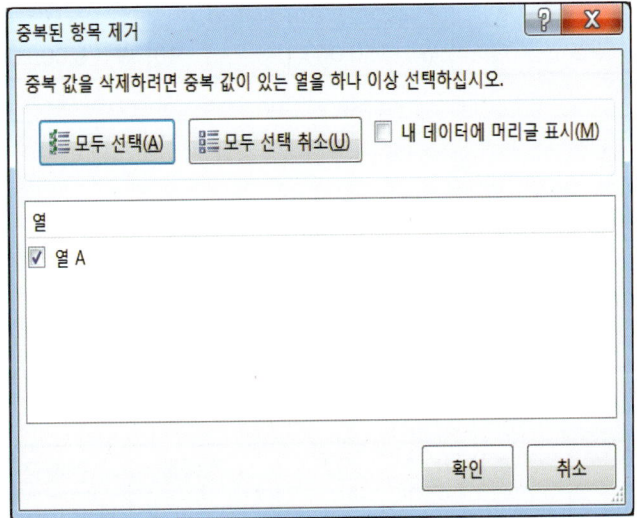

④ [확인]을 클릭하면 해당 열의 중복된 항목의 개수가 표시된 메시지가 표시되면서 중복된 값이 삭제된다.
⑤ 실수로 엉뚱한 열을 선택하면 예치기 못한 행들이 삭제될 수 있으므로 주의한다. 실수로 행들이 삭제되었을 때는 [빠른 실행 도구 모음] ➪ [실행 취소]를 클릭한다.
⑥ 표에서 중복된 항목을 제거하기 위해 표에 있는 하나의 셀을 선택한다.
⑦ [표 도구] ➪ [디자인] ➪ [도구] ➪ [중복된 항목 제거]를 클릭하거나 [데이터] ➪ [데이터 도구] ➪ [중복된 항목 제거]를 클릭한다.
⑧ [중복된 항목 제거] 대화상자에서 중복된 항목이 있는지 확인할 열을 선택한다.
⑨ [확인]을 클릭하여 중복된 항목을 삭제한다.

실습예제 7 | '1월 판매 현황'을 중복된 항목 제거하여 작성하기

	A	B	C	D	E
1			**1월 판매현황**		
2					
3	구분	종류	단가	판매량	판매금액
4	완제품	컴퓨터	₩ 850,000	85	₩ 72,250,000
5	완제품	모니터	₩ 250,000	124	₩ 31,000,000
6	완제품	프린터	₩ 200,000	68	₩ 13,600,000
7	부품	그래픽카드	₩ 80,000	44	₩ 3,520,000
8	부품	하드디스크	₩ 100,000	59	₩ 5,900,000
9	부품	CPU	₩ 150,000	40	₩ 6,000,000
10					

"1월 판매 현황" 결과

❶ "1월 판매현황.xlsx" 파일을 불러온다.

	A	B	C	D	E
1			**1월 판매현황**		
2					
3	구분	종류	단가	판매량	판매금액
4	완제품 컴퓨터		₩ 850,000	85	₩ 72,250,000
5	완제품 모니터		₩ 250,000	124	₩ 31,000,000
6	완제품 프린터		₩ 200,000	68	₩ 13,600,000
7	부품 그래픽카드		₩ 80,000	44	₩ 3,520,000
8	부품 하드디스크		₩ 100,000	59	₩ 5,900,000
9	부품 CPU		₩ 150,000	40	₩ 6,000,000
10					

❷ A4:A9셀 선택한다.

❸ [데이터] ⇨ [데이터 도구] ⇨ [텍스트 나누기]를 클릭한다.

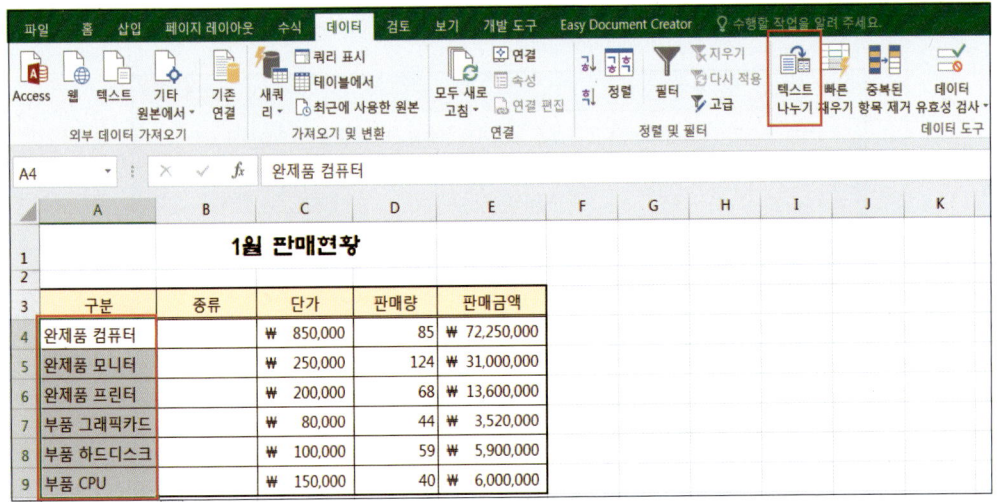

❹ 텍스트 마법사 1단계에서 [구분 기호로 분리됨] 확인란을 선택하고 [다음]을 클릭한다.

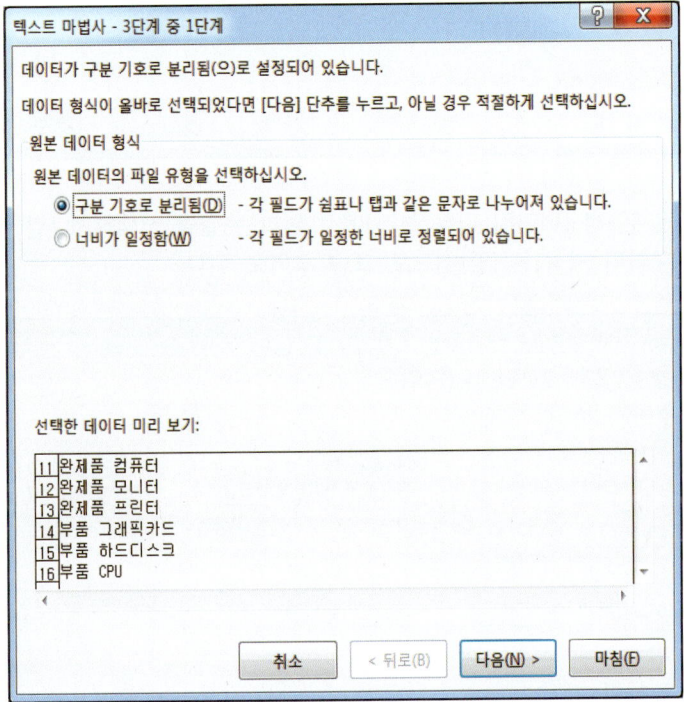

CHAPTER 08 데이터 관리와 분석 **271**

❺ 텍스트 마법사 2단계에서 구분 기호로 [공백] 확인란을 선택하고 [다음]을 클릭한다.

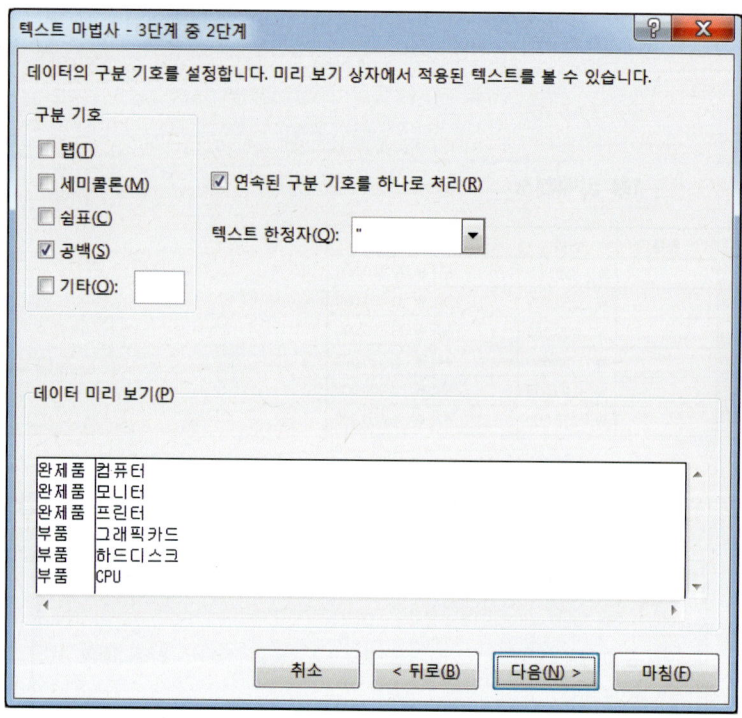

❻ 텍스트 마법사 3단계에서 [데이터 미리 보기]에서 원하는 열을 선택해서 [열 데이터 서식]을 조정할 수 있다. [열 데이터 서식]은 [일반]으로 그냥 두어도 된다.

❼ [대상]을 그냥 두면 현재 위치에서 텍스트를 나누면서 B열의 값을 덮어쓰게 된다. 일단 비어 있는 F4셀을 범위로 선택하고 [마침]을 클릭한다.

	A	B	C	D	E	F	G
1			1월 판매현황				
2							
3	구분	종류	단가	판매량	판매금액		
4	완제품 컴퓨터		₩ 850,000	85	₩ 72,250,000	완제품	컴퓨터
5	완제품 모니터		₩ 250,000	124	₩ 31,000,000	완제품	모니터
6	완제품 프린터		₩ 200,000	68	₩ 13,600,000	완제품	프린터
7	부품 그래픽카드		₩ 80,000	44	₩ 3,520,000	부품	그래픽카드
8	부품 하드디스크		₩ 100,000	59	₩ 5,900,000	부품	하드디스크
9	부품 CPU		₩ 150,000	40	₩ 6,000,000	부품	CPU
10							

❽ 텍스트가 나누어서 표시된다. F열과 G열을 각각 A열과 B열로 이동한다.

	A	B	C	D	E	F
1			1월 판매현황			
2						
3	구분	종류	단가	판매량	판매금액	
4	완제품	컴퓨터	₩ 850,000	85	₩ 72,250,000	
5	완제품	모니터	₩ 250,000	124	₩ 31,000,000	
6	완제품	프린터	₩ 200,000	68	₩ 13,600,000	
7	부품	그래픽카드	₩ 80,000	44	₩ 3,520,000	
8	부품	하드디스크	₩ 100,000	59	₩ 5,900,000	
9	부품	CPU	₩ 150,000	40	₩ 6,000,000	
10						

8.5.3 데이터 통합

데이터 통합은 여러 테이블의 데이터를 일정한 기준에 의해 하나의 테이블로 합쳐서 요약 계산하는 기능으로 합계, 평균, 최대값 등의 함수를 이용하여 통합할 수 있다. 통합할 데이터 테이블 간에는 동일한 레이블을 이용해야 하고 레이블의 순서는 서로 달라도 상관없다. 데이터 통합을 통해 생성된 표는 데이터 원본이 변경되면 자동으로 갱신된다.

① 통합될 데이터가 복사될 셀 범위의 왼쪽 위 셀을 클릭한다.

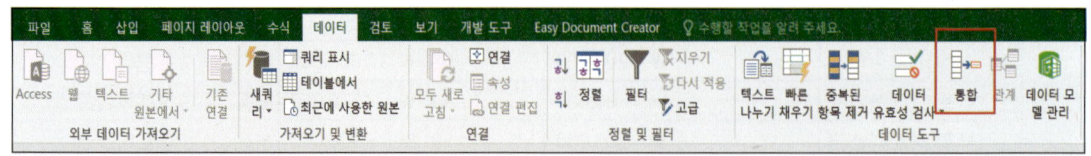

② [통합] 대화상자가 표시된다.

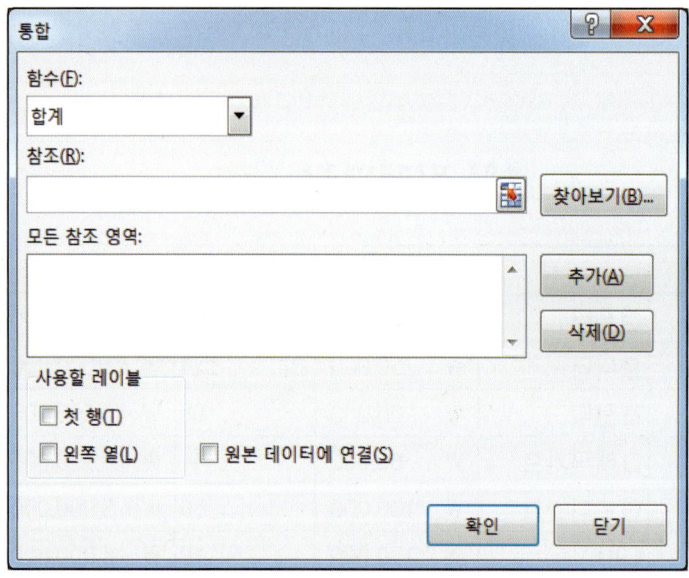

- 함수 : 통합할 경우 같은 값을 가진 셀들을 요약할 함수를 지정한다.
- 참조 : 통합할 셀 범위를 선택하고 [추가]를 클릭한다. 이 작업을 반복하여 여러 개의 셀 범위를 추가할 수 있다.
- 사용할 레이블 : 데이터를 통합할 때 첫 행 또는 왼쪽 열의 레이블을 참고할 것인지 지정한다. 둘 다 지정하지 않으면 셀 범위에 나열된 순서대로 차례로 통합된다.
- 원본 데이터에 연결 : 원본 데이터가 변경되면 통합된 데이터도 변경되도록 한다.

③ [확인]을 클릭하면 통합된 데이터가 표시된다.

실습예제 8 '정보통신과 시험성적'을 통합된 표로 생성

❶ "정보통신과 시험성적.xlsx" 파일을 열어 다음과 같이 작성한다.

	A	B	C	D	E	F	G	H	I	J	K	L	M
2		♣ 정보통신학과 시험 성적 현황 ♣						♣ 정보통신학과 시험 성적 현황 ♣					
3					중간고사							기말고사	
4		성명	실용영어	정보처리개론	인터넷통신	프로그래밍		성명	실용영어	정보처리개론	인터넷통신	프로그래밍	
5		김선욱	96	88	87	96		김선욱	98	94	100	97	
6		임상호	96	77	45	98		임상호	74	98	66	68	
7		최진경	84	96	87	86		최진경	58	67	59	78	
8		황미주	98	94	100	97		황미주	80	89	92	88	
9		김가경	74	98	66	68		김가경	96	77	45	98	
10		이원영	58	67	59	78		이원영	84	96	87	86	
11		최성철	80	89	92	88		최성철	98	94	100	97	
12		윤성완	98	80	78	97		윤성완	74	98	66	68	
13		김은예	74	68	89	54		김은예	58	67	59	78	
14													
15		성명	실용영어	정보처리개론	인터넷통신	프로그래밍							
16		김선욱											
17		임상호											
18		최진경											
19		황미주											
20		김가경											
21		이원영											
22		최성철											
23		윤성완											
24		김은예											

❷ 합계를 나타낼 B15:F24셀의 범위를 지정한다.
❸ [데이터] ➪ [데이터 도구] ➪ [통합]을 클릭한다.
❹ [함수]는 '합계'를 선택하고 [참조]란에 중간고사 B4:F13셀을 범위로 지정한 후 추가를 누른다.

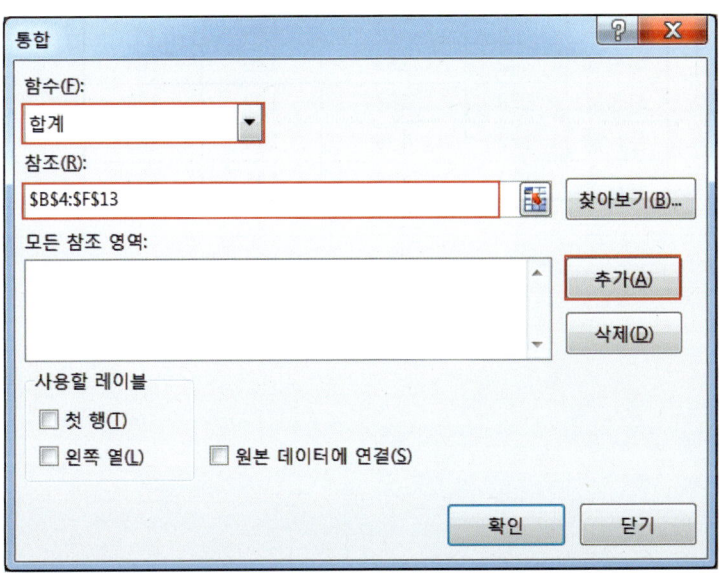

❺ 같은 방법으로 기말고사 H4:L13셀을 범위로 지정한 후 추가를 누른다.

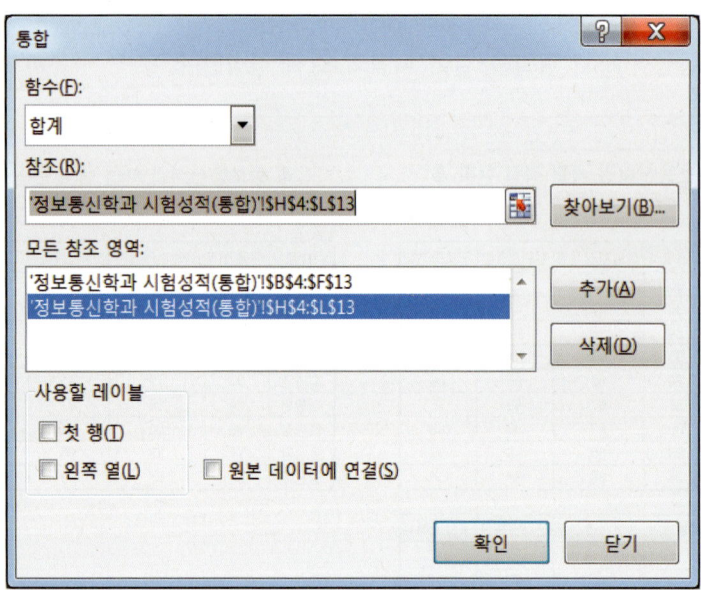

❻ [사용할 레이블]에서 [첫행], [왼쪽 열]을 체크한다. 통합하고자 하는 테이블은 동일한 레이블을 가져야 한다.

성명	실용영어	정보처리개론	인터넷통신	프로그래밍
김선욱	194	182	187	193
임상호	170	175	111	166
최진경	142	163	146	164
황미주	178	183	192	185
김가경	170	175	111	166
이원영	142	163	146	164
최성철	178	183	192	185
윤성완	172	178	144	165
김은예	132	135	148	132

❼ 통합된 표로 나타난다.

	성명	실용영어	정보처리개론	인터넷통신	프로그래밍		성명	실용영어	정보처리개론	인터넷통신	프로그래밍
♣ 정보통신학과 시험 성적 현황 ♣						♣ 정보통신학과 시험 성적 현황 ♣					
					중간고사						기말고사
	성명	실용영어	정보처리개론	인터넷통신	프로그래밍		성명	실용영어	정보처리개론	인터넷통신	프로그래밍
	김선욱	96	88	87	96		김선욱	98	94	100	97
	임상호	96	77	45	98		임상호	74	98	66	68
	최진경	84	96	87	86		최진경	58	67	59	78
	황미주	98	94	100	97		황미주	80	89	92	88
	김가경	74	98	66	68		김가경	96	77	45	98
	이원영	58	67	59	78		이원영	84	96	87	86
	최성철	80	89	92	88		최성철	98	94	100	97
	윤성완	98	80	78	97		윤성완	74	98	66	68
	김은예	74	68	89	54		김은예	58	67	59	78
	성명	실용영어	정보처리개론	인터넷통신	프로그래밍						
	김선욱	194	182	187	193						
	임상호	170	175	111	166						
	최진경	142	163	146	164						
	황미주	178	183	192	185						
	김가경	170	175	111	166						
	이원영	142	163	146	164						
	최성철	178	183	192	185						
	윤성완	172	178	144	165						
	김은예	132	135	148	132						

8.6 피벗 테이블

피벗 테이블이란 데이터 목록에서 필요한 데이터를 추출하고 행과 열을 재구성하여 새로운 표로 만드는 기능이다.

대화형 방식을 통해 빠르게 데이터를 정렬하고 요약해서 나타내주기 때문에 많은 양의 데이터를 한 눈에 파악하고자 할 때 유용하게 쓰인다.

피벗 차트는 피벗 테이블의 차트 형식으로 시각화 한 것이다.

① 보고서 필터 : 전체 보고서 필터로 사용할 필드가 위치한다. 피벗 테이블 보고서 전체에 사용되는 원본 데이터를 선택된 필드를 기준으로 필터링한다.
② 필드 머리글(행,열) : 옆의 화살표를 클릭하면 나타나는 메뉴에서 정렬과 필터를 할 수 있다.
  - 행과 열의 값을 기준으로 정렬할 수 있다.
  - 행과 열의 값을 기준으로 또는 행과 열 이름(레이블)을 기준으로 필터링할 수 있다.
③ 부분합 : 하위 수준을 추가하면 해당 수준의 합계를 표시한다.
④ 총합계 : 행 전체의 합계, 열 전체의 합계를 표시한다.

8.6.1 피벗 테이블의 특징

① 대량의 데이터를 여러 가지 방법을 사용해서 요약할 수 있다.
② 숫자 데이터를 집계해서 부분합을 구하고 항목, 또는 하위 항목별로 데이터를 요약할수 있다.
③ 데이터 그룹 수준을 확장하거나 축소해서 요약 정보만 표시할 수도 있고 요약된 내용의 세부 데이터를 표시할 수도 있다.
④ 행과 열을 전환해서 데이터를 원하는 형식으로 요약해서 표시할 수 있다.
⑤ 원하는 부분에만 필터, 정렬, 그룹, 조건부 서식을 적용하여 강조할 수 있다.

8.6.2 피벗 테이블

① 피벗 테이블 보고서로 요약을 데이터가 있는 셀 범위를 선택한다. 셀 범위에 열 머리글이 있어야만 한다.
② [삽입] ⇨ [표] ⇨ [피벗 테이블] ⇨ [피벗 테이블]을 클릭한다.

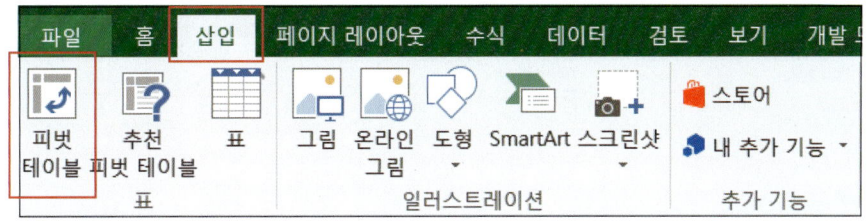

③ 피벗 테이블 만들기 대화상자가 표시된다.

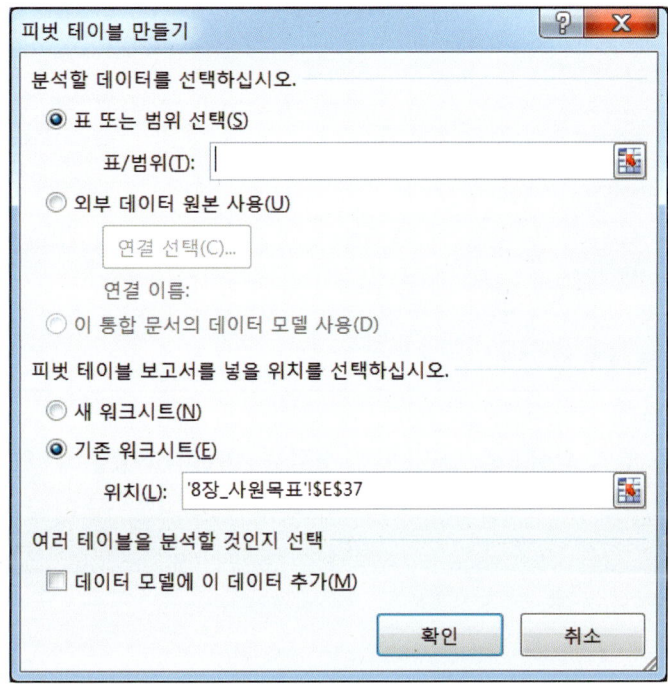

④ 분석할 데이터를 선택하십시오 : [표 또는 범위]에서 피벗 테이블에 사용할 데이터의 셀 범위를 선택한다. 또는 [외부 데이터 원본]을 선택할 수도 있다.

⑤ 피벗 테이블 보고서를 넣을 위치를 선택하십시오 : 가능하면 [새 워크시트] 확인란을 선택해서 새 워크시트에 피벗 테이블 보고서가 표시되도록 한다.

⑥ [피벗 테이블 도구]가 리본 메뉴에 추가되면 [옵션] 탭과 [디자인] 탭을 사용할 수 있게 된다. 창 오른쪽에는 [피벗 테이블 필드 목록]이 표시된다.

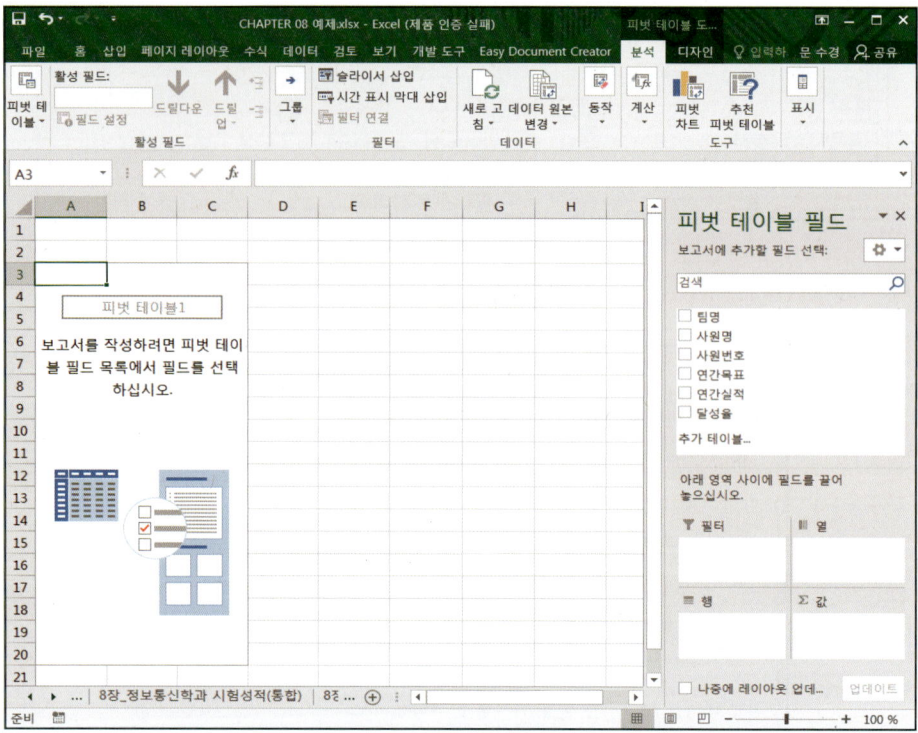

⑦ 추가된 필터 이름 옆에 화살표를 눌러 필드 설정을 자세히 조정할 수 있다.

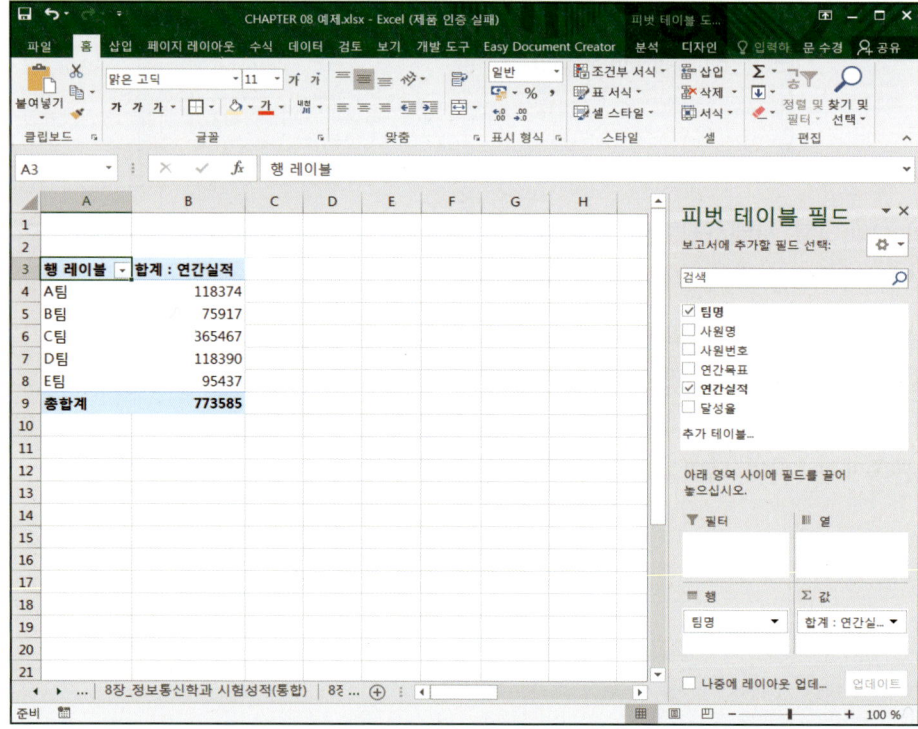

실습예제 9 "사원급여" 파일을 이용하여 피벗 테이블 만들기

❶ "사원 급여.xlsx" 파일을 불러온다.

	A	B	C	D	E	F	G	H
1	사번	이름	성별	부서	직위	기본급	수당	급여총액
2	SA001	고서연	여	기획부	부장	₩ 2,500,000	₩ 550,000	₩ 3,050,000
3	SA002	이한민	남	기획부	과장	₩ 2,200,000	₩ 350,000	₩ 2,550,000
4	SA003	이재경	남	기획부	과장	₩ 2,200,000	₩ 350,000	₩ 2,550,000
5	SA004	차무현	남	기획부	과장	₩ 2,200,000	₩ 350,000	₩ 2,550,000
6	SA005	서자호	남	기획부	대리	₩ 1,800,000	₩ 250,000	₩ 2,050,000
7	SD001	기종화	남	영업부	과장	₩ 2,200,000	₩ 350,000	₩ 2,550,000
8	SD002	조혜나	여	영업부	과장	₩ 2,200,000	₩ 350,000	₩ 2,550,000
9	SD003	최승용	남	영업부	과장	₩ 2,200,000	₩ 350,000	₩ 2,550,000
10	SD004	이종옥	여	영업부	대리	₩ 1,800,000	₩ 250,000	₩ 2,050,000
11	SD005	문혜령	여	영업부	사원	₩ 1,500,000	₩ 150,000	₩ 1,650,000
12	SP001	김규식	남	총무부	사원	₩ 1,500,000	₩ 150,000	₩ 1,650,000
13	SP002	김민서	여	총무부	사원	₩ 1,500,000	₩ 150,000	₩ 1,650,000
14	SP003	김광필	남	총무부	사원	₩ 1,500,000	₩ 150,000	₩ 1,650,000

❷ A1셀을 클릭하고 [삽입] ⇨ [표] ⇨ [피벗 테이블] ⇨ [피벗 테이블]을 클릭한다.
❸ [피벗 테이블 만들기]에서 [표/범위]는 A1:H26, 보고서를 넣을 위치는 [새 워크시트]를 선택한다.

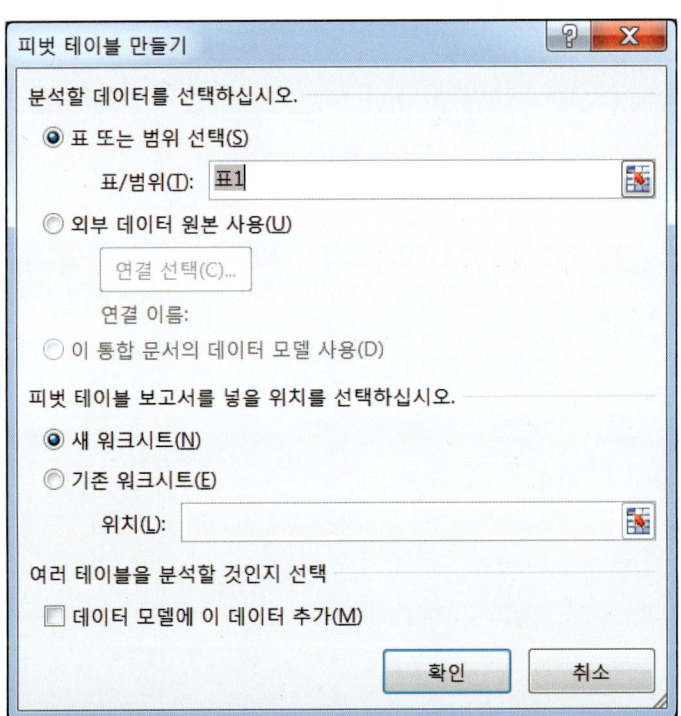

❹ 새로운 시트에 [피벗 테이블 도구] 메뉴와 함께 [피벗 테이블 도구] 창이 생성된다.

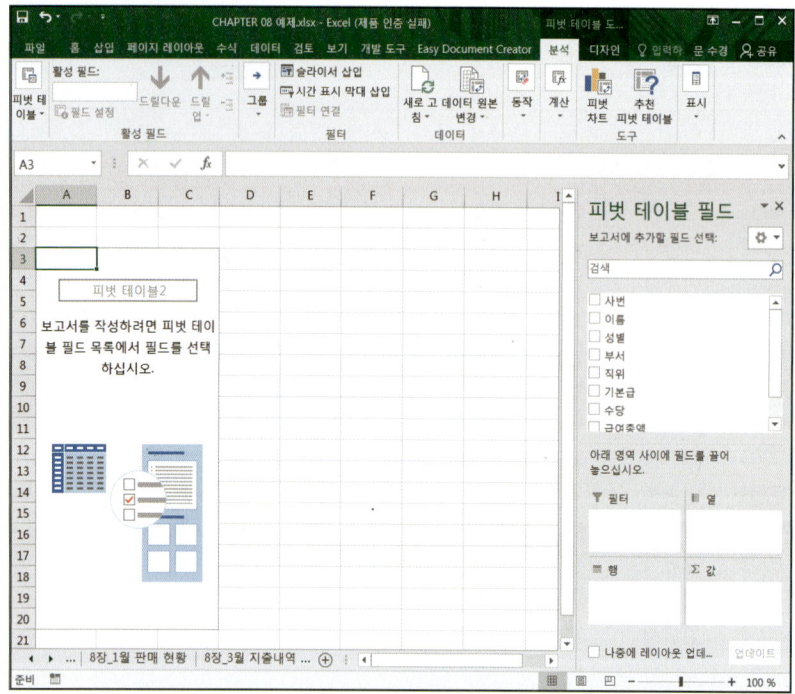

❺ [피벗 테이블 필드] 창에서 '성별' 필드를 마우스로 드래그하여 [필터]에 위치시킨다. 같은 방법으로 '부서', '직위', '기본급' 필드를 각각 [열],[행],[∑값]에 마우스로 드래그한다.

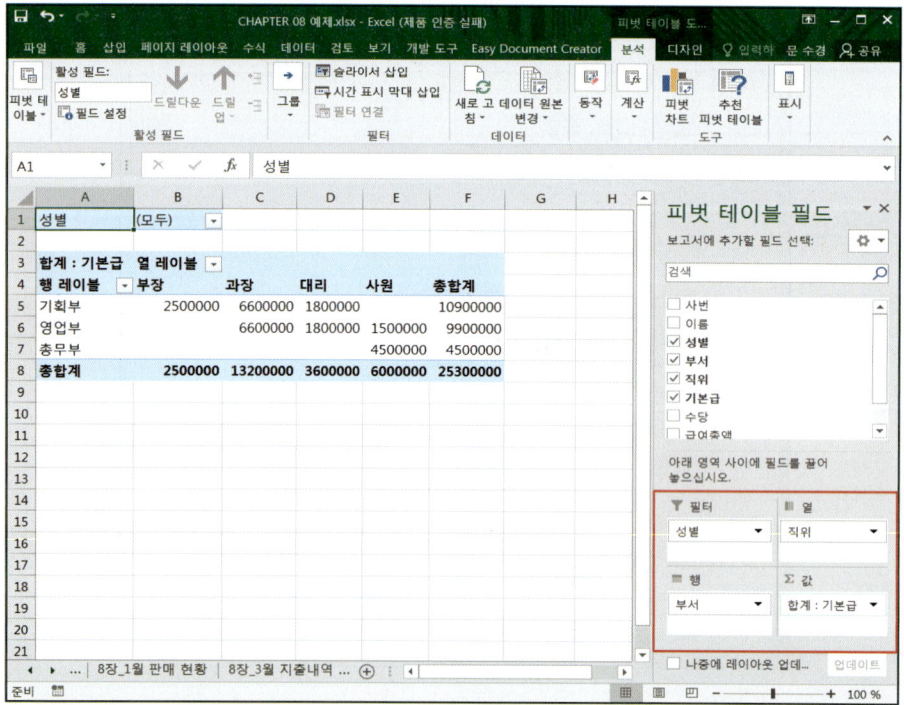

❻ [피벗테이블 도구] ➪ [디자인] ➪ [레이아웃] ➪ [총합계] ➪ [행 및 열의 총합계 해제]를 클릭한다.

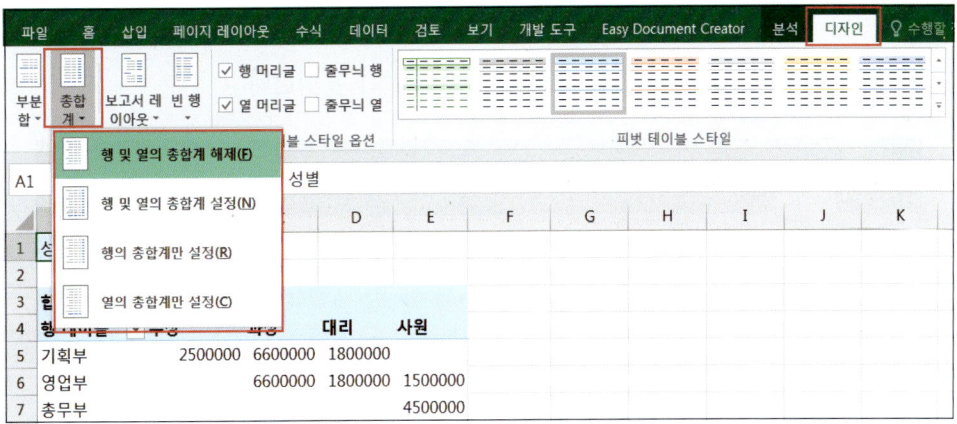

❼ 다음과 같은 피벗 테이블이 작성된다.

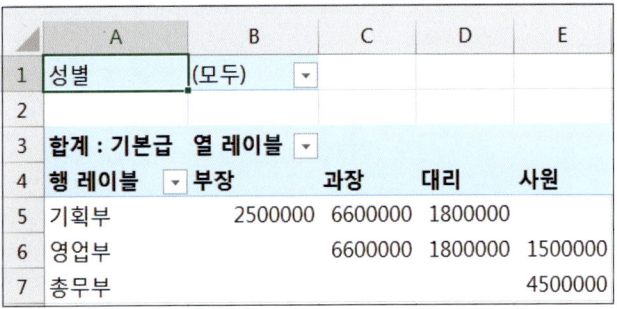

8.6.3 피벗 차트

피벗 차트는 피벗 테이블의 데이터를 그래픽으로 표현한 것으로 피벗 테이블과 양방향으로 연동되어 있어서 피벗 차트에서 원본 피벗 테이블의 데이터를 직접 정렬하고 필터링할 수 있다.

① [피벗 테이블 도구] ⇨ [분석] ⇨ [도구] ⇨ [피벗 차트] 클릭한다.

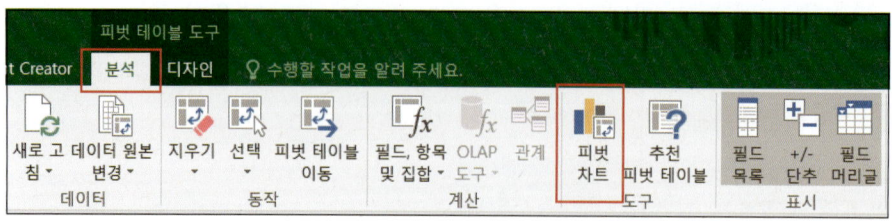

② [차트 삽입] 대화상자에서 차트를 선택하고 [확인]을 클릭한다.

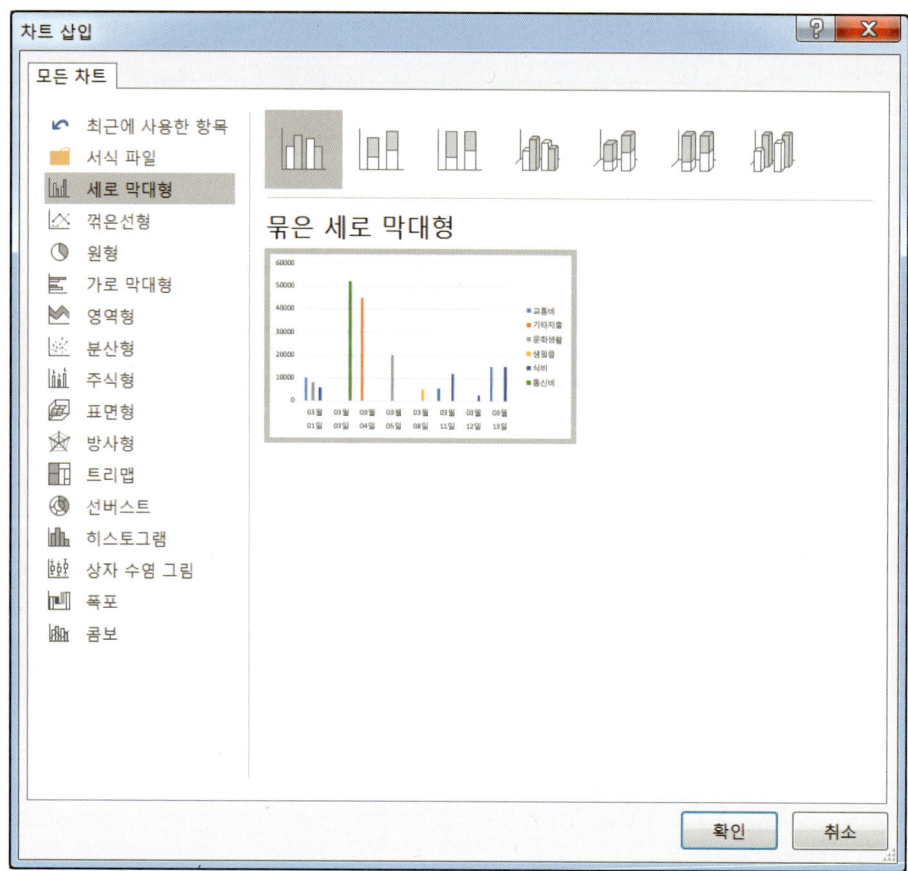

③ [피벗 차트 도구] ⇨ [디자인] ⇨ [위치] ⇨ [차트 이동]을 클릭하여 차트를 새 워크시트로 이동시킨다.

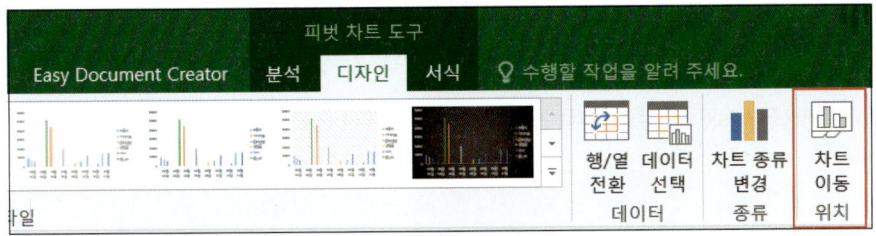

④ 차트를 넣을 위치를 선택한다.

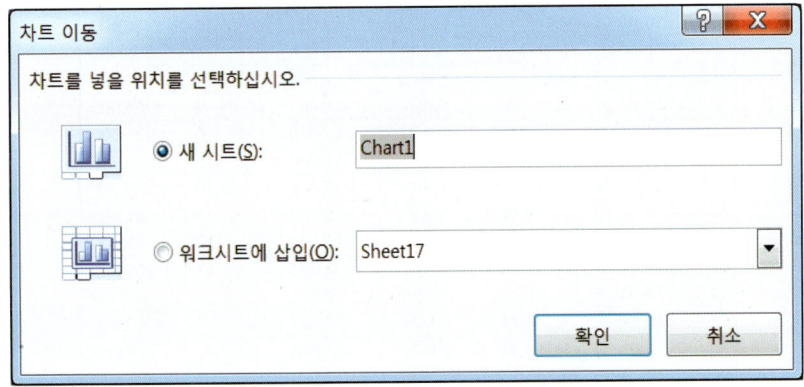

⑤ 피벗 차트가 완성된다.

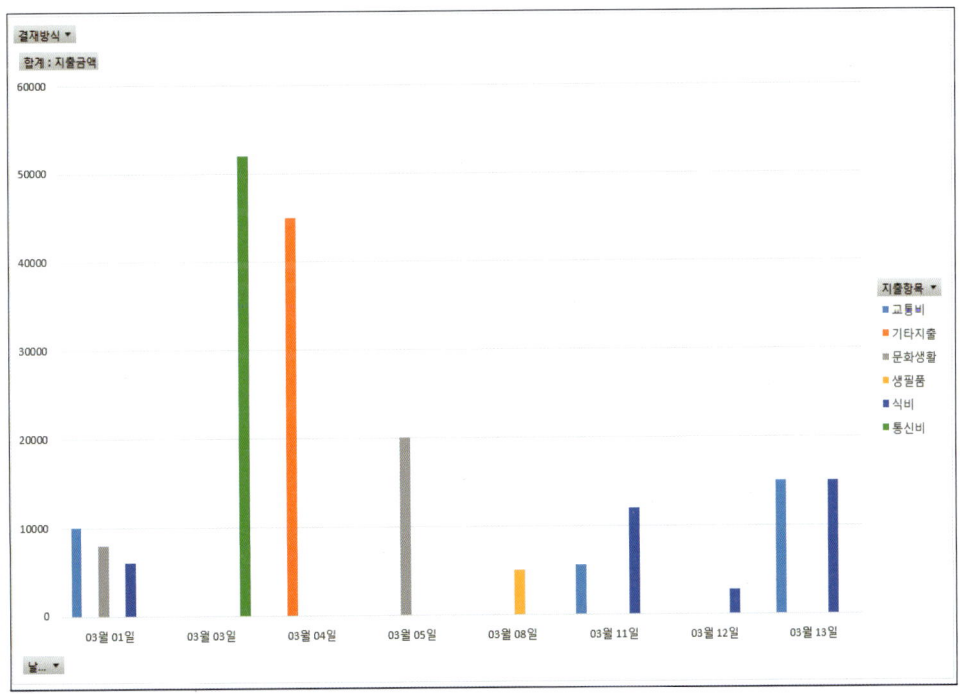

실습예제 10 "일일 도서 매출액" 파일을 이용하여 피벗 테이블과 피벗차트 만들기

❶ "일일 도서 매출액.xlsx" 파일을 불러온다.

	A	B	C	D	E	F
1			일별 도서 매출액			
2						
3						
4	수주일	제품범주	단위번호	단가	주문현황	합계
5	**2010-04-02**	소설	50121	12,000	5	60,000
6	2010-04-02	시	50122	8,000	10	80,000
7	2010-04-02	전집류	50123	20,000	5	100,000
8	2010-04-05	소설	50121	12,000	7	84,000
9	2010-04-05	시	50122	8,000	8	64,000
10	2010-04-05	사회과학	50124	17,000	8	136,000
11	2010-04-05	역사	50125	12,000	15	180,000
12	2010-04-05	언어	50126	15,000	10	150,000
13	2010-04-05	순수과학	50127	9,000	9	81,000
14	2010-04-06	소설	50121	12,000	12	144,000
15	2010-04-06	시	50122	8,000	13	104,000
16	2010-04-06	광고학	50128	8,500	10	85,000
17	2010-04-06	백과사전	50129	20,000	9	180,000
18	2010-04-06	사회과학	50124	17,000	9	153,000
19	2010-04-06	역사	50125	12,000	9	108,000
20	2010-04-06	순수과학	50127	9,000	12	108,000
21	2010-04-07	소설	50121	12,000	8	96,000
22	2010-04-07	시	50122	8,000	10	80,000
23	2010-04-07	전집류	50123	20,000	8	160,000

❷ A4셀을 클릭하고 [삽입] ⇨ [표] ⇨ [피벗 테이블] ⇨ [피벗 테이블]을 클릭한다.
❸ 표의 범위는 A4:F45, 피벗 테이블 보고서 위치는 [새 워크시트]로 정한다.

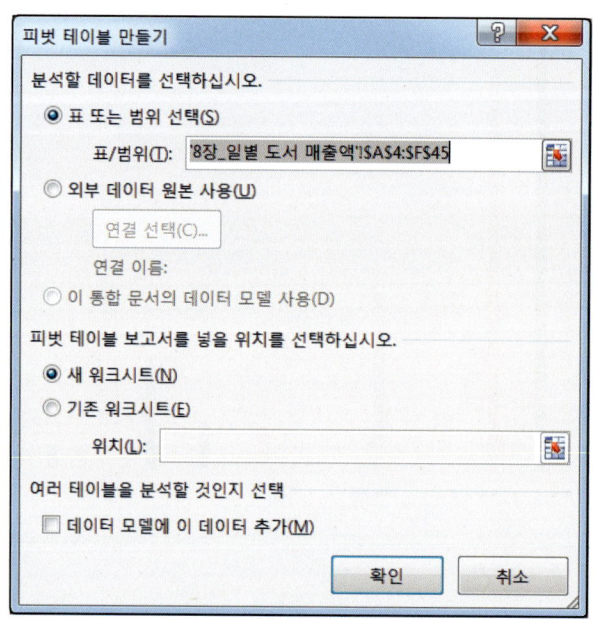

❹ [피벗 테이블 필드] 창에서 '제품범주'를 [행], [수주일]을 [열]에 위치시킨다. 같은 방법으로 '합계' 필드를 [∑값]에 마우스로 드래그한다.

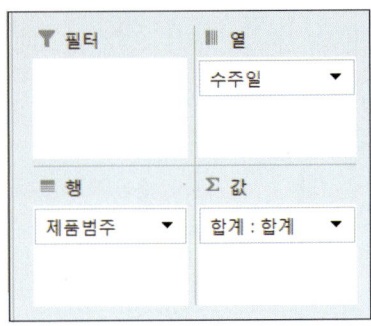

❺ 다음과 같은 피벗 테이블이 작성된다.

	A	B	C	D	E	F	G	H	I
1									
2									
3	합계 : 합계	열 레이블							
4	행 레이블	2010-04-02	2010-04-05	2010-04-06	2010-04-07	2010-04-08	2010-04-09	2010-04-12	총합계
5	광고학			85000		76500	102000	76500	340000
6	백과사전			180000		120000	260000	180000	740000
7	사회과학		136000	153000			51000	136000	476000
8	소설	60000	84000	144000	96000	60000	144000	36000	624000
9	순수과학		81000	108000	54000	90000	45000		378000
10	시	80000	64000	104000	80000	56000	104000	120000	608000
11	언어		150000				45000	180000	375000
12	역사		180000	108000			24000		312000
13	전집류	100000			160000		220000	200000	680000
14	총합계	240000	695000	882000	390000	402500	995000	928500	4533000

❻ 작성한 피벗테이블을 이용하여 피벗 차트를 작성한다.
❼ [피벗 테이블 도구] ➪ [분석] ➪ [도구] ➪ [피벗 차트]를 클릭한다.

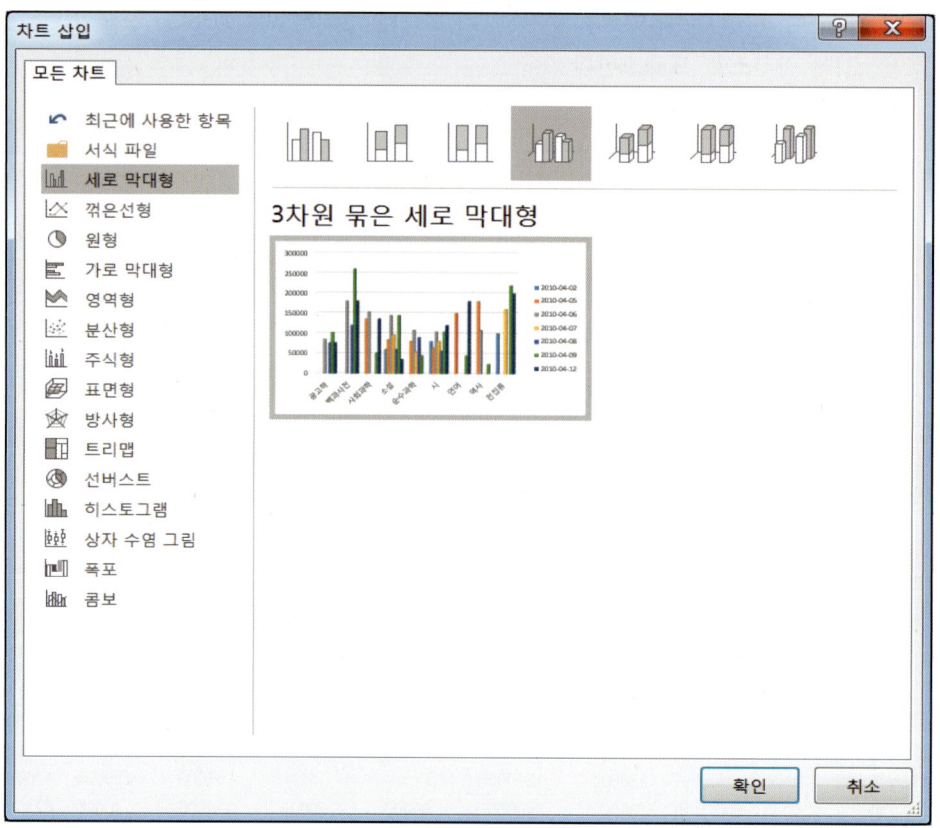

❽ [3차원 묶은 세로 막대형]을 선택하고 [확인]을 클릭한다.
❾ 피벗 차트가 완성된다.
❿ 피벗 차트를 [피벗 차트 도구] ⇨ [디자인] ⇨ [위치] ⇨ [차트 이동]을 클릭하여 차트를 새 워크시트로 이동시킨다.

CHAPTER 08

연습문제 1. '3월 지출내역'을 이용한 부분합 작성하기

	A	B	C	D	E	F
1						
2				3월 지출 내역		
3						
4					작성 기준:	2020-03-31
5					카드 유효기간 : 6개월	
6		날짜	내역	결재방식	지출항목	지출금액
7		03월 01일	교통비	카드	교통비	₩ 10,000
8		03월 01일	영화	카드	문화생활	₩ 8,000
9		03월 01일	저녁식사	카드	식비	₩ 6,000
10				카드 요약		₩ 24,000
11		03월 03일	핸드폰요금	현금	통신비	₩ 52,000
12		03월 04일	옷구입	현금	기타지출	₩ 45,000
13		03월 05일	책구입	현금	문화생활	₩ 20,000
14		03월 08일	샴푸 구입	현금	생필품	₩ 5,000
15		03월 11일	교통비(택시)	현금	교통비	₩ 5,600
16		03월 11일	점심식사	현금	식비	₩ 12,000
17				현금 요약		₩ 139,600
18		03월 12일	간식	카드	식비	₩ 2,700
19		03월 13일	교통비	카드	교통비	₩ 2,000
20				카드 요약		₩ 4,700
21		03월 13일	교통비(택시)	현금	교통비	₩ 13,000
22				현금 요약		₩ 13,000
23		03월 13일	점심식사	카드	식비	₩ 15,000
24				카드 요약		₩ 15,000
25				총합계		₩ 196,300

1. [결재방식]을 기준으로 1차 정렬, [지출항목]을 기준으로 2차 정렬하기

2. [결재방식]별 지출금액의 부분합계를 나타내기

3. [지출항목]별 지출금액의 부분합계를 함께 나타내기

4. 부분합계 모두 지우기

CHAPTER 08

연습문제 2. '3월 지출내역'을 이용한 부분합 작성하기

	A	B	C	D	E	F
4					▪ 작성 기준:	2020-03-31
5					▪ 카드 유효기간 : 6개월	
6		날짜	내역	결재방식	지출항목	지출금액
7		03월 01일	교통비	카드	교통비	₩ 10,000
8		03월 01일	영화	카드	문화생활	₩ 8,000
9		03월 01일	저녁식사	카드	식비	₩ 6,000
10		**03월 01일 요약**				₩ 24,000
11		03월 03일	핸드폰요금	현금	통신비	₩ 52,000
12		**03월 03일 요약**				₩ 52,000
13		03월 04일	옷구입	현금	기타지출	₩ 45,000
14		**03월 04일 요약**				₩ 45,000
15		03월 05일	책구입	현금	문화생활	₩ 20,000
16		**03월 05일 요약**				₩ 20,000
17		03월 08일	샴푸 구입	현금	생필품	₩ 5,000
18		**03월 08일 요약**				₩ 5,000
19		03월 11일	교통비(택시)	현금	교통비	₩ 5,600
20		03월 11일	점심식사	현금	식비	₩ 12,000
21		**03월 11일 요약**				₩ 17,600
22		03월 12일	간식	카드	식비	₩ 2,700
23		**03월 12일 요약**				₩ 2,700
24		03월 13일	교통비	카드	교통비	₩ 2,000
25		03월 13일	교통비(택시)	현금	교통비	₩ 13,000
26		03월 13일	점심식사	카드	식비	₩ 15,000
27		**03월 13일 요약**				₩ 30,000
28		**총합계**				₩ 196,300

1. 다음과 같이 나타내도록 부분합을 작성하시오.

2. 부분합 결과를 파일로 저장하시오.

3. 작성된 부분합 삭제하시오.

CHAPTER 08

연습문제 3. '사원 목표'에서 자동필터를 이용한 데이터 추출하기

	A	B	C	D	E	F	G
1							
2			**J.Min Company -팀별 매출액 목표**				
3							
4		팀명	사원명	사원번호	연간목표	연간실적	달성율
5		A팀	이나라	A001	85,000	78,624	92%
7		A팀	김광현	A003	54,000	10,183	19%
8		A팀	김근해	A004	31,000	4,753	15%
9		A팀	김동영	A005	14,000	15,697	112%
10		B팀	김기림	A007	10,000	7,516	75%
11		B팀	김동찬	A008	11,000	9,773	89%
12		B팀	김만수	A009	24,000	28,374	118%
13		B팀	김명희	A010	18,000	13,971	78%
15		C팀	김무겸	A013	87,000	93,324	107%
16		C팀	김민수	A014	64,000	97,502	152%
17		C팀	김봉민	A015	34,000	85,083	250%
18		C팀	김성우	A016	73,000	29,766	41%
19		C팀	김승운	A017	10,000	59,792	598%
20		D팀	김성진	A019	33,000	18,224	55%
21		D팀	김우성	A020	27,000	22,544	83%
22		D팀	김종현	A021	30,000	20,783	69%
23		D팀	김지혜	A022	28,000	31,247	112%
27		E팀	김준수	A027	24,000	46,374	193%

1. "사원 목표.xlsx" 파일을 불러온다.

2. 필터를 이용하여 성이 '김' 또는 '이'로 시작하는 데이터를 추출해 보자.

3. 필터 지우기

CHAPTER 08

연습문제 4. '사원 목표'에서 자동필터를 이용한 데이터 추출하기

	A	B	C	D	E	F	G
1							
2			J.Min Company -팀별 매출액 목표				
3							
4		팀명	사원명	사원번호	연간목표	연간실적	달성율
15		C팀	김무겸	A013	87,000	93,324	107%
16		C팀	김민수	A014	64,000	97,502	152%
17		C팀	김봉민	A015	34,000	85,083	250%

1. 사원 목표.xlsx" 파일을 불러온다.

2. 연간실적이 80,000 이상인 데이터를 추출해 보자.

3. 2번 필터링한 결과에서 달성율이 200% 이상인 데이터를 추출해 보자.

연습문제 5. '사원 목표'에서 고급필터를 이용한 데이터 추출하기

32	팀명	사원명	사원번호	연간목표	연간실적	달성율
33	C팀	김무겸	A013	87,000	93,324	107%
34	C팀	김민수	A014	64,000	97,502	152%
35	C팀	김봉민	A015	34,000	85,083	250%
36	C팀	김승운	A017	10,000	59,792	598%

40	팀명	사원명	사원번호	연간목표	연간실적	달성율
41	C팀	김무겸	A013	87,000	93,324	107%
42	C팀	김민수	A014	64,000	97,502	152%
43	C팀	김봉민	A015	34,000	85,083	250%
44	C팀	김성우	A016	73,000	29,766	41%
45	C팀	김승운	A017	10,000	59,792	598%

1. "사원 목표.xlsx" 파일을 불러온다.

2. 고급필터를 이용하여 팀명이 'C팀'이고 '달성율'이 100% 이상인 데이터를 추출하여 C32셀에 결과값을 출력해 보자.

3. 고급필터를 이용하여 팀명이 'C팀'이거나 '달성율'이 200% 이상인 데이터를 추출하여 C40셀에 결과값을 출력해 보자.

CHAPTER 08

연습문제 6. '2020년 판매실적표'를 데이터 병합으로 표 완성하기

	A	B	C	D	E	F	G	H
1		상반기 판매실적				하반기 판매실적		
2		상품명	수량	매출액		상품명	수량	매출액
3		포스트잇	1,500	450,000		포스트잇	1,800	540,000
4		2공펀치	9,800	44,100,000		2공펀치	2,500	11,250,000
5		노트	500	250,000		노트	1,100	550,000
6		데코테이프	2,000	2,000,000		데코테이프	1,500	1,500,000
7		수정테이프	1,500	1,050,000		수정테이프	1,000	700,000
8		연필	500	150,000		연필	1,500	450,000
9		압핀	1,100	220,000		압핀	700	140,000
10								
11		2020년 판매실적						
12		상품명	수량	매출액				
13		포스트잇						
14		2공펀치						
15		노트						
16		데코테이프						
17		수정테이프						
18		연필						
19		압핀						

1. "2020 판매실적표.xlsx" 파일을 불러온다.

2. 상반기 판매실적과 하반기 판매실적으로 데이터 병합을 이용한 2020년 판매실적표를 완성하시오.

3. 다음과 같은 결과가 나타난다.

2020년 판매실적		
상품명	수량	매출액
포스트잇	3,300	990,000
2공펀치	12,300	55,350,000
노트	1,600	800,000
데코테이프	3,500	3,500,000
수정테이프	2,500	1,750,000
연필	2,000	600,000
압핀	1,800	360,000

CHAPTER 08

연습문제 7. '사원목표'를 이용한 피벗 테이블과 차트 작성하기

	A	B	C	D	E	F	G	H
1	결재방식	(모두)						
2								
3	합계 : 지출금액	열 레이블						
4	행 레이블	교통비	기타지출	문화생활	생필품	식비	통신비	총합계
5	03월 01일	10000		8000		6000		24000
6	03월 03일						52000	52000
7	03월 04일		45000					45000
8	03월 05일			20000				20000
9	03월 08일				5000			5000
10	03월 11일	5600				12000		17600
11	03월 12일					2700		2700
12	03월 13일	15000				15000		30000
13	총합계	30600	45000	28000	5000	35700	52000	196300

1. "3월 지출내역.xlsx" 파일을 불러온다.

2. 피벗테이블을 이용하여 위와 같이 작성하시오.

3. 작성한 피벗테이블을 이용하여 피벗 차트를 작성하시오.

4. [결재방식]중 카드만 선택하여 피벗테이블을 작성하시오.

CHAPTER 09
차트 다루기

9.1 차트의 종류
9.2 차트의 구성요소
9.3 차트 삽입
9.4 차트 편집

차트는 엑셀에서 데이터를 좀 더 쉽게 파악할 수 있게 시각화한 것이다. 차트를 이용하면 숫자로 된 자료를 도표로 제공하여 자료를 비교, 분석하거나 추세 등을 쉽게 파악할 수 있다. 엑셀에서 제공되는 차트는 매우 강력하고 작성하기 쉽다는 것이 큰 장점이며 작성된 차트는 워드 프로그램의 개체로 삽입할 수 있다.

엑셀에서 만들 수 있는 차트 종류는 막대형, 꺾은선형, 원형, 콤보 등이 있다. 특히 엑셀 2013에서는 '추천 차트' 메뉴가 추가되어 엑셀이 데이터를 분석하여 여러 가지 형태의 차트를 생성하여 보여줌으로써 사용자가 쉽게 차트를 생성할 수 있게 하고 있다.

9.1 차트의 종류

데이터나 표의 이해를 돕는 차트를 만들기 위해서는 해당 데이터에 가장 적합한 차트를 찾는 일이 매우 중요하다. 엑셀 2013에서는 10개 카테고리에서 50여 종의 차트를 제공하며 사용자의 선택의 폭을 넓혀주었다.

차트의 종류에는 세로 막대형, 꺾은선형, 원형 또는 도넛, 가로 막대형, 영역형, 분산형(X,Y) 또는 거품형, 주식형, 표면형 또는 방사형, 콤보, 피벗차트 등이 있다. 주어진 데이터로부터 표현하고자 하는 용도에 적합한 차트 종류를 정해야 하며, 각 차트의 특징은 다음과 같다.

① 세로 막대형

시간의 경과에 따른 데이터 변동을 표시하거나 항목별 비교를 나타내는 데 유용하다. 일반적으로 항목은 가로축으로 값은 세로축으로 표시한다.

- 묶은 세로 막대형
- 누적 세로 막대형
- 100% 기준 누적 세로 막대형
- 3차원 묶은 세로 막대형
- 3차원 누적 세로 막대형
- 3차원 100% 기준 누적 세로 막대형
- 3차원 세로 막대형

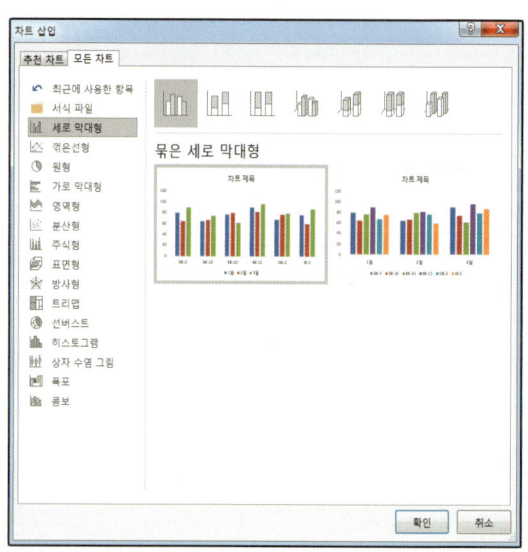

② 꺾은선형

시간의 경과에 따른 데이터 추세를 표시하는데 유용하다. 일반적으로 일정한 기간 범위가 가로 축으로 값은 세로 축으로 표시한다.

- 꺾은선형
- 누적 꺾은선형
- 100% 기준 누적 꺾은선형
- 표식이 있는 꺾은선형
- 표식이 있는 100% 기준 누적 꺾은선형
- 3차원 꺾은선형

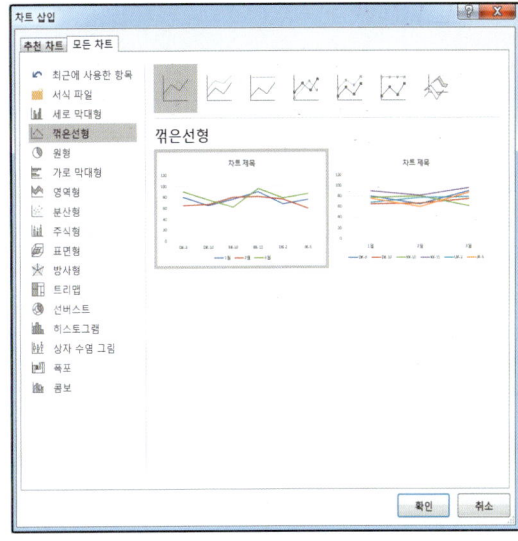

③ 원형

원형 차트에서는 항목의 값들이 항목 합계의 비율로 표시된다. 원형 차트는 그 특성상 여러 개의 데이터 계열을 사용할 수 없으며, 각 항목의 값이 0보다 큰 경우에 사용한다.

- 원형
- 3차원 원형
- 원형 대 원형
- 원형 대 가로 막대형
- 도넛형

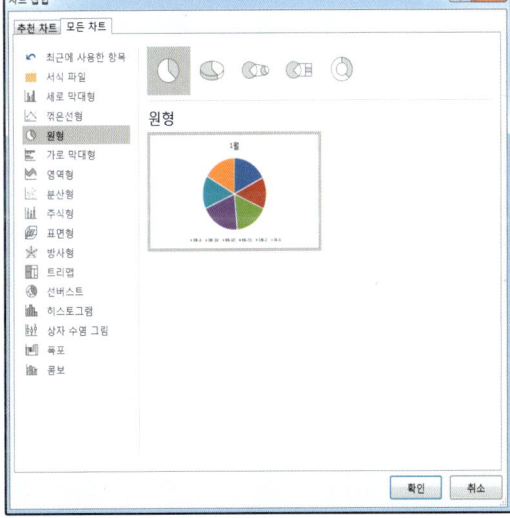

④ 가로 막대형

세로 막대형 차트와 비슷하지만 가로 막대로 표시하는 것만 차이가 있다. 또 가로 막대형 차트에는 깊이 축을 사용하는 3차원 가로 막대형 차트가 제공되지 않는다.

- 묶은 가로 막대형
- 누적 가로 막대형
- 100% 기준 누적 가로 막대형
- 3차원 묶은 가로 막대형
- 3차원 누적 가로 막대형
- 3차원 100% 기준 누적 가로 막대형

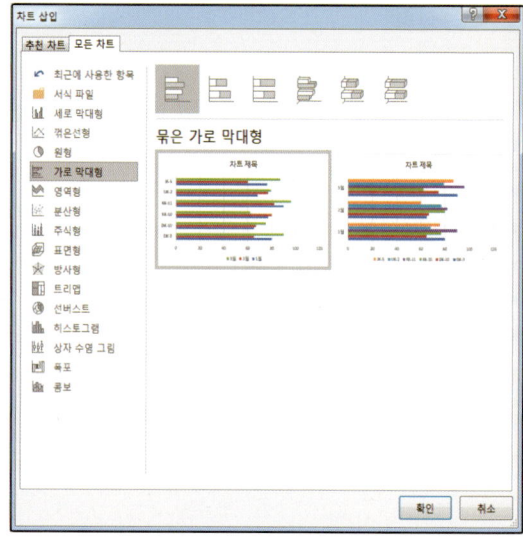

⑤ 영역형

꺾은선형 차트와 비슷한데 가로 축과 꺾은 선 사이에 색을 채워서 시각적 효과에 차이를 준 것이다.

- 영역형
- 누적 영역형
- 100% 기준 누적 영역형
- 3차원 영역형
- 3차원 누적 영역형
- 3차원 100% 기준 누적 영역형

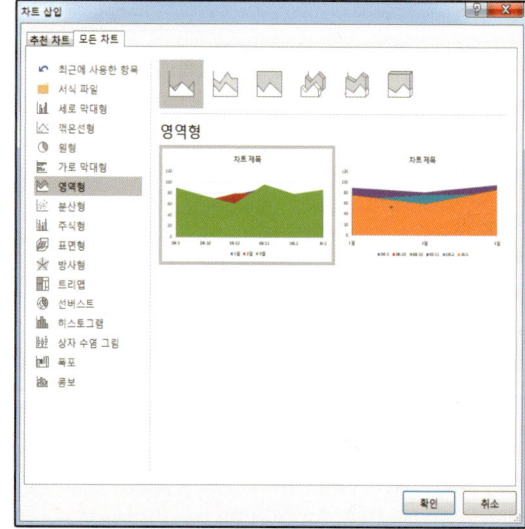

⑥ 분산형

분산형 차트는 일반적으로 과학, 통계 및 공학 데이터와 같은 숫자값을 표시하고 비교하는데 사용된다. 두 개의 숫자 데이터 계열을 xy좌표로 표시되는 하나의 데이터 계열로 표시한다.

- 분산형
- 곡선 및 표식이 있는 분산형
- 곡선이 있는 분산형
- 직선 및 표식이 있는 분산형
- 직선이 있는 분산형
- 거품형
- 3차원 거품형

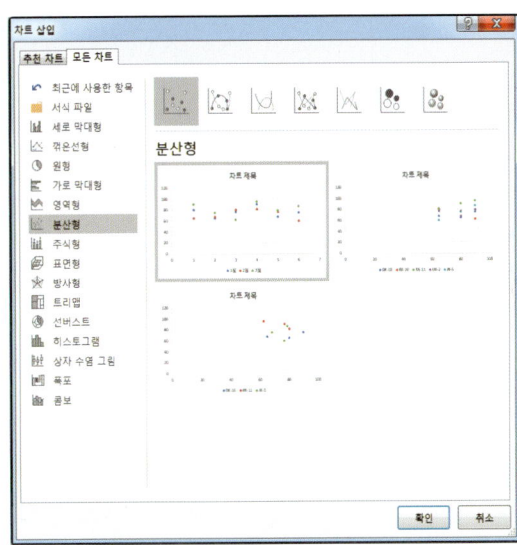

⑦ 주식형

주가 변동을 나타내는 데 주로 사용하며 특정한 개수의 데이터 계열들이 필요하다.

- 고가-저가-종가
- 시가-고사-저가-종가
- 거래량-고가-저가-종가
- 거래량-시가-고가-저가-종가

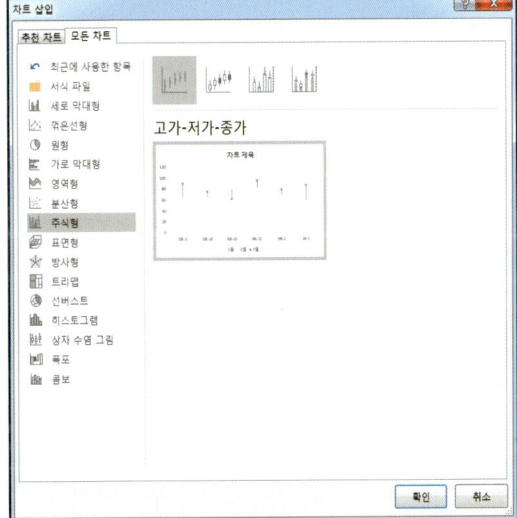

⑧ 표면형

표면형 차트는 두 데이터 계열에서 최적의 조합을 찾는 데 유용하다. 표면형 차트는 지형도처럼 표시된다. 항목도 숫자 데이터이고 값도 숫자 데이터인 데이터 계열에서 사용할 수 있다.

- 3차원 표면형
- 3차원 표면형(골격형)
- 표면형(조감도)
- 표면형(골격형 조감도)

⑨ 방사형

방사형 차트는 여러 데이터 계열의 집계 값을 비교할 때 사용한다. 차트 중앙에서 외부까지 이어지는 별도의 축을 따라 각 항목값을 표시한다.

- 방사형
- 표식이 있는 방사형
- 채워진 방사형

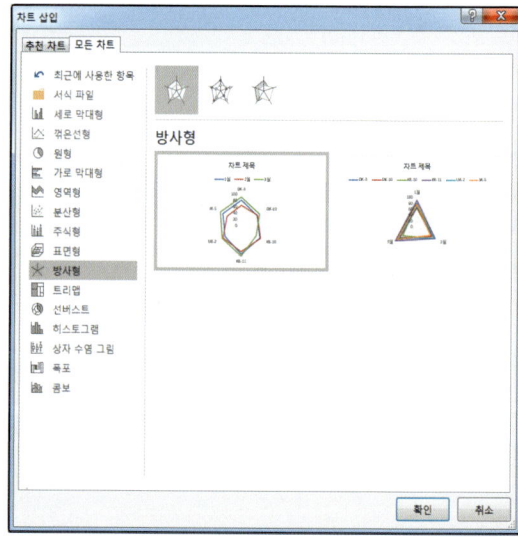

⑩ 콤보

콤보 차트는 광범위한 데이터를 보다 쉽게 이해할 필요가 있을 때 두 개 이상의 차트 종류를 결합하여 사용한다. 보조 축을 함께 표시할 때 더 효율적이다.

- 묶은 세로 막대형 – 꺾은선형
- 묶은 세로 막대형 – 꺾은선형, 보조 축
- 누적 영역형 – 묶은 세로 막대형
- 사용자 지정 조합

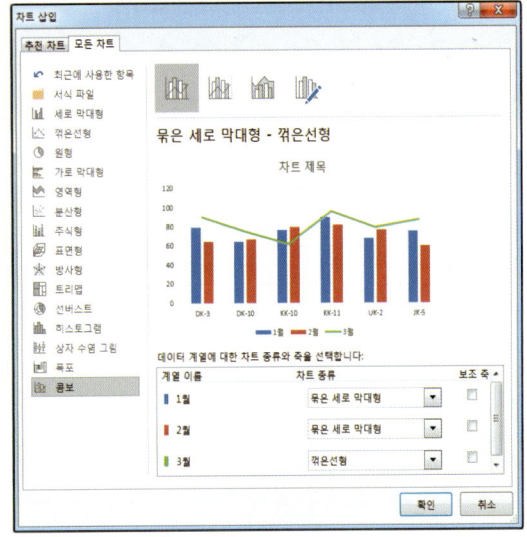

9.2 차트의 구성요소

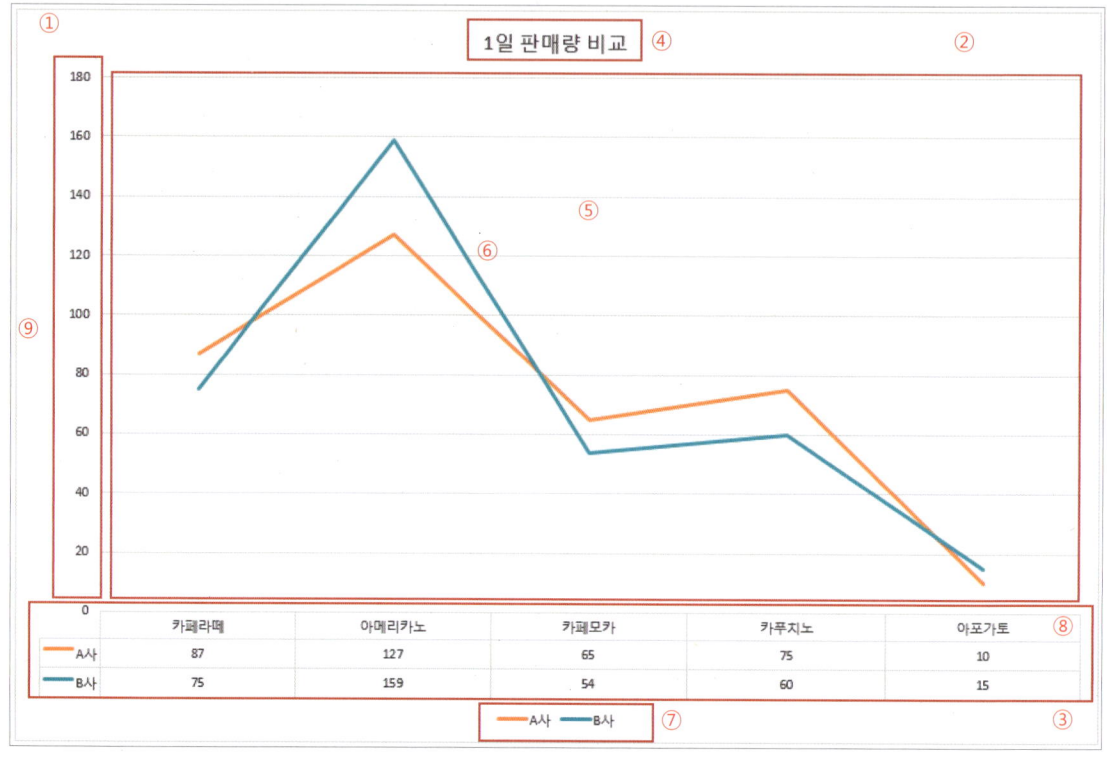

① 차트 영역 : 차트의 전체 영역으로 모든 구성 요소를 포함한다.
② 그림 영역 : 데이터 계열 값이 그래프로 표시되는 영역이다.
③ 데이터 표 : 데이터 범위에 있는 데이터를 표 형식으로 표시
④ 차트 제목 : 차트의 제목을 나타낸다.
⑤ 눈금선 : 데이터 값의 크기를 쉽게 구분할 수 있도록 가로 또는 세로 방향으로 표시한 선이다.
⑥ 데이터 계열 : 데이터 값을 차트에 표시한 부분으로 막대, 점, 선등으로 나타낸다.
⑦ 범례 : 데이터 계열을 구분하기 위해 각 데이터 계열의 이름과 표식을 나열한 상자이다.
⑧ 가로(항목)축 : 데이터 계열 값의 기준이 되는 경계선으로 가로 축은 항목을 나타낸다.
⑨ 세로(값)축 : 데이터 계열 값의 기준이 되는 경계선으로 세로 축은 값을 나타낸다.

9.3 차트 삽입

가장 많이 사용하는 차트로는 세로/가로 막대형 차트, 꺾은선형 차트, 원형 차트가 있다.

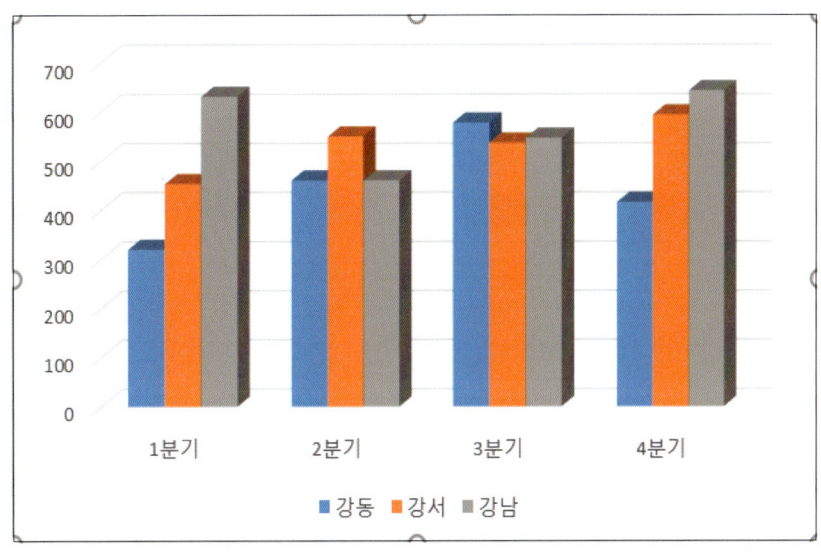

① 우선 차트에서 사용할 숫자 데이터를 입력해야 한다. 차트의 종류에 따라 여러 항목의 데이터가 필요할 수도 있다.

② 차트에서 사용할 숫자 데이터가 입력된 셀 범위를 선택한다. 연속된 범위가 아니라 떨어져 있는 범위를 선택해서 차트를 만들 수도 있다. 숫자 데이터의 의미를 설명하는 항목이름이 입력된 셀이 있다면 포함해서 선택하는 것이 좋다.

③ [삽입] ⇨ [차트] 그룹에서 사용할 차트 종류를 클릭하면 나타나는 하위 차트 종류 중 하나를 클릭한다.

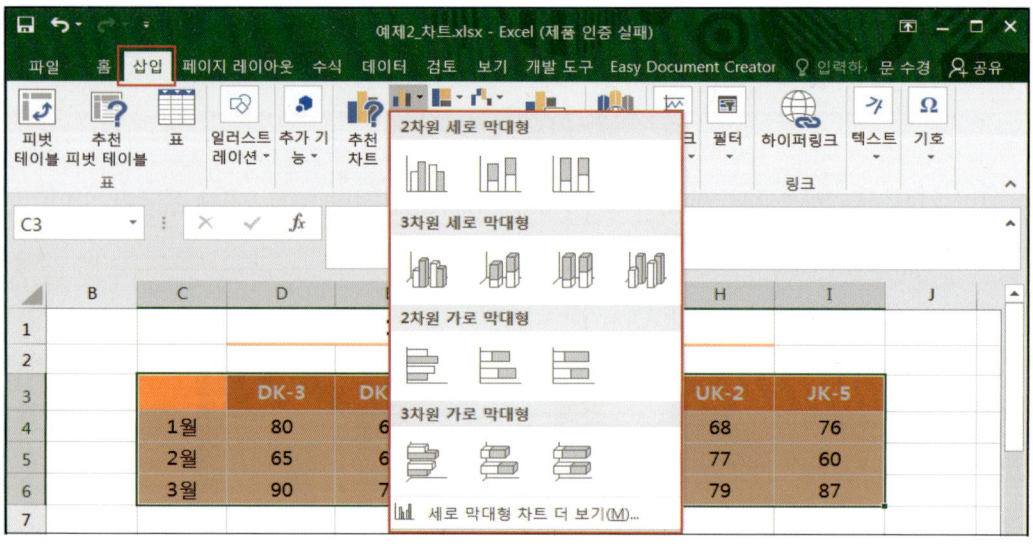

④ 현재 사용 중인 워크시트에 차트가 삽입된다.

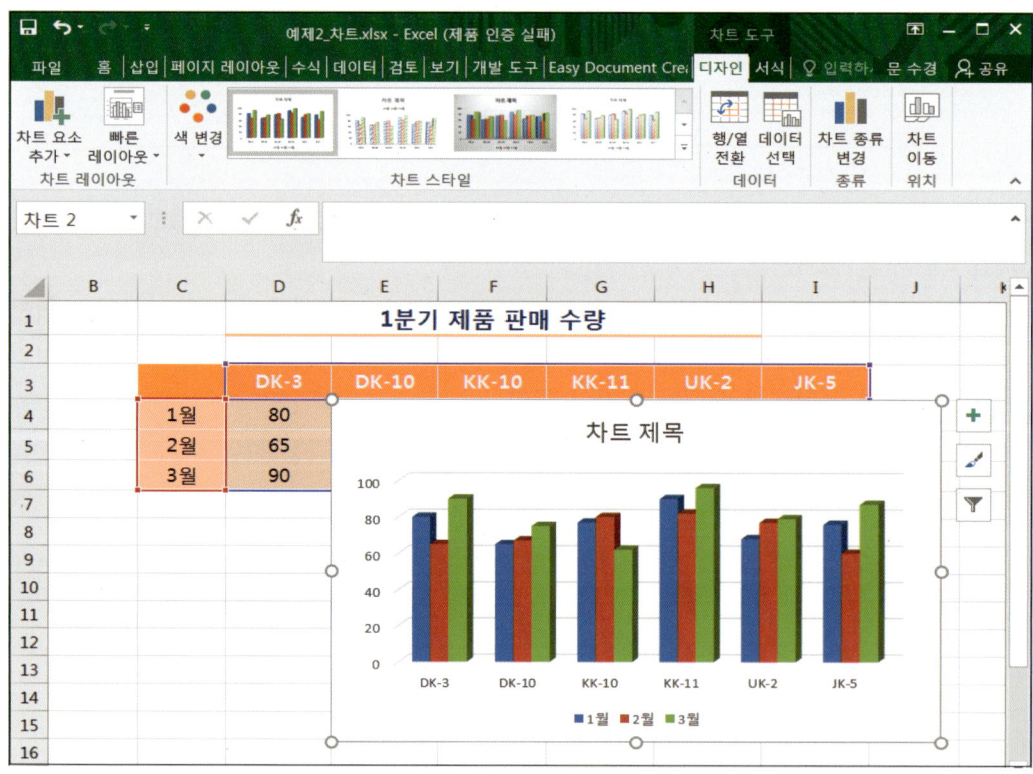

| 실습예제 1 | "세로 막대형 차트"

❶ "판매실적.xlsx" 파일을 불러온다.

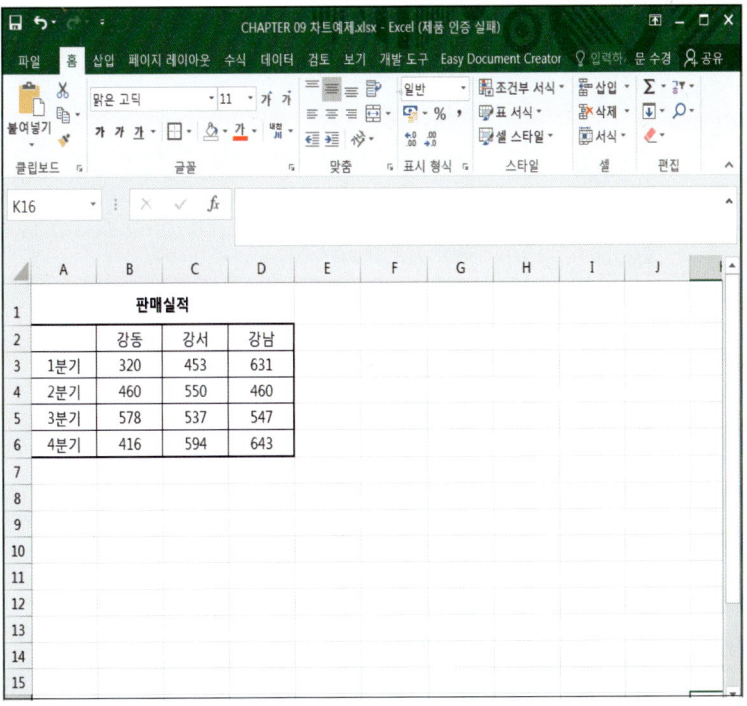

❷ A2:D6 범위를 설정하고 [삽입] ⇨ [차트] 그룹 ⇨ [추천 차트]를 클릭한다.

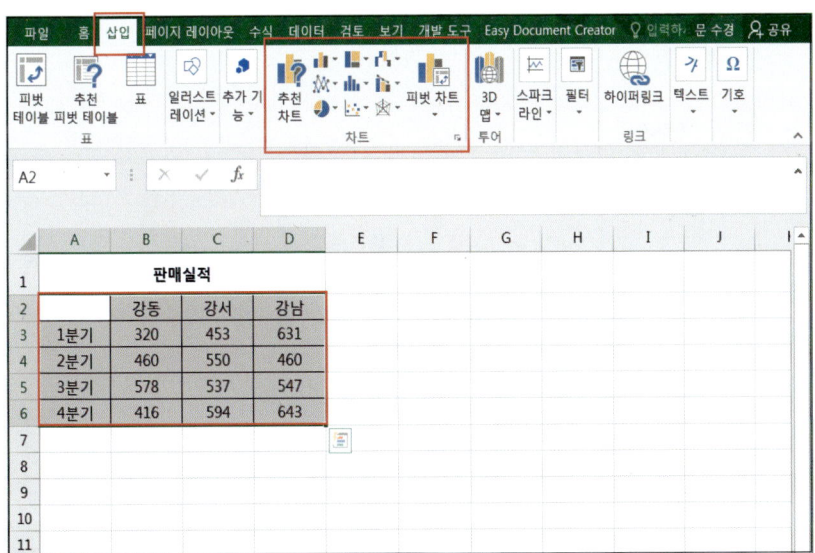

CHAPTER 09 차트 다루기

❸ 2차원 세로 막대형 중 [2차원 묶은 세로 막대형] 차트를 선택한다.

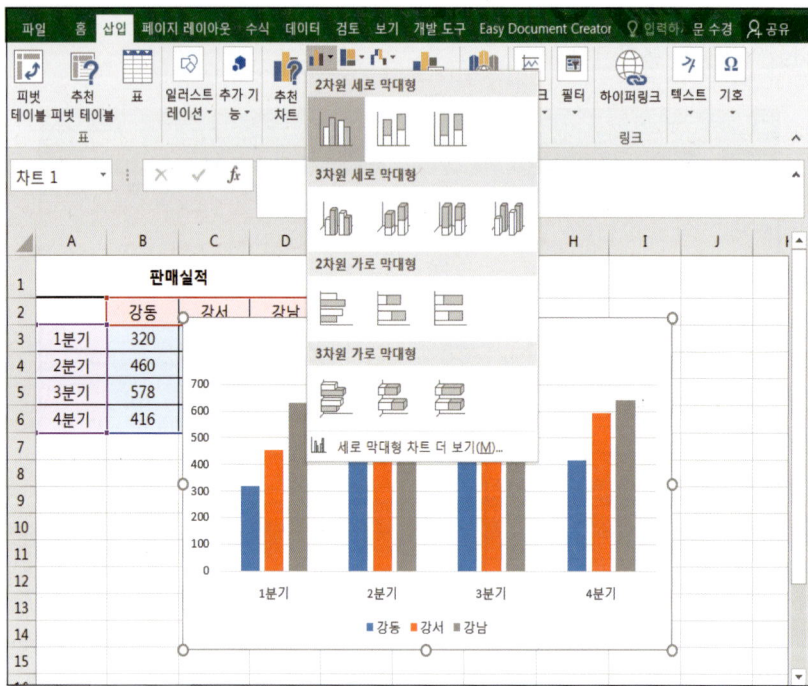

❹ [2차원 묶은 세로 막대형] 차트가 삽입된다.

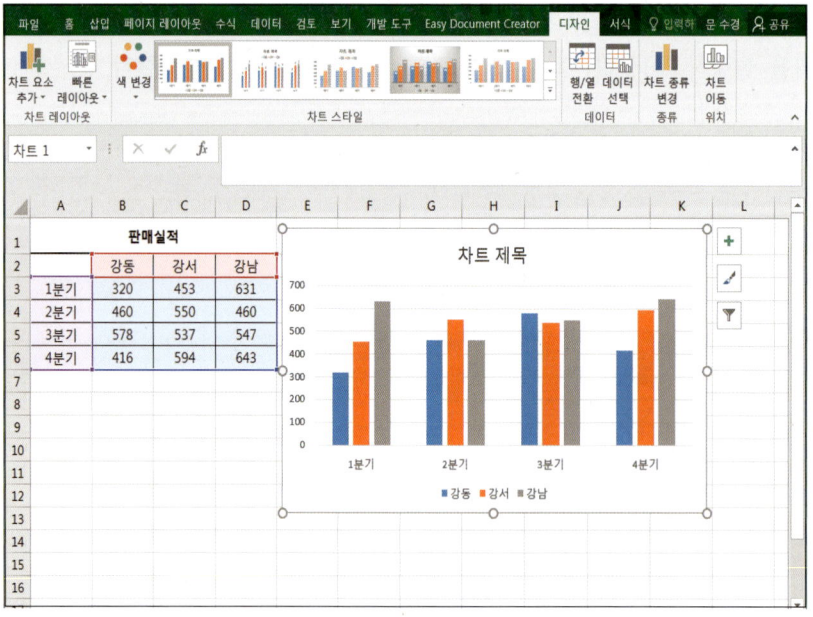

| 실습예제 2 | "꺾은선형 차트"와 "원형 차트" 작성하기

❶ "판매실적.xlsx" 파일을 불러온다.
❷ A2:D6 범위를 설정하고 [삽입] ➪ [차트] 그룹 ➪ [꺾은 선형]를 클릭한다.

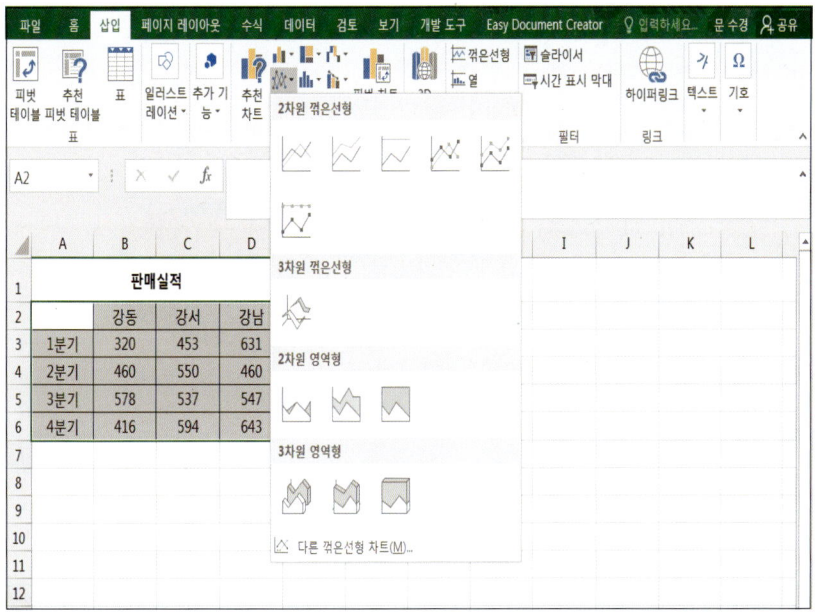

❸ [표식이 있는 꺾은 선형] 차트를 선택한다.
❹ 꺾은 선형 차트가 삽입된다.

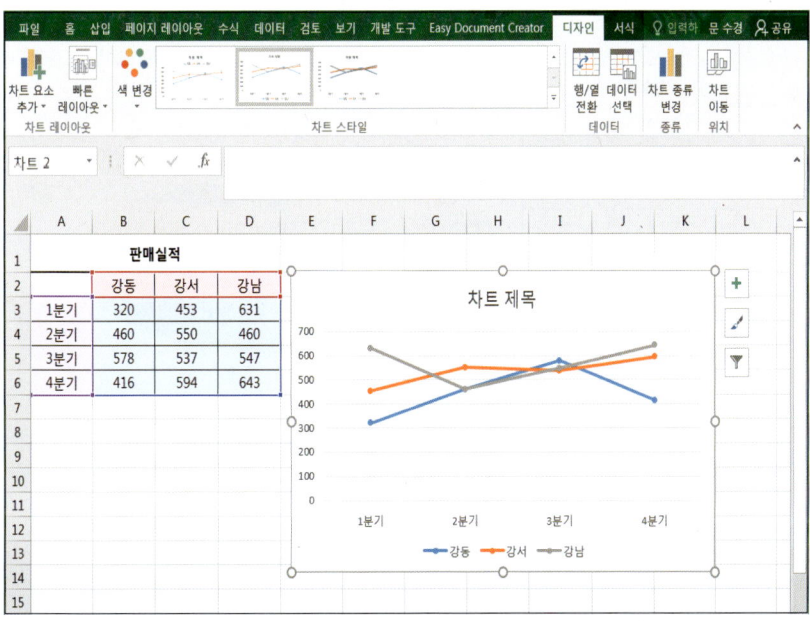

CHAPTER 09 차트 다루기 **309**

❺ A2:D6 범위를 설정하고 [삽입] ⇨ [차트] 그룹 ⇨ [원형]를 클릭한다.

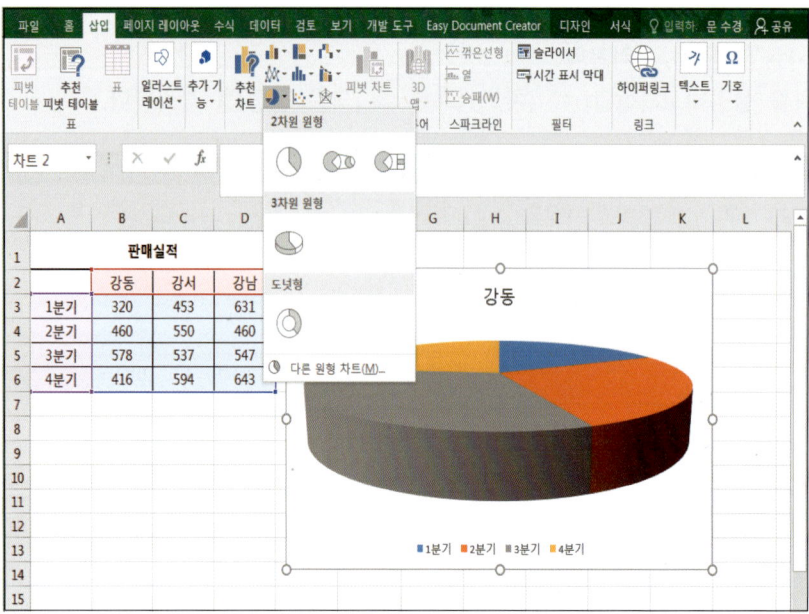

❻ [3차원 원형] 차트가 삽입된다.

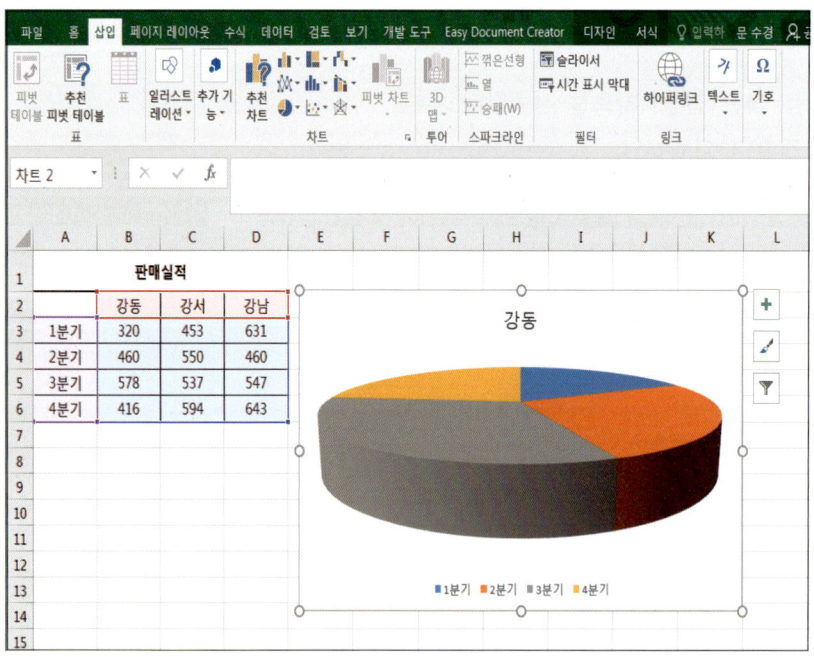

9.4 차트 편집

9.4.1 차트 편집 메뉴

차트를 삽입하면 차트를 편집할 수 있는 [차트 도구] ⇨ [디자인]/[서식] 메뉴가 나타난다. 차트 편집을 위한 디자인 메뉴에 대해 살펴보자.

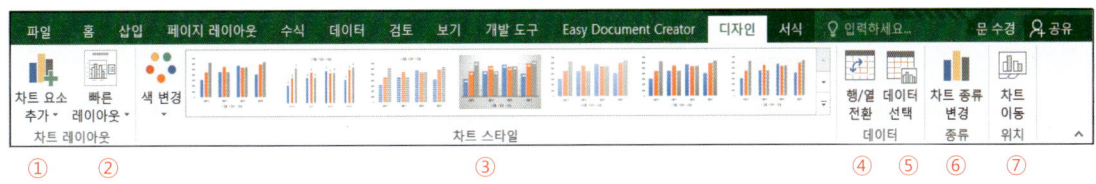

① 차트요소 추가 : 제목, 범례, 눈금선, 데이터 레이블과 같은 차트 요소를 추가, 제거 또는 변경한다.
② 빠른 레이아웃 : 미리 정의된 레이아웃을 사용하여 빠르게 서식을 지정한다.
③ 차트 스타일 : 미리 정의된 색과 스타일을 빠르게 설정한다.
④ 행/열 전환 : 데이터의 가로축과 세로축을 서로 바꾼다.
⑤ 데이터 선택 : 차트에 포함된 데이터 범위를 변경한다.
⑥ 차트 종류 변경 : 다른 종류의 차트를 변경한다.
⑦ 차트 이동 : 다른 시트로 차트를 이동한다.

9.4.2 차트 종류 변경

이미 삽입한 차트에 대해 차트 편집 기능을 통해 종류를 변경할 수 있다. 데이터 일부에 대해서만 차트 종류를 변경하고자 할 때는 콤보 차트 기능을 이용한다.

① 차트 영역을 선택하고 [차트 도구] ⇨ [디자인] ⇨ [종류] 그룹 ⇨ [차트 종류 변경]을 클릭한다.

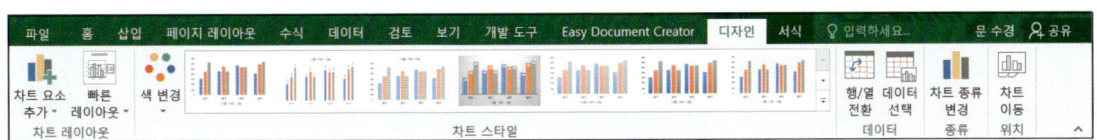

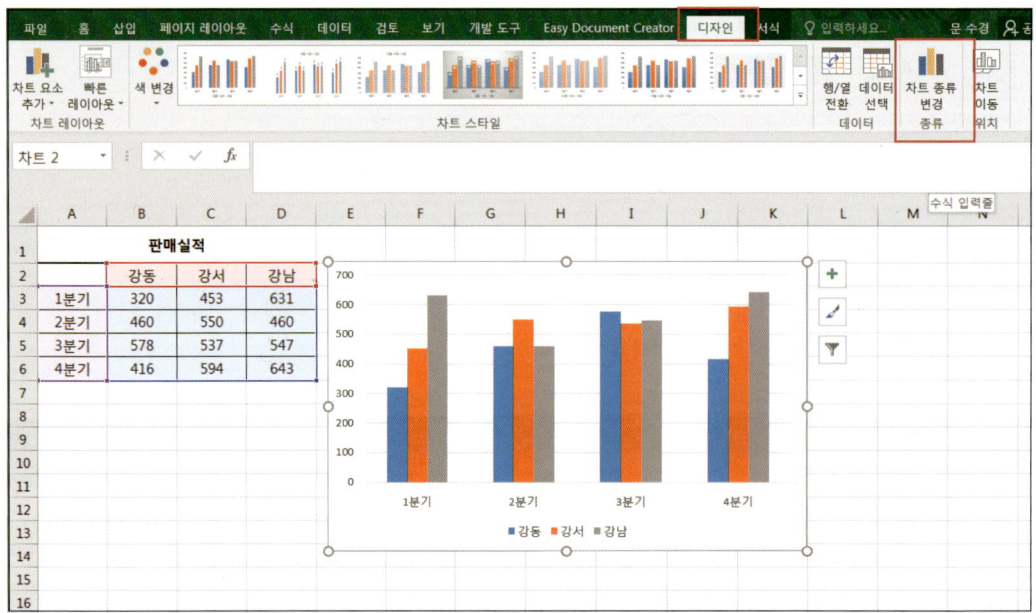

② [차트 종류 변경] 창에서 [세로 막대형] - [3차원 묶은 세로 막대형]을 선택한다.

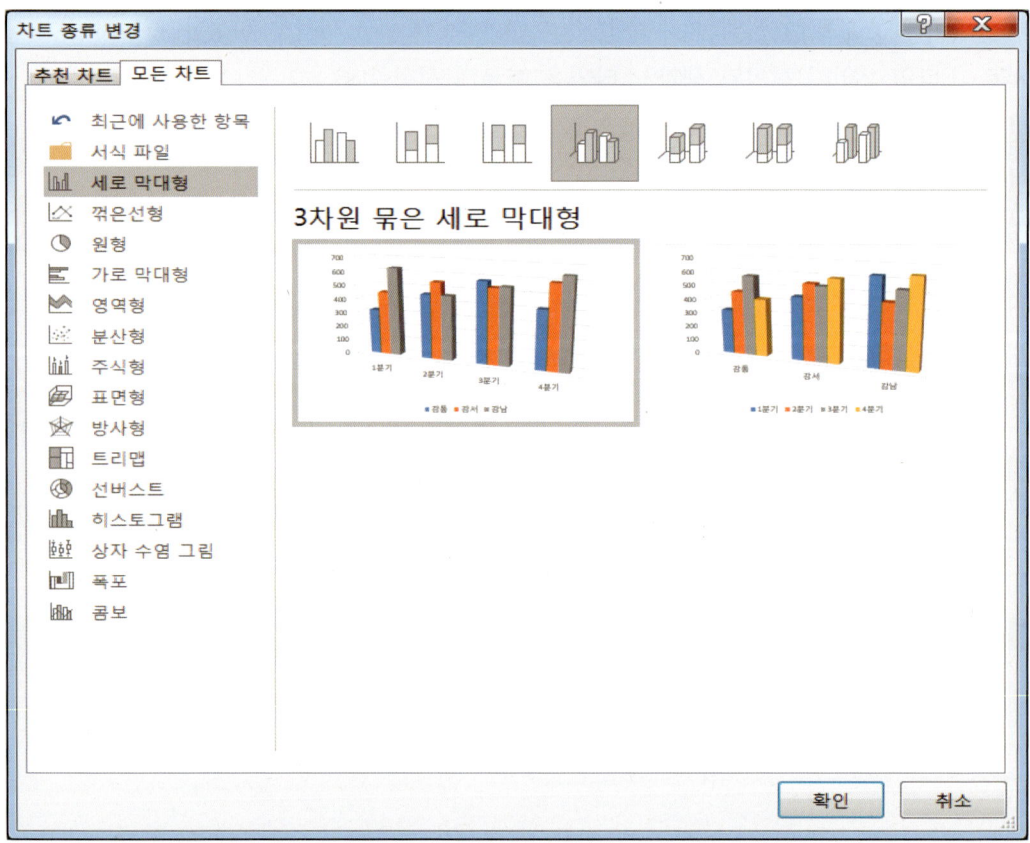

③ [3차원 묶은 세로 막대형] 차트로 변경된다.

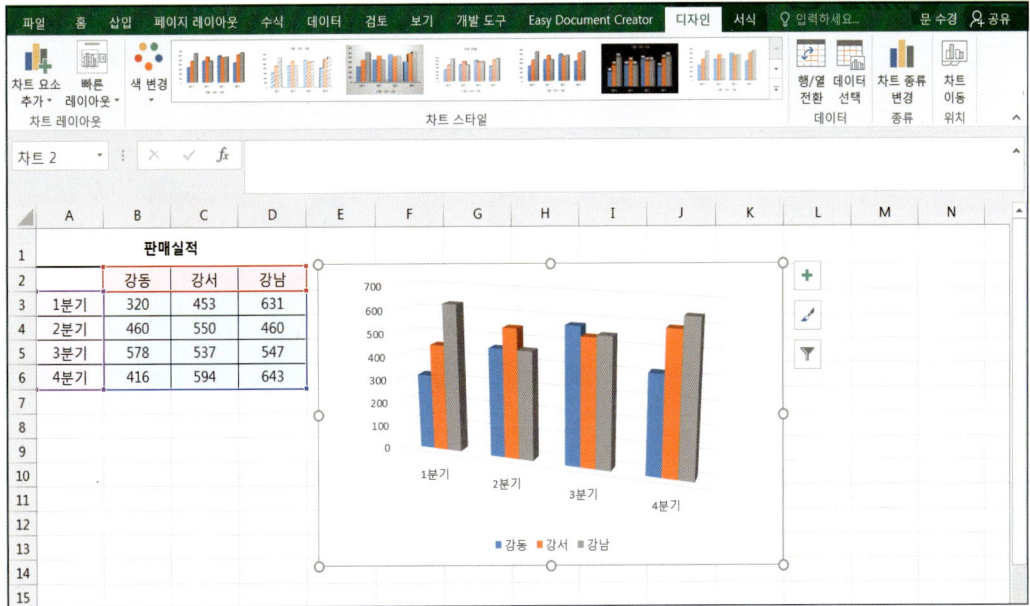

9.4.3 차트 범위 및 표현 요소 수정

이미 삽입한 차트에 대해 데이터의 범위를 변경할 수 있고, 레이아웃이나 레이블, 범례 등과 같은 다양한 표현 요소에 대해 수정할 수 있다.

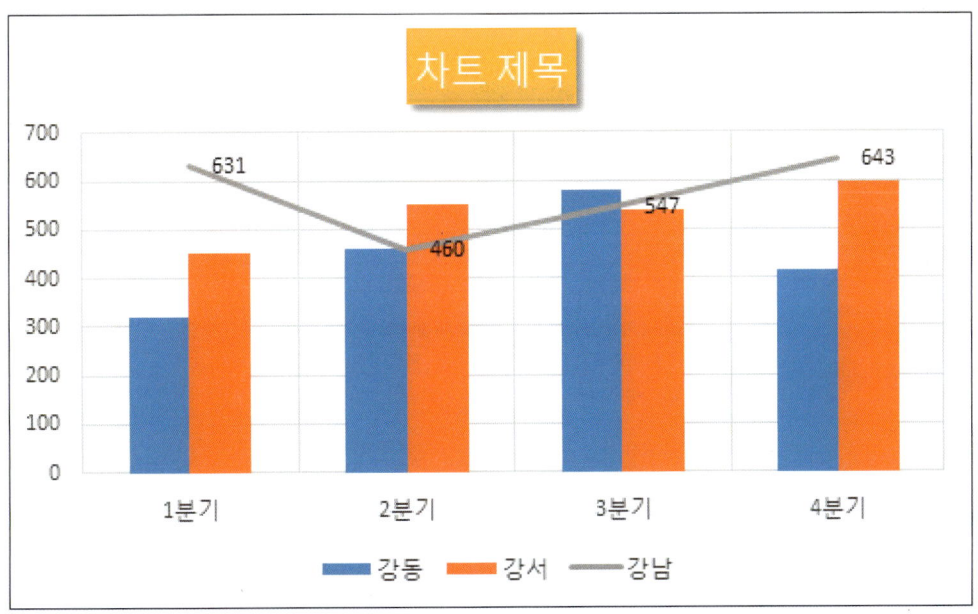

① 데이터 계열 중 '강남' 계열만 차트 종류 변경하기 위해서 작성한 차트의 '강남' 계열을 선택한다.

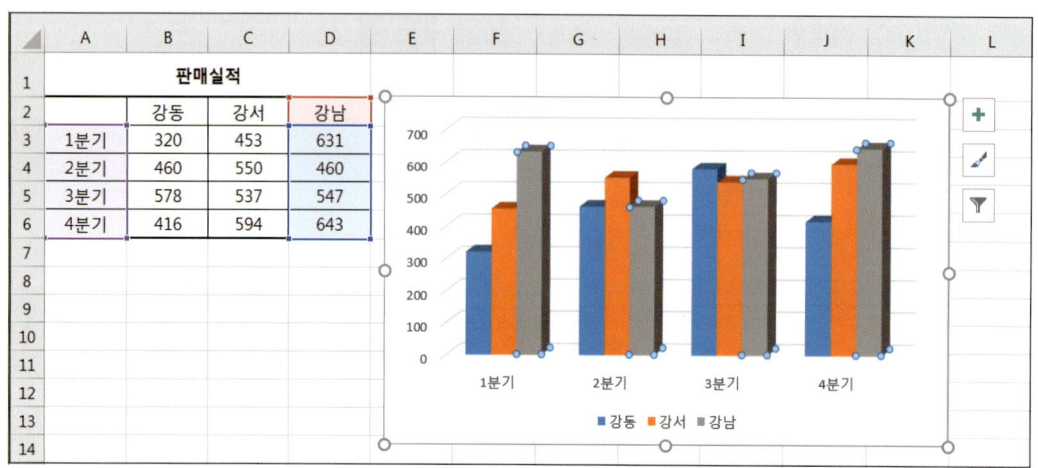

② 선택한 계열에 오른쪽 버튼을 클릭하여 [계열 차트 종류 변경]을 선택한다.

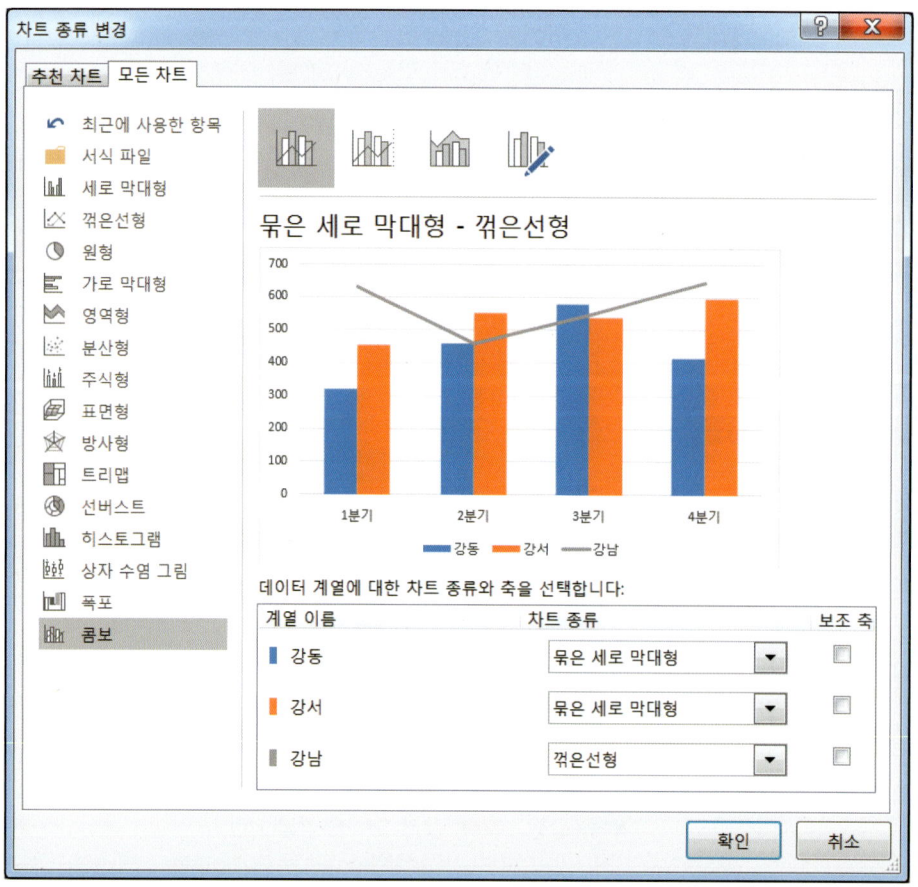

③ [콤보] ⇨ [묶은 세로 막대형-꺾은선형]을 선택한다.
④ '강남' 계열만 꺾은선형 차트로 변경된다.

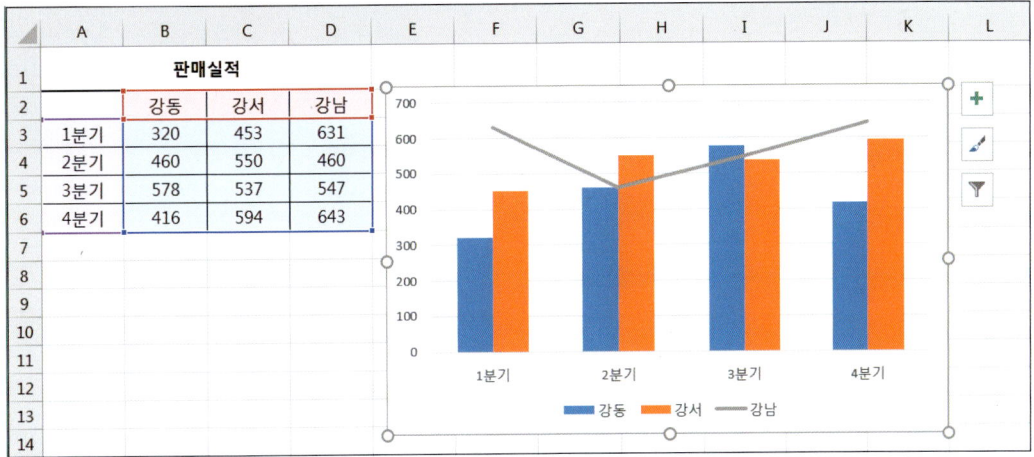

⑤ 데이터 범위 변경하기 위해서는 차트 영역을 선택하고 [차트 필터]를 클릭한다.

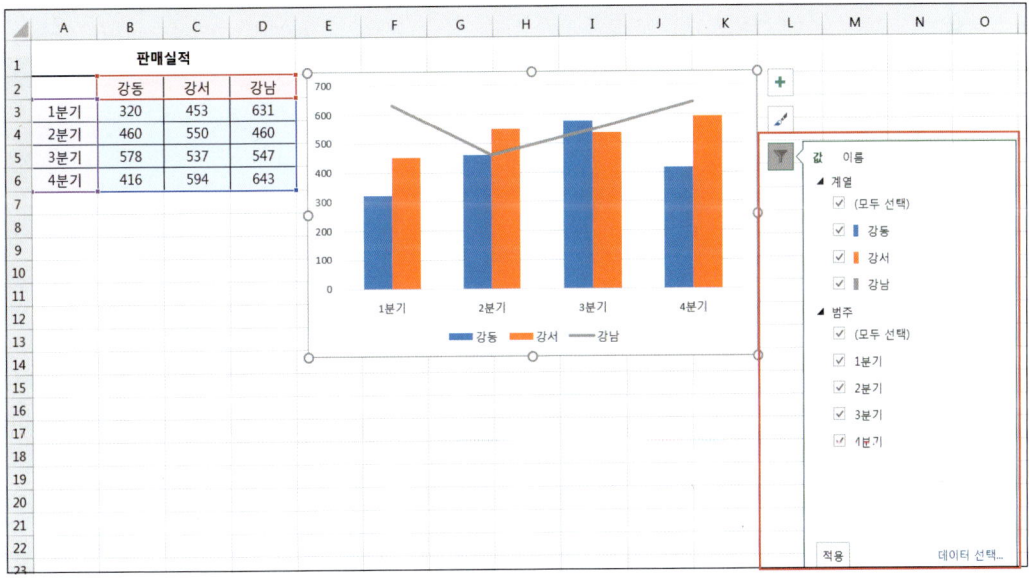

⑥ 선택된 계열 중 필요한 계열만 체크하여 나타낸다.
⑦ 계열 중 1분기와 3분기만 나타낼 수 있다.

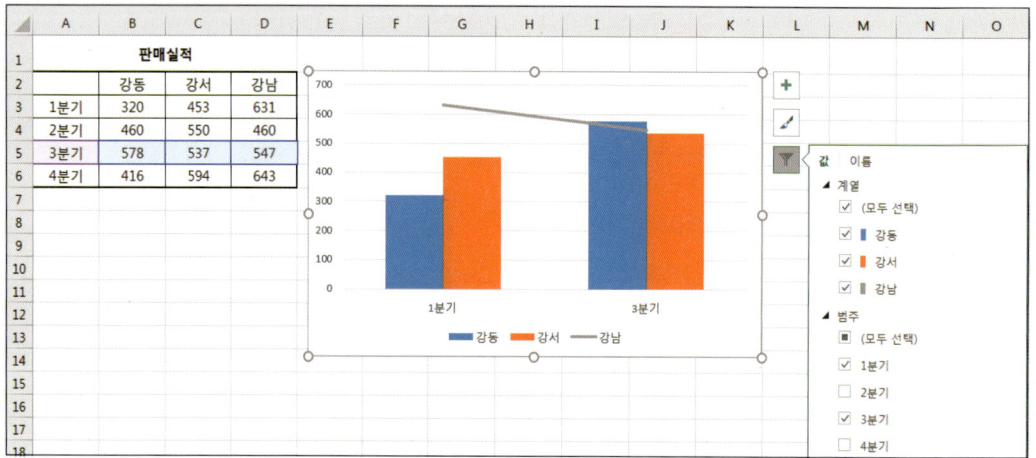

⑧ 차트 영역을 선택하고 [차트 도구] ⇨ [디자인] ⇨ [차트 레이아웃] 그룹 ⇨ [빠른 레이아웃]에서 레이아웃을 선택한다.

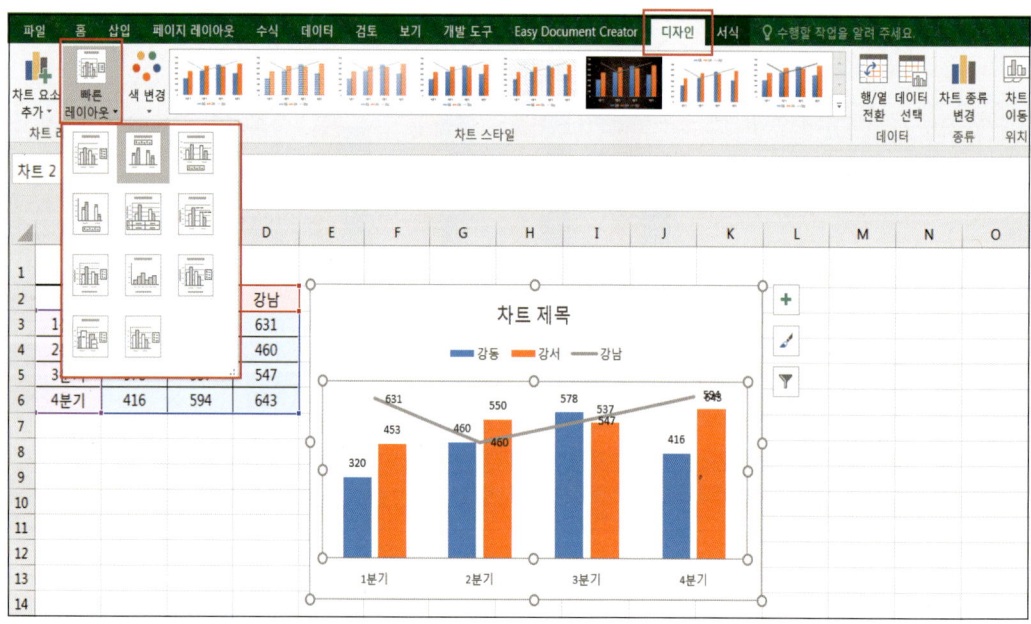

⑨ 차트 제목을 선택하고 [차트 도구] ⇨ [서식] ⇨ [도형 스타일] 그룹에서 도형 스타일을 적용한다.

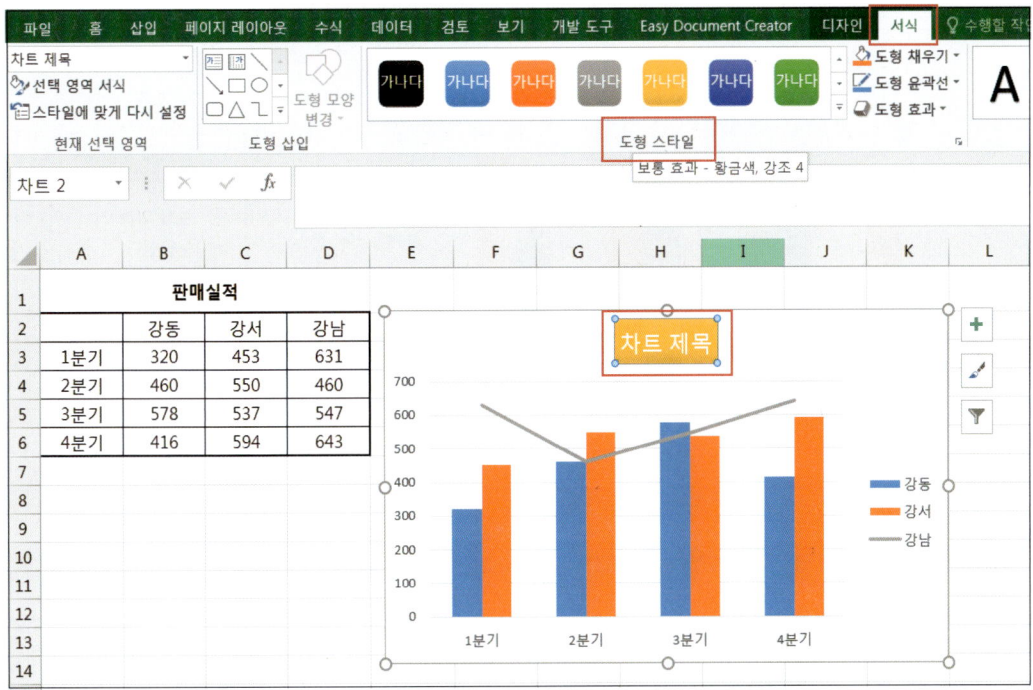

⑩ [차트 도구] ⇨ [서식] ⇨ [도형 스타일] 그룹 ⇨ [도형 효과]를 다양하게 적용할 수 있다.

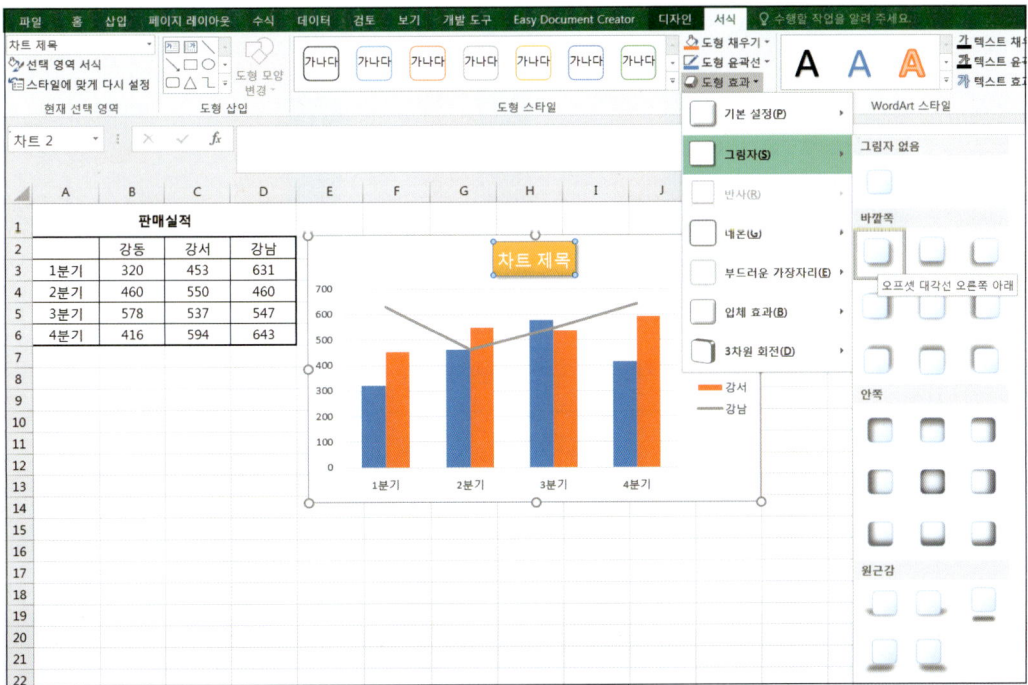

⑪ '강남' 계열을 선택한 후 [차트요소] ➪ [데이터 레이블]을 추가한다.

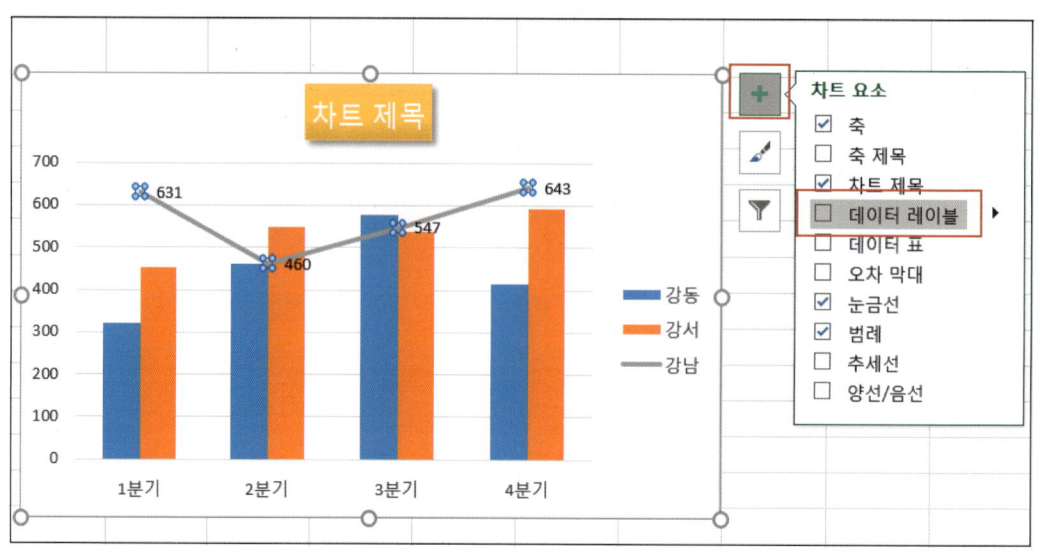

⑫ '강남' 계열의 데이터 레이블이 표시된다.

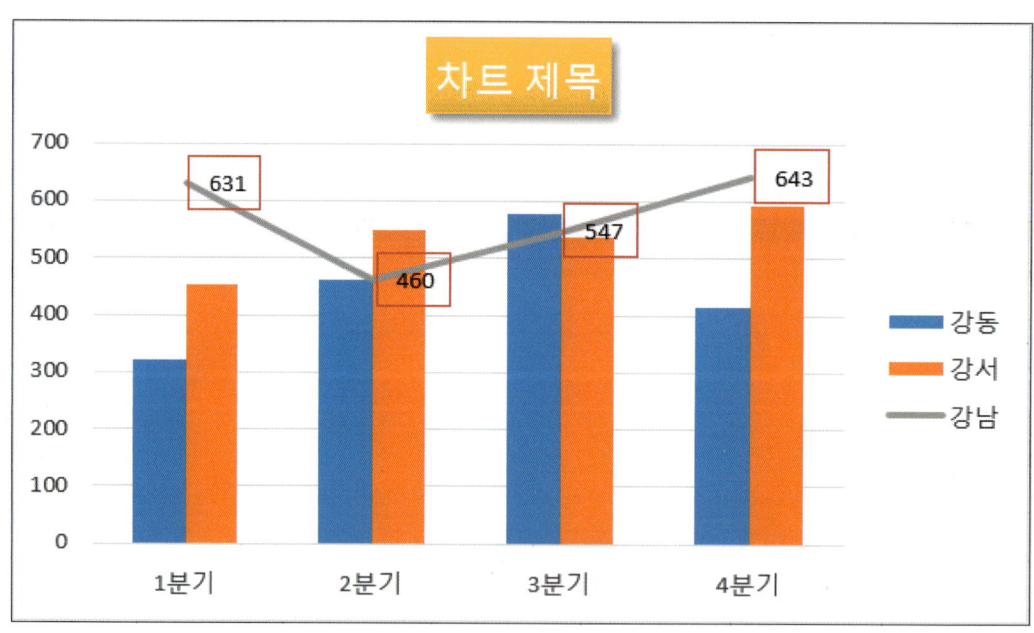

⑬ 차트 영역을 선택하고 [차트 요소] ⇨ [눈금선] ⇨ [기본 부 가로]를 클릭하여 기본 주 가로 눈금선과 기본 보조 가로 눈금선을 함께 나타낸다.

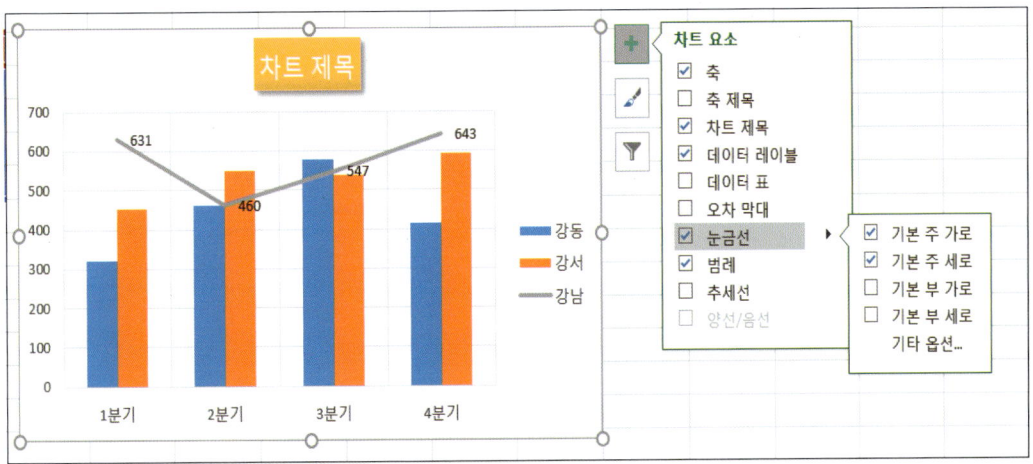

⑭ 차트 영역을 선택하고 [차트 요소] ⇨ [범례] ⇨ [아래쪽]을 클릭하여 범례가 아래쪽에 위치할 수 있도록 한다.

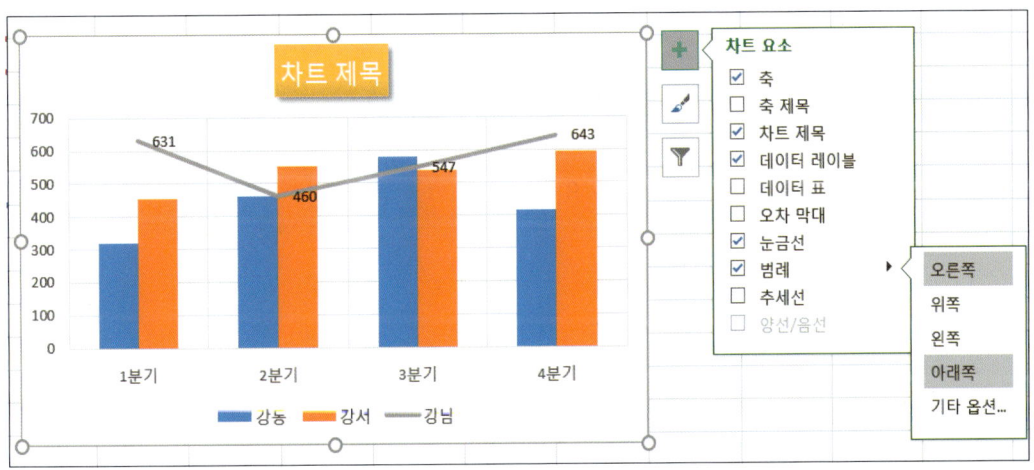

| 실습예제 3 | "차트 범위 및 요소 변경"하기 |

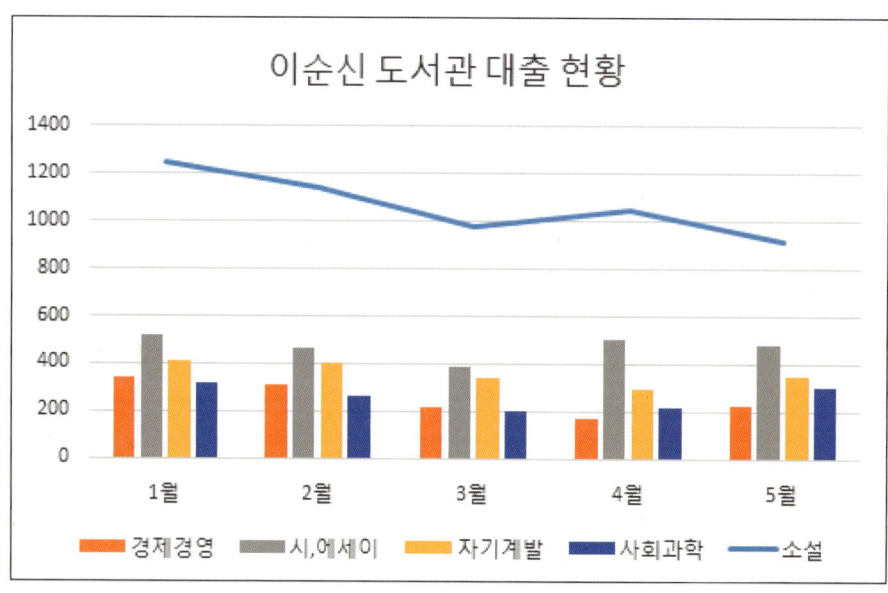

❶ "대출 상환.xlsx" 파일을 불러온다.

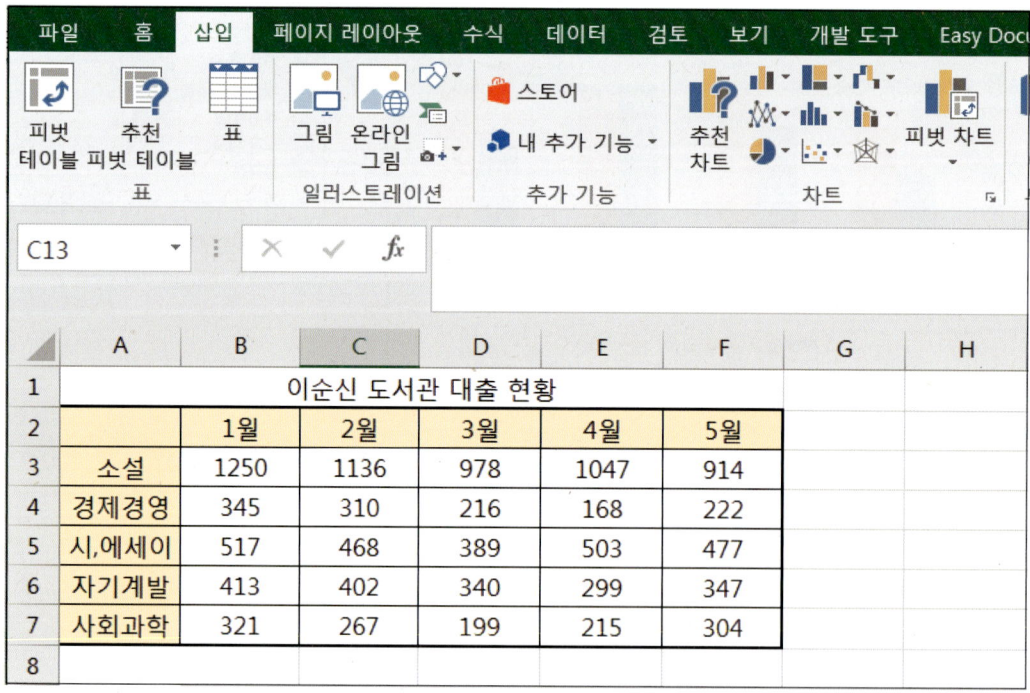

❷ A2:F7 범위를 선택한 후 [삽입] ➪ [차트] ➪ [막대형 차트] ➪ [2차원 세로 막대형] 선택

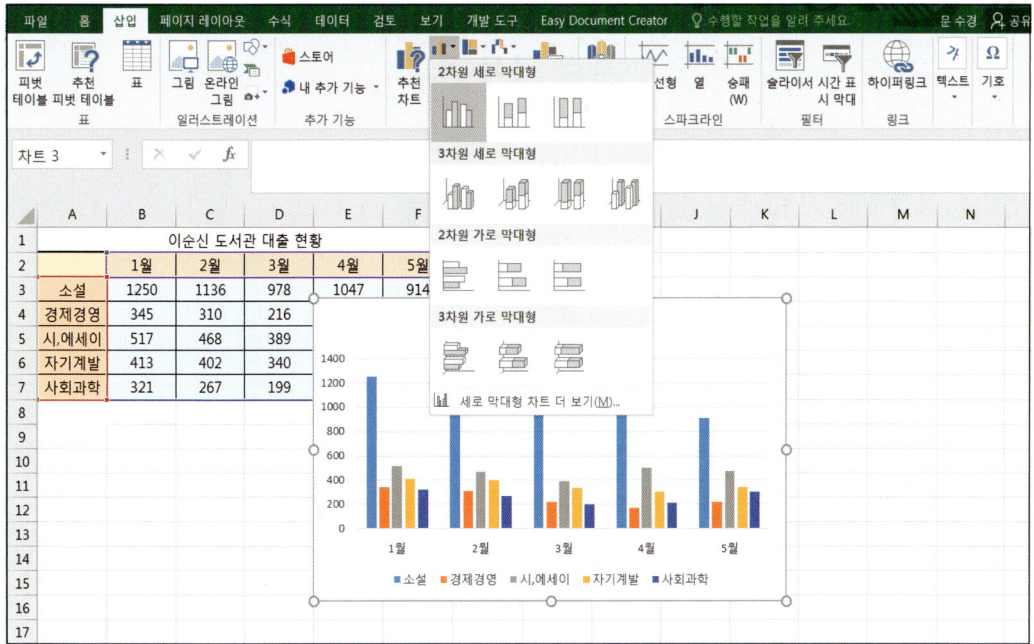

❸ '소설' 데이터 계열만 [표식이 있는 꺾은 선형]으로 차트 종류 변경하기 위해서 '소설' 데이터 계열을 클릭하여 선택한다.

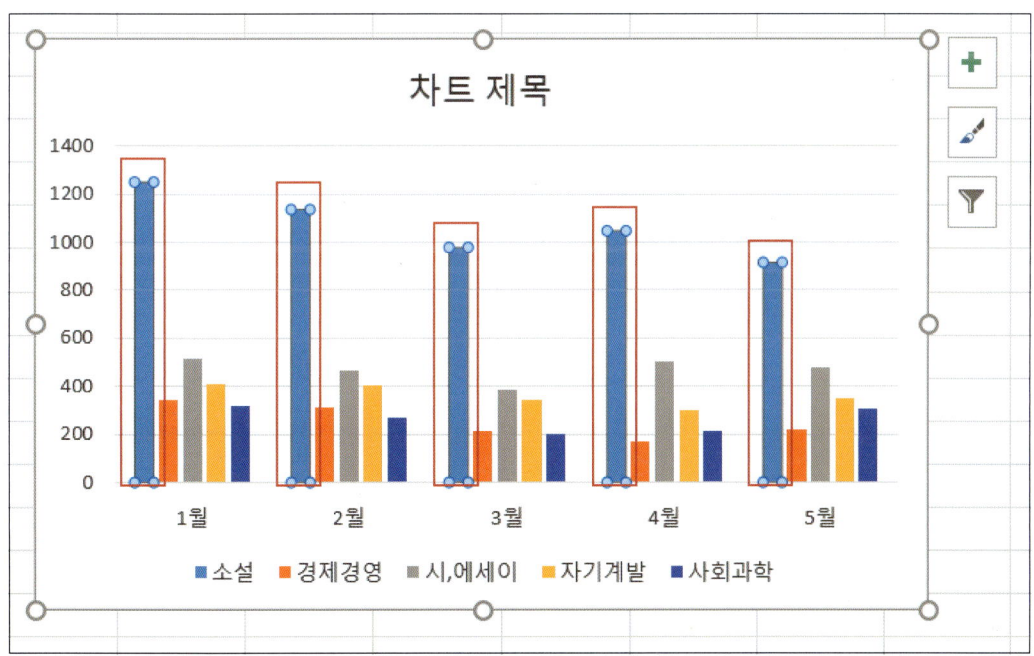

❹ 마우스 오른쪽 버튼을 클릭하고 [계열 차트 종류 변경]을 선택한다.

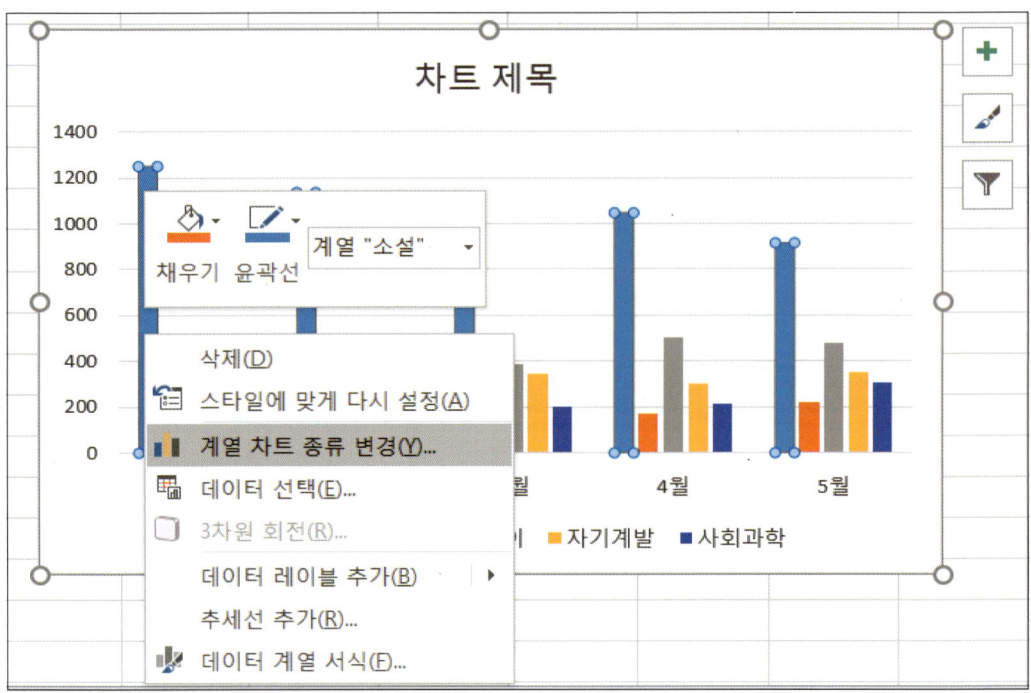

❺ [모든차트] ⇨ [콤보] ⇨ [사용자 지정조합]을 선택한 후 계열이름 중 '소설'의 차트종류를 [꺾은선형]으로 바꾼다.

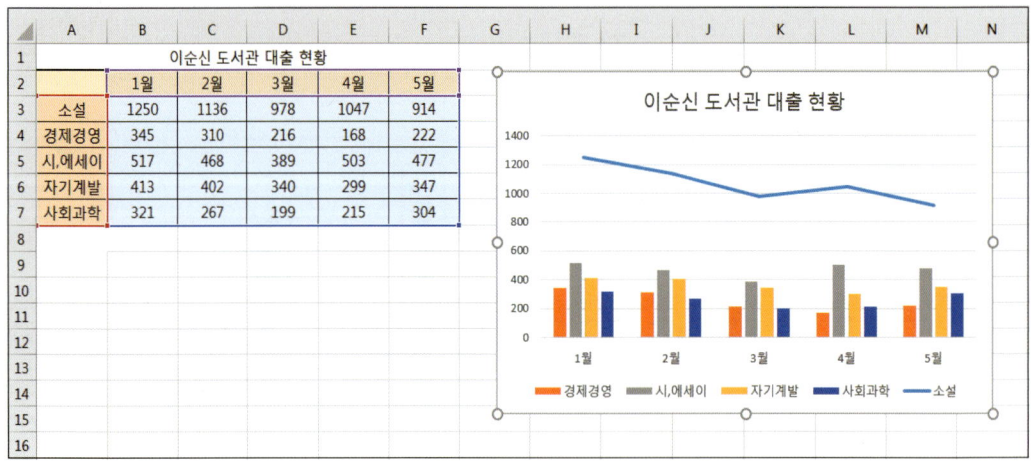

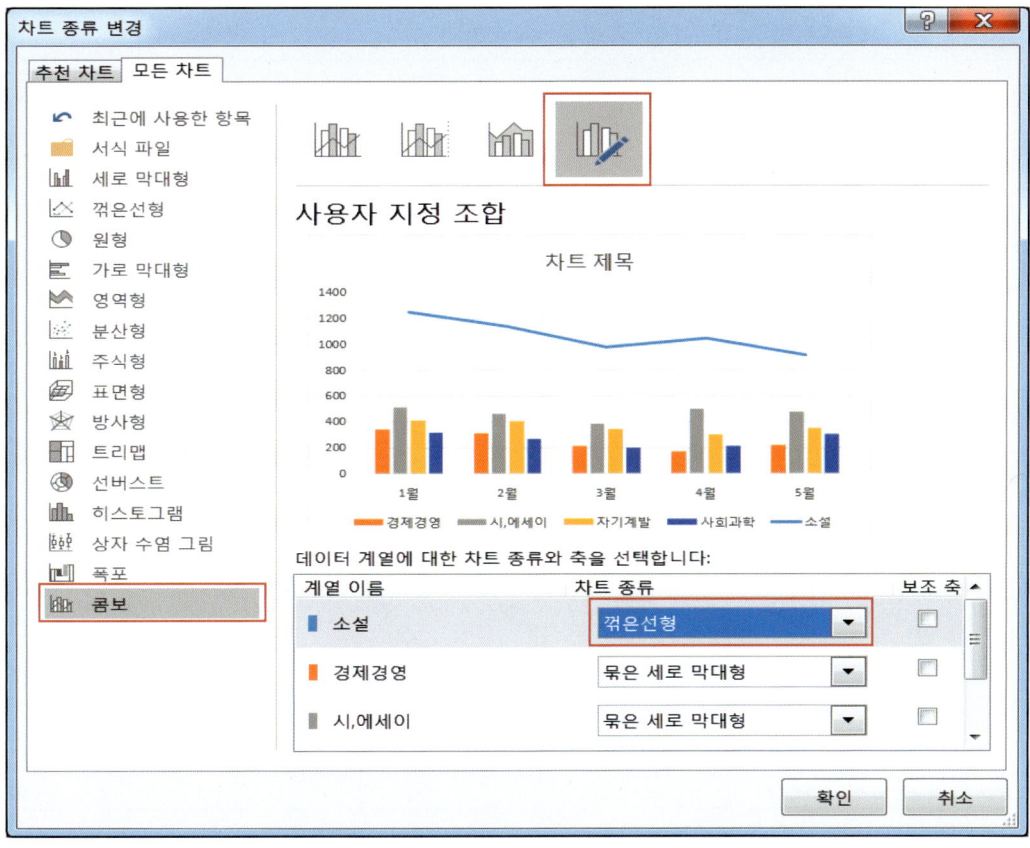

❻ '소설' 계열만 꺾은선형으로 차트종류가 변경된다.

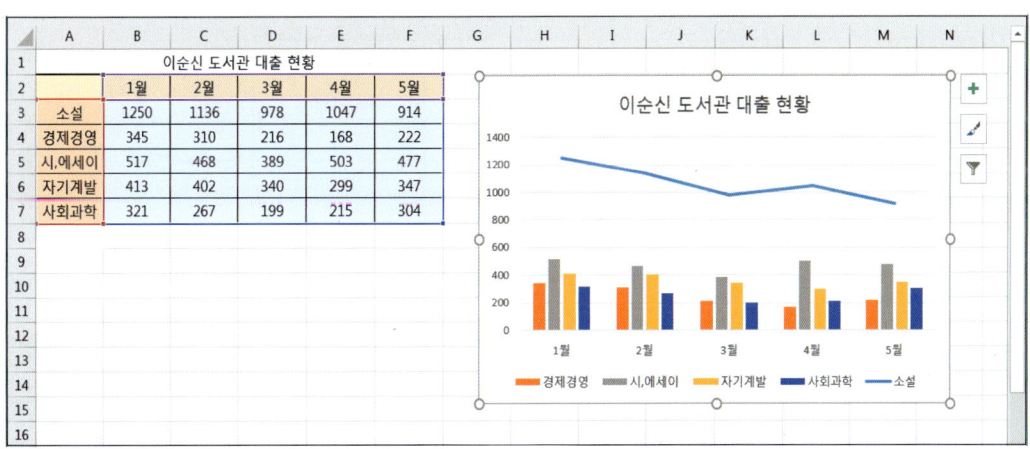

| 실습예제 4 | '차트의 범위 및 표현 요소를 수정'하기 |

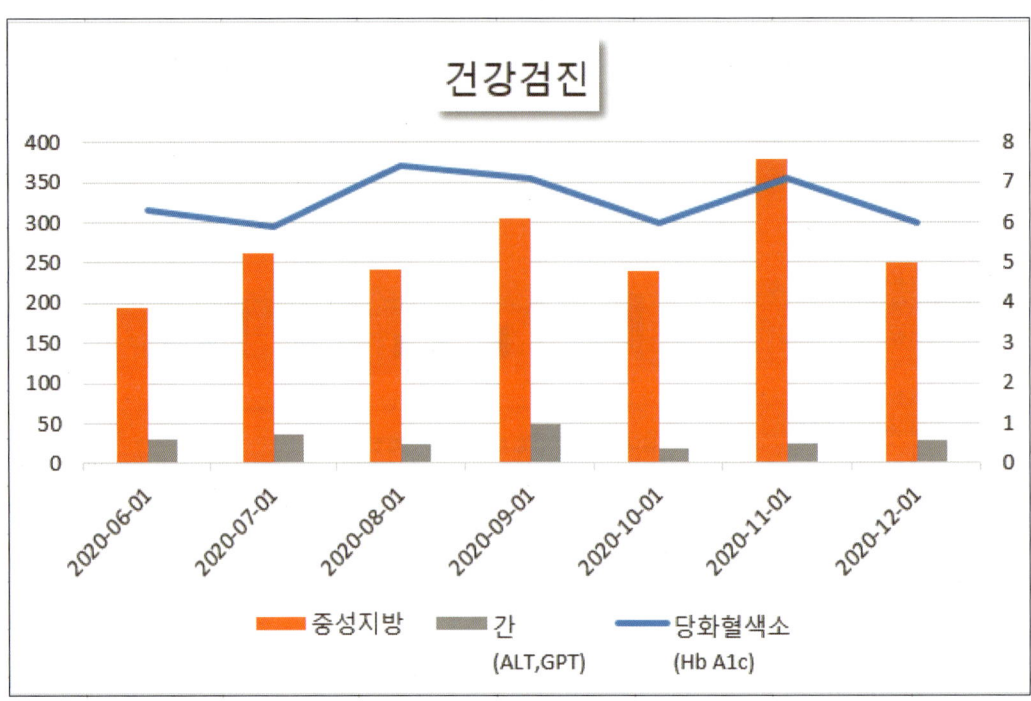

❶ "건강검진.xlsx" 파일을 불러온다.

A	B	C	D	E	F
2		당화혈색소 (Hb A1c)	중성지방	간 (ALT,GPT)	기타
3	2012-06-23	6.3	194	31	
4	2012-08-08	5.9	262	37	
5	2012-10-02	7.4	242	24	
6	2013-01-06	7.1	305	49	
7	2013-03-03	6.0	240	18	
8	2013-05-02	7.1	378	25	Microalbumin: 0.4 / Glucose: 160
9	2013-07-21	6.0	250	28	

❷ B2:E9 범위를 지정하고 [삽입] ➡ [차트] 그룹 ➡ [2차원 묶은 세로 막대형]을 클릭한다.

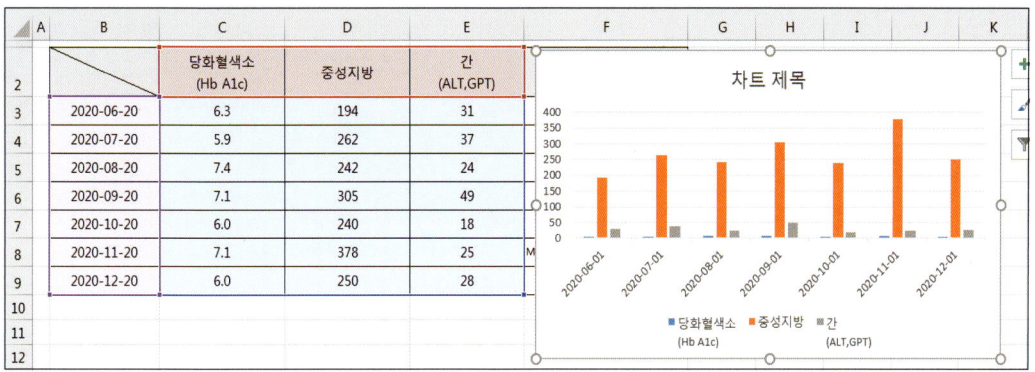

❸ 차트 영역을 선택하고 [차트 필터]를 클릭한다.

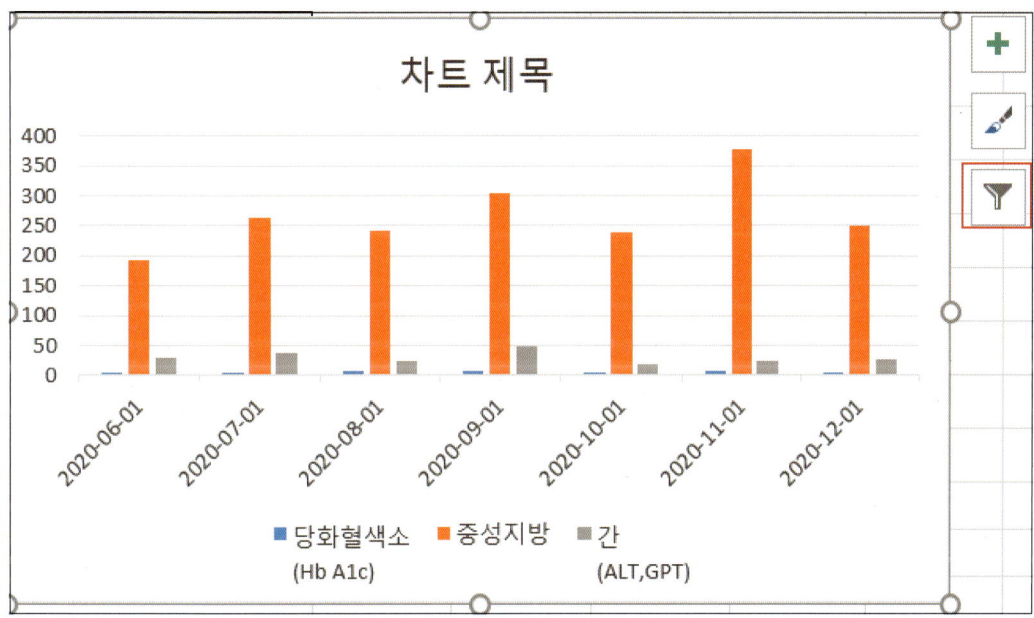

❹ [값]에서 '간(ALT,GPT)' 계열의 체크를 해제하고 [적용]을 클릭한다.

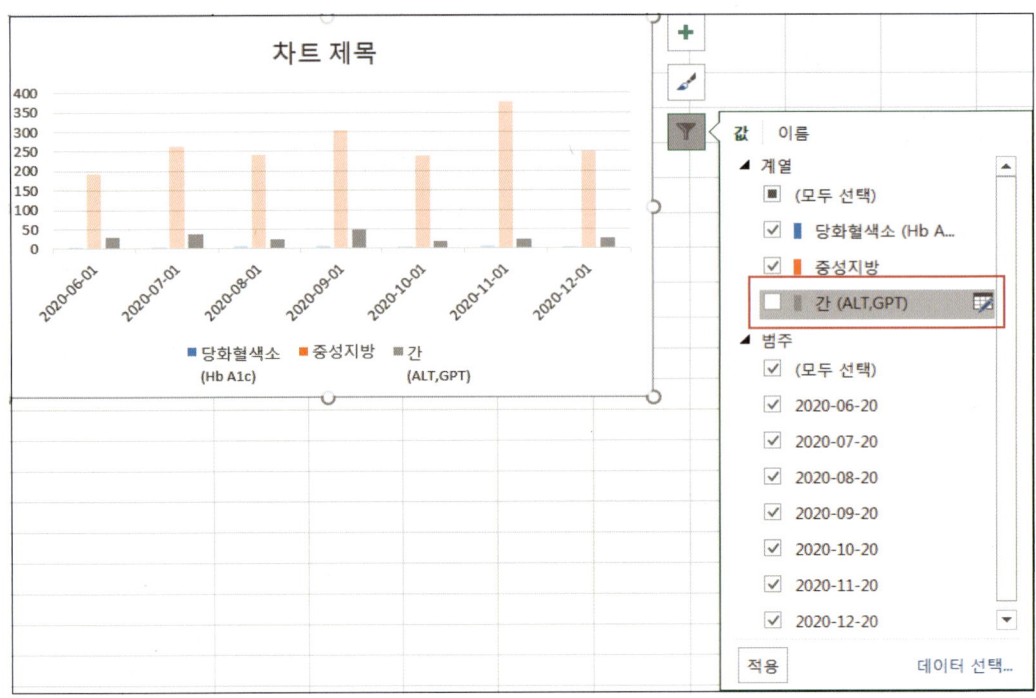

❺ '당화혈색소'와 '중성지방' 데이터 계열만 나타난다.

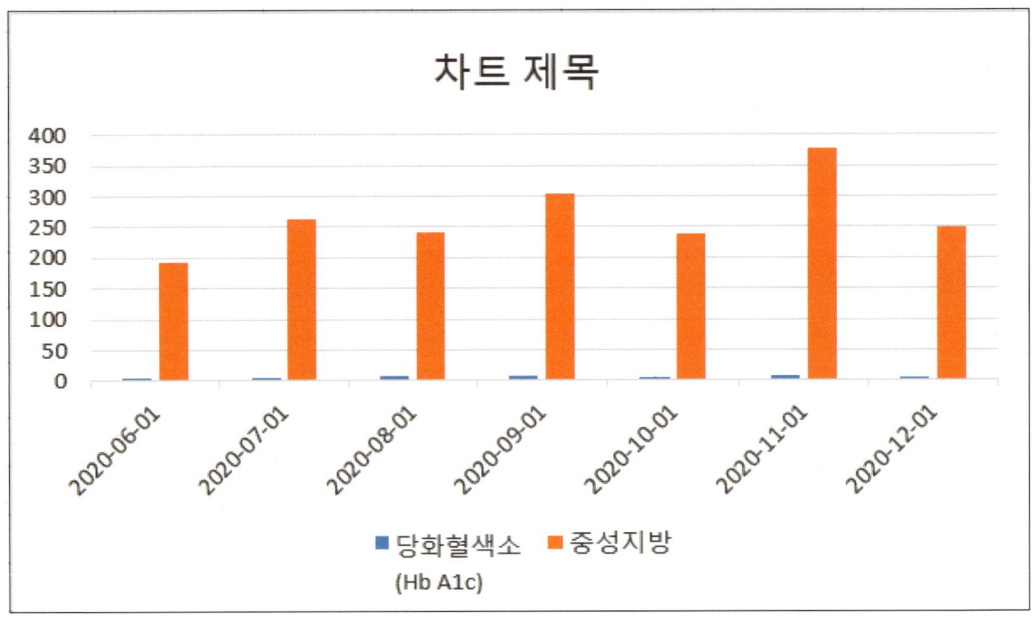

❻ 가로 축에 '당화혈색소'와 '중성지방'만 나타나도록 데이터 범위를 변경해보자.

❼ 차트 영역을 선택하고 [차트 도구] ⇨ [디자인] ⇨ [데이터] 그룹 ⇨ [데이터 선택]을 클릭한다.

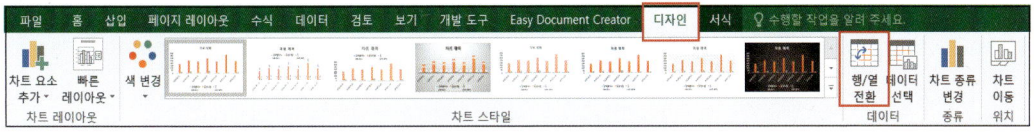

❽ 가로 축에 '당화혈색소'와 '중성지방'만 나타난다.

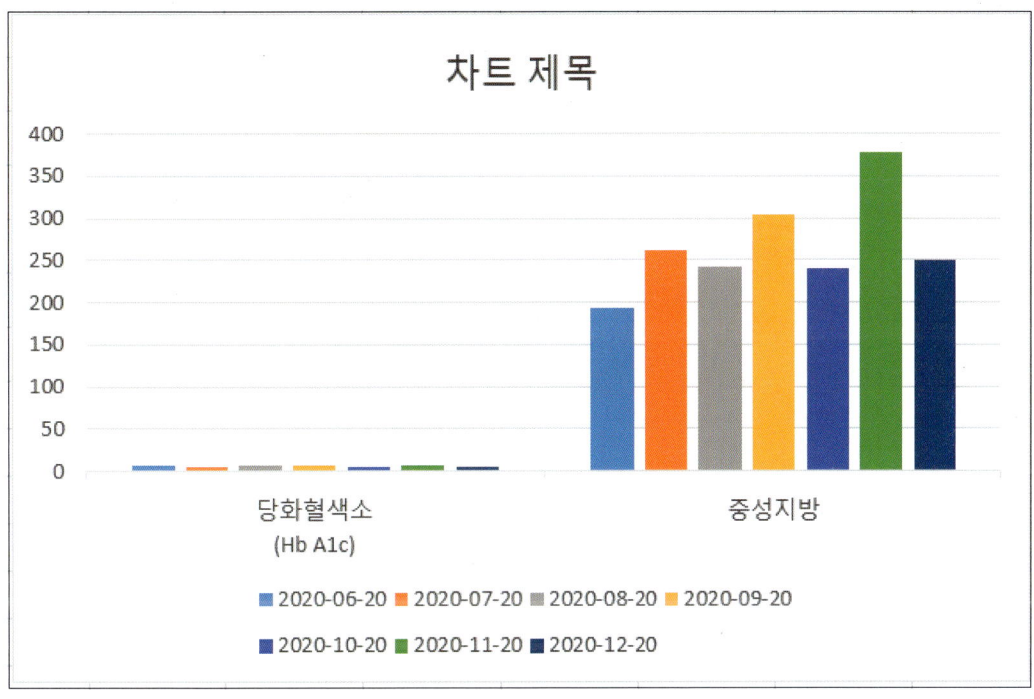

❾ 차트제목을 '건강검진'으로 바꾸고 그림자 효과를 주기 위해 [서식] ⇨ [도형효과] ⇨ [그림자]를 선택한다.

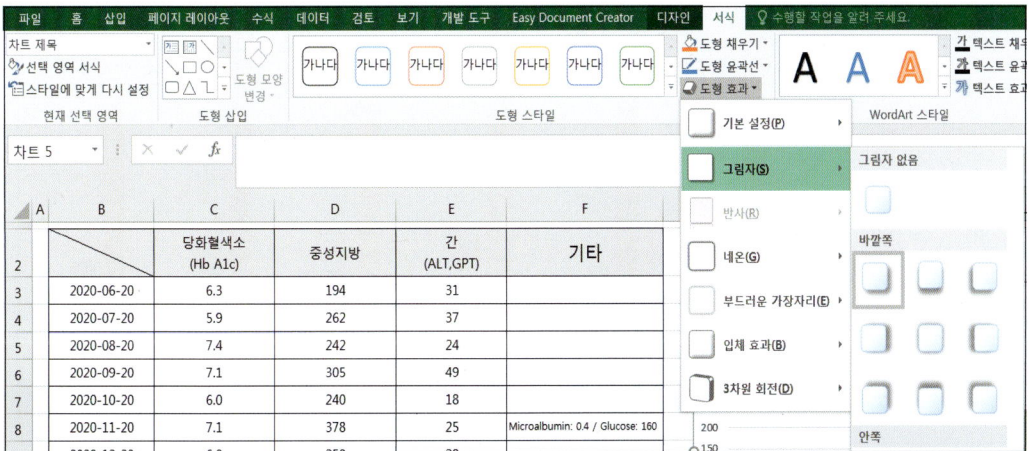

CHAPTER 09 차트 다루기 **327**

❿ 제목 편집이 완성된다.

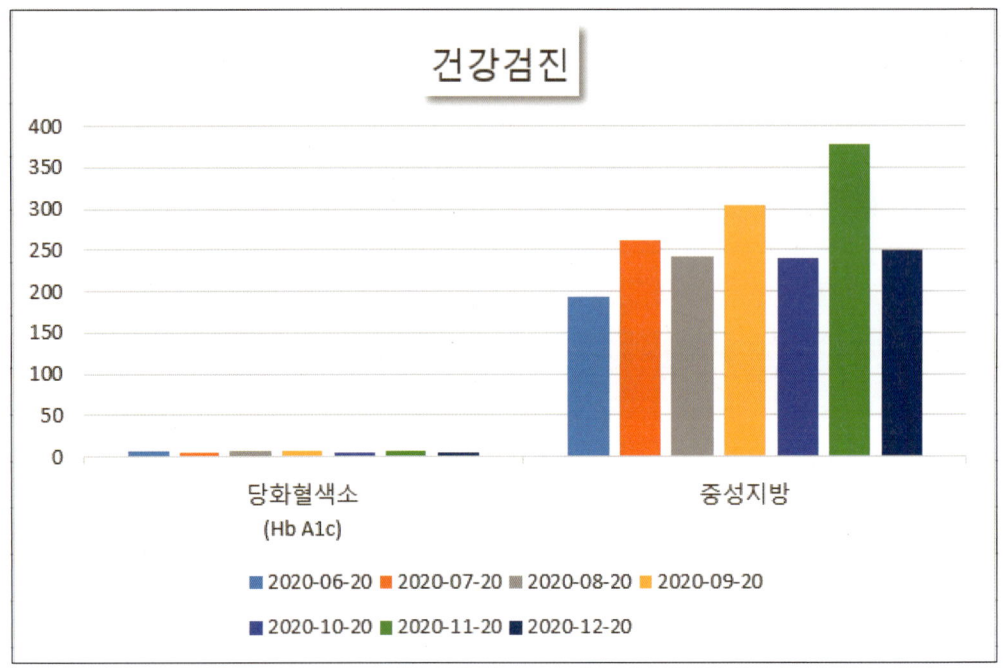

⓫ 콤보 차트 기능을 이용하여 '당화혈색소(Hb A1c)' 계열만 꺾은 선형으로 바꾸어 보자.
⓬ 차트 영역을 선택하고 [차트 필터]를 클릭하여 [값]에서 체크해제한 '간(ALT,GPT)' 계열을 다시 선택하여 나타낸다.

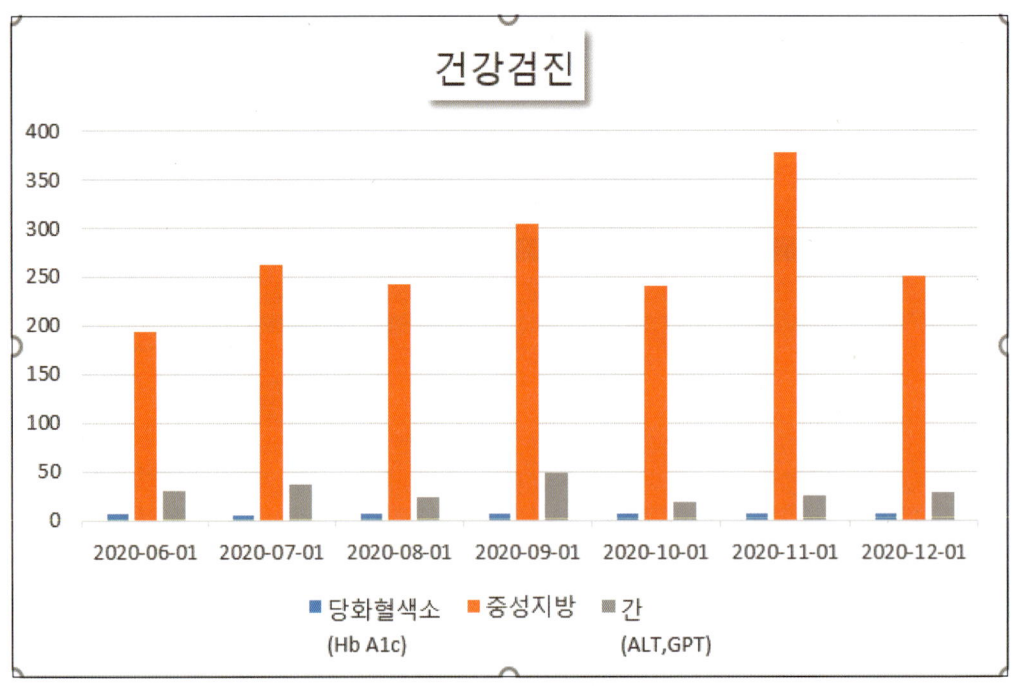

⑬ 차트 영역을 선택하고 [삽입] ⇨ [차트] ⇨ [콤보] ⇨ [사용자 지정 콤보 차트 만들기]를 선택한다.

⑭ '당화혈색소(Hb A1c)' 계열만 꺾은선형으로 바꾸고 [확인]을 클릭한다.

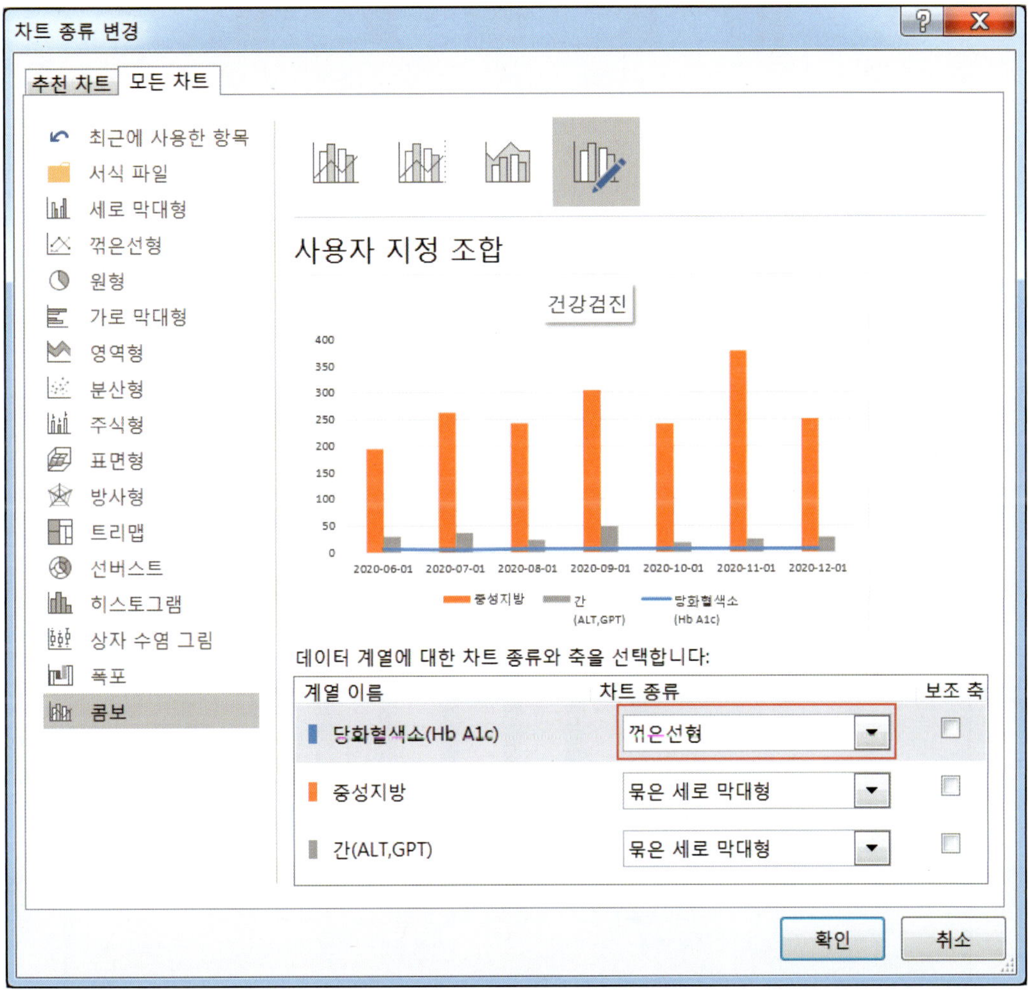

⑮ '당화혈색소(Hb A1c)' 계열만 꺾은선형으로 바꾸면 기본 눈금선을 기준으로 나타내기 때문에 변동의 차이를 거의 나타나지 않는다.

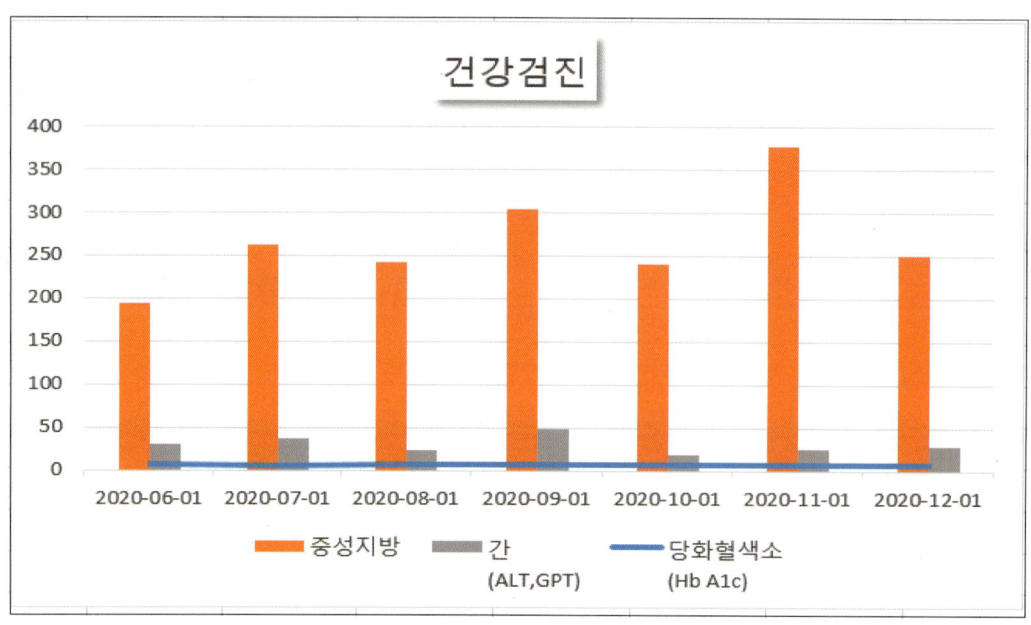

⑯ '당화혈색소(Hb A1c)' 계열만 보조 눈금선으로 표시하기 위해서 [보조 축]에 체크하고 [확인]을 클릭한다.

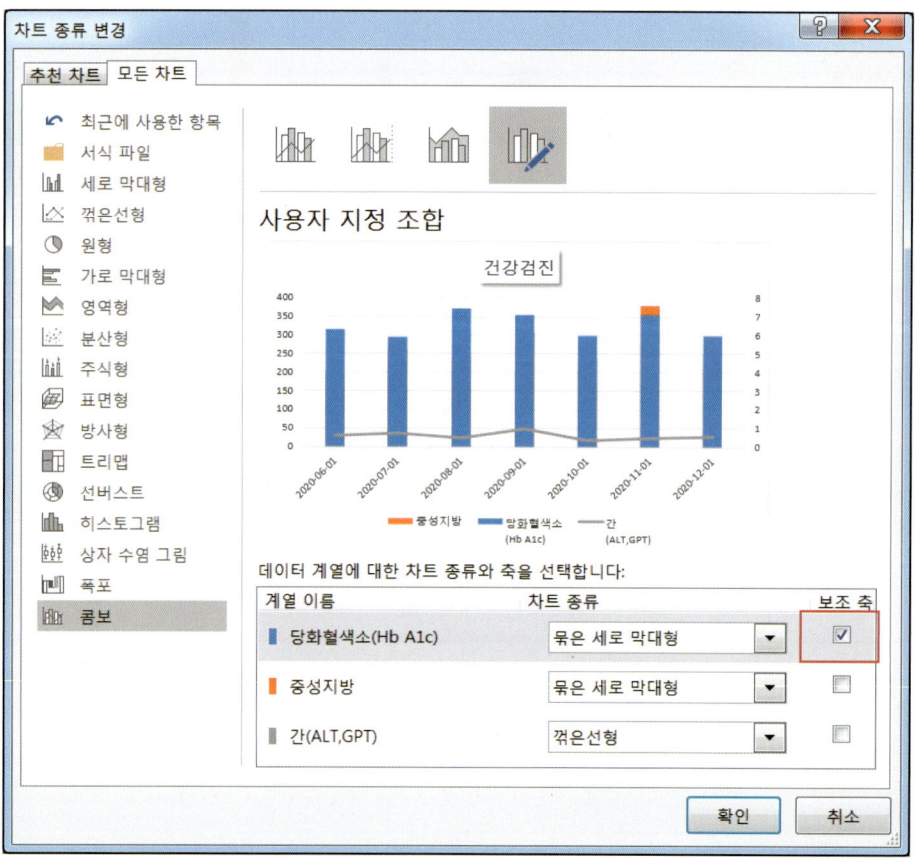

⓱ '중성지방', '간'은 막대 차트로 나타나고, '당화혈색소'는 꺾은선형으로 나타난다.

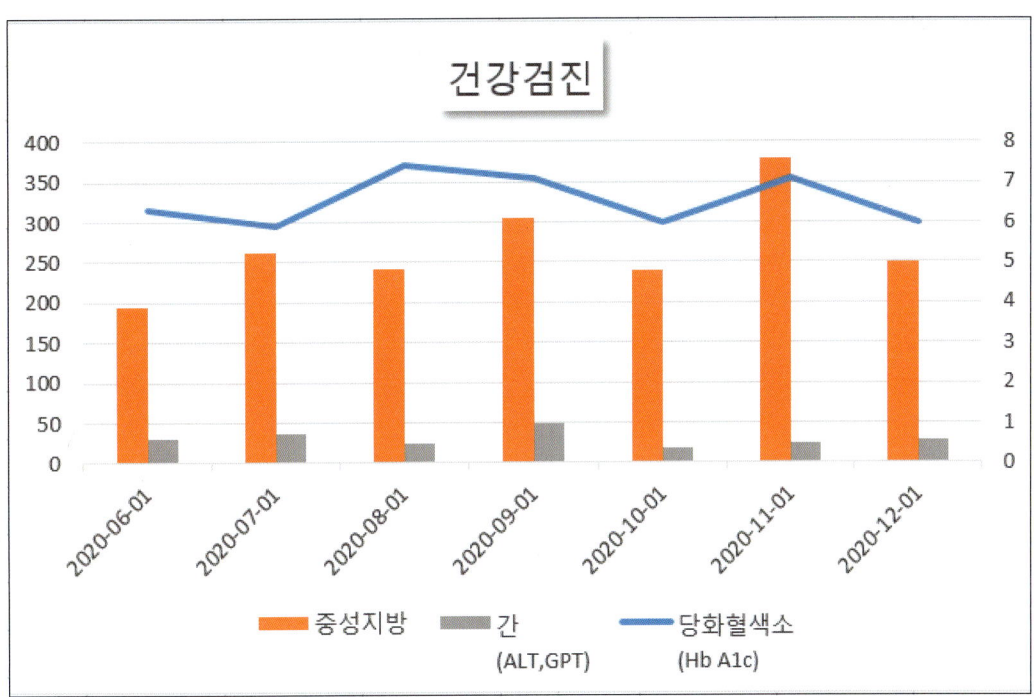

실습예제 5 차트 작성과 표현 요소 수정하기

❶ "신체검사.xlsx" 파일을 불러온다.

	A	B	C	D
1	A팀 신체검사			
3	이름	키	표준체중	몸무게
4	채시완	183	74.7	65
5	정하윤	165	55.3	66
6	김경빈	167	57.3	69
7	한미희	155	46.8	50
8	김주원	172	64.8	72
9	박준성	177	69.3	60
10	윤수화	169	53.6	78
11	이소연	172	61.2	57

❷ [차트 종류 변경] 창에서 '키'는 [표식이 있는 꺾은선형], '표중체중'과 '몸무게'는 [묶은 세로 막대형], [보조 축]으로 지정한다.

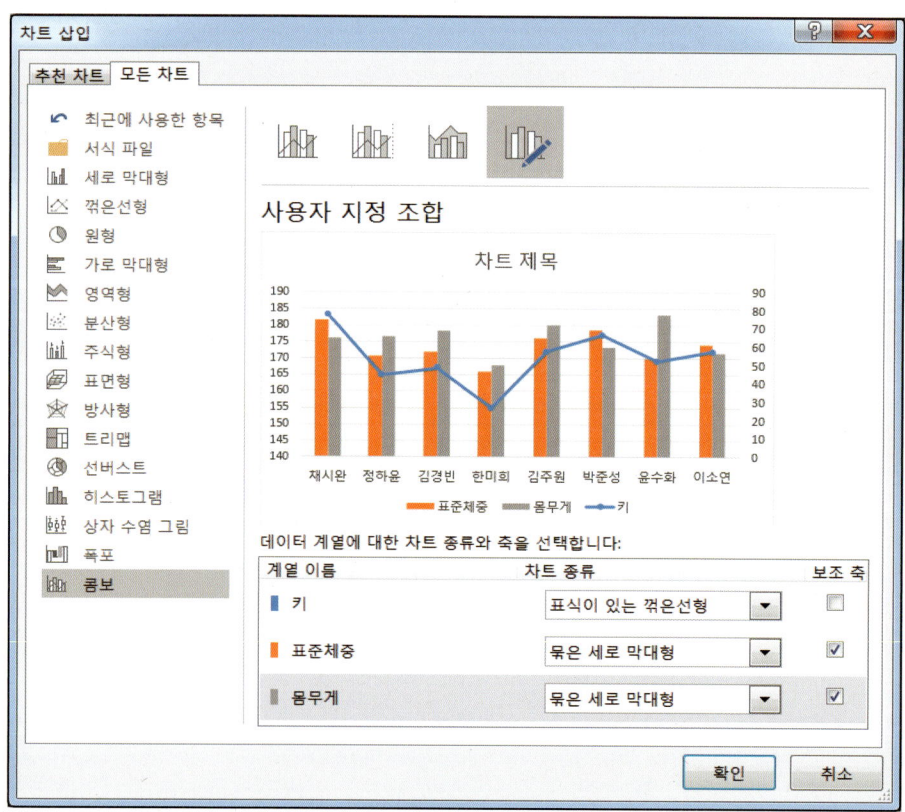

❸ [세로 (값) 축]을 더블클릭하여 [축 서식] 창에서 [최소값]은 '150', [최대값]은 '190', [주]는 '10', [보조]는 '5'로 지정한다.

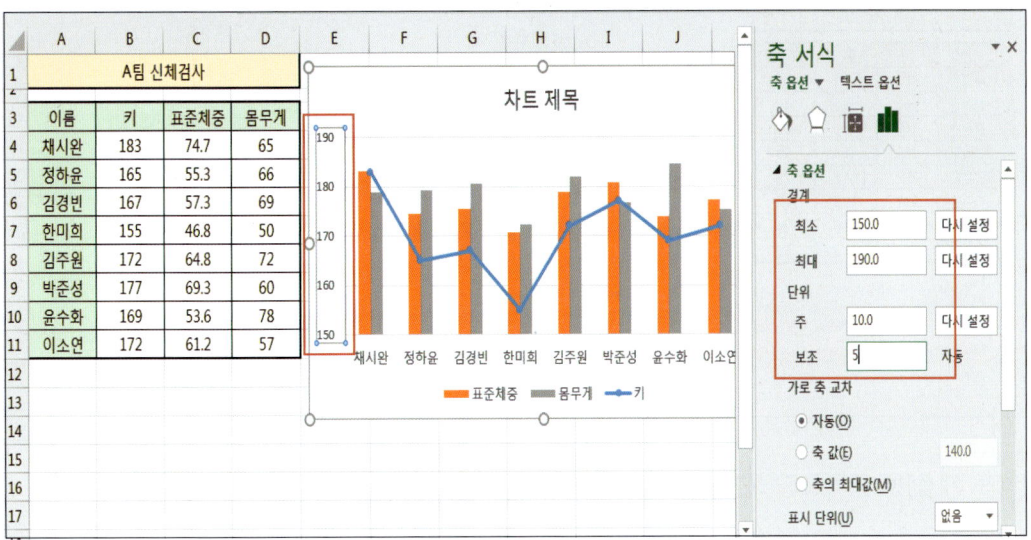

❹ [보조 세로(값) 축]을 더블 클릭하여 [축 서식] 창에서 [최소값]은 '40', [최대값]은 '80', [주]는 '10', [보조]는 '5'로 지정한다.

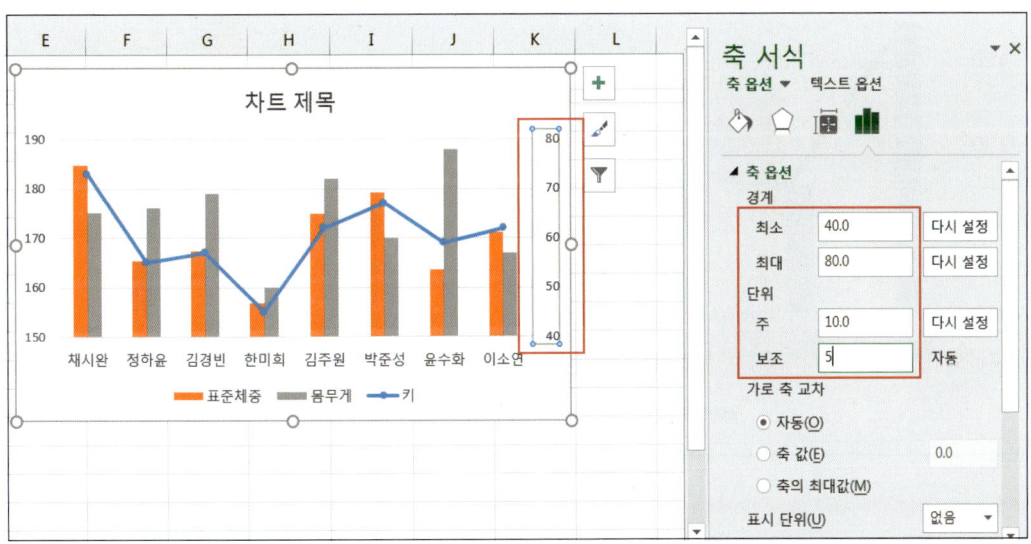

❺ '표준체중' 데이터 계열을 클릭하고 [차트 스타일] ➪ [색] ➪ [색 4]를 선택한다.

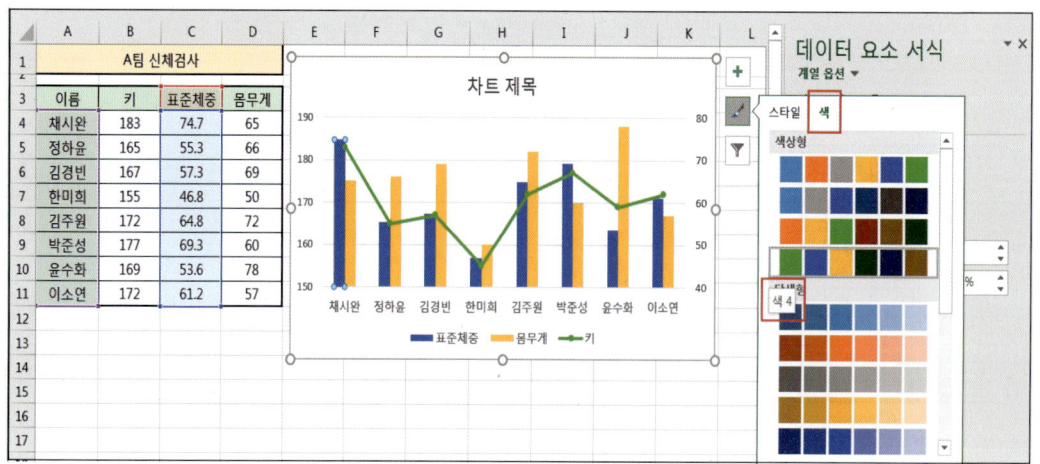

❻ [차트 제목]을 클릭하고 '신체검사'를 입력한다.

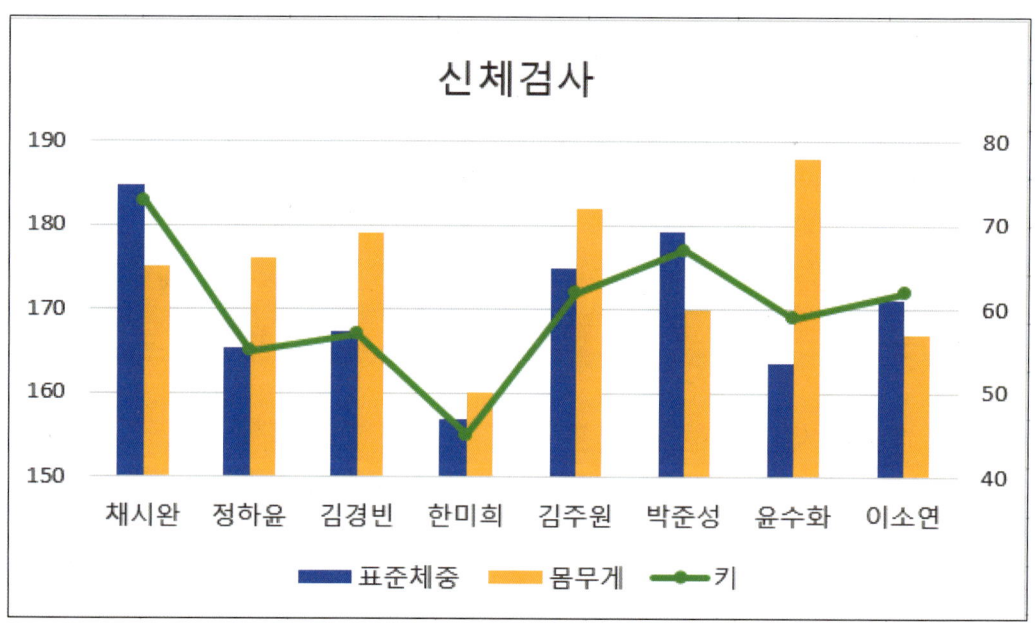

❼ 그림 영역을 선택하고 [차트 도구] ➪ [서식] ➪ [도형 스타일] 그룹 ➪ [미세효과-회색 50% 강조 3]을 클릭한다.

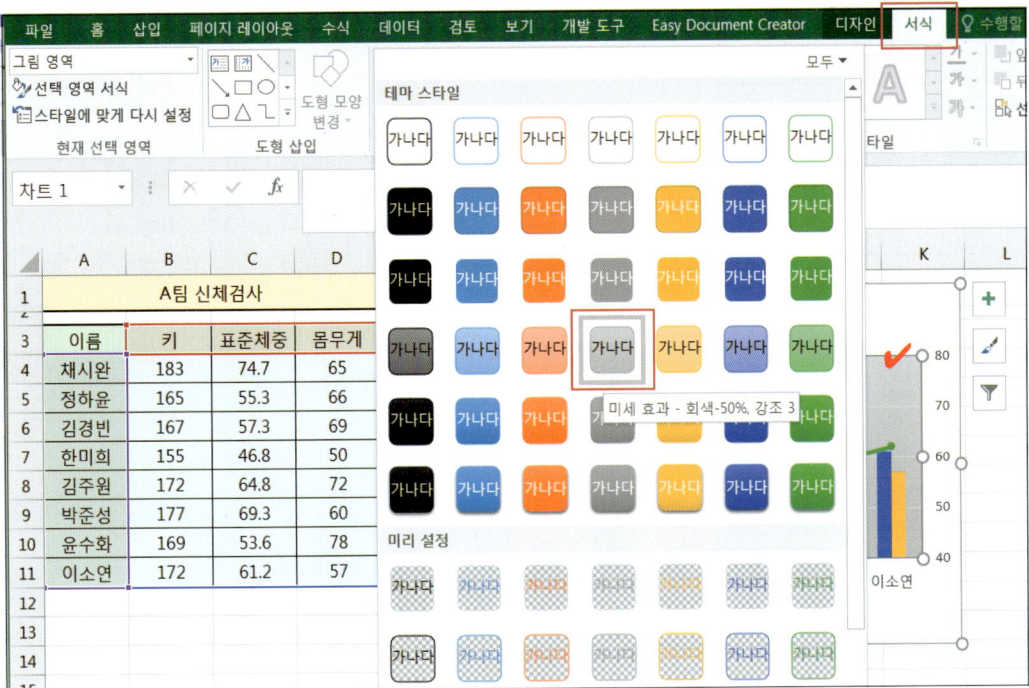

❽ 그림 영역만 스타일이 지정되었다.

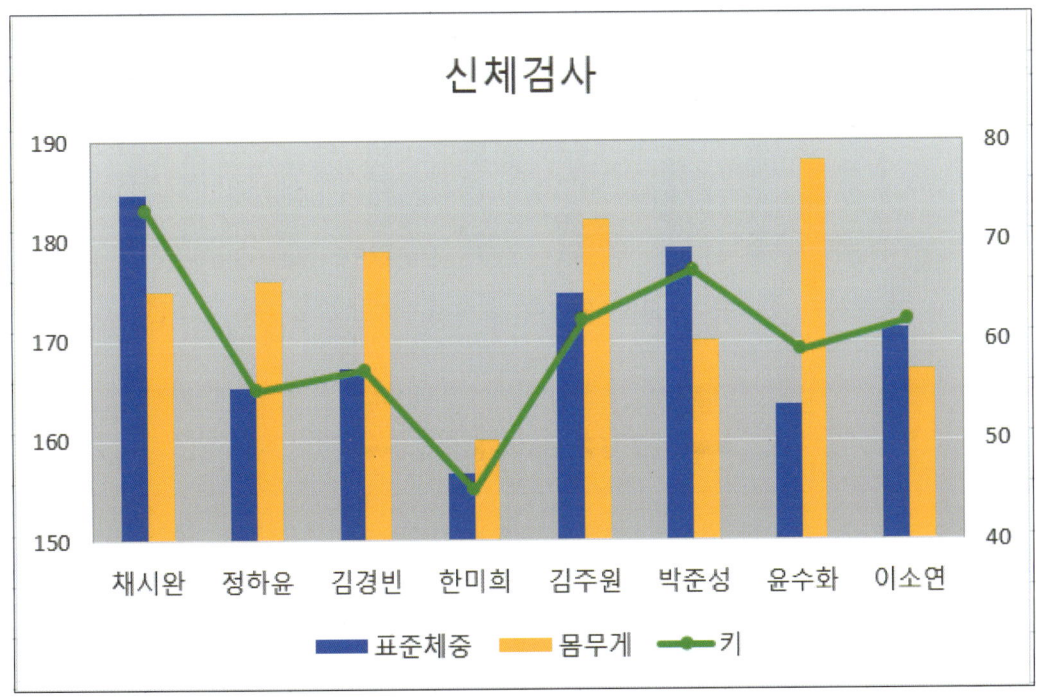

❾ 차트 영역을 선택하고 [차트요소] ⇨ [축 제목]을 클릭한다.

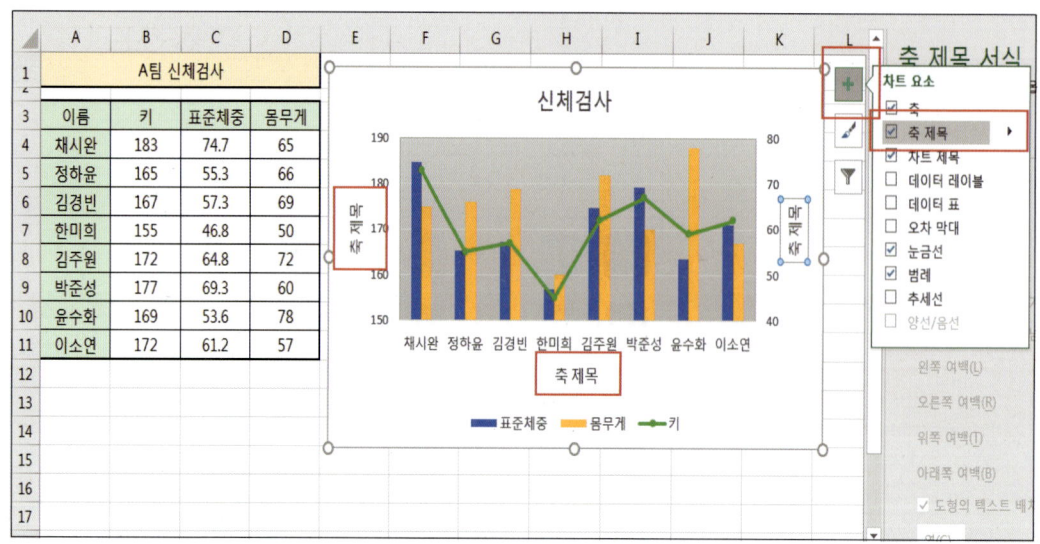

❿ 축 제목이 나타나면 축 제목을 클릭하고 각각 'cm', 'kg'을 입력한다.

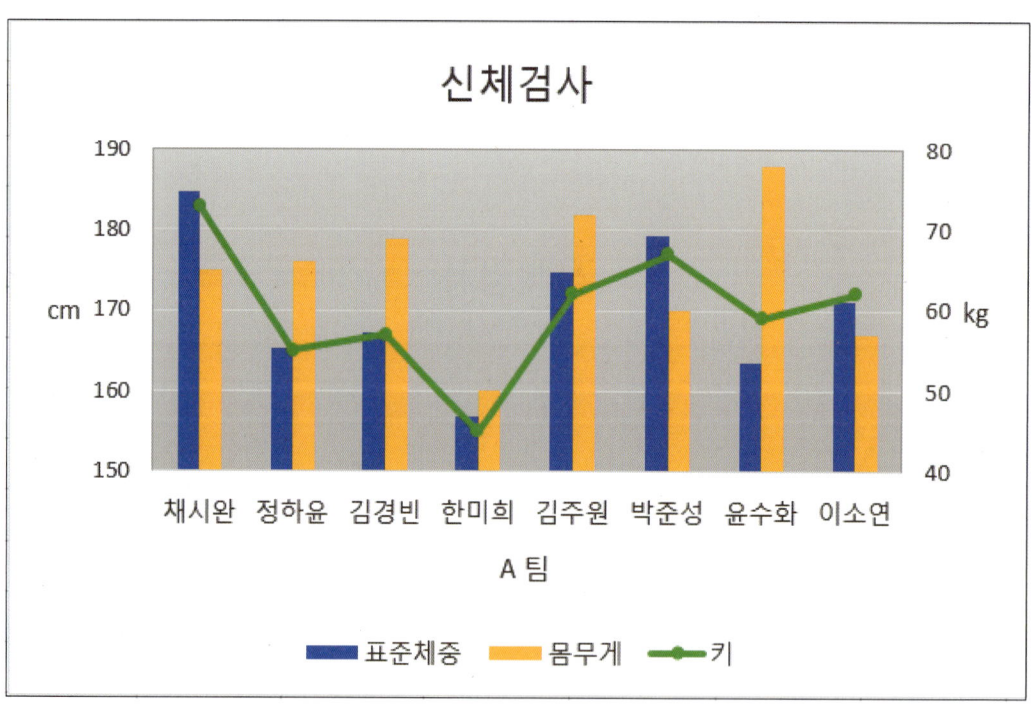

⓫ '채시완'의 '키' 데이터 계열을 클릭한 후 한 번 더 클릭하여 해당 데이터만 선택하도록 한다.

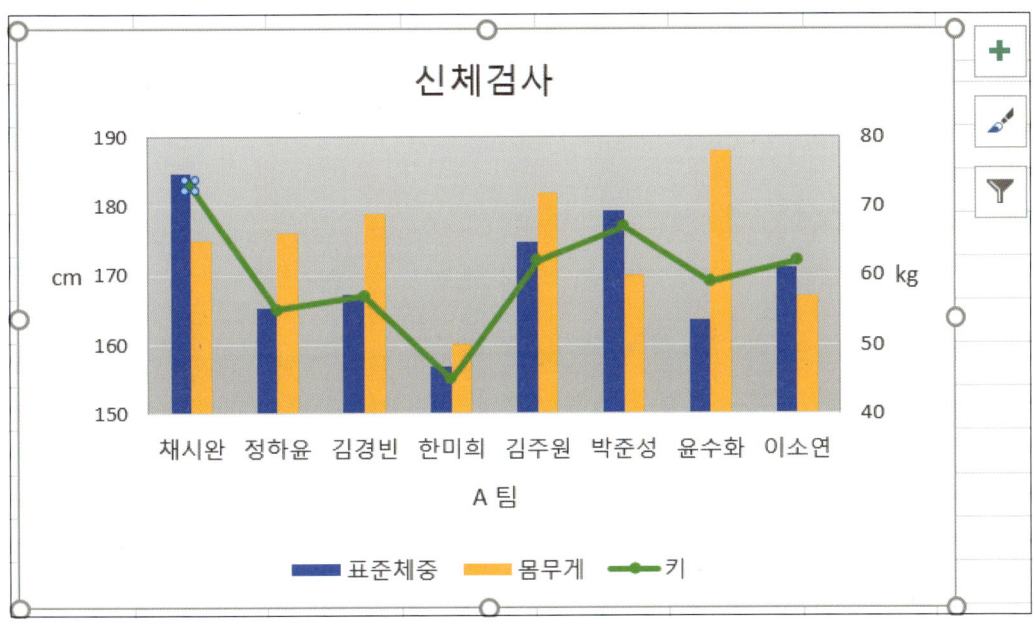

⓬ [차트요소] ⇨ [데이터 레이블]을 선택한다.

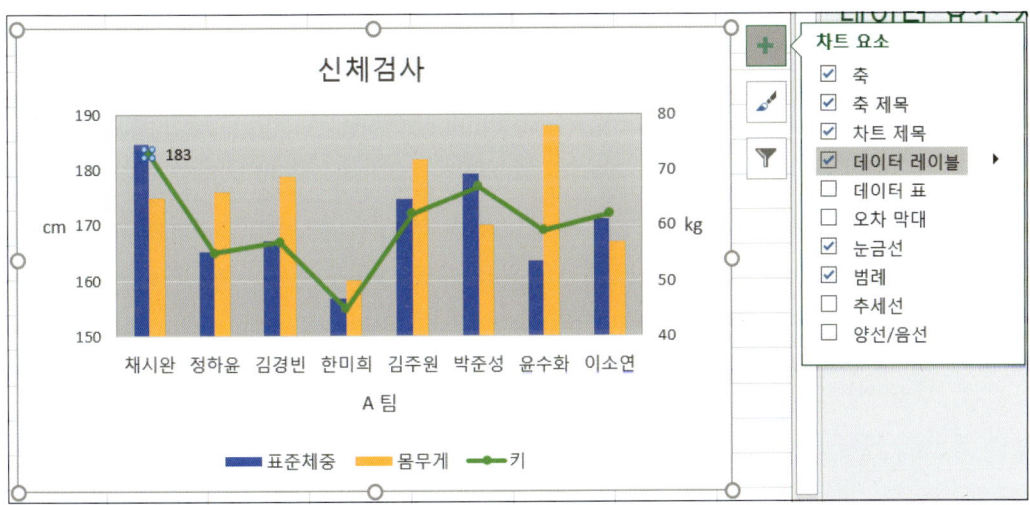

⓭ 같은 방법으로 '한미희'의 '몸무게' 데이터 레이블만 표시한다.

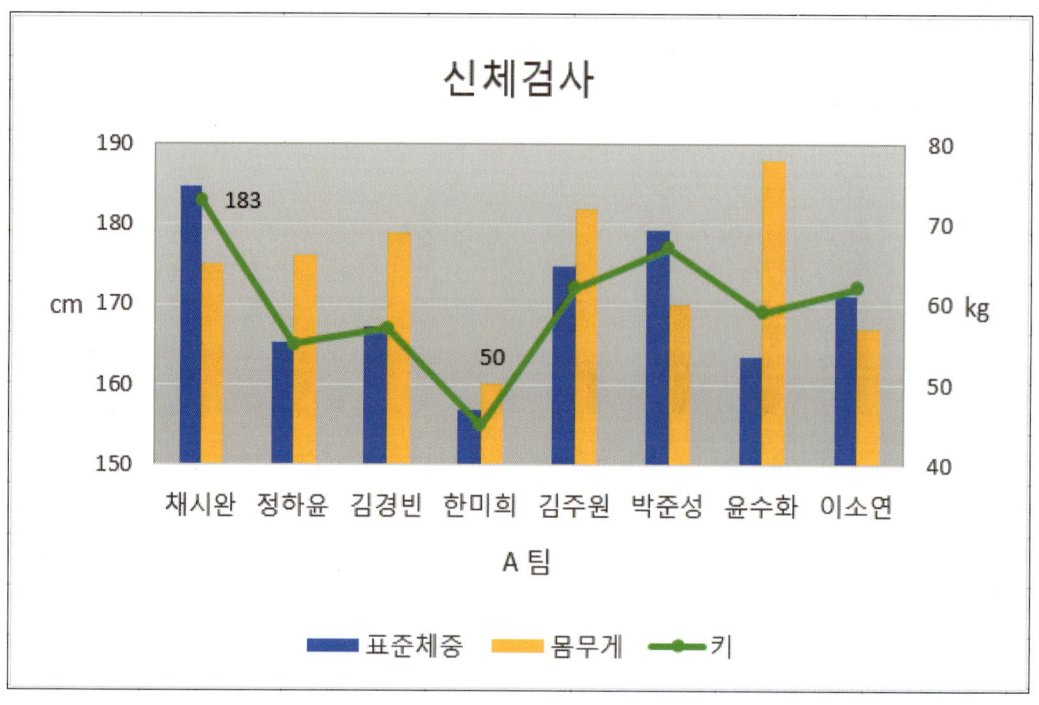

CHAPTER 09

연습문제 1. **월별 매출액**

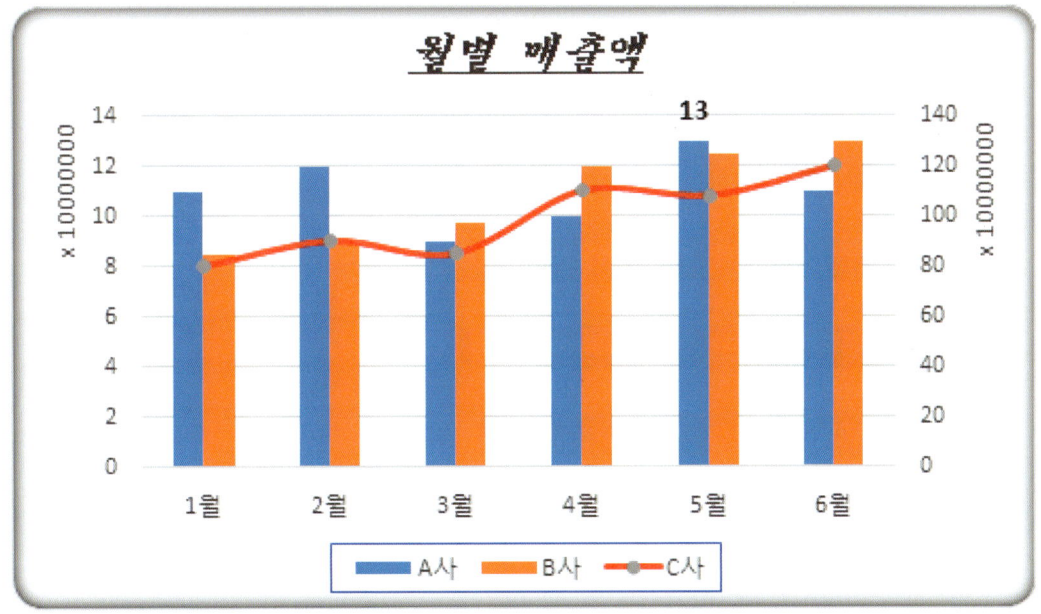

1. A2:D8을 데이터 범위로 지정하고 [묶은 세로 막대형] 차트를 삽입하시오.

2. 'C사' 데이터 계열만 [표식이 있는 꺾은선형] 차트로 변경하고 보조 축으로 지정하시오.

3. 'C사' 데이터 계열의 선을 [빨강], [완만한 선]으로 지정하시오.

4. [세로 (값) 축]과 [보조 세로 (값) 축]의 표시 단위를 '10000000'으로 지정하시오.

5. 'A사'의 '5월' 항목에만 데이터 레이블을 표시하고 글꼴 스타일을 '굵게', 크기는 '11'로 지정하시오.

6. 차트 제목에 '월별 매출액'을 입력하고 글꼴은 '궁서체', 크기는 '15', 글꼴스타일은 '굵게', '기울임꼴', '밑줄'로 지정하시오.

7. 범례 영역에 [색 윤곽선-파랑, 강조5] 도형 스타일을 지정하시오.

8. 차트 영역에 [둥근 모서리]와 [안쪽 가운데] 그림자를 지정하시오.

CHAPTER 09

연습문제 2. **계절별 산행객 수**

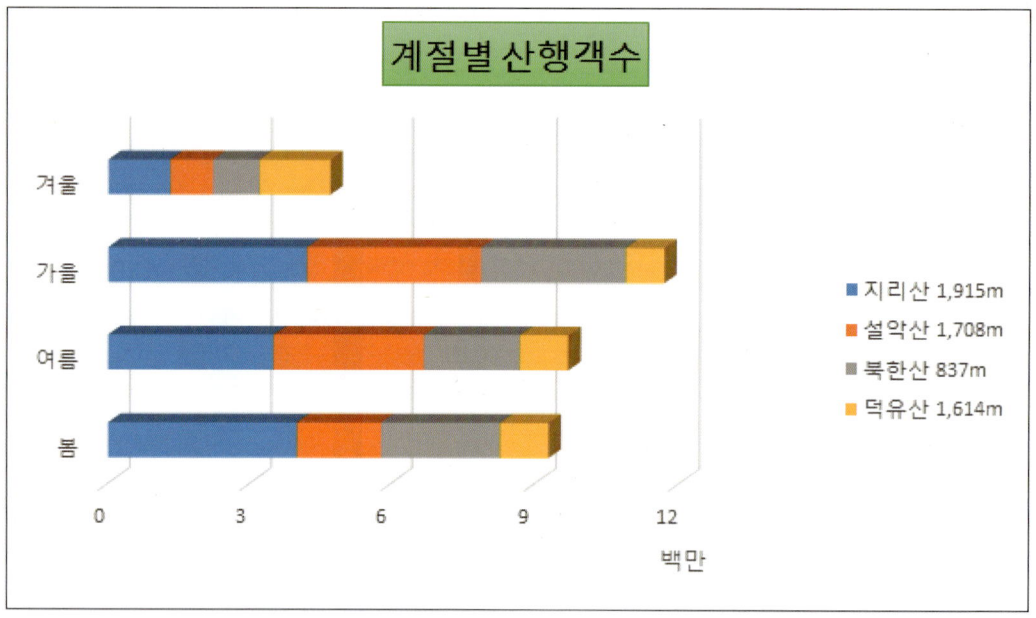

1. A2:F6 데이터 범위로 지정하여 [3차원 누적 가로 막대형] 차트를 삽입하시오.

2. B8:F22 범위에 위치시키고 크기도 조정하시오.

3. '가야산 1,430m' 계열이 포함되지 않도록 데이터 범위를 변경하시오.

4. 데이터를 [행/열 전환]하시오.

5. 차트 제목에 '계절별 산행객수'를 입력하고 [미세효과-녹색, 강조6] 도형 스타일로 지정하시오.

6. [가로(값) 축]의 최소값은 '0', 최대값은 '130000000', 주 단위는 '3000000', 표시 단위는 '백만'으로 지정하고 차트에 단위 레이블을 표시하시오.

7. 범례 영역을 [오른쪽]에 배치하시오.

CHAPTER 09

연습문제 3. **선호도**

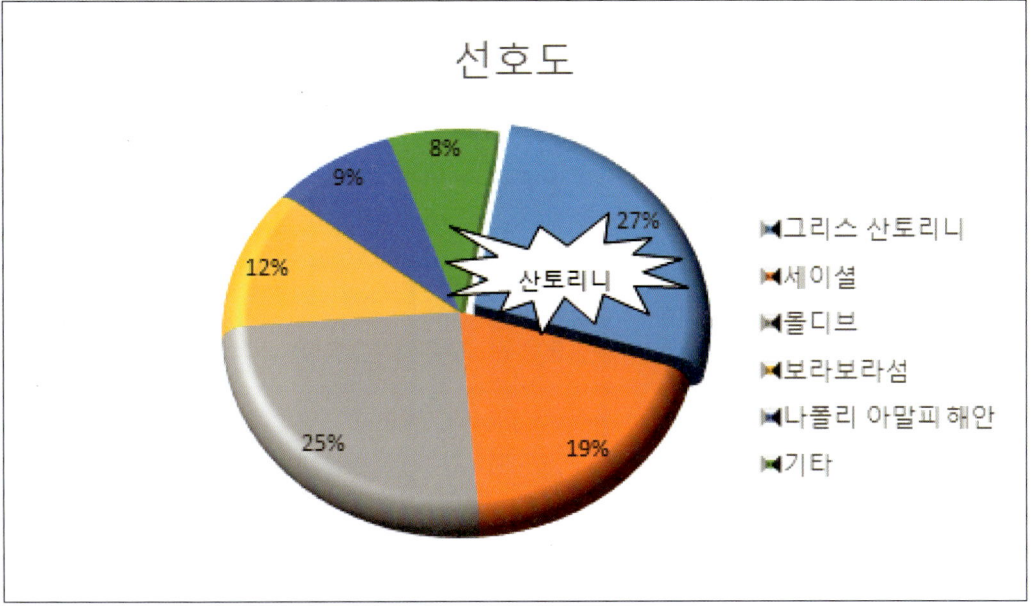

1. A3:B9를 데이터 범위로 지정하여 [3차원 원형] 차트를 삽입하시오.

2. D2:K19 범위에 위치시키고 크기도 조정하시오.

3. 차트 영역은 [빠른 레이아웃] - [레이아웃 6]을 선택하고, 차트 제목은 '선호도'로 입력하시오.

4. 원형차트에 다음과 같이 3차원 서식 및 회전을 적용하시오.

    3차원 서식 : [데이터 계열 서식] 창에서 [효과]-[3차원 서식] 위쪽 입체, 아래쪽 입체의 너비, 높이를 모두 '30pt'로 입력

    3차원 회전 : [차트 영역 서식] 창에서 [효과]-[3차원 회전] X 회전: 10, Y 회전: 60, 원근감: 10을 입력

5. '그리스 산토리니' 조각을 분리하시오.

6. [폭발1] 도형을 삽입하고 '산토리니'를 입력한 후 결과 화면을 참고하여 배치하시오.

CHAPTER 09

연습문제 4. **급여현황**

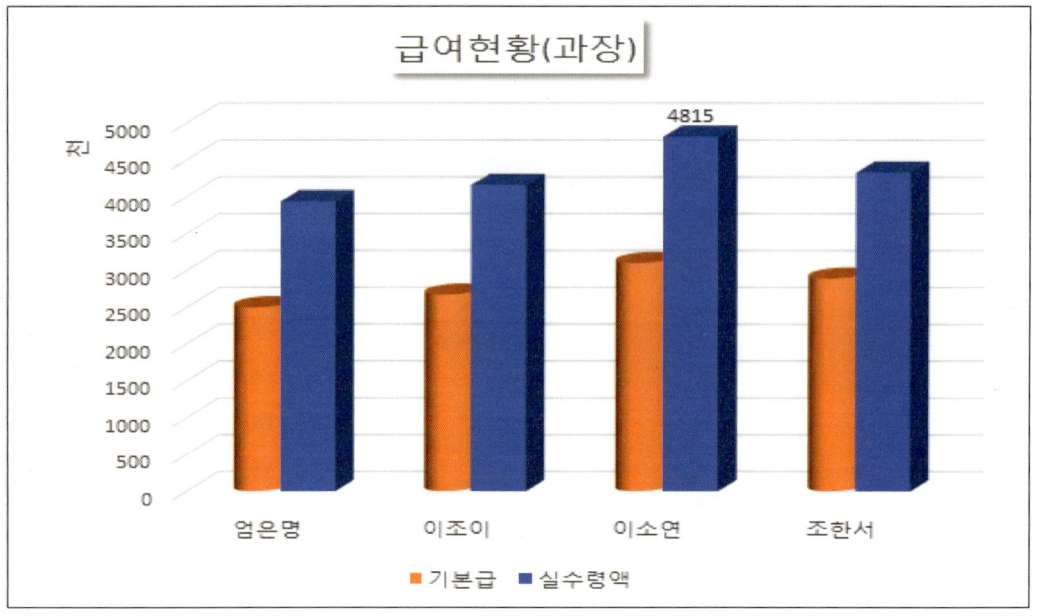

1. A3:H11을 데이터 범위로 지정하고 [3차원 묶은 세로 막대형] 차트를 삽입하시오.

2. 직급이 '과장'인 '엄은명, 이조이, 이소연, 조한서'의 기본급과 실수령액만 나타나도록 데이터 범위를 변경하시오.

3. [세로 (값) 축]의 표시 단위를 [천]으로 지정하시오.

4. '이소연'의 '실수령액'에만 데이터 레이블을 나타내시오.

5. '기본급' 데이터 계열을 [데이터 계열 서식] 창 - [계열 옵션] - [원통형]으로 변경하고 채우기 색은 '주황'으로 하시오.

6. 차트 제목은 '급여현황(과장)'을 입력하고 [도형효과]-[그림자]-[오프셋 대각선 오른쪽 아래]를 지정하시오.

CHAPTER 10
일러스트레이션

10.1 그림 삽입
10.2 온라인 그림
10.3 도형
10.4 SmartArt
10.5 WordArt

10.1 그림 삽입

다양한 형식의 사진이나 그림 파일을 워크시트에 삽입할 수 있다.

① [삽입] 탭을 클릭한다.

② [일러스트레이션] 그룹 ⇨ [그림]을 클릭한다.

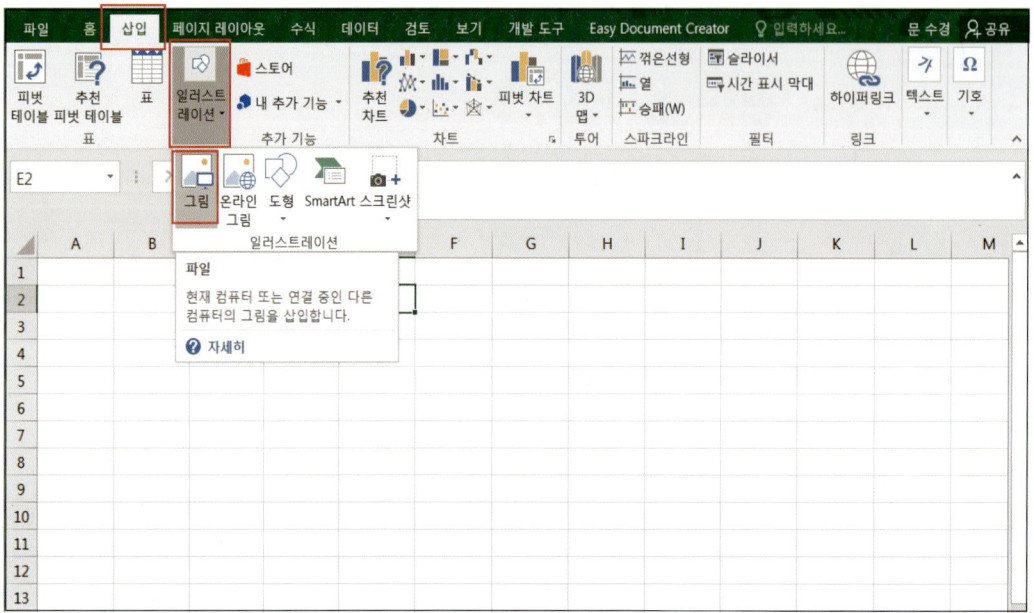

③ [그림삽입] 대화상자가 나타나고, 원하는 그림 파일이 있는 경로를 찾아 파일을 선택한다.

④ [그림삽입] 대화상자의 [삽입]을 클릭한다.

⑤ 삽입한 그림을 선택하고, [그림 도구]의 [서식] 탭 ➪ [그림 스타일] 그룹 ➪ [자세히]를 클릭한다.

⑥ 펼쳐진 메뉴 중 [반사형 입체, 검정]을 선택하여 그림에 서식을 적용한다.

10.2 온라인 그림

Excel2010까지 지원하던 클립아트 기능이 온라인 그림으로 대체되어 있다. 온라인상에서 필요한 이미지를 검색하여 워크시트에 삽입할 수 있다.

① [삽입] 탭을 클릭한다.
② [일러스트레이션] 그룹 ▷ [온라인 그림]을 클릭한다.

③ [그림 삽입] 창이 나타나고, [이미지 검색]에 '의자'를 입력한다.

④ [검색] 아이콘을 클릭한다.

⑤ 검색된 그림 중 이미지를 선택한 후 [삽입] 버튼을 클릭한다.

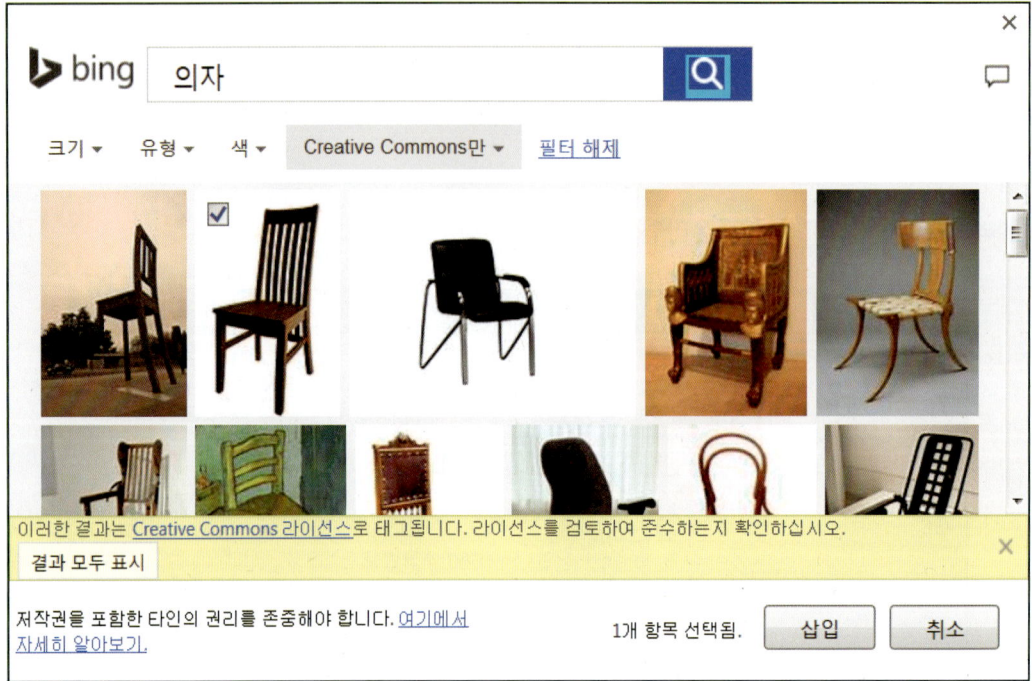

⑥ 마이크로소프트 계정으로 로그인 한 상태로 온라인 그림을 사용하며 OneDrive의 계정에서 그림을 가져오거나, Facebook, Flickr에서 필요한 그림을 삽입할 수 있다.

10.3 도형

미리 정의된 도형(선, 기본 도형, 블록 화살표, 순서도, 설명선 등)을 워크시트에 삽입해 보자. 각각의 도형을 사용하거나 여러 개의 도형을 사용하여 자신이 원하는 다이어그램을 직접 만들 수 있다.

① [삽입] 탭을 클릭한다.
② [일러스트레이션] 그룹 ⇨ [도형]을 클릭한다.

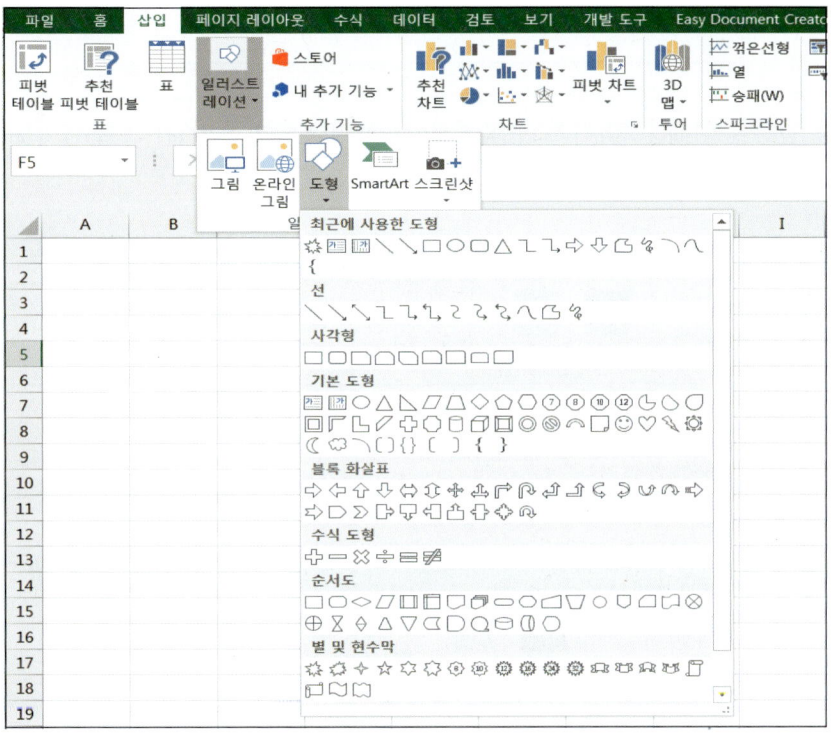

③ [블록화살표] 항목 ⇨ '오른쪽 화살표'를 클릭한다.
④ 마우스 드래그하여 워크시트에 도형을 삽입한다.

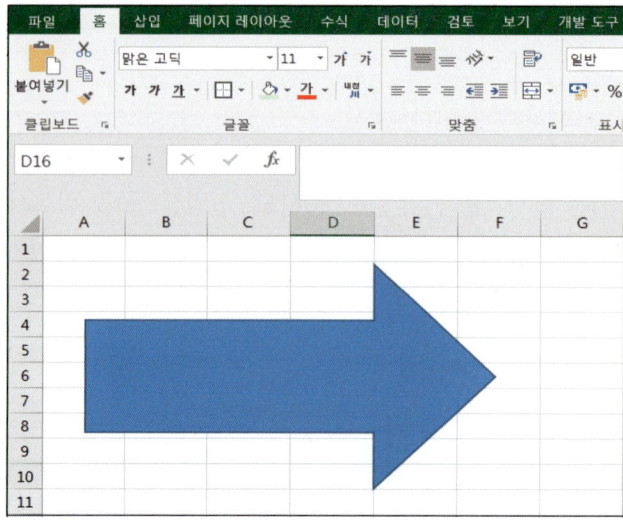

⑤ 도형 서식 변경을 위해 [그리기 도구]의 [서식] 탭 ➡ [도형 스타일] 그룹 ➡ [도형 윤곽선]을 클릭한다.

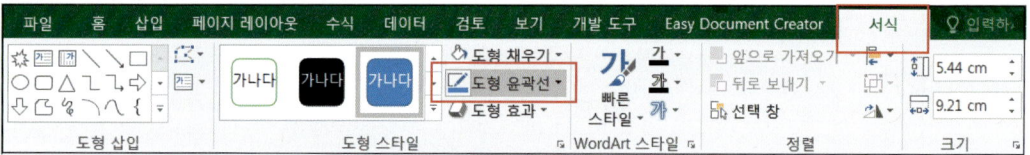

⑥ [테마 색] ➡ '황금색, 강조 4'를 선택한다.
⑦ [두께] - '6pt'를 선택한다.

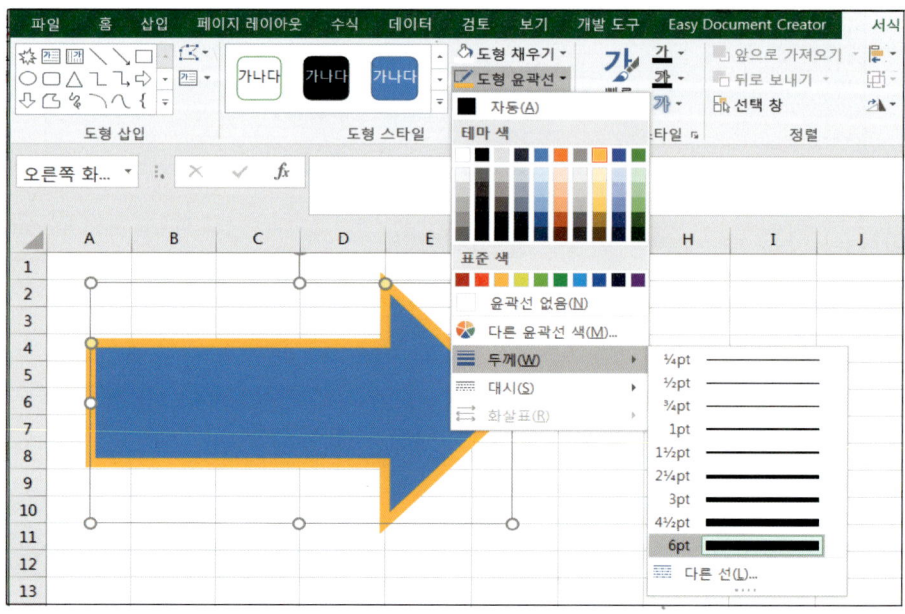

⑧ 삽입한 도형의 윤곽선 서식이 변경되었다.

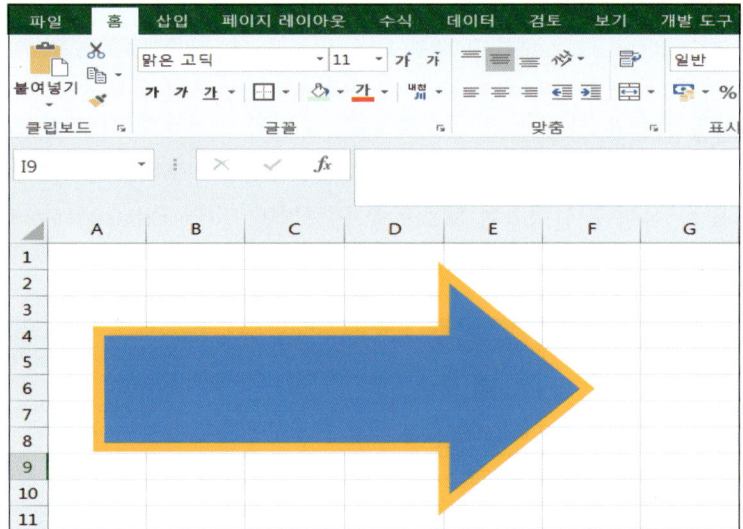

⑨ [크기] 그룹 ⇨ [도형 높이]와 [도형 너비]를 이용해 도형의 크기를 조절한다.

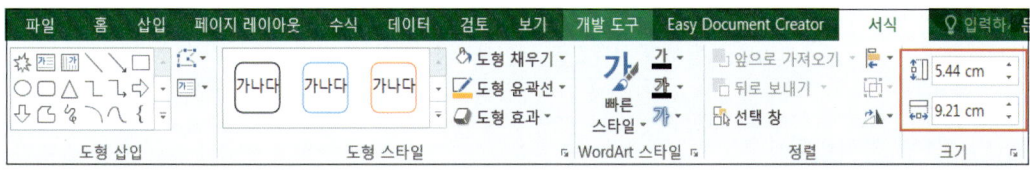

10.4 SmartArt

SmartArt는 도형을 손쉽게 사용할 수 있도록 여러 도형과 텍스트 상자로 구성해 미리 만들어놓은 다이어그램, 목록형, 주기형, 피라미드형 등 다양한 종류가 준비되어 있다. 따라서 표현하고자 하는 목적에 맞는 유형을 선택하여 텍스트를 입력하면 된다. SmartArt는 다음과 같은 유형으로 구성되어 있다.

유형	설명
목록형	비순차적인 정보를 표시
프로세스형	작업이나 프로세스의 진행 방향, 순차적인 단계 표시
주기형	일정 주기로 진행되는 작업 표시
계층구조형	직위 관계 등 계층 관계 표시
관계형	상비관계 또는 상호 보완관계 등 관련성이 있는 정보 표시
행렬형	부분과 전체의 관계를 표시
피라미드형	가장 큰 구성 요소를 맨 위 또는 맨 아래에 두고 상대적인 관계를 표시
그림	그림을 사용하여 콘텐츠를 표현하거나 강조

① [삽입] 탭을 클릭한다.
② [일러스트레이션] 그룹 ➪ [SmartArt]를 클릭한다.

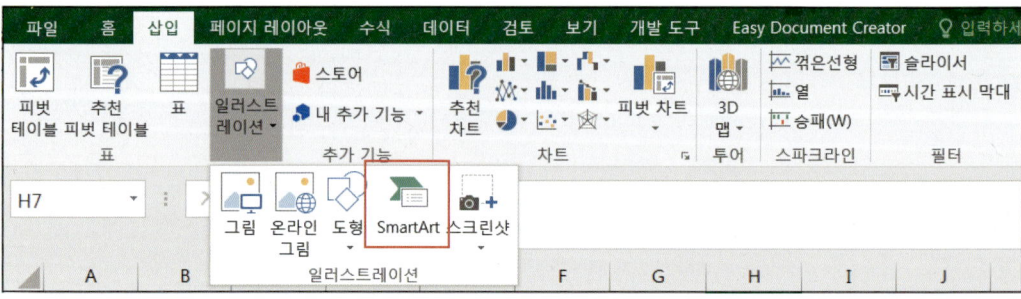

③ [SmartArt 그래픽 선택] 대화상자가 나타나고, [프로세서형] 항목을 선택한다.

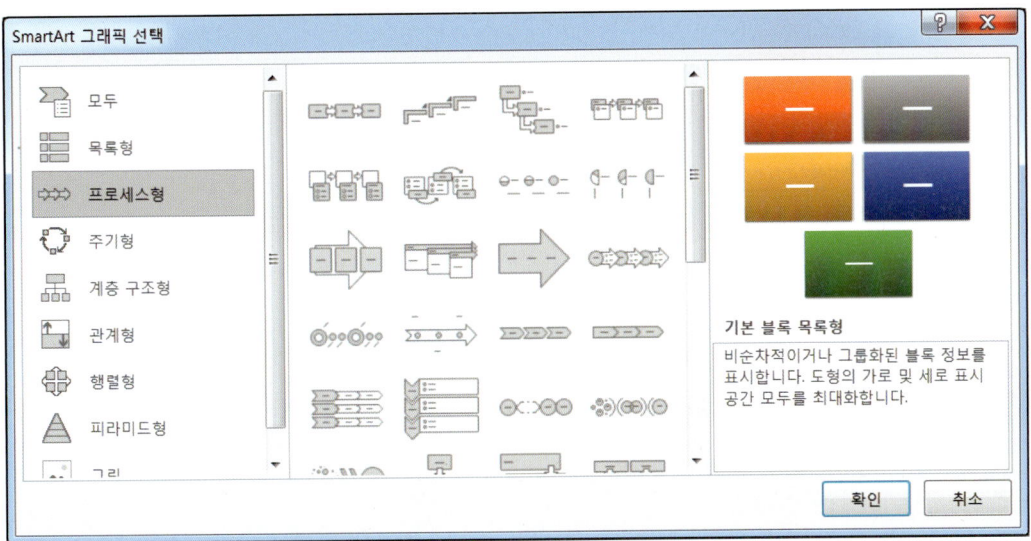

④ '기본 프로세서형'을 선택한다.
⑤ [SmartArt 그래픽 선택] 대화상자의 [확인]을 클릭한다.

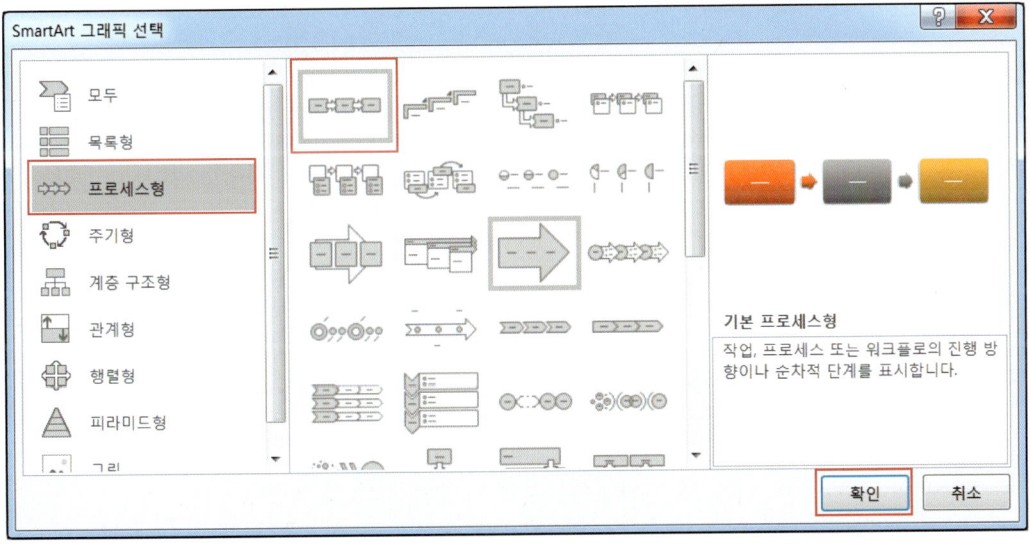

⑥ 워크시트에 SmartArt가 삽입되었다. 마우스 포인터를 이용해 SmartArt의 크기 및 위치를 조절한다.

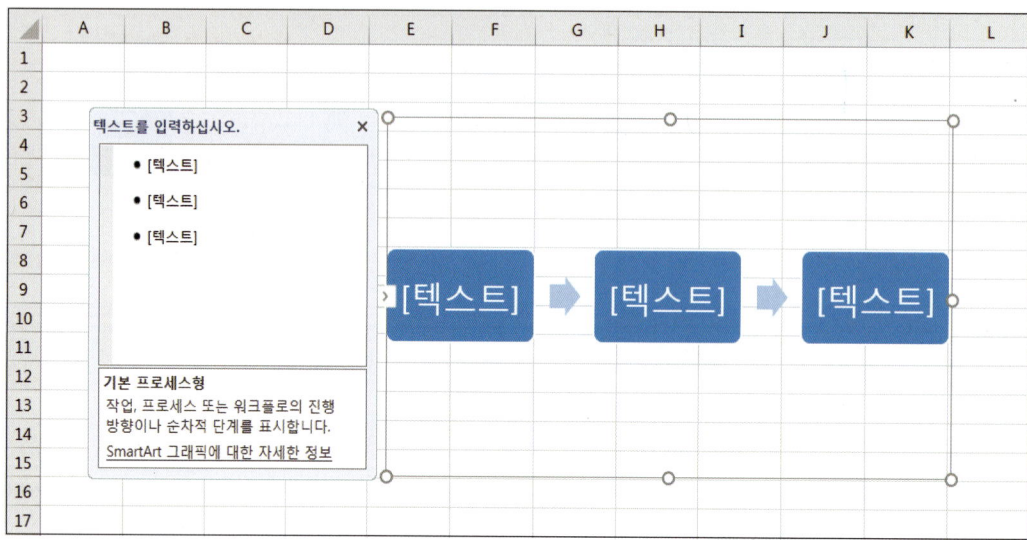

⑦ '텍스트'가 적힌 부분을 선택하면 커서가 생기고 텍스트를 입력할 수 있다. 각각 '아침', '점심', '저녁'을 입력한다([텍스트] 창에서도 입력 가능).

⑧ SmartArt를 선택하고, [홈] 탭 ⇨ [글꼴] 그룹 ⇨ [굵게]를 클릭한다.
⑨ [SmartArt 도구]의 [디자인] 탭을 클릭한다.
⑩ [SmartArt 스타일] 그룹 ⇨ [색 변경]을 클릭한다.
⑪ [색상형] 항목 ⇨ '색상형 범위-강조색 4 또는 5'를 선택한다.

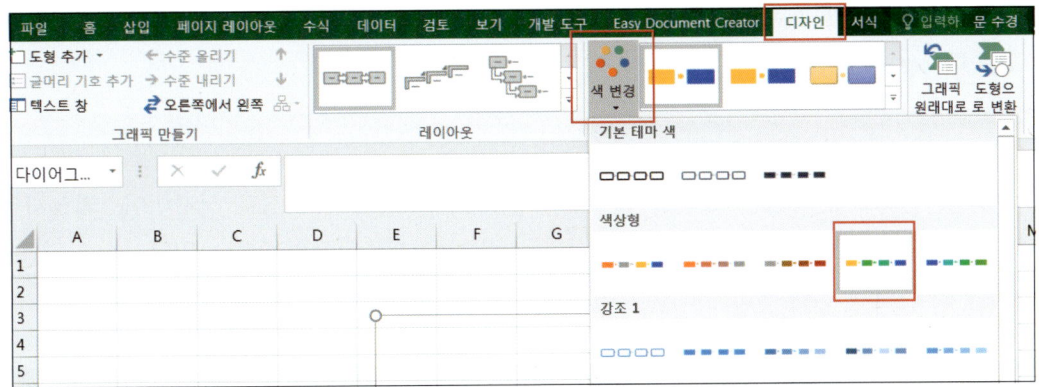

⑫ [SmartArt 스타일] 그룹 ⇨ [자세히] ⇨ [3차원] 항목 ⇨ '벽돌'을 선택한다.

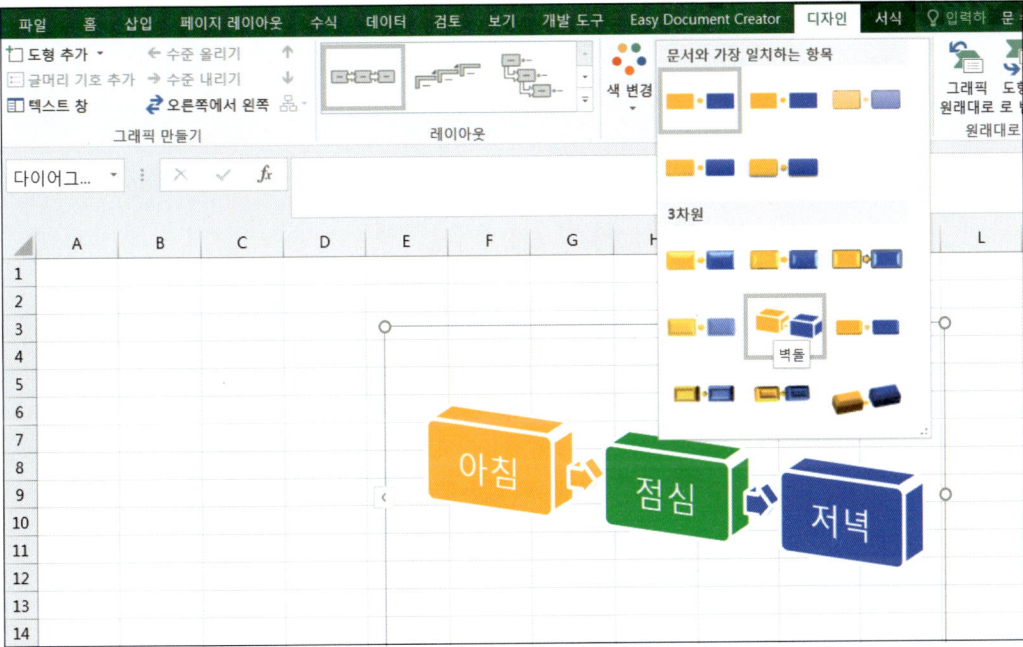

10.5 WordArt

WordArt는 텍스트에 다양한 효과를 줄 수 있는 특수한 종류의 텍스트 상자이다. 워크시트에 WordArt를 삽입하여 원하는 텍스트를 입력하고 WordArt를 디자인 할 수 있다.

① [삽입] 탭 ⇨ [텍스트] 그룹 ⇨ [WordArt]를 클릭한다.

② '무늬 채우기-파일, 강조1, 50%, 진한그림자-강조1'을 선택한다.

③ WordArt가 삽입되고, 원하는 텍스트를 입력한다.

④ '안녕하세요'를 입력한다.

⑤ WordArt를 선택하고, [그리기 도구]의 [서식] 탭 ⇨ [WordArt스타일] 그룹 ⇨ [빠른스타일]을 클릭한다.

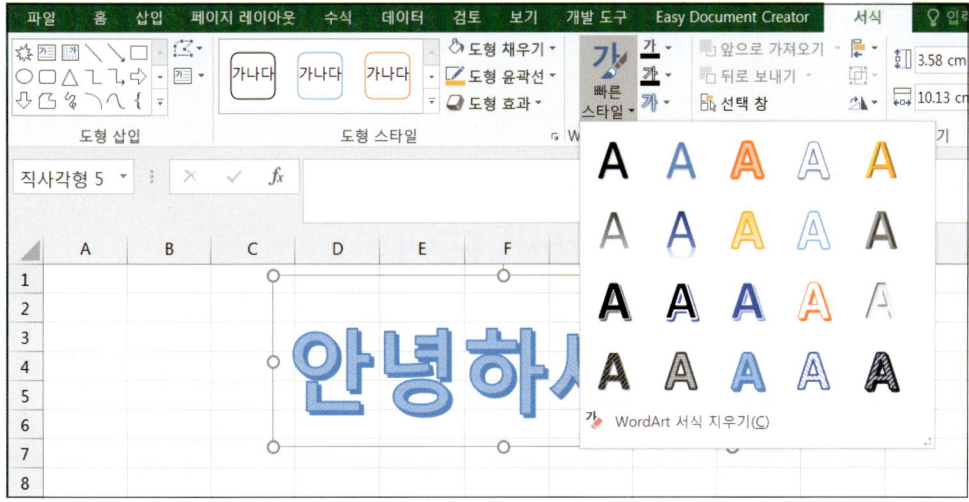

⑥ '그라데이션 채우기-황금색, 강조4, 윤곽선-강조 4'를 선택한다.
⑦ WordArt스타일이 변경되었다.

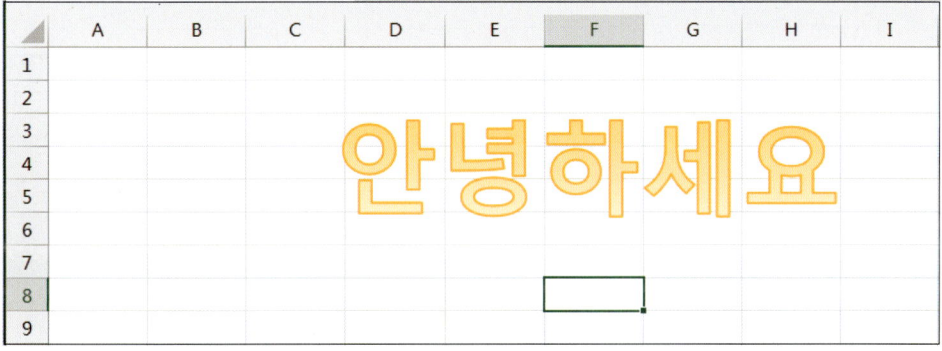

⑧ [WordArt스타일] 그룹 ⇨ [텍스트 효과]를 클릭한다.
⑨ [그림자] ⇨ [바깥쪽] 항목 ⇨ '오프셋 오픈쪽'을 선택한다.
⑩ WordArt에 효과가 적용되었다.

실습예제 1 *"행사 소개서"*

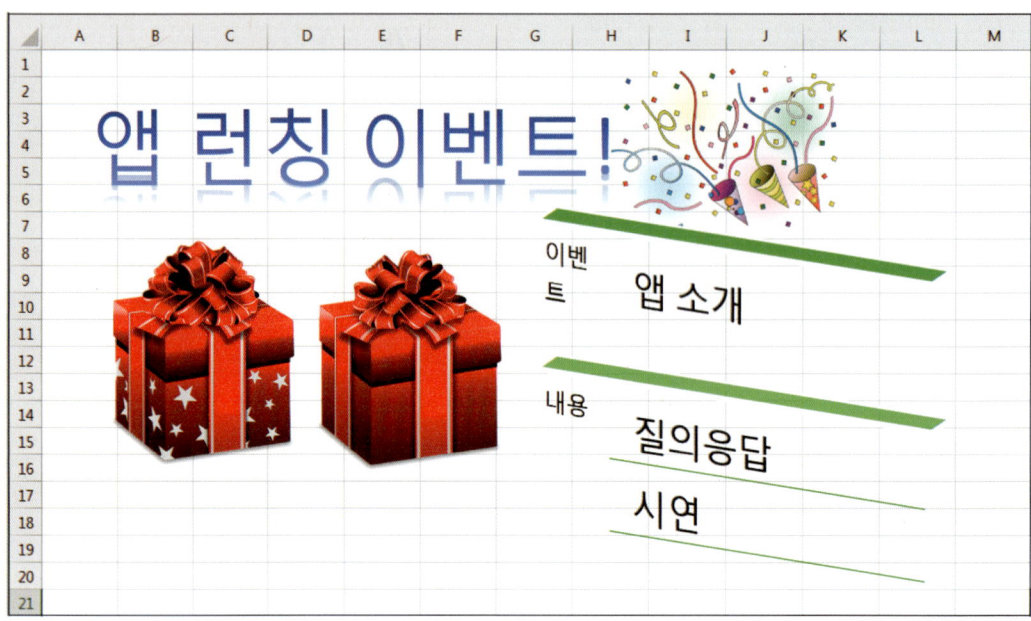

❶ WordArt 삽입하기
❷ [삽입] 탭 ⇨ [텍스트] 그룹 ⇨ [WordArt] 클릭
❸ '그라데이션 채우기-파랑, 강조1, 반사'를 선택

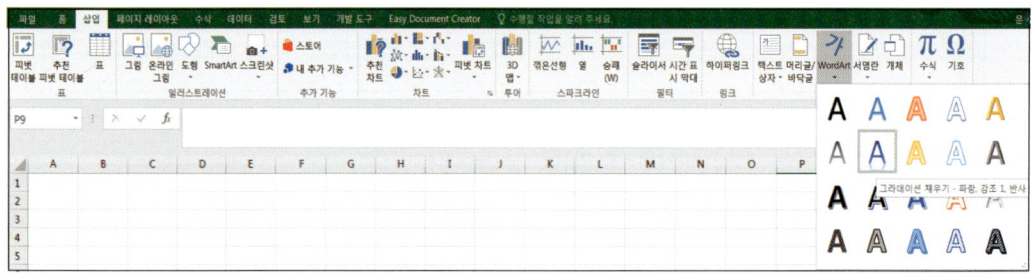

❹ WordArt에 '앱 런칭 이벤트!' 텍스트 입력하기
❺ [홈] 탭 ⇨ [글꼴] 그룹 ⇨ [글꼴 크기]-'48pt' 설정
❻ 마우스 포인터를 이용하여 WordArt위치 이동 및 크기 조절

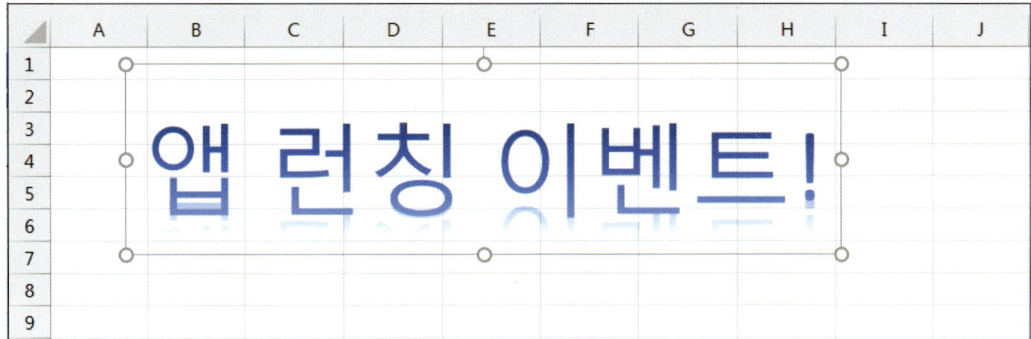

❼ 그림 삽입하기

❽ [삽입] 탭 ➪ [일러스트레이션] 그룹 ➪ [온라인 그림] 클릭 ➪ '축하' 검색

❾ 첫 번째 그림 선택하고 [삽입] 클릭하고 적당한 위치에 그림을 위치한다.

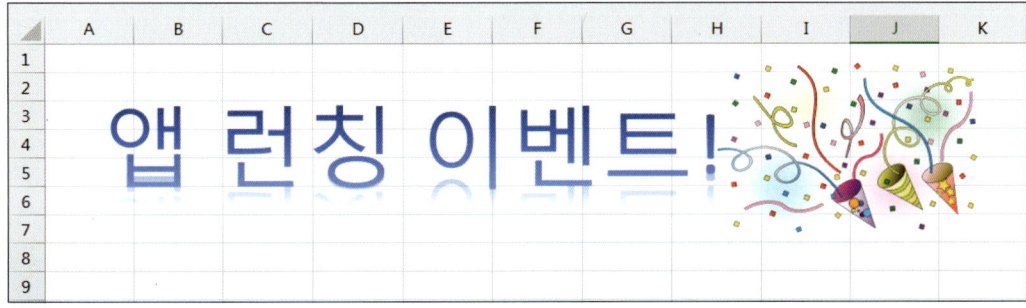

⑩ [삽입] 탭 ⇨ [일러스트레이션] 그룹 ⇨ [온라인 그림] 클릭 ⇨ '선물' 검색
⑪ 그림을 선택 후 [삽입]을 클릭한다.
⑫ 적당한 위치로 이동한다.

⑬ [SmartArt그래픽 선택] 대화상자에서 [목록형] 선택
⑭ '선이 그어진 목록형'을 선택
⑮ [확인] 클릭

⑯ SmartArt에 텍스트창의 1~행에 각각 '이벤트', '앱 소개' 입력

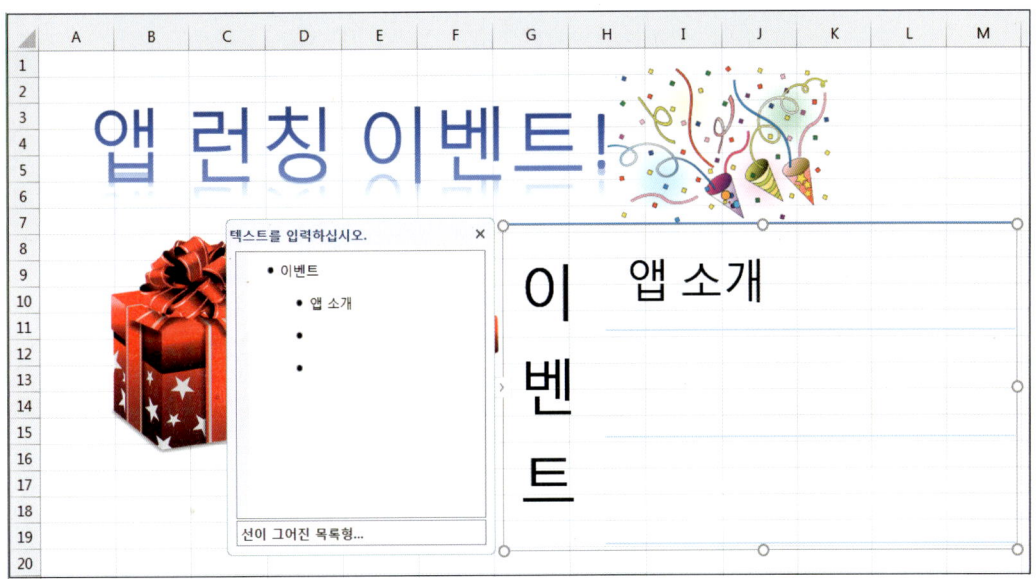

⑰ 3행을 선택하고 [SmartArt도구]의 [디자인] 탭 ⇨ [그래픽 만들기] 그룹 ⇨ [수준 올리기] 클릭
⑱ 3~5행에 각각 '내용', '질의응답', '시연'을 입력하고 '이벤트, 내용' 글자크기는 18pt, '앱소개, 질의응답, 시연' 글자크기는 28pt로 변경

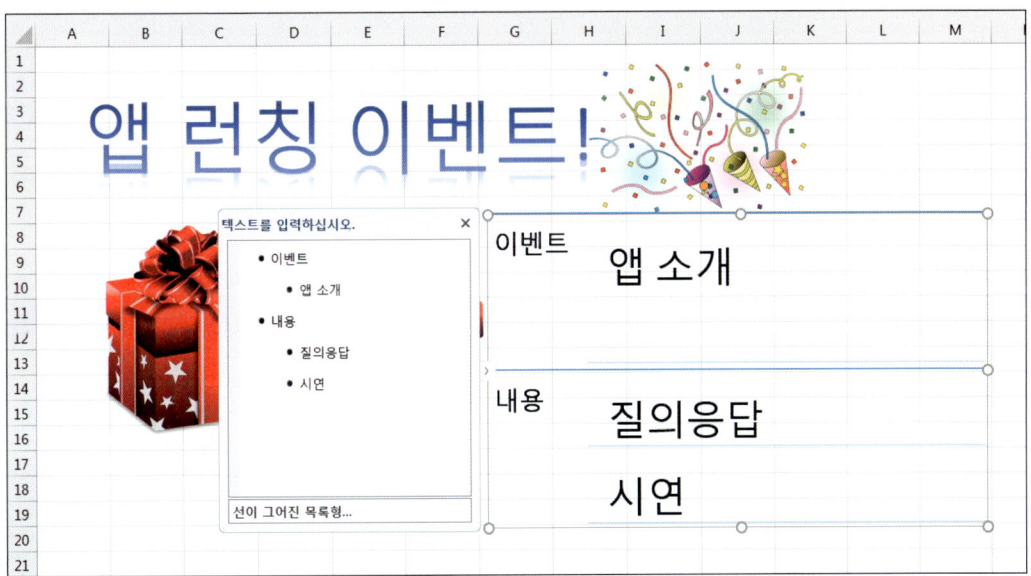

⑲ [SmartArt도구]의 [디자인] 탭 ⇨ [SmartArt 스타일] ⇨ [자세히] ⇨ [벽돌] 선택한 후 색 변경
⑳ 마우스 포인터로 SmartArt의 크기 및 위치 조절

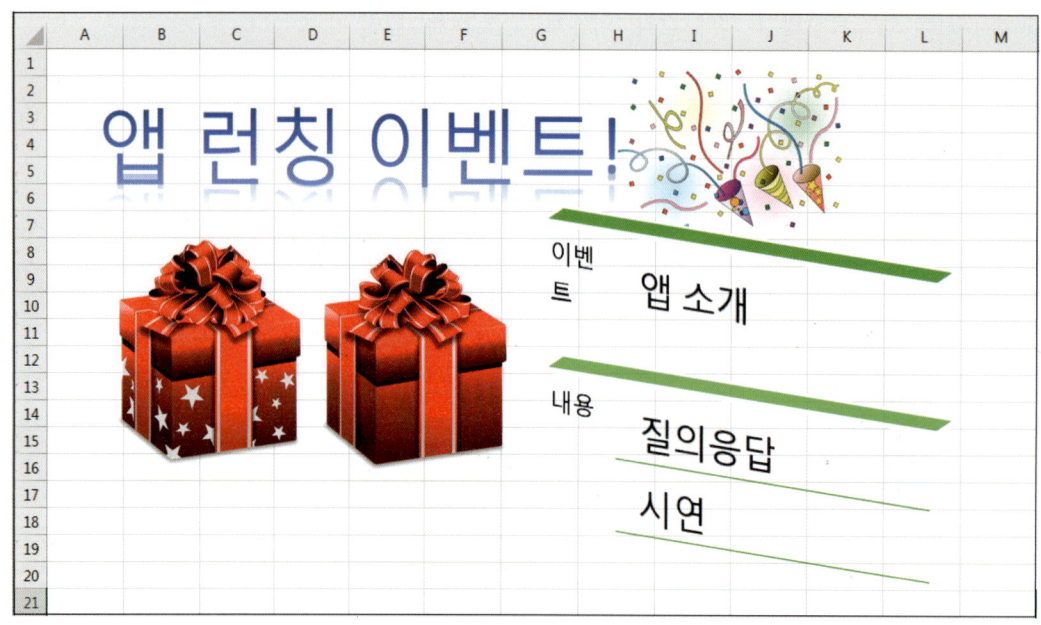

실습예제 2 | 스마트아트

❶ WordArt를 이용하여 '법인별 현황 보고' 입력하기
❷ WordArt 범위를 선택한 후 [그리기도구 서식] ⇨ [WordArt스타일] ⇨ [텍스트효과] ⇨ [변환] ⇨ [갈매기형 수장]으로 모양 변경

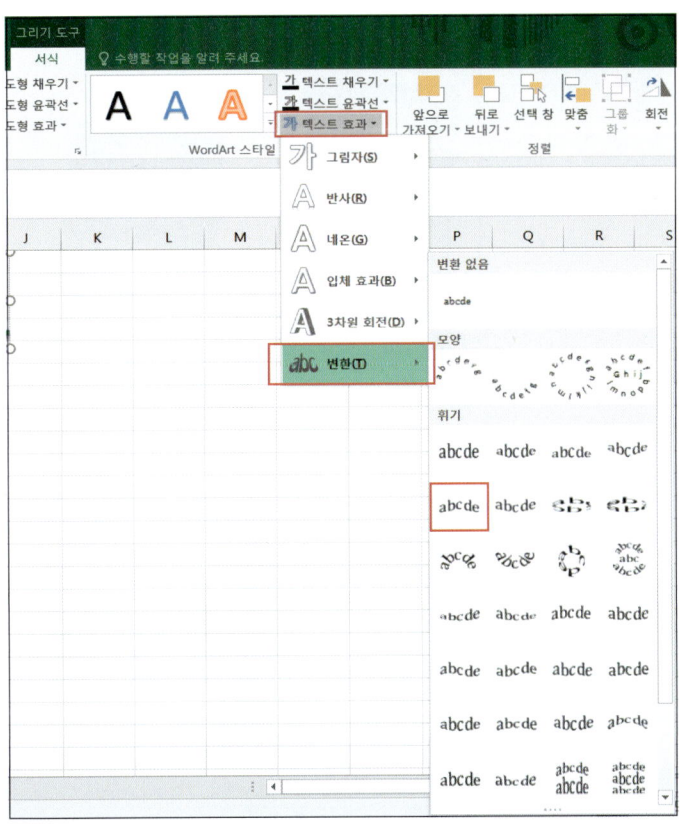

❸ [삽입] ⇨ [SmartArt] ⇨ [관계형] ⇨ [밸런스형] 선택 후 확인

❹ 텍스트를 각각 순서에 맞게 입력한다.

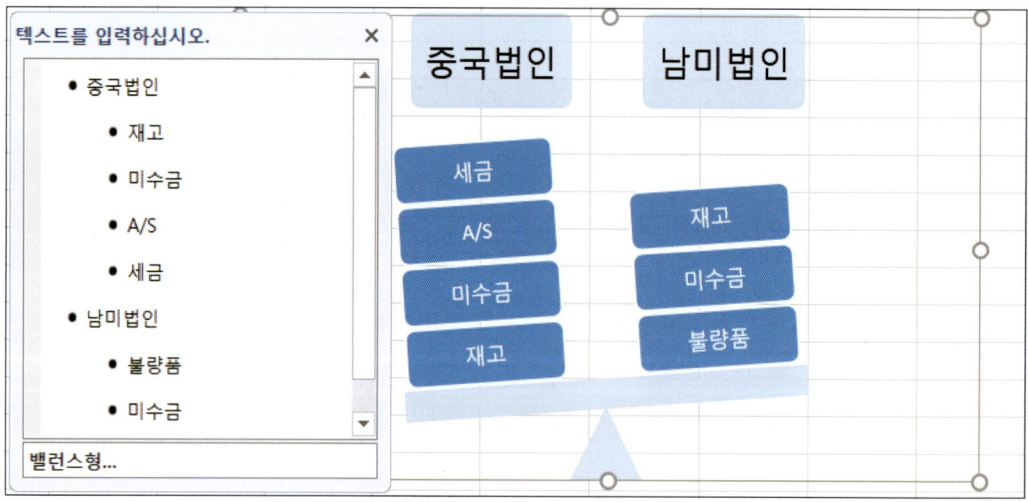

❺ [SmartArt스타일] ⇨ [색변경] ⇨ [색상형 범위 강조색 3 또는 4]로 지정

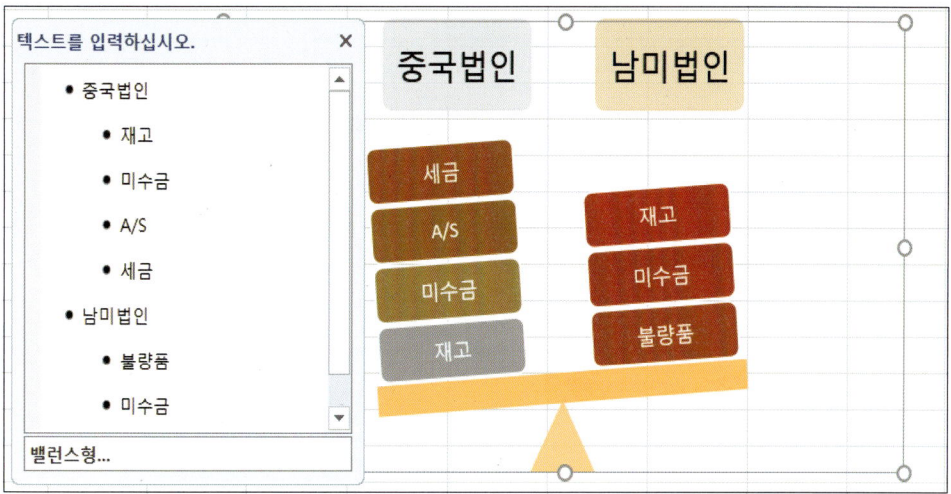

❻ [SmartArt스타일] ⇨ [경사] 지정하기

CHAPTER 10

연습문제 1. 그림이 포함된 문서 작성하기

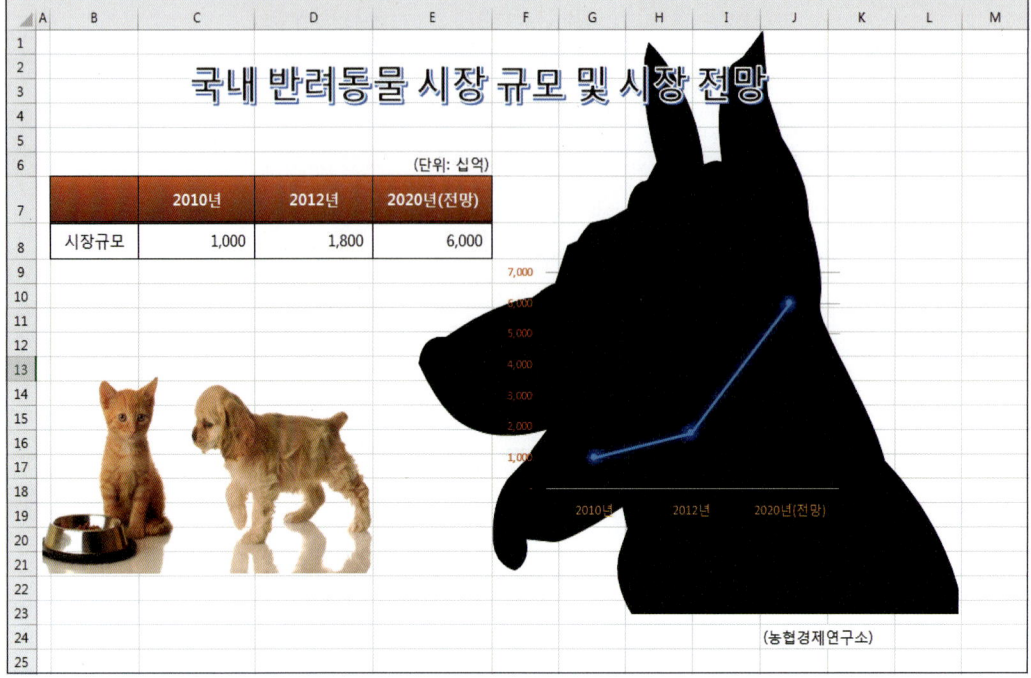

1. WordArt를 이용하여 '국내 반려동물 시장 규모 및 시장 전망'을 작성하시오.

2. B7:E8까지 데이터를 입력하시오.

3. B7:E8의 데이터를 이용하여 꺾은선형 차트를 작성하시오.

4. 온라인 그림을 이용하여 2개의 그림을 삽입하시오.

CHAPTER 10

연습문제 2. 도형이 포함된 문서 작성하기

1. 새 통합 문서를 만들어서 사용하시오.

2. WordArt는 '채우기–바다색, 강조 1, 윤곽선-배경 1, 진한 그림자–강조 1' 스타일을 적용하고 글꼴 크기는 '48'로 하시오.

3. 그림은 저장되어 있는 그림을 사용하고, '입체 직사각형' 스타일을 적용하시오.

4. 온라인 그림은 '여행'이 키워드인 것을 사용하고 '부드러운 가장자리 타원' 스타일을 적용하시오.

5. SmartArt는 '세로 글머리 기호 목록형'을 사용하고 색은 '색상형-강조색', 스타일은 '평면'을 적용하시오.

6. 도형은 가로 텍스트 박스를 사용하고 '강한 효과–파랑, 강조1' 스타일을 적용하시오.

CHAPTER 11
운항 실적 예제

- 운항 실적 문제 1. 근로계약서
- 운항 실적 문제 2. 휴가신청서
- 운항 실적 문제 3. 근무지불명세서
- 운항 실적 문제 4. 지출 장부
- 운항 실적 문제 5. 영업운영서
- 운항 실적 문제 6. 재자운영서
- 운항 실적 문제 7. 고객 업체별 관리표
- 운항 실적 문제 8. 입장표
- 운항 실적 문제 9. 차트
- 운항 실적 문제 10. 감자서
- 운항 실적 문제 11. 기대부

근로계약서

1. 용어정리

용 어	사 용 목 적	사 용 용 도	표시사항
셀	자료입력단위	자료입력단위	
	셀 채우	셀 채우기 및 복사	
	서 식	서식 적용과 테두리	사용자정의 내용
	셀 병합	자료입력시	사용자정의
	수 식		
	활용 지정	자료입력시	사용자 정의999개

2. 근로조건

(1) 임 금: 월 3,000,000원
(2) 근로조건: 월요일 ~ 금요일 오후 6시부터 오후 9시까지(주간시 1시간)
(3) 근무장소 및 직종
 - 근무장소: 자인에듀테리
 - 직 종: 영어학교보 강사
(4) 기타 근로조건 및 사업장의 별도의 결의 이행

3. 근로형태 및 기간

| 근로형태 | □ 정규직   ☒ 계약직   □ 인턴직 |
| 근로기간 | 2014년 3월 3일 ~ 2015년 2월 27일 |

상기 같이 근로계약을 체결함.

2014년 5월 25일

(갑) 사용자: (인)
(을) 근로자: (인)

1. "근로계약서.xlsx" 파일명 등록 후 셀사이값 이용하여 아래 같이 작성하시오.
2. 근로형태의 □정규직 ☒계약직 □인턴직 등 체크표시를 이용하여 작성하시오.

1. "휴가신청서.xlsx" 파일을 불러온 후 셀 서식을 이용하여 다음과 같이 작성하시오.

2. 결재란은 그림으로 붙여넣기하시오.

3. 휴가종류의 '연차□월차□반차□기타'는 개발도구를 이용하여 작성하시오.

4. [J18]의 '㉂, ㉃'은 특수문자를 이용하시오.

휴가신청서

결재	담당	과장	부장	사장

주 소	
성 명	
직 위	
휴가 종류	□연차 □월차 □반월 □기타 ( )
휴가 사유	개인사정
휴가 기간	2014-09-15 부터 2014-09-16 까지 ( )
비상연락망	010-321-4321

상기 본인 휴가를 신청하오니 허락하여 주시기 바랍니다.

2014년 9월 10일

신청인: ㉃

공학 실습 문제 2. 휴가신청서 작성하기

CHAPTER 11 공학 실습 예제 371

응용 실전 문제 3. 금여지급명세서 작성하기

1. 양식지 Sheet에 작성하시오.
2. '공제대상'을 이용하여 작성하시오.
   ■ INDEX함수 이용
3. 공제합계=공제내역의 총합
4. 공제대상계=시에 및 공제내역의 총합
5. 지급총액=급여합계-공제합계

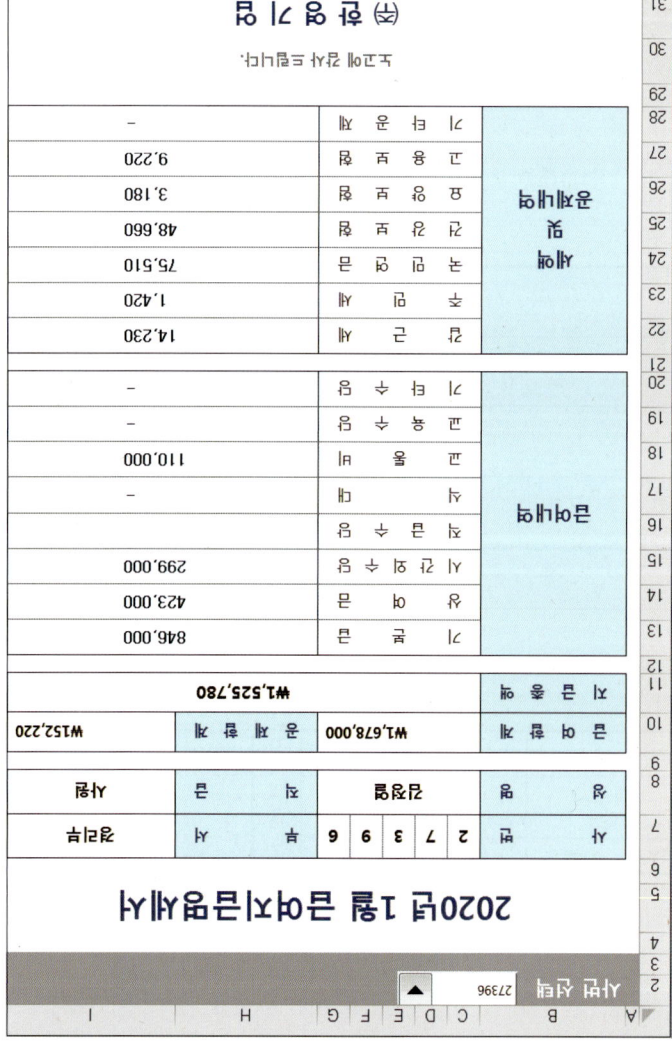

372 · 왕집 예제로 단숨에는 익힘 2016

CHAPTER 11 종합 실긴 예제 373

종합 실긴 문제 4. 제품 정보 작성하기

제품 정보

	A	B	C
1			
2			
3	No.	2	
4	상품코드	8456328O	
5	브랜드	고잉트이지더	
6	제조업	생산아이트(주)/중국	
7	배송료	무료	
8	색 상	오렌지	
9	가 격	₩149,610	

1. 이미지를 삽입하고 셰이프사용 이용하여 원이 굵이 작성하시오.

2. 서울정보 Sheet에서 '상품코드'를 이용하여 제품 정보를 작성하시오.

1. "경력증명서.xlsx" 파일을 불러온 후 샘플사진을 이용하여 아래 같이 작성하시오.

2. 윗주는 개설도구를 이용하여 작성하시오.

3. 사원명단 Sheet를 이용하여 주민등록번호의 재직기간을 구하시오.

응용 실습 문제 6. 재직증명서 자동화하기

1. "재직증명서.xlsx" 파일의 물리적 속성 중 색상사항 등을 이용하여 문서 정리 작성하시오.

2. 성명과 용도 개체구를 이용하여 작성하시오.
   [성명 : 목록상자-입력범위(직원명단 시트), 링크된 셀(B3셀), 용도 : 옵션단추-셀링크(B4셀)]

3. INDEX함수를 이용하여 목록상자의 성명값을 기준으로 각 해당되는 직원의 '성명', '주민등록번호', '주소', '재직 시 부서', '직위'가 나타나도록 작성하시오.

4. INDEX함수와 DATEDIF함수를 이용하여 목록상자의 성명값을 기준으로 각 해당하는 직원의 재직기간을 나타내시오.

5. CHOOSE 함수를 이용하여 옵션단추에서 선택한 용도가 나타나도록 하시오.

6. 페이지설정에서 인쇄범위를 A5:E21만 인쇄되도록 지정하시오.

	A	B	C	D	E
1					
2	성 명	이호용	용 도	○ 은행 제출용	
3		정수진		● 재 직용	
4		이호철			
5			재 직 증 명 서		
6					
7	성 명	정수진	주민등록번호	731210-1******	
8	주 소	서울시 강동구 강일동			
9	재직시 부서	기획팀	직 위	차장	
10	재 직 기 간	2003년 05월 이월 부터 2003년 12월 01까지 (약 7개월)			
11	용 도	재 직용			
12					
13					
14	위와 같이 재직중을 증명합니다.				
15					
16					
17	(인) 동양대통령				
18	대 표 이 사 홍 길 동				
19					
20	* 동양대학교 소재지 : 여수시 여서동 209-5				
21	* 동양대 전화번호 : 02-333-3333				

고객 예배장 정리표

1. "고객 예배장.xlsx" 파일명 불러오기 후 함수를 이용하여 완성하시오.

2. 등급: 반주구매가 500,000 이상 골드 등급 300,000 이상 실버, 나머지는 일반.

3. 공통예물: 가입기간이 4년 이상이거나 반주구매가 1,000,000 이상이면 5 가입기간이 3년 이상이거나 반주구매가 500,000 이상이면 2

4. 할인금 포인트적립금: 할인금*1000

5. 할인포인트: 포인트적립금-사용포인트+할인공통포인트적립금

A	B	C	D	E	F	G	H	I	J
								담당	부장
			고객 예배장 정리표						
ID	가입기간(년)	반주구매가	등급	포인트 할인	사용 예치금	사용 포인트	포인트 적립금 할인	할인포인트	
SXM7798	0	45,680	일반	30,000	9,950			20,050	
NCZ4913	0	31,670	일반	30,000	20,880			9,120	
DIK8342	6	615,590	골드	70,000	52,100	5	5,000	22,900	
WAG9854	7	500,500	골드	70,000	6,950	3	2,000	65,050	
JXP5806	5	757,340	골드	70,000	30,210	4	1,000	40,790	
JVZ9256	10	1,282,080	골드	70,000	9,350	5	4,000	64,650	
VCJ9198	1	572,300	골드	30,000	14,110	2	1,000	16,890	
XKW8278	10	917,260	골드	70,000	56,240	5	0	5,000	18,760
XFV1545	5	616,310	골드	70,000	15,750	5	3	2,000	56,250
CZY9546	1	188,460	일반	30,000	1,620			28,380	
VWL1505	8	815,620	골드	70,000	45,070	5	1	4,000	28,930
BVJ9335	1	178,830	실버	30,000	18,410			11,590	
ZNK9571	4	860,990	실버	50,000	37,510	5	1	4,000	16,490
YHJ6299	3	392,910	실버	50,000	32,020	5	2		17,980
TJO7289	3	434,300	실버	50,000	3,360	5	2	-	46,640
ZLK900	8	794,580	골드	70,000	10,690	5	4	1,000	60,310
LKJ1441	3	437,680	실버	50,000	27,720	5	2	-	22,280

CHAPTER 11 응용 산정 예제

1. "임정표.xlsx" 파일명을 복리한 후 생사자들 이용하여 아래 장성하시오.

2. 임장표의 시작날짜를 입력하면 기간과 남짜 요일이 자동 개산되도록 작성하시오.

응용 산정 문제 8. 임정표 작성하기

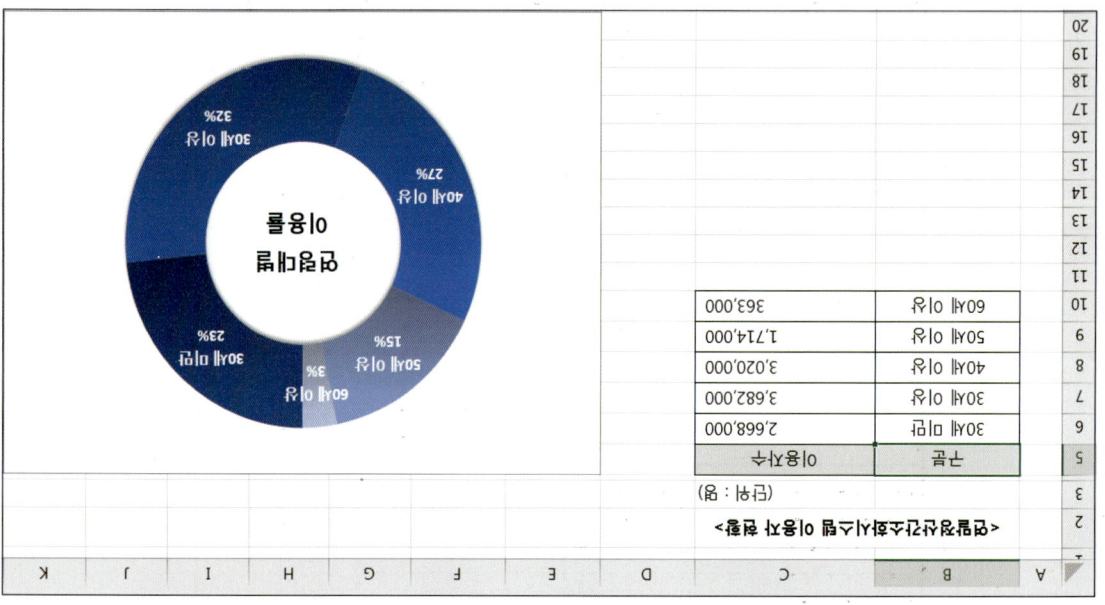

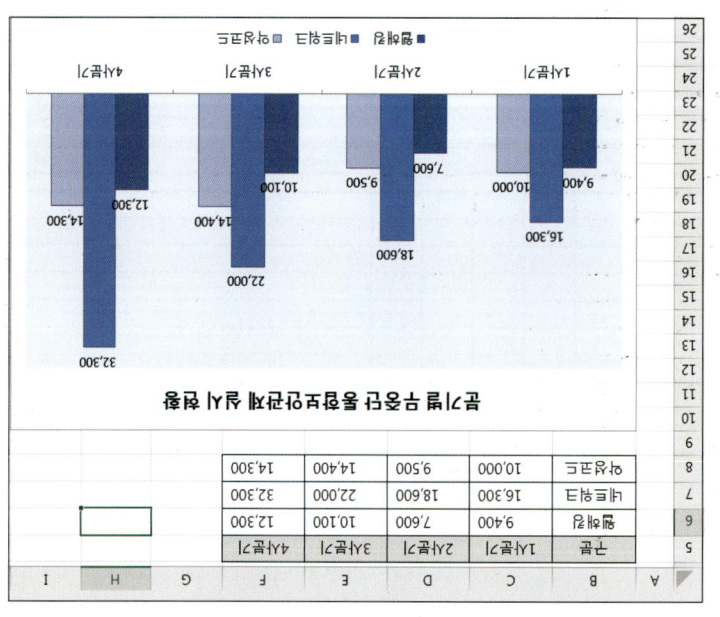

CHAPTER 11 종합 실전 예제 379

1. "차트.xlsx" 파일을 불러온 후 아래 같이 차트를 작성하시오.

2. 새로 이 대 형, 원형, 꺾은 선 차트를 이용하여 각각 작성하시오.

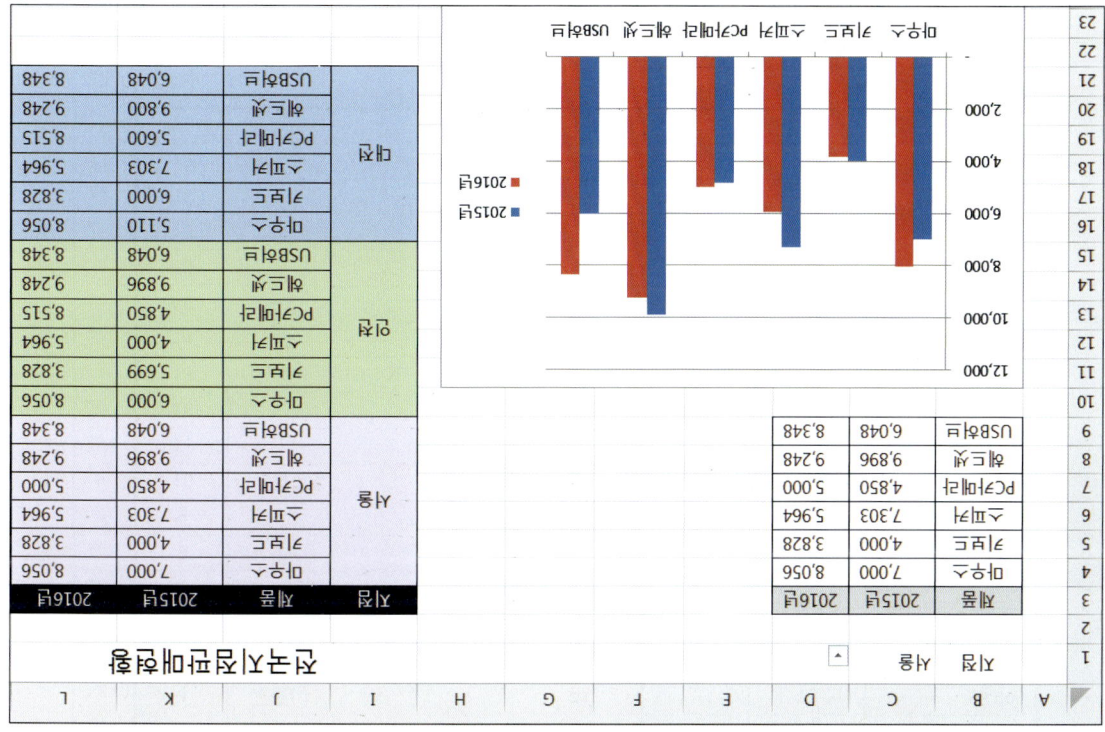

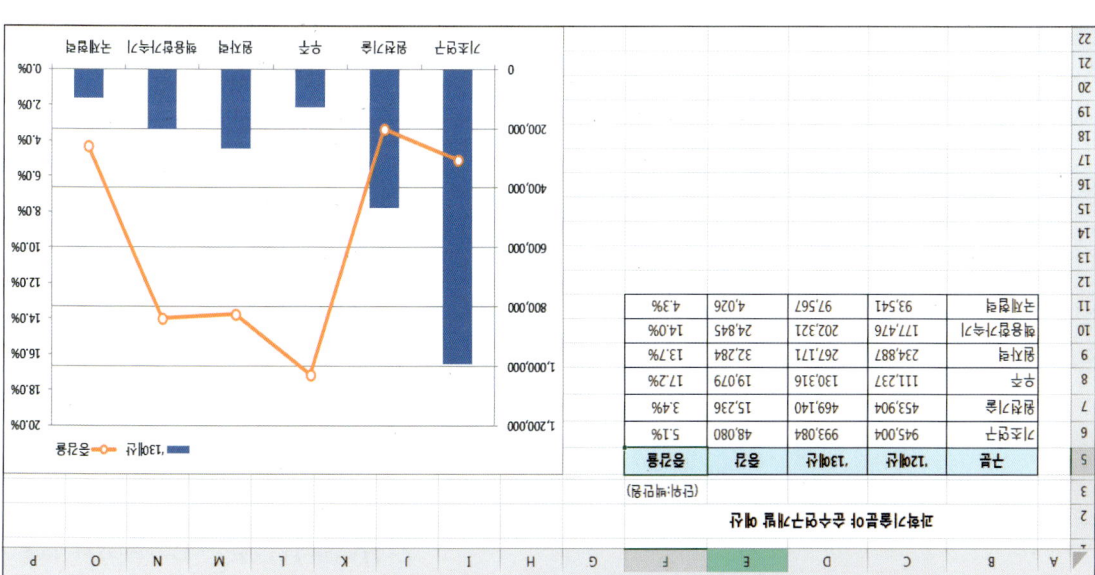

1. "견적서.xlsx" 파일등을 불러온 후 셀서식등 이용하여 아래 같이 작성하시오.
2. 공급가액, 공급가총액, 세액(공급가액의 10%), 합계금액등을 산정하시오.

	A	B	C	D	E	F	G	H	I	J
1										
2			견	적	서					
3										
4		2020년 1월 15일					등록번호	105-90-98644		
5		이래와 같이 견적합니다.				공급자	상 호 명	서울시 용산구 지로동		
6		대영마트		귀하			성 명(영인)		성명	홍길동
7		금액 :		사업자등록일련번호			전화번호	(02) 000-0000		
8	번호	품목명			규격	수량	단가	공급가액		
9	1	제품 001			cc	5	12,300	61,500		
10	2	제품 004			m²	2	20,500	41,000		
11	3	제품 006			m²	3	6,500	19,500		
12	4	제품 013			m²	5	19,000	95,000		
13	5	제품 015			?	7	11,700	81,900		
14	6									
15	7									
16	8									
17	9									
18	10	제품 005			m²	3	18,900	56,700		
19	11									
20	12									
21	13									
22	14									
23	15									
24	16									
25	17									
26	18									
27	19									
28	20									
29					공급가총액				355,600	
30					세액(부가가치세)				35,560	
31					합계금액				391,160	

CHAPTER 11 종합 실전 예제

종합 실전 문제 11. 가계부 작성하기

가계부

장월이월	467000
당월수입	3500000
당월지출	890000
당월잔액	7280000

날짜	수입내용	수입금액	지출내용	지출금액
2020-01-09			경조사비	50000
2020-01-15	급여	3500000		
2020-01-24			월세	600000
2020-01-25			관리비	240000
합 계		3500000		890000

[1월가계부 | 2월가계부 (+)]

1. "가계부.xlsx" 파일명 등록 후 셀서식 등을 이용하여 아래 같이 작성하시오.

2. 장월이월, 당월수입금, 당월지출금, 당월잔액에, 합계를 함수를 이용하여 산출하시오.

역지 2016

지 은 이	이근웅·장승윤·윤성재	
펴 낸 이	김흥근	
펴 낸 곳	도서출판 기한재	
주 소	경기도 파주시 월롱길 56 (파주출판도시)	
전 화	031)955-0900~2	
팩 스	031)955-0100	
등 록	1990년 3월 15일 제2-968호	
발 행	2023년 2월 20일 1판 2쇄	
정 가	25,000원	

무단 복제 및 무단 전재를 금합니다.

Published by Kihanjae Co.
ISBN 978-89-7018-805-8
http://www.kihanjae.com
E-mail : kihanjae@daum.net